22만 6천 편입합격생의 선택

김영편입
영어

논리

워크북 **1**_{단계}

김앤북
KIM&BOOK

PREFACE

편입영어시험을 준비하는 데 있어서 가장 필요한 것은 무엇일까요? 수험생이라면 누구나 기출문제라고 답할 것입니다. 기출문제는 내가 대학에 들어갈 수 있느냐 없느냐를 판가름하는 중요한 바로미터이기 때문입니다. 따라서 쉬운 문제부터 어려운 문제까지 실력을 차근차근 쌓아가는 것을 목표로 "김영편입 기출 시리즈"를 단계별로 제작하였습니다.

"그럼 워크북은 왜 필요할까요? 기출문제만 풀어도 충분하지 않을까요?" 이렇게 이야기하는 수험생들이 분명히 있을 것입니다. 그러나 기출문제는 편입하고자 하는 학교에서 요구하는 실력을 수험생이 갖추고 있는지를 확인하는 문제이므로, 반드시 알고 넘어가야 하는 문제이지, 대학에서 기출문제를 다음 시험에 '그대로' 다시 출제하지는 않습니다. 따라서 기출문제를 통해 기출 유형과 출제경향을 익혔다면 이를 토대로 출제된 예상문제를 풀어봄으로써 이론을 문제에 적용할 수 있는 훈련을 하여 유형이 바뀌더라도 틀리지 않고 풀 수 있는 실력을 쌓아야 시험에서 고득점을 획득할 수 있습니다.

이것이 바로 "김영편입 워크북 시리즈"를 제작하게 된 이유입니다. "기출 1단계"에서 쉬운 기출문제를 풀면서 기초 실력을 쌓을 수 있었다면, "워크북 1단계"에서는 이미 학습한 출제 포인트를 새로운 문제를 통해 다시 한 번 숙지하고 반복 학습할 수 있도록 제작했습니다.

"김영편입 워크북 시리즈"는 "김영편입 기출 시리즈"와 동일한 구성으로 단계별 학습이 가능하도록 만든 책입니다. 따라서 "기출 1단계"를 풀고 나서 "기출 2단계"로 바로 넘어가도 좋지만, "기출 2단계"로 가기에는 실력이 아직 부족하다면, 동일 난이도의 "워크북 1단계"로 실력을 다진 후 "기출 2단계"를 학습하시기 바랍니다.

"워크북 1단계"는 편입영어시험의 대표 유형인 문법, 논리, 독해의 3종으로 구성되어 있습니다. 문법의 경우 "기출 1단계"에서 일목요연하게 정리된 이론을 워크북 1단계에서 어떻게 응용해 출제될 수 있는지 확인할 수 있으며, 논리와 독해의 경우 "기출 1단계"를 풀며 습득한 문제풀이 스킬을 어떻게 다양한 문제에 적용해 볼 수 있는지를 체험할 수 있습니다.

문제를 많이 풀어보는 만큼 실력을 빠르게 쌓을 수 있는 방법은 없습니다. '스스로 학습할 수 있도록 제작된 책'이라는 워크북(workbook)의 사전적 의미처럼, "워크북 1단계"를 통해 기본 단계의 문제라면 혼자서도 거뜬히 풀어낼 수 있는 능력을 향상시키기를 바랍니다.

김영편입 컨텐츠평가연구소

HOW TO STUDY

편입 논리 이렇게 출제된다!

- 논리는 주어진 문장이나 글에서 빈칸을 완성하는 문제 유형입니다. 문제의 유형을 살펴보면 one-blank 유형과 multi-blank 유형이 있으며, 단문의 어휘형 논리 문제와 중·장문의 독해형 논리 문제가 골고루 출제되고 있습니다.

- 논리 문제를 해결하는 데 있어 어휘력은 매우 중요합니다. 특히 순접이나 역접의 관계에 의거해, 단서가 되는 말의 동의어나 반의어를 찾아야 하는 문제가 많이 출제됩니다.

- 중·장문의 독해형 논리 문제와 멀티블랭크 유형의 비중이 매년 꾸준히 높아지고 있고, 선택지의 어휘도 까다로워지는 등 문제의 난이도가 계속 상승하는 추세입니다.

이렇게 대비해라!

- 논리는 쉬운 문제부터 조금씩 난이도를 높여가며 훈련하는 것이 좋습니다. 처음에는 단문의 문제들을 통해 빈칸 전후의 글이 어떻게 전개되는지 파악하고 단서가 되는 표현을 찾아내는 훈련을 해야 합니다. 이런 훈련이 충분히 이루어진 다음엔 중·장문의 문제로 차츰 난이도를 높여가는 것이 효과적입니다.

- 어휘를 학습할 때 단순히 그 어휘만 암기하기보다 동의어와 반의어를 함께 정리해나가면 많은 도움이 됩니다.

- 어휘 학습과 더불어 구문독해 훈련도 반드시 필요합니다. 문장을 정확히 해석하기 위해선 자주 쓰이는 구문의 문장들을 반복 학습하여 문장의 구조를 파악하는 능력을 기를 필요가 있습니다.

이 책은 이렇게 구성했다!

- 본 교재는 "기출 1단계"에서 학습한 빈출 유형 5가지를 초·중급 난이도의 예상문제를 통해 적용하는 훈련을 할 수 있도록 구성했습니다. 모든 유형을 한데 섞은 총 32회분의 테스트로 논리적 흐름을 파악하여 정답을 도출할 수 있는 논리적 응용력을 키울 수 있습니다.

- 논리 문제는 사실상 '어휘 문제'라고 말할 정도로 어휘력을 요구하는 문제들이 많습니다. 따라서 정답 외에 문제와 보기의 중요 어휘를 꼼꼼히 정리하여 어휘 학습을 병행할 수 있도록 했습니다.

실전 문제 TEST

○ 최신 기출문제를 토대로 출제된 다양한 유형의
예상문제를 한데 섞어 총 32회분의 테스트로
구성하여, "기출 1단계"에서 익힌 5가지 유형을
문제에 적용하는 훈련을 하고 문제해결력을 키울
수 있습니다.

○ 쉬운 문제부터 난이도를 높여가며 훈련할 수
있도록 단문 위주의 쉬운 문제들로 구성했습니다.

정답과 해설 ANSWERS & TRANSLATION

○ 빈칸을 추론하는 과정과 정답이 되는 이유를
상세히 수록하여 어려운 문제도 혼자서 학습하고
이해할 수 있도록 했습니다.

○ 논리 문제는 보기의 모든 어휘가 시험에 출제될 수
있습니다. 본 해설에서는 문제에 제시된 주요
어휘들을 꼼꼼히 정리하여 어휘력을 향상시킬 수
있도록 했습니다.

CONTENTS

해설편

교재의 내용에 오류가 있나요?
www.**kimyoung**.co.kr ➡ 온라인 서점 ➡ 정오표 게시판
정오표에 반영되지 않은 새로운 오류가 있을 때에는 교재 오류신고
게시판에 글을 남겨주세요. 정성껏 답변해 드리겠습니다.

TEST

01-32

❚ Choose the one that best completes the sentence(s).   ▶▶▶ ANSWERS P.174

01   Robert did not hear the bell because he was completely _____ in his reading.

① bent   ② suspended
③ absorbed   ④ confirmed

02   They _____ their niece in France, and were very sad when she passed away.

① chased   ② cherished
③ chastised   ④ chatted

03   He was elected Club President by a(n) _____ decision.

① unanimous   ② unarmed
③ uncanny   ④ undaunted

04   My throat infection left me very _____ and made talking difficult.

① hoarse   ② dumb
③ indigestible   ④ sensible

05   Jane is a computer expert, so she is _____ at operating the computer.

① proficient   ② poignant
③ prolix   ④ profuse

06   Mrs. Frederick was very sad, but her sad feeling was _____.

① transcendent   ② transitory
③ transmissive   ④ transferred

07   A(n) _____ of the two companies would result in a combining of their profits and assets.

① estrangement   ② barter
③ merger   ④ embankment

08   I am always looking for a new computer to replace my current one when it becomes _____.

① arbitrary   ② absolute
③ fashionable   ④ out-of-date

09   The two countries had a(n) _____ dispute over which one owned the remote island.

① domestic   ② territorial
③ equatorial   ④ antarctic

10   He is considered to be an outstanding artist but I think his work to be quite _____.

① mediocre   ② moderate
③ memorable   ④ intermediate

11   The _____ of his zealous admirers caused him to grow complacent.

① flattery   ② animosity
③ criticism   ④ harassment

12   I was very tired with exacting labor so that I decided to _____ last night.

① get my feet wet   ② hit the sack early
③ roll up my sleeves   ④ burn the midnight oil

13   Couples are encouraged to have only one child in order to help _____ population growth.

① curb   ② forecast
③ inspire   ④ maintain

14 We _____ our friends with a wave of the hand.

① embraced   ② greeted

③ shook   ④ showed

15 Such a(n) _____ response to a client is consistent with the high standards of customer service this company demands.

① mediocre   ② indifferent

③ favorable   ④ hostile

16 Youth cannot accept death as inevitable. His mother is Nature, and he believes himself to be, like her, _____.

① glorified   ② splendid

③ transient   ④ immortal

17 Some people _____ their errors so that they may seem larger than they are.

① transfer   ② submit

③ magnify   ④ intercede

18 The speaker tried to _____ the mob, but he could not calm them down.

① provoke   ② expound

③ confide   ④ pacify

19 He felt such a close _____ for animals that he became a veterinarian.

① affinity   ② distaste

③ approach   ④ likeness

20 Usually, drinking a cup of coffee before bed is not _____ to getting an adequate night's sleep.

① helpful   ② persuasive

③ ridiculous   ④ incompetent

21   The painting was thought to be a fake until a professor proved it was a _____ masterpiece.

① copied   ② stolen
③ forged   ④ genuine

22   During the twentieth century, many _____ products have replaced the natural products.

① synthetic   ② flexible
③ expensive   ④ modern

23   Dr. Johnson's idea about how to solve the problem were so _____ that I had to agree with him.

① biased   ② trite
③ complex   ④ convincing

24   Even though she had not eaten all day long and had _____ money in her pocket, Elizabeth _____ the offer of a free meal.

① much — accepted   ② extra — rejected
③ enough — welcomed   ④ little — declined

25   There is a deep philosophical divide between those who advocate _____ of our natural resources and those who support careful development of those same resources.

① preparation   ② illegal trade
③ full exploitation   ④ even distribution

❙ Choose the one that best completes the sentence(s). ▶ ▶ ▶ **ANSWERS** P.178

01 Medical experts said the condition was _____ but not uncommon in older people.

① definite   ② stable
③ abnormal   ④ widespread

02 People called him a(n) _____, who put his fellow soldiers in danger to avoid dangerous situations.

① fraud   ② burglar
③ opponent   ④ coward

03 Whether this rug is red or green is _____ to someone who is color-blind.

① salient   ② insolent
③ inconsequential   ④ inevitable

04 Before the sermon, the vicar asked the _____ to sit down.

① congregation   ② constituents
③ crowd   ④ contributors

05 Dan's parents greeted me with _____ and made me feel like an old friend of the family.

① cordiality   ② audacity
③ provisionality   ④ equity

06 Workers expanding a private parking lot in the coastal Croatian town _____ unearthed a number of Roman-era graves.

① concretely   ② deliberately
③ accidentally   ④ sternly

07　No matter how hard the teacher tried to _____ the students to follow the rules, they just didn't listen to her.

　　① enable　　　　　　　　② allow
　　③ convince　　　　　　　④ tempt

08　The concept of _____ grouping of people with similar interests and abilities was very popular among educators.

　　① integrated　　　　　　② heterogeneous
　　③ homogeneous　　　　　④ congruent

09　He encouraged his fellow inmates to escape, and tried to _____ the enemy guards at every opportunity.

　　① admonish　　　　　　　② censure
　　③ perturb　　　　　　　　④ extricate

10　When you meet any difficulties, you had better take a few days off to _____ the alternatives before making a decision.

　　① ponder　　　　　　　　② wander
　　③ bewilder　　　　　　　④ flounder

11　Each person was _____ a certain share of the profits according to the amount of time and work he or she had put into the project.

　　① speculated　　　　　　② appropriated
　　③ collaborated　　　　　④ allocated

12　Having written 140 books to date, he may well be considered one of the most _____ novelists of the century.

　　① anonymous　　　　　　② prolific
　　③ eccentric　　　　　　　④ controversial

13 Britain's seizure of American ships and _____ our sailors to serve in the British Navy were two major causes of the War of 1812.

① bribing   ② recruiting

③ deriding   ④ compelling

14 It is _____ that a people so capable of treachery and brutality should also exhibit such a tremendous capacity for devotion and charity.

① appalling   ② explicable

③ distressing   ④ paradoxical

15 The trustees reported that the previous year's expenditures had already _____ the budget and that additional spending would be impossible.

① increased   ② cut

③ restored   ④ exceeded

16 The poetry of Mallarme, like the poetry of most of the symbolists, is not clear and easily accessible but rather vague and _____.

① opaque   ② infinite

③ lucid   ④ straightforward

⑤ concrete

17 Their research was so _____ that not even one tiny bit of evidence was left _____.

① arduous — imperiled   ② superficial — documented

③ impeccable — recorded   ④ thorough — unexplored

18 It is surprising for such a small business to achieve _____ growth in a globally competitive economy where many small companies have failed to survive.

① insecure   ② partial

③ continuous   ④ exaggerated

19 The most common presentation of stroke is a sudden-onset weakness of one side of the body. Migraine is unlikely to be confused with stroke, as it is a stereotyped recurrent headache, not so sudden but _____.

① predictable   ② avertible
③ deferrable   ④ relievable

20 A desire to be applauded by those in attendance, not his sensitivity to the plight of the underprivileged, was the reason for his _____ at the charity affair.

① shyness   ② discomfort
③ generosity   ④ arrogance

21 While regularly engaging in moderate workouts can help maintain a healthy heart, _____ exercise can actually stress the heart, hence increasing the risk of a stroke or heart attack.

① infallible   ② excessive
③ prolific   ④ vivacious

22 How people cope with _____ is far more revealing of their character than how they act in times of good fortune. Almost anyone can be kind and laid-back when they have little to worry about.

① diversity   ② humility
③ adversity   ④ impropriety

23 People who find themselves lost in the desert sometimes see shimmers that they mistake for pools of cool water in the arid wasteland. Unfortunately, these are more likely to be _____ than genuine oases.

① recluses   ② outposts
③ mirages   ④ chameleons

24 A good novel doesn't state its theme explicitly or tell us everything about its characters directly. Instead it presents us with just enough information for us to _____ what we need to know from the clues provided.

① imply   ② infer
③ imbue   ④ instill

25 A red sky in the morning is considered a(n) _____ by sailors, who believe it is a sign of an impending storm and who will often refuse to sail on such days for fear of encountering rough seas.

① omnivorous predator   ② omitted clause
③ omnibus bill   ④ ominous portent

03

| Choose the one that best completes the sentence(s).   ▶▶▶ ANSWERS P.182

01   Medical data is _____ and will not be released to anyone without patients' consent.
① confidential   ② believable
③ mysterious   ④ persuasive

02   The life of the lightening bug is _____ to human eyes: They live only twenty-four hours.
① ludicrous   ② ephemeral
③ ecstatic   ④ incandescent

03   He realized that his obsession with his job had _____ him from his family.
① alienated   ② delivered
③ shone   ④ amazed

04   Normative statements are _____: they make a claim about how the world ought to be.
① remedial   ② wholesome
③ prescriptive   ④ arbitrary

05   We know that being active is good for your health and we know a(n) _____ lifestyle is bad for your health.
① humble   ② outgoing
③ opulent   ④ sedentary

06   His words to the press were deliberately _____ — he didn't deny the reports but neither did he confirm them.
① straightforward   ② decisive
③ inimical   ④ equivocal

07 It's easy to consume yourself with trying to maximize every dollar, but being unnecessarily _____ can damage relationships with those around you.

① dull   ② frugal

③ stubborn   ④ pretentious

08 The snakes are not venomous and are known for having a(n) _____ nature that makes them a good pet for snake enthusiasts.

① inquisitive   ② malicious

③ offensive   ④ docile

09 He had developed a poison which could not be smelled when mixed with food. Because it was _____, he was able to murder them without being caught.

① impeccable   ② impertinent

③ indiscreet   ④ imperceptible

10 The statement "All cars are either small and _____ or large and polluting" creates a false dichotomy because there are some cars that don't fit into either category.

① efficient   ② fragile

③ slender   ④ cramped

11 She enjoys religious _____, and her theological perspective can be succinctly summed up with the words of her bumper sticker: "God is too big to fit into one religion."

① diversity   ② instruction

③ worship   ④ intolerance

12 Statistically, what happens on this superstitious day, Friday the 13th, is no more _____ than what goes on during any other day of the year.

① bizarre   ② mediocre

③ carefree   ④ serene

13 When the Carthaginians surrounded their Roman enemies, things quickly began looking _____ for the Romans, who soon fell in defeat.

① ominous   ② laudatory

③ archaic   ④ plausible

14 Vincent van Gogh had various loves throughout his life, none of which ran _____. He proposed three times, but he never actually tied the knot.

① insipidly   ② absurdly

③ pensively   ④ smoothly

15 When a doctor or pharmacist fails to inquire about the patient's medical history, allergies, or other prescriptions, they may be liable for any harm caused by their _____.

① exemption   ② oversight

③ hindrance   ④ liability

16 The Brits are the fattest people in Europe: a race afflicted by _____, corpulence, and the attendant miseries of ill-health, early death, and national embarrassment.

① wrath   ② envy

③ gluttony   ④ lust

17 I want to be unequivocal: there is absolutely no place in our democracy for _____ facts or using falsehoods to gain political advantage.

① disclosing   ② manipulating

③ emphasizing   ④ ascertaining

18 Unlike his predecessor Benedict, who was well-known as a music lover, Francis has shown _____ interest in music, liturgical or otherwise.

① intricate   ② versatile

③ scant   ④ abiding

19 As India's economy has boomed in recent years, it has sought to use its new found wealth — built on its high-tech sector — to buttress political and military _____.

① conflicts
② dominance
③ corruption
④ hardship

20 Today we must abandon competition and secure cooperation. This must be the central fact in all our considerations of international affairs; _____ we will face certain disaster.

① however
② otherwise
③ nevertheless
④ unless

21 The Hakenkreuz, a symbol of Nazism, has been banned by countries around the world. Japan's Rising Sun Flag also serves a(n) _____ reminder of its brutal Imperialist past to half of Asia.

① salutary
② inflammatory
③ feeble
④ anonymous

22 Public rage reached a boiling point when dwindling state revenues forced the prime minister to _____ government fuel subsidies, abruptly _____ gasoline prices on consumers by up to 20%.

① boost — lifting
② increase — dropping
③ slash — hiking
④ lower — curtailing

23 Faults of electrical appliances are a major cause of house fires. We should not use an appliance with a worn cord which can send heat onto _____ surface like floors, curtains and rugs.

① combustible
② decorative
③ frictional
④ volatile

24   Two recent publications offer different assessments of the career of the famous British nurse Florence Nightingale. A book by Anne Summers seeks to debunk the idealizations and present a reality _____ Nightingale's heroic reputation.

① in terms of   ② in accordance with
③ in proportion to   ④ at odds with

25   The theory of education is dependent on the nature of the society and is determined by the philosophy which governs the relations between the individual and the society. Thus we can say that there is no theory of education which carries _____.

① absolute authority   ② relative role
③ specific goals   ④ incomplete contents

04

Choose the one that best completes the sentence(s).   ▶▶▶ ANSWERS P.186

01   The pharmacist was not able to fill the _____ right away.

① medication   ② subscription
③ description   ④ prescriptions

02   A man who attempts to pass for more than he is worth is said to be _____.

① retentive   ② extenuating
③ sedentary   ④ pretentious

03   We had to begin at exactly the same time, and so we all _____ our watches.

① transfixed   ② stabilized
③ temporized   ④ synchronized

04   The U. S. tobacco companies are _____ decreasing domestic sales by expanding sales abroad.

① making up for   ② giving way to
③ keeping up with   ④ finding fault with

05   Athletes can never be _____ about their achievements; if they become too self--satisfied, they lose their drive for success.

① acute   ② diffident
③ complacent   ④ scrupulous

06   Joe Camel, and animated character, was the focus of anti-smoking critics and they said the character _____ smoking to teenagers.

① marred   ② glamorized
③ banned   ④ uglified

07 Nearly _____ by disease and the destruction of their habitat, koalas are now found only in isolated parts of eucalyptus forests.

① averted   ② dispersed
③ compiled   ④ exterminated

08 _____ and urbanely, but persistently, the members of the special investigatory commission asked question after question of all the President's aides.

① Courteously   ② Belligerently
③ Intrusively   ④ Intermittently

09 You may love every word of your 1000-page novel, but you'll have to _____ the plot into a 2-page summary for your editor.

① embellish   ② conjure
③ condense   ④ refurbish

10 A siesta or afternoon snooze has been scientifically demonstrated to improve alertness, memory and _____ performance: it can help you organize your thoughts.

① emotional   ② cognitive
③ aesthetic   ④ physical

11 De Niro has a reputation as a man of few words, notorious for responding to journalists' questions with _____ monosyllables.

① terse   ② explicit
③ instructive   ④ outmoded

12 Keith was guilty of _____ when he purposely left the computer store open so his friends could steal laptops.

① assault   ② bribery
③ forgery   ④ complicity

13 On several occasions the tank has been declared _____, and expected to disappear from the battlefield.

① watered   ② determinant

③ forcible   ④ obsolete

14 We cannot respect a man who prefers egocentric fantasy to reality. He professes idealism merely to give philosophical prestige to his love of _____.

① humanity   ② principle

③ self   ④ ideal

15 Americans do not feel that _____ obedience and implicit submission to the will of another is necessary in order to maintain good government.

① nominal   ② blind

③ mechanical   ④ superficial

16 We are living in the age of science and reason, so we think it is _____ that primitive men considered eclipses to be _____.

① glaring — desirable   ② foretold — spectacular

③ impossible — ominous   ④ understandable — magical

17 After all, if you were confronted by a wild boar in the woods, or were about to be hit by a bus, you may need to move _____, and fast.

① absolutely   ② simultaneously

③ constantly   ④ instantly

18 Mobile homes have been gaining favor as _____ to increasingly expensive conventional housing.

① a reaction   ② an addition

③ an introduction   ④ an alternative

19 Dictators are not concerned with the safety and interests of their nationals, but only in their own greedy and _____ needs.

① special   ② credible
③ insatiable   ④ sensible

20 I went over to her house to ask her out on a date, using the _____ of returning to her the book she had left in the library.

① maintenance   ② pretext
③ allowance   ④ prevalence

21 Today's gardener can find many antique bulbs that have been _____ in the same form for more than a hundred years, and even several centuries.

① preserved   ② shortened
③ revised   ④ preempted

22 Though tempted to kill the giant as he slept, Odysseus realized the _____ of such a course of action, since the stone blocking the entrance to the cave was far too large to be moved by men.

① intricacy   ② anxiety
③ futility   ④ necessity

23 Keep in mind that everyone has _____. Only so much work can be done in a day. Job descriptions, whether written or verbal, should be based on these limits, not on the amount of work that needs to be done.

① emergencies   ② callings
③ limits   ④ merits

24 Until the current warming trend exceeds the range of normal climatic fluctuations, there will be, among scientists, considerable _____ the possibility that increasing levels of atmospheric CO_2 can cause long-term warming effects.

① interest in   ② uncertainty about
③ enthusiasm for   ④ worry about

25 Mathematical physicists have developed techniques for studying such aeronautical problems as the relative effectiveness of various surfaces and shapes for movement through air. The results of their studies can be seen in contemporary _____.

① aircraft design   ② air transportation
③ mathematics and physics   ④ scientific problems

05

I Choose the one that best completes the sentence(s).

▶▶▶ ANSWERS P.190

01 There are no _____ talks about cosmetic surgery because people are afraid of speaking against it.

① candid ② artificial
③ discreet ④ compliant

02 Some economists are invoking the emerging markets crisis of the late 1990s, when the financial systems of less-developed countries _____ like dominoes.

① collapsed ② reversed
③ evolved ④ flourished

03 Although he was largely uneducated, Hitler was a charismatic speaker who captivated audiences with his _____.

① revenge ② eloquence
③ grace ④ honesty

04 Airliners have been fitted with strengthened flight deck doors — intended to _____ intruders from taking control — since 9/11.

① alienate ② distinguish
③ prevent ④ divert

05 Though they cried out for help, their voice was so _____ that it could not be heard by neighbours.

① harsh ② desperate
③ audible ④ feeble

06 The progress of the disease is _____, and death often occurs within hours of the onset of symptoms.

① sporadic   ② swift

③ gradual   ④ subtle

07 An argument between airline passengers over reclining seats became so _____ that pilots diverted the flight from Denver to Chicago.

① rational   ② tense

③ banal   ④ sympathetic

08 Many coaches and players complained that the officiating was so _____ that it was impossible to tell what was a foul and what wasn't.

① feasible   ② steady

③ capricious   ④ impartial

09 Right before the holidays, toy stores are often _____ with eager parents scrambling to get the latest action figures and video games.

① scattered   ② inundated

③ conciliated   ④ forged

10 Because traditional Japanese rooms are not _____, it is necessary to mind the noise levels at night so as not to disturb guests staying in adjacent rooms.

① open to the public   ② airconditioned

③ sound proof   ④ all furnished

11 Filing tax returns electronically significantly _____ the number of errors, since software can check for and repair mistakes in real time.

① lessens   ② neglects

③ converts   ④ computes

12   Not all of the media coverage is trustworthy; the tabloid, for example, is _____ objective, often dishing up more opinion than fact.

      ① as good as   ② far from
      ③ more than   ④ virtually

13   Customers are advised to be as _____ as possible when describing the problem they have with a product.

      ① full   ② distinctive
      ③ fixed   ④ specific

14   Traffic speed limits are set at a level that achieves some balance between the danger of _____ speed and the desire of most people to travel as quickly as possible.

      ① normal   ② prudent
      ③ inadvertent   ④ excessive

15   It hurt my pride to be forced to _____ a person who always insulted me; nevertheless, I tried to _____ him.

      ① respect — question   ② intimidate — redeem
      ③ repudiate — evaluate   ④ propitiate — conciliate

16   Marvin's _____ boss threatens the office staff, inflexibly insisting that everything be done in a certain way.

      ① genuine   ② autocratic
      ③ democratic   ④ optimistic

17   Although specific concerns may determine the intent of a research project, its results are often _____.

      ① unanticipated   ② beneficial
      ③ expensive   ④ spectacular

18 The exact cause of the murder victim's death will not be known until the _____ has been performed.

① autopsy   ② immunity
③ diagnosis   ④ convalescence

19 The yearning for freedom in Poland and Afghanistan and human rights activity in the Soviet Union continue to be _____ suppressed.

① retroactively   ② revocably
③ revealingly   ④ relentlessly

20 Fuzzy logic began to find applications in industry in the early 1970s, when it was linked to advanced computer science and the study of _____ intelligence.

① natural   ② human
③ artificial   ④ universal

21 Government officials argue that the underdeveloped land is highly needed for farming, industry, and housing, while environmentalists say that we need to _____ it.

① industrialize   ② desist
③ commandeer   ④ preserve

22 As men encroach on their nesting and wintering grounds the number of birds continues to dwindle and officials of the country fear that the species may become _____.

① existed   ② evident
③ distinct   ④ extinct

23   We cannot assume that the educated person of a community are its only clear thinking inhabitants, for it has been shown that good judgment is not necessarily proportional to _____.

① wisdom   ② education
③ heredity   ④ experience

24   Not enough parents try to change the behavior of their children by changing their children's surroundings. Most parents _____ environmental modification and try to talk their children out of unacceptable behavior.

① pursue   ② exaggerate
③ neglect   ④ revise

25   Although blue-collar workers were less aware that they might be judged by their clothing, they recognized that any deviation from the accepted pattern of dress would draw _____ from fellow workers.

① serenity   ② resolution
③ ridicule   ④ camouflage

▌ Choose the one that best completes the sentence(s). ▶▶▶ **ANSWERS** P.194

01   A major news source exaggerated the potential benefits, while _____ the issue of potential harms.

① emphasizing   ② inspecting
③ ignoring   ④ describing

02   Many firms have been passing through lots of difficulties due to the economic _____ of recent years.

① uncertainty   ② warranty
③ responsibility   ④ security

03   When I heard he was suffering from sleeplessness, I said to him _____, "That's too bad."

① indifferently   ② curiously
③ sympathetically   ④ angrily

04   The lecture of physics came to a(n) _____ end when the alarm sounded for building evacuation.

① gradual   ② abrupt
③ sporadic   ④ prospective

05   We're going to take a closer look at drugs and crime tonight: the drug Ritalin, to be _____, and teenage crime.

① humble   ② specific
③ specialized   ④ compact

06 George had difficulty swimming across the lake, but he finally succeeded on his fourth _____.

① attempt   ② process
③ display   ④ instance

07 By his clever _____ of all those around him, he was able to gain the position he desired.

① animation   ② animosity
③ emancipation   ④ manipulation

08 All the newspapers here are _____ by the intelligence agency, so in order to get the real story, you have to learn to read between the lines.

① censored   ② published
③ compiled   ④ invested

09 He felt that his scandal with his secretary was a mere _____, but his wife thought that it was grounds for a divorce.

① fault   ② flake
③ fraud   ④ gratitude

10 In providing tutorial assistance and college scholarships for hundreds of economically disadvantaged youths, Ivan Ramsey performed a truly _____ deed.

① prejudiced   ② altruistic
③ contradictory   ④ self-complacent

11 The same employee has won Employee of the Month for seven _____ months, much to the dismay of the rest of the staff.

① next   ② following
③ urgent   ④ consecutive

12 These nations may be geographically far from many parts of the world, but their history is as _____ to us as any other.

① inconvenient   ② indifferent

③ familiar   ④ ludicrous

13 The problem of plagiarism is _____ day-by-day, with more and more college students resorting to plagiarism for completing their assignments.

① fluctuating   ② reducing

③ intensifying   ④ calming

14 A Muslim woman in a head-to-toe swimsuit may have opened a new chapter in France's conflict between religious practices and its stern _____ code.

① modern   ② secular

③ prehistoric   ④ cheerful

15 Although his outnumbered troops fought bravely, the general felt that he had no choice but to _____ defeat and _____ a retreat.

① hasten — suggest   ② oversee — reject

③ overcome — request   ④ acknowledge — order

16 Make sure that your fermentation temperature is no more than a few degrees higher than usual since too high of a temperature can stop the fermentation entirely and _____ your beer.

① flavor   ② ruin

③ savor   ④ recycle

17 He had a(n) _____ expression on his face and seemed to be looking down his nose at the other guests.

① amiable   ② arrogant

③ resolute   ④ capricious

18   A Hindu employee who was working with Muslim was pressured by her family to
_____, for they did not approve of her going to a Muslim area.

① resign   ② retaliate
③ achieve   ④ hide

19   I felt the sorrow but didn't say anything, putting a fake smile on and _____ that there
was nothing wrong.

① suspecting   ② satisfying
③ pretending   ④ proving

20   I want you to think about how your mother cared for you when you were a baby —
when you were too _____ to do anything for yourself.

① confused   ② precious
③ disappointed   ④ helpless

21   The year 2014 saw a decrease in shark attacks worldwide, largely due to dwindling
numbers of sharks, and more proactive attempts by people to _____ them.

① retrieve   ② console
③ smuggle   ④ repel

22   Unlike the American worker, who expects to work for several different firms during
his or her career, until recently the Japanese worker regarded employment as _____.

① a personal ambition   ② a lifetime commitment
③ a monetary gain   ④ a prolonged pause

23   Considering that illegal immigrants _____ their identity for fear of being expelled by
foreign governments, the number of illegal immigrants could easily be higher.

① are likely to reveal   ② are used to showing
③ are determined to declare   ④ are reluctant to disclose

24   Women's heart risk can often be underestimated by doctors, and they are less likely than men to receive recommendations from their doctors, which results in _____.

① low heart risk
② less preventive care
③ higher medical expenses
④ more accurate diagnosis

25   Music is an extremely _____ aural experience. Some sounds are perceived by us as pleasant and some others as unpleasant. What is considered pleasant or unpleasant can be quite personal, based on our specific culture.

① impartial
② entertaining
③ comparable
④ subjective

❚ Choose the one that best completes the sentence(s). ▶▶▶ ANSWERS P.198

01 Joining the union is a _____ decision. No one is required to join.
① voluntary   ② false
③ necessary   ④ daring

02 The police _____ the suspect from custody because they learned he was innocent of the crime.
① pursued   ② arrested
③ released   ④ witnessed

03 He began to _____ after he was fired from his job.
① hit the spot   ② beat a dead horse
③ hit the bottle   ④ handle with kid gloves

04 The _____ equipment in many public schools undermines their efforts to prepare students to meet the demands of modern business.
① animated   ② brilliant
③ benevolent   ④ ancient

05 The two colleges have a _____ arrangement whereby students from one college can attend classes at the other.
① reciprocal   ② futile
③ delicate   ④ superficial

06 There will never be a(n) _____ dictionary of the English language because language continues to evolve over time.
① portable   ② illegible
③ definitive   ④ plausible

07 She received the "Employee of the Month" award for her _____ performance on the job.

① credulous   ② critical

③ quarrelsome   ④ exemplary

08 Learning disabilities, such as dyslexia, can significantly _____ a student's academic progress.

① report   ② impede

③ improve   ④ promote

09 I planned to _____ all of my possessions in a massive garage sale before embarking on a two-year voyage to circumnavigate the globe.

① ship off   ② sell off

③ borrow   ④ appraise

10 Though I had requested a(n) _____ critique of my work, I was surprised to receive the harsh criticism because I was not prepared for it.

① candid   ② authorized

③ abstract   ④ ambiguous

11 He was very _____ when he learned that the impressive buildings at the theme park were merely empty facades.

① satisfied   ② delighted

③ disinterested   ④ disappointed

12 Before Columbus conquered South America, groups of nomadic people clustered around the Amazon River, leaving the surrounding rainforest _____ and untouched.

① infertile   ② bizarre

③ pristine   ④ fragile

13 History is continuous process of _____ between the historian and his facts, and an unending dialogue between the present and the past.

① efficiency   ② interaction
③ accusation   ④ intervention

14 The remarkable fact about American English is not that it differs from British English, but that it is still so _____ to the parent language.

① indifferent   ② close
③ valuable   ④ impervious

15 They are often so humble that they seldom mention their past work experience and give too poor _____ of their real abilities.

① assumption   ② integrity
③ assessment   ④ suppression

16 After three years in Paris, he was filled with _____ and longed for the familiar scenes of New York City.

① energy   ② vogue
③ nostalgia   ④ acquaintance

17 Mr. Holan's argument about the theory of chemistry was quite _____, and we all understood it.

① loquacious   ② lubricious
③ lucid   ④ ludicrous

18 Many people felt that it was a _____ of justice when the accused murderer was acquitted of the charges.

① perversion   ② paradigm
③ safeguard   ④ realization

19　The whole of Europe faced a(n) _____ in the seventeenth century, which expressed itself in a series of breakdowns, revolts, and civil wars.

① union
② renewal
③ crisis
④ invasion

20　There was always _____ between the newly wed couple, and they often got into a conflict over who is right and who is wrong.

① tension
② faith
③ progress
④ indifference

21　He was the son of a sultan and would not bring _____ on his ancestors by being slaughtered as easily as a frightened antelope brought down by a lion.

① disgrace
② disparity
③ delusion
④ defeat

22　Men are not equal in physical strength, health, intelligence, or attractiveness. In these characteristics, the law of nature is _____.

① equality
② mystery
③ diversity
④ uniformity

23　Due to unforeseen circumstances, the original plans were no longer _____ and were therefore _____.

① acceptable — rejected
② approved — effective
③ relevant — adaptable
④ applicable — appraised

24　Most of the ancient religions taught men to observe and do the good in the world without ignoring the evil. In other words, look for the good, but remember that _____.

① all is good
② nothing is evil
③ the evil is also there
④ the evil doesn't exist

25   Many vacation resorts that used to be depend entirely on summer customers are advertising skating, skiing, and other cold-weather sports. They hope to attract crowds of winter vacationers and to secure themselves _____.

① a better location   ② teen-age customers
③ a year-round income   ④ government assistance

I Choose the one that best completes the sentence(s).   ▶▶▶ **ANSWERS** P.202

01   Despite his _____ for calculus, he had trouble with basic arithmetic.

① aversion   ② aptitude

③ sympathy   ④ precaution

02   The criminal record of the witness caused the jury to _____ his testimony.

① belie   ② discredit

③ acquit   ④ retract

03   Without positive evidence your accusation will remain as simply _____.

① default   ② digression

③ contagion   ④ conjecture

04   The drunken man's behavior was so terrible that it caused _____ in all of the other patrons of the bar.

① excitement   ② reduction

③ repulsion   ④ accumulation

05   Are you happier when you are with a crowd? Do you prefer people to _____ and feel emotionally content in the company of friends? You are gregarious.

① honor   ② solitude

③ society   ④ attention

06   If trade does not improve soon, the firm may _____, and then all the worker will be out of job.

① recruit   ② be well off

③ expand   ④ go bankrupt

07   In the gold rush of the late 1800's very few acquired riches; most earned only a _____ income as laborers in the mining camps.

      ① daily   ② steady

      ③ scanty   ④ comfortable

08   Although her personality is sometimes abrasive, she is a painstaking worker and is _____ better treatment than she has received.

      ① entitled to   ② inapt for

      ③ conscious of   ④ illegible for

09   In scientific research, disappointments are not the exception, but the rule. Scientists keep working in the hope that their present research will _____.

      ① be an exception   ② soon be completed

      ③ be popularized   ④ conform to the rule

10   The play was childishly written; the denouement was _____ to sophisticated theatergoers as early as the middle of the first act.

      ① abstract   ② profound

      ③ obvious   ④ controversial

11   Unexperienced, young men sometimes fail to grasp the long-term _____ of many of the decisions they face.

      ① importance   ② gratitude

      ③ manipulation   ④ innovation

12   In *Othello* written by William Shakespeare, the tragedy of Othello's _____ Desdemona is intensified by the ardor of their love for each other.

      ① murder of   ② attention to

      ③ affection for   ④ gratitude for

13   His hobby proved to be so _____ and profitable that gradually he abandoned his regular occupation and concentrated on his avocation.

① tiresome   ② expensive
③ whimsical   ④ fascinating

14   Some of the public officers and some of the managers of a government enterprise were _____ on the ground that they had taken bribes.

① fired   ② promoted
③ praised   ④ decorated

15   Get a shirt one size larger than you usually wear, because this material _____ when you wash it.

① fades   ② shrinks
③ recedes   ④ decreases

16   The king was startled that when he _____ his power to rule he lost the respect that had come with his throne.

① enforced   ② impeded
③ abdicated   ④ mortified

17   He tried to be amused by the _____ nature of clients' tastes; it was part of the job, and if he got exasperated every time someone changed their mind, he'd never survive.

① courteous   ② resilient
③ dull   ④ fickle

18   As soon as the newspapers carried a scoop, an exclusive news, of his connection with the _____, his friends began to ostracize him.

① needy   ② patriots
③ criminals   ④ orphans

19   The statement of the prosecutor's witness was so vague that the judge felt impelled to _____ the accused.

① acquit   ② detain
③ employ   ④ sentence

20   I don't think *friendly* is the right word. The breed standard is that Tibetan Mastiffs are "_____ with strangers." They're not aggressive, but they are completely disinterested in people.

① alert   ② aloof
③ afire   ④ abashed

21   Bernie Sanders, Democratic candidate for President of the U.S., replied that student loan rates were _____, and laid out his proposal to eliminate tuition at public colleges.

① affordable   ② meager
③ exorbitant   ④ equitable

22   In adolescence, a young person may experience some emotional stress due to conflicting and _____ social demands.

① light   ② promising
③ interesting   ④ confusing

23   The museum arranged the fossils in _____ order, placing the older fossils dating from the Late Ice Age on the first floor and the more recent fossils on the second floor.

① random   ② arbitrary
③ chronological   ④ retrospective

24 Because the undertaking syndicate, a committee which is composed of the company directors, gave the factory a _____ examination, they _____ many defects.

① rough — neglected   ② close — overlooked

③ hasty — pointed out   ④ regular — made little of

25 Science itself is not only morally neutral, that is, _____ to the value of the ends for which the means are used; it is also totally unable to give any moral direction.

① sacred   ② sensitive

③ indifferent   ④ moribund

TEST

09

▌ Choose the one that best completes the sentence(s).   ▶▶▶ ANSWERS P.206

01 The enemy soldiers were hot in pursuit; desperate, the fugitive sought _____ in the village church.

① therapy   ② sanctuary
③ confirmation   ④ repudiation

02 The clothes she designed for men are rather conservative, but her fashions for women are more _____.

① austere   ② flamboyant
③ inexpensive   ④ intelligible

03 Machiavelli argued that the results he got _____ his tactics — in other words, the ends justified the means.

① disclosed   ② vindicated
③ implemented   ④ revised

04 Biological warfare is the tactic of using poisonous substances to _____ mass amounts of soldiers or civilians.

① conserve   ② transport
③ subdue   ④ persuade

05 Jason was impressed by the philosopher's lecture, but Tony thought the lecture was better characterized as _____ than as erudite.

① translucent   ② recondite
③ impeccable   ④ specious

06 As more and more people around the world _____ cities, urban areas in developing nations are struggling to keep up with the human influx and the waste that people produce.

① complain to   ② interfere in

③ account for   ④ flock to

07 A drug company that markets sleeping pills to children in the US has received the _____ honour of taking first place in the Bad Product Awards.

① noble   ② immense

③ dubious   ④ eminent

08 At the London Olympics, table-tennis pairs from three countries _____ tried to lose matches to get better odds in later rounds. It was funny to watch, but they were all thrown out for poor sportsmanship.

① haphazardly   ② deliberately

③ whimsically   ④ recklessly

09 Residents near a Tokyo Electric Power Co. atomic plant were ordered to _____ because of a possible radiation leak.

① linger   ② confess

③ offset   ④ evacuate

10 In an effort to refine his manners before the lady he stopped _____ and spoke as politely as he could.

① vindicating   ② soothing

③ meandering   ④ swearing

11 Though feminist in its implications, Yvonne Rainer's 1974 film _____ the filmmaker's active involvement in feminist politics.

① preserved   ② portrayed

③ encouraged   ④ renewed

⑤ antedated

12 I was so bored with the verbose and redundant style of that writer that I welcomed the change to the _____ style of this author.

① prolix   ② consistent
③ terse   ④ logistical

13 His wife was impossible to please because of her _____ nature, which was like the mercurial weather in London.

① facetious   ② disinclined
③ moody   ④ far-fetched

14 Paradoxically, Robinson's excessive denials of the worth of early works of science fiction suggest that she has become quite _____ them.

① reflective about   ② enamored of
③ skeptical of   ④ encouraged by

15 While contaminants were found in the city's water supply, they were in such _____ amounts that they posed no public health risk.

① absurd   ② substantial
③ infinitesimal   ④ redundant

16 Joanne tried to _____ her fear and face the challenge head on, even though she knew that she would probably fail once again.

① quell   ② augment
③ feign   ④ probe

17 Although over the years _____ resources had been devoted in this country to alleviating the problem, a satisfactory solution remained _____.

① adequate — probable   ② natural — artificial
③ capital — decisive   ④ substantial — elusive

18   Imports in the first three months have increased by 10 per cent compared with the
_____ period last year.

① succeeding   ② momentary
③ corresponding   ④ irregular

19   Most businesses continually need to recruit qualified personnel to _____ workers
who retire or quit.

① replace   ② unplace
③ displace   ④ misplace

20   She had a feeling that something bad was going to happen, but no one would believe
this _____ of hers.

① diligence   ② forbearance
③ propensity   ④ premonition

21   Unfortunately, the film has been _____ light, and so the photograph cannot be
developed properly.

① imposed on   ② exposed to
③ imported from   ④ impressed on

22   Rampant intellectual property litigation _____ innovation by slowing new products
to market and making them more expensive.

① advocates   ② contemplates
③ impedes   ④ augments

23   Though many of the teachings of Socrates are generally accepted today, in his time
they disagreed with the prevalent ideas and were considered to be very _____.

① radical   ② practical
③ political   ④ philosophical

24   At first, each star appears separated from all the others: but, as one looks a little longer, _____, pairings appear, and groupings emerge.

① many stars come into view

② constellations dissolve

③ clusters begin to take shape

④ every star becomes distinct

25   In the *Alice Through the Looking Glass* world of Pyongyang, it is all but impossible to tell truth from fiction. Some tall tales may be wholly or partly true, others are almost certainly _____ by the regime.

① validated   ② neglected

③ fabricated   ④ amended

❚ Choose the one that best completes the sentence(s).   ▶▶▶ ANSWERS P.210

01   Considering how long she had yearned to see Italy, her first reaction was curiously
_____.

① meditative   ② tepid
③ categorical   ④ unoriginal

02   Turbulence injuries on commercial planes are rare and could be nearly _____ in the
future.

① faltered   ② seized
③ eliminated   ④ deteriorated

03   Journalists are sure to have a difficult time keeping up with their finances because
their earnings are _____.

① reliable   ② disgraceful
③ substantial   ④ meager

04   Men are _____ patients and their avoidance of medical care may be costing them
their lives.

① reluctant   ② immune
③ impatient   ④ positive

05   It's hard to get too much calcium from food sources, but supplements and designer
foods can easily push people beyond what's needed or even _____.

① requisite   ② wholesome
③ modest   ④ undesirable

06   John Adams has fought to defend the environment and encouraged individuals
around the world to join the _____.

① cause   ② imagination
③ donation   ④ development

07 Australia is not multi-cultural. In multi-cultural countries, separate cultures are
_____ throughout generations. All Australian-born citizens regard their culture as
Australian.

    ① blended   ② maintained
    ③ assimilated   ④ neglected

08 The film has a very episodic structure and its tone is sometimes _____, ranging from
hilariously funny to downright sad at times.

    ① uneven   ② satirical
    ③ laconic   ④ somber

09 People who want to argue that racism is natural have tried to _____ their position
with evidence that racism is in some sense biological.

    ① refute   ② buttress
    ③ absolve   ④ conceal

10 Many linguists believe that our ability to learn language is at least in part _____, that
it is somehow woven into our genetic makeup.

    ① innate   ② accidental
    ③ empirical   ④ transitory

11 Because folk art is neither completely rejected nor accepted as an art form by art
historians, their final evaluation of it necessarily remain _____.

    ① estimable   ② orthodox
    ③ unspoken   ④ equivocal

12 The loan will certainly help the firm out of its present _____, but the relief is more
likely than not to be temporary.

    ① fantasy   ② opulence
    ③ prosperity   ④ predicament

13 When a man travels abroad and finds totally disparate standards of conduct prevailing, he begins to comprehend the might of _____.

① custom   ② sovereignty
③ nationality   ④ circumstance

14 I tried to distinguish between the *feeling* that science and religion sometimes conflict and the *belief* that they were ultimately _____.

① glamorous   ② compatible
③ fluctuating   ④ volatile

15 Harvard, committed only to avoiding bad publicity, _____ a police investigation, protects the suspected professor and silences the press.

① undergoes   ② expedites
③ testifies   ④ thwarts

16 The Internet connects people, but there is no _____ at all nowadays. The truth is that if one wants to share a secret or _____ in someone, it's best not to communicate in cyber-space. It's better to talk softly, face to face in a quiet corner.

① formality — revel   ② solitude — count
③ barrier — intervene   ④ privacy — confide

17 Both content and style are essential to good poetry. A good subject does not insure a good poem, and an elaborate form is ridiculous in the absence of _____.

① something to say   ② elaborate style
③ a complex purpose   ④ insignificant content

18 A good social conversation can never be planned in advance. It just happens if the circumstances _____ favor its occurring.

① intentionally   ② continually
③ fortuitously   ④ eventually

19   I ask you to seek a(n) _____ beyond your own comfort; to defend needed reforms against easy attacks; to serve your nation, beginning with your neighbor.

① overwhelming triumph   ② common good
③ promising future   ④ self-interest

20   Copyright and patent laws attempt to encourage innovation by ensuring that inventors are paid for creative work, so it would be _____ if expanded protection under these laws discouraged entrepreneurial innovation by increasing fears of lawsuits.

① arbitrary   ② coincidental
③ ironic   ④ legitimate

21   Rulers of Islamic countries who claim that the killing of raped women is justified clearly have not read the Koran because there is no such thing in the Koran. Rather, Islam stipulates strict punishments for those men who do such _____ acts.

① banal   ② mean
③ imprudent   ④ futile

22   In order to enjoy the detachment and to exercise the reason of a Hume or a Gibbon, two things, besides intelligence, are required: self-knowledge and a sense of humor. One must neither _____ oneself nor take oneself too seriously.

① receive   ② expand
③ deceive   ④ destroy

23   While often regarded as the "small change of civilizations", beads are a part of every culture, and they can often be used to date _____ sites and to designate the degree of mercantile, technological, and cultural sophistication.

① archaeological   ② belligerent
③ aesthetic   ④ primitive

24 Few other plants can grow beneath the canopy of the sycamore tree, whose leaves and pods produce a natural herbicide that leaches into the surrounding soil, _____ other plants that might compete for water and nutrients.

① distinguishing   ② nourishing

③ inhibiting   ④ encouraging

25 Sometimes the worst manners are called forth by the act of driving. Men and Women _____ suddenly become rude and aggressive when they get behind the wheel. Sometimes the change is so drastic that it is difficult to think they are the same people.

① whose manners are usually bad

② whose manners are normally faultless

③ who normally have no manners at all

④ who know how to put good manners

❙ Choose the one that best completes the sentence(s). ▶▶▶ ANSWERS P.214

01　Ironically, the protest held in order to strengthen the labor movement served to _____ it.

① coddle　　　　　　　② appease
③ weaken　　　　　　　④ invigorate

02　There are no solitary, free-living creatures; every form of life is _____ other forms.

① segregated from　　　② parallel to
③ reliant on　　　　　　④ overshadowed by

03　Vancouver's weather may be unseasonably cold, but a lot more _____ than other places in the country.

① agreeable　　　　　　② foggy
③ arid　　　　　　　　④ moist

04　A lot of you may have wanted to have your teeth whitened but may have _____ due to the costs involved.

① paid off　　　　　　② put forth
③ backed out　　　　　④ set out

05　Japan's annual whale hunt is allowed by the commission as a scientific purpose, but opponents call it a(n) _____ for commercial whaling, which has been banned since 1986.

① limit　　　　　　　② excuse
③ reward　　　　　　④ objection

06 As my uncle got older, he became less stubborn; more _____ with age, he was much easier to please.

① strange   ② aggressive

③ flexible   ④ wealthy

07 Their work was controversial as it appeared to _____ the established beliefs about quantum interference.

① contradict   ② accept

③ strengthen   ④ assert

08 Proponents of the bill were disheartened when the vote was put off until spring; the bill's critics, however, were _____.

① delighted   ② unconvinced

③ frustrated   ④ criticized

09 Some are hard-line Islamists implacably opposed to the United States, hostile to secularism, and _____ to Al Qaeda, a Muslim violent group calling for global Jihad.

① sympathetic   ② contrary

③ vulnerable   ④ disloyal

10 The continuously rising consumption rate of high-priced items makes the statement, "current state of economic peril," sound _____.

① trite   ② absurd

③ plausible   ④ contemporary

11 Manufacturers are watching April sales numbers to see if the sales surge reflects a long-term recovery or a(n) _____ boost from government incentives.

① steady   ② fleeting

③ objective   ④ beneficial

12 Liberia has closed most of its borders, _____ public gatherings and announced quarantines of some communities in an effort to contain an outbreak of the ebola virus.

① banned   ② organized
③ preserved   ④ facilitated

13 Guerilla art is a fun and _____ way of sharing your vision with the world. It is a method of art making which entails leaving anonymous art pieces in public places.

① intrusive   ② humble
③ stealthy   ④ pragmatic

14 The city is moving slowly to replace the vegetation, but the landscape remains _____, keeping visitors away.

① uncluttered   ② unspoiled
③ unsightly   ④ unblemished

15 The lake is bursting with visitors, but activists worry that this unique aquatic environment is too _____ to survive the onslaught of pollution and waste that the tourism industry brings.

① precious   ② fragile
③ sustainable   ④ paltry

16 Scientists in the country are noticeably _____ to comment publicly on politics, and several young researchers told Nature they fear that criticizing the government might _____ their careers.

① anxious — pursue   ② inadvertent — presuppose
③ reluctant — spoil   ④ eager — advance

17 Keep your story _____ without too much unnecessary information. Otherwise, the interviewer will get bored and lose interest.

① adroit   ② furtive

③ succinct   ④ tedious

18 When she turned the table around in the house facing the window, she found herself _____ from her domestic chores by the outside activities on the street.

① encouraged   ② spoiled

③ distracted   ④ eradicated

19 Many of the conservation projects for the cultural heritage outlined for this year remain unfinished, and it feels too _____ to expect that they will be completed to schedule.

① daunting   ② procrastinative

③ overwhelming   ④ optimistic

20 The literary artist, concerned solely with the creation of a book or story as close to perfection as his powers will permit, is generally quite individual, contemplative and _____.

① gregarious   ② retiring

③ somnolent   ④ greedy

21 An MIT robot for physical therapy of the arm and wrists is a _____ tool for the rehabilitation of stroke victims: stroke patients who used the machine four to five hours a week improved further and faster.

① promising   ② scientific

③ disappointing   ④ dangerous

22 All civilized societies are heavily weighed down with superstition, and indeed the instability of all civilized societies is evidence of the fact that the base of the knowledge on which they were founded was _____.

① firm   ② inadequate
③ constant   ④ diverse

23 Salary alone does not tell how much a man gets from his employer. Many companies offer their employees bonuses, stocks, summer vacations at company-owned resorts, and other _____.

① benefits   ② side incomes
③ pensions   ④ bribes

24 The most qualified people don't always get the job. It goes to the person who presents himself most _____ in person and on paper. So don't just list where you were and what you did. Take your chance to tell how well you did.

① flatteringly   ② exaggeratedly
③ pompously   ④ persuasively

25 Mammals, after 150 million years of the extinction of dinosaurs, attained dominance. Plant life diversified impressively. With dinosaurs no longer eating them, mammals made quick evolutionary strides, assuming new forms and lifestyles and taking over _____ vacated by extinct competitors.

① archeological specimens   ② biological diversity
③ ecological niches   ④ primitive remnants

01   Dr. Lee was scrupulously liberal and progressive in his politics. His views on women, however, were quite _____.

① lenient   ② easygoing

③ pleased   ④ antiquated

02   The book, published _____, revived our interest in the author who had just died.

① anonymously   ② posthumously

③ privately   ④ incognito

03   Her old sister's sarcasm only _____ Wendy's desire to live several thousand miles away.

① comforted   ② deployed

③ pleased   ④ fueled

04   The surgeons were worried about the possibility of finding a(n) _____ growth in the patient.

① benign   ② superficial

③ operable   ④ malignant

05   The young workers of the company resented the domineering and _____ manner of the office manager.

① urbane   ② prudent

③ convivial   ④ imperious

06   Although there are more female students at the college than male students, the women seem to have a(n) _____ influence on the student government.

① enormous   ② negligible

③ provocative   ④ venerable

07 The wealth of a country should be measured _____ the health and happiness of its people as well as the material goods it can produce.

① in line with   ② in terms of
③ in regard of   ④ in tandem with

08 We live in an era of _____. To really succeed it is necessary to be an expert in one particular field. That leaves little chance for someone to become a well-rounded person.

① industrialization   ② informatization
③ versatility   ④ specialization

09 In these tough economic times, only those banks that are _____ are in a position to loosen the cash flow and start lending money.

① solvent   ② deficient
③ discreet   ④ stingy

10 Street food vendors continue to _____ in America as more customers are turning to food trucks for their affordability and convenience.

① swindle   ② stagnate
③ conceive   ④ proliferate

11 We can hardly find free elections in a(n) _____ country. The leader of the country is chosen by himself or a small group of people.

① municipal   ② bureaucratic
③ autonomic   ④ totalitarian

12 A slender acquaintance with the world must convince every man that actions, not words, are the true standard of judging the _____ of friends.

① objectivity   ② dissention
③ attachment   ④ criterion

13 Serious deterioration of agricultural soils will occur worldwide, due to erosion, _____ organic matter, desertification, salinization, and, alkalinization.

① dependence on   ② increase in

③ loss of   ④ partiality to

14 The term _____ is used to describe a pill that has no medical ingredients but that often produces the same effect as genuine medication.

① antidote   ② charlatan

③ tablet   ④ placebo

⑤ panacea

15 During the Middle Ages, astronomers had _____ clung to the theory of a Greek philosopher of the second century A.D. named Ptolemy, that the Earth is the fixed center of the universe.

① erroneously   ② indecisively

③ definitely   ④ notoriously

16 The dramatic colors of the male bird of paradise may seem to be just _____, but in fact are _____ the courtship rituals of the birds.

① attractive — reliant on   ② outstanding — unneeded in

③ ornamental — essential to   ④ decorative — reactions to

17 In this era of meager public funding for the arts, and the consequent dependence on private _____, most American museums are supported by a small class of extremely wealthy donors.

① nuisance   ② mediation

③ interference   ④ philanthropy

18 It would be _____ to try to establish a relationship between mathematics and music, since it is already widely accepted that music is based in mathematical relationships between sounds.

① inevitable   ② apropos
③ superfluous   ④ prudent

19 During the Civil War the two opposing armies experimented with aerial balloons, submarines and repeating rifles, while also relying heavily on the _____ inventions of the railroad, telegraph and muzzle-loading rifle.

① obsolete   ② previous
③ precious   ④ obscure

20 During the Middle Ages, singers wandered from place to place. Wherever they went they were welcomed. They often narrated tales of happenings near and far in their songs. They were _____ of their time.

① preachers   ② news commentators
③ minstrels   ④ poets

21 The surge of foreign money in America has injected fresh tension into a running debate about America's place in the global economy and has _____ misgivings about foreigners securing control of America's fortunes.

① undulated   ② provoked
③ alleviated   ④ superseded

22 "The trouble always is," explains James Bond to his female companion, "not how to get enough caviar, but how to get enough toast with it." That might have been true in 1953. Today the _____ is true: toast may be plentiful, but caviar is in crisis.

① fidelity   ② impact
③ mission   ④ reverse

23 People are the slaves of custom to such an extent that even the simplest of improvements in the most common of occupations is adopted _____.

① rapidly and with little opposition
② with hesitation and reluctance
③ by the majority of individuals
④ because of its resulting benefits

24 We wanted to see her fight back and maneuver her way out of the plight, which would have at least helped show the potent woman power that will be indispensable for changing the culture of _____ in Japan.

① gender integration   ② ethnic diversity
③ male dominance   ④ political correctness

25 "Ron Breines who wrote the music and the lyrics in the book for the musical 'Winds of Change' says his work is meant to _____, although it grew out of a mishap, the military suppression on students in Tiananmen Square."

① offer hope   ② provoke fury
③ relieve ordeal   ④ galvanize mobsters

13

▌ Choose the one that best completes the sentence(s).   ▶▶▶ ANSWERS P.222

01   Unwary investors have been _____ by scam artists promoting dubious high-yield investments.

① redeemed   ② swindled
③ appreciated   ④ monitored

02   I have no reverence for that man although some might consider him worthy of _____.

① admiration   ② achievement
③ virtuosity   ④ foolhardiness

03   A translator must cultivate a sincere and _____ attitude that is free from arrogance and conceit.

① impious   ② reverent
③ indifferent   ④ artful

04   In spite of Jonathan's tremendous intelligence, he was frequently _____ when confronted with practical matter.

① enlightened   ② baffled
③ cautious   ④ wary

05   They did their best to avoid getting embroiled in the quarrel, preferring to maintain their _____ as long as possible.

① consciousness   ② suspense
③ vicinity   ④ neutrality
⑤ decisiveness

06   We will face the idea of old age with _____ as long as we believe that it invariably brings poverty, isolation, and illness.

① apprehension   ② dignity
③ indifference   ④ incapacity

07   As a(n) _____ to his speech, the scientist told a silly joke; as he had hoped, the comic introduction warmed up the audience and made them more attentive.

① conclusion   ② prelude
③ reply   ④ objection

08   Preservatives are there not only to keep the makeup fresh on the shelf, but also to prevent you from _____ the product.

① sustaining   ② infringing
③ contaminating   ④ prolonging

09   A portion of Old Highway 51 was closed following a gas leak, and police barricaded a half-mile stretch of road to _____ traffic.

① hold on   ② keep out
③ break down   ④ pull off

10   In war, the function of _____ is very simple: It is used to hide yourself and your equipment from the enemy.

① camouflage   ② tactics
③ legislation   ④ despoilment

11   The slow quakes are so _____ that regular seismometers can't detect them, and people on land can't feel them.

① frequent   ② subtle
③ violent   ④ continuous

12   With the recession cutting into everyone's vacation budgets, the Rockies and the Alps are _____ that fewer can afford.

① obligations   ② premiums
③ fenders   ④ extravagances

13   The average person expresses himself differently in writing and in speaking. With proper practice the difference can be overcome, and one's writing will become more _____.

① clear and precise   ② interesting to read
③ like his talk   ④ widely known

14   The danger of global warming is no longer a point of _____: government agencies, scientists, and business leaders have finally joined hands to find a solution to this perilous situation.

① compliance   ② contention
③ reciprocity   ④ prescience

15   Britain is now an island, but it used to be a(n) _____ until about eight thousand years ago, when a giant tidal wave is thought to have flooded the narrow strip of ground that linked it to the European mainland.

① inlet   ② peninsula
③ archipelago   ④ bay

16   Our genes have been _____ by more than 600 million years of evolution; they ought to work well. During the course of our lifetimes, though, genes are damaged in various cells throughout the body. It is these _____ genes that drive most cancers.

① identified — latent   ② damaged — abnormal
③ optimized — mutated   ④ favoured — functional

17 While self-knowledge is a powerful and desirable thing, too much _____ can be counter-productive, besetting you with self-doubts and leading you to second-guess your decisions even when the time for hesitation has passed.

① speculation   ② perspective
③ circumspection   ④ introspection

18 In wartime, political leaders may often wish to conceal the truth from the public if a battle or a campaign is doing badly, for fear that negative effects of knowing the truth on the _____ the public might give the enemy something akin to a second victory.

① coverage by   ② interpretation for
③ explication about   ④ morale of

19 Using music therapy to _____ support services for abused children is most productive when these programs consolidate singing exercises and professional counseling in an integrated manner.

① understudy   ② relieve
③ vilify   ④ supplement

20 American consumers are ordering fewer prescription drugs than the year before. Although the decline is modest, many experts believe that people in financial difficulty are choosing to _____ medications in order to pay for other necessities.

① forgo   ② procure
③ classify   ④ heckle

21 It seemed impossible to refuse the opportunity of getting three such useful articles for a single price, and the temptation to purchase was so _____ that I decided to make the best of the opportunity.

① restrainable   ② recommendable
③ irresistible   ④ irresponsible

22 Many tragedies have scenes that provide at least a few moments of _____, despite the overall thrust of the work. The idea is that these scenes can provide a certain amount of comic relief that keeps the tragic nature of the rest of the play from overwhelming the audience.

① levity   ② despair
③ lucidity   ④ melancholy

23 An ant hill can serve as a(n) _____ for a city. It is like a city in many ways. A very large number of ants live in an ant hill, there is a lot of construction, and the ants cooperate to achieve goals just as people do.

① analogy   ② edifice
③ gallery   ④ citadel

24 Most Americans are accustomed to thinking of lie detectors as foolproof. They assume that lie detectors, because they are machines, can, without error, _____. But, in fact, nothing could be further from the truth.

① only detect what they believe   ② do make mistakes once in a while
③ separate guilty from innocent   ④ be relatively reliable in detecting the guilt

25 Politicians are often eager to expose the scandalous personal behavior of their rivals, but they should remember that every time a story breaks of a high ranking politician acting inappropriately, it makes the entire profession of politics seem a little bit more _____ and turns a few more voters off of the political process.

① sordid   ② querulous
③ proficient   ④ advisable

14

❙ Choose the one that best completes the sentence(s). ▶▶▶ **ANSWERS** P.226

01 Though the whole town was ruined by the tsunami, a house on a hill remained _____.

① vacant   ② disturbed

③ restricted   ④ intact

02 He failed in the examination because none of his answers were _____ to the questions asked.

① pertinent   ② referential

③ elusive   ④ implacable

03 Paradoxically, the beliefs of the era are usually the _____ of a former one.

① tenets   ② predilections

③ heresies   ④ precursors

04 He dashed into the house, ran for the phone, and answered _____, tripping over the cord.

① hesitantly   ② soothingly

③ breathlessly   ④ distantly

05 Although they are _____ by intense police patrols, burglars _____ to prowl the subways.

① incited — decline   ② enlivened — attempt

③ hindered — cease   ④ impeded — continue

06 Teenagers use a different part of their brain than adults to process _____ such as guilt or embarrassment.

① solutions   ② behaviors
③ propositions   ④ emotions

07 As the recession continues to cause a(n) _____ of available jobs, openings are being greeted by floods of applicants.

① abundance   ② deterioration
③ exhibit   ④ revolution

08 Saturn is the only planet in our solar system that is less _____ than water. If you could build an imaginary gigantic bathtub, Saturn would float in it.

① volatile   ② dense
③ efficient   ④ flexible

09 We must not view global issues as _____. Rather, we need to recognize the symbiotic relationship.

① generally conceded   ② mutually exclusive
③ delicately disciplined   ④ closely interactive

10 The professor trained her students to observe their patients and to examine them _____ in order to prescribe them proper treatment.

① temporarily   ② thoroughly
③ bearably   ④ erratically

11 Elizabeth had white skin and blond hair. She resembled her father not only in appearance but also in _____: she was as intelligent and warm-hearted as he.

① character   ② physique
③ wisdom   ④ passion

12 Optimism was so deeply embedded in the American national psyche that the Americans could _____ the Great Depression in the 1930s and a string of recessions.

① maintain ② abandon
③ withstand ④ neglect

13 We live by a _____: sleeping one hour less will give us one more hour of productivity. Actually, a research suggests that even small amounts of sleep deprivation take a toll on our productivity.

① maxim ② covenant
③ script ④ myth

14 Many writers seem to believe that man is an exception to the order of nature, for they picture his actions as being determined only by himself. But they are in error, for man is a part of nature and hence must _____.

① follow nature's laws ② change nature's laws
③ determine his own will ④ conquer nature's laws

15 There are many people who hate violence and are convinced that it is one of their foremost and at the same time one of their most hopeful tasks to work for its reduction and, if possible, for its _____ from human life.

① redemption ② retaliation
③ elimination ④ progression

16 Though dealers insist that professional art dealers can make money in the art market, even an _____ knowledge is not enough: the art world is so fickle that stock-market prices are _____ by comparison.

① amateur's — sensible ② expert's — erratic
③ investor's — booming ④ insider's — predictable

17   A person who works on an assembly line is well aware of the efficiency that can be gained through repetition. Therefore, every manufacturing plant worker or manager is well aware of the value of _____.

① familiarity   ② honesty
③ curiosity   ④ creativity

18   Museums around the world have long had to _____ the issue of looted art. The British and French carted home priceless works from their conquest, and many museums have bought pieces stolen from archeological digs.

① disparage   ② camouflage
③ contend with   ④ be insatiable by

19   They asked themselves how they could dramatically help the lives of the most people and then set out to spend more dollars on ideas they came up with than has ever before been devoted to any _____ effort.

① prodigal   ② philistine
③ humane   ④ worldly
⑤ ulterior

20   It is a plain and simple liability for those who wish to act rightly, and who have realized their limitations, _____ if they know that they will be unequal to great positions.

① to refuse them humbly
② to concede to them with all appreciation
③ to adjust oneself to them grudgingly
④ to repudiate them uncompromisingly
⑤ to adopt them without any reservation

21 Vaillant, who has been particularly interested in the means by which people attain mental health, seems to be looking for _____ answers: a way to close the book on at least a few questions about human nature.

① clear-cut   ② collected

③ methodical   ④ confidential

22 A _____ summer surprised much of the nation. While New York City's skyscrapers shimmered in 104 degrees Fahrenheit heat, the highest temperature ever recorded, Floridians endured an unseemly chill and tornadoes skipped across Oklahoma.

① sweltering   ② genial

③ limpid   ④ capricious

23 If you're in a rush to start filming, you might consider giving your star a provisional contract, so that you can at least get started. You'll have time to replace the provisional one with a _____ one while you film.

① temporary   ② permanent

③ marginal   ④ nascent

24 Yet, we believe that the marchers, having lived their entire lives in a divided land with constant conflict, know the meaning and value of cease-fire better than others and therefore _____ the peace walk.

① are most entitled to conduct   ② may well make light of

③ believe in vanity of   ④ are least likely to settle

25 Even though we may be more intimately concerned with certain of the facts of nature than with others, we are not justified in valuing such facts differentially. The mutual attraction of positive and negative electrical charges is no less worthy of awe than the operation of the human circulatory system. Nature rates its products _____.

① in order of merit   ② all at the same value

③ in no uniform manner   ④ according to human values

15

▌ Choose the one that best completes the sentence(s). ▶▶▶ ANSWERS P.230

01   Before the use of _____ evidence, criminal cases relied on witness testimony rather than science.

① legal   ② judicial

③ punitive   ④ forensic

02   Train passengers will usually _____ their conversations when the conductor reminds them that they're in the quiet car.

① hush   ② overhear

③ initiate   ④ expedite

03   A cynical person has a _____ outlook about others, always imagining that people are ruled by their worst instincts.

① favorable   ② moral

③ bleak   ④ confident

04   By polluting the oceans, not _____ CO_2 emissions, and destroying our biodiversity, we are killing our planet.

① extending   ② intensifying

③ mitigating   ④ consuming

05   Honey will crystallize when kept in the refrigerator. It becomes grainy and virtually _____, so it is nearly impossible to use as well as unpleasant.

① solid   ② vaporized

③ liquefied   ④ rotten

06 The minister is more ideologically consistent than is widely believed: her long-term commitment to reforms in education, for example, is not indicative of _____.

① fickleness   ② foresight
③ acumen   ④ uprightness

07 Modern English style dictates that circumlocutions such as "It leaves much to be desired" should be avoided to _____ direct communication.

① impede   ② obviate
③ facilitate   ④ exclude

08 Rumors, embroidered with detail, live on for years, neither denied nor confirmed, until they become accepted as fact even among people not known for their _____.

① insight   ② obstinacy
③ introspection   ④ tolerance
⑤ credulity

09 Edith Wharton sought in her memoir to present herself as having achieved a harmonious wholeness by having _____ the conflicting elements of her life.

① attested   ② featured
③ reconciled   ④ sequestered

10 The notion that a parasite can alter the behavior of a host organism is not mere fiction; indeed, the phenomenon is not even _____.

① observable   ② real
③ comprehended   ④ rare

11 A misconception frequently held by novice writers is that sentence structure mirrors thought: the more convoluted the structure, the more _____ the ideas.

① complicated   ② inconsequential
③ elementary   ④ fanciful

12   Though again listing Syria as a terrorism sponsor, the report of State Department _____ Syrian government with efforts to prevent foreign militants from crossing its borders into Iraq.

① reprimanded   ② credited
③ specified   ④ acquiesced

13   My friend's friendly advice brought about a boomerang effect. It served no better purpose than to fill my mind with more _____ forebodings.

① placid   ② belligerent
③ salacious   ④ ominous

14   While some students are brimming with self-confidence, others are _____ and unsure of the value of their ideas.

① tentative   ② sanguine
③ arbitrary   ④ gullible

15   There is a religion unable to _____ water. Water plays an essential role in religious observance. One could go so far as to say that without water, the daily practice of Islam would be virtually impossible.

① account for   ② meddle with
③ dispense with   ④ assimilate to

16   Although the discovery of antibiotics led to great advances in clinical practice, it did not represent a _____ bacterial illness, for there are some bacteria that cannot be _____ treated with antibiotics.

① breakthrough in — inconsistently
② panacea for — effectively
③ neglect of — efficiently
④ reexamination of — conventionally

17   I prefer a tendency towards a stateliness to an excess of fellowships. Let the incommunicable objects of nature and the metaphysical isolation of each person teach us independence. Let us not be too much _____.

① respected   ② aloof
③ acquainted   ④ alone

18   Only by ignoring decades of mismanagement and inefficiency could investors conclude that a fresh infusion of cash would provide anything more than a _____ solution to the company's financial woes.

① fair   ② temporary
③ genuine   ④ realistic

19   In ancient Greece, learning to be an orator was very important. The parties to a legal suit usually pleaded their own cases. No wonder that the sophists, who taught public speaking professionally, were _____.

① native Greeks   ② usually old people
③ considered hypocrites   ④ in great demand

20   For the last 50 years, many evolutionary biologists have told us that we are little different from other primates — we're selfish creatures, able to act _____ only when it will benefit our kin or our future selves.

① altruistically   ② waveringly
③ obstinately   ④ thetically

21   Despite his huge wealth Kamprad was typically known as a(n) _____ businessman who lived the lifestyle he preached for his company in which executives travel on low-cost airlines and stay in budget hotels.

① frugal   ② radical
③ reclusive   ④ arrogant

22   Some men seek for _____ with a simple statue or park bench that bears their name, or by endowing a university chair. Not George T. Delacorte. He seeks to perpetuate his memory in a more spectacular way: through a series of fountains, each bigger than the last.

① celebrity   ② immortality
③ popularity   ④ longevity

23   Natural beauty, for Darwin, was not just _____; it always reflected function. Orchids were not just ornamental, to be displayed in a garden or a bouquet; they were wonderful contrivances, examples of nature's imagination, natural selection.

① impartial   ② observant
③ aesthetic   ④ coherent

24   The rational choice theory has been heavily attacked by many sociologists and psychologists. Yet economists remain steadfastly _____ to the approach, as no other theory can better explain the human behavior of weighing benefits and costs before making a purchase.

① alienated   ② dedicated
③ hostile   ④ apprehensive

25   When the public cannot understand a picture or a poem, they conclude that it is a bad picture or a bad poem. On the other hand, when they cannot understand the theory of relativity, they conclude that _____. Consequently, Einstein is honored while the best painters are left to starve in garrets.

① the scientist is irresponsible for his work
② it is an inaccurate science theory
③ their education has been insufficient
④ they should respect both scientists and painters

❚ Choose the one that best completes the sentence(s).   ▶▶▶ **ANSWERS** P.234

01 As a rule of _____, you'll have to pay $10 a month for each $100 you borrow.

① hand   ② foot
③ eye   ④ thumb

02 The injection had completely _____ the bear, allowing the ranger to approach it without fear.

① irritated   ② immobilized
③ cured   ④ hallucinated

03 The Pentagon has banned the use of portable USB drives after fears that they are being used to _____ viruses.

① safeguard   ② propagate
③ confine   ④ ameliorate

04 Though they can hardly _____ to buy them, many shoppers purchase exclusive handbags as status symbols.

① afford   ② fail
③ hesitate   ④ endeavor

05 Purchases of cosmetics — lipstick in particular — tend to be _____ correlated to economic health. During bad economic times, purchases of cosmetics rise.

① fervently   ② deliberately
③ inversely   ④ equally

06 His employers could not complain about his work because he was _____ in the performance of his duties.

    ① lackluster   ② assiduous

    ③ diversified   ④ derelict

07 Love of truth is the core of this man's philosophy. He is always ready to revise his views when presented with adequate evidence of their lack of _____.

    ① validity   ② interest

    ③ importance   ④ popularity

08 Bert still likes to settle his arguments with his fists. When will he learn that it's childish to be so _____?

    ① fragrant   ② resistant

    ③ belligerent   ④ recalcitrant

09 Rice requires a great deal of water in order to grow. In most rice growing regions the rainfall does not provide sufficient moisture for the crop. The rice fields must be _____.

    ① elevated   ② dug

    ③ irrigated   ④ cultivated

10 The ties that bind us together in common activity are so _____ that they can disappear at any moment.

    ① diverse   ② tenuous

    ③ restrictive   ④ consistent

11 The playwright was known not for his original ideas but for his _____ of ideas that had been propounded by others.

    ① invention   ② reiteration

    ③ consideration   ④ enlightenment

12 No elected official who insists on remaining _____ can continue to play a major role in public life; compromise is the lifehood of politics.

① sentimental   ② pragmatic
③ irrefutable   ④ inflexible

13 Many persons express themselves poorly. They describe a million things as "nice": and a million objects as "things." They are too lazy to make distinctions by a more careful choice of _____.

① grammar   ② words
③ ideas   ④ objects

14 The committee's report is not as valuable as it might have been because it addresses only the symptoms and not the _____ causes of the problem.

① unimpeachable   ② ephemeral
③ underlying   ④ incipient
⑤ superficial

15 Ecuador has virtually unmatched natural beauty in the form of mountain peaks, volcanoes, beaches, and islands. It is named after the equator, which runs through it, and is the only country in the world named after a(n) _____ feature.

① subterranean   ② exotic
③ secluded   ④ geographical

16 Since the results of the experiment were _____ the body of research already completed, the committee considered the results to be _____.

① similar to — speculative   ② inconsistent with — anomalous
③ compounded by — heretical   ④ dispelled by — convincing
⑤ contradicted by — redundant

17 There are many people who hate violence and are convinced that it is one of their foremost and at the same one of their most hopeful tasks to work for its reduction and, if possible, for its _____ from human life.

① redemption   ② retaliation
③ elimination   ④ retrogression

18 The effects of the poverty of space are everywhere. In Japan a population half the size of the United States is packed into a land area about the same size as California, and only about 16 percent of that land is _____.

① edible   ② habitable
③ adaptable   ④ culpable

19 The crowd at the ball game was pleased when the underdog won. The team had tried many times to win the championship, and the people in the stadium were glad to see the players' efforts finally _____.

① matched   ② applauded
③ rewarded   ④ scored

20 Within the family there has been a remarkable change in the roles played by parents. Whereas in former times father was the undisputed head of the family, today he remains so only in a _____ sense.

① premature   ② notorious
③ functional   ④ titular

21 East Europeans welcomed Mikhail Gorbachev's proposal to scrap the Warsaw Pact as a military entity. But their joy was mixed with _____. No one was sure how far the Soviets can be trusted — or how far they can be pushed.

① astonishment   ② hostility
③ worry   ④ rapture

22 Today, we are living in a world which is experiencing great changes. The emergence of new technologies is rapidly undermining the old centers of power and authority, while new figures and organizations of influence are _____.

① vanishing
③ emerging
⑤ dissipating
② soaring
④ retreating

23 In the course of living, precepts are not as important as habits. A habit is a living precept. To change one's precepts is no more than to change the title of a book. To change one's habits is to affect the essence of life, for life is _____.

① a series of habits
③ hard to change
② a series of precepts
④ governed by precepts

24 In this age of automation, machines do much of our physical labor for us. Today machines wash our cars, carry us up flights of stairs, even brush our teeth for us. We learn to rely on machines more and more, instead of on our own muscles. As a result, _____ muscles become soft, weakened, and inefficient.

① tired
③ complementary
② inactive
④ artificial

25 Science in the time of Newton and Maxwell was a secure thing that measured and generalized the obvious. But not so today. Science today has outrun common sense. It no longer opposes wild speculation with old facts and commonsense theories. Today, what seems nonsense may be _____.

① blamed on scientists
③ opposed by science
② proved to be true
④ used to defeat science

❚ Choose the one that best completes the sentence(s). ▶▶▶ ANSWERS P.238

01 The reporter's _____ description made us feel that we were present at the scene.

① operatic ② aromatic
③ diplomatic ④ graphic

02 As the wind blows, pressure and friction forces _____ the equilibrium of the ocean surface.

① agitate ② bother
③ placate ④ fascinate

03 Illiteracy remained a major problem and an important _____ to economic and social development.

① impediment ② estate
③ prerogative ④ enigma

04 Some spectators feel that soccer games are interesting only during matches when the opposing teams are of similar ability, making the result of match _____.

① predictable ② garnished
③ foreseen ④ indeterminate

05 The kilometer is the unit of length used in Europe, Canada, and other countries; it is _____ to 0.62 miles.

① adjacent ② equivalent
③ peculiar ④ average

06 In the seventeenth century, direct flouting of a generally accepted system of values was regarded as _____, even as a sign of madness.

① adventurous ② frivolous
③ impermissible ④ sensible

07 Instead of creating a _____ market, Italy has landed itself with a powerful, partly private monopolist that charges its customers prices far above the European average.

① liberal ② competitive
③ shrinking ④ dwindling

08 The fact that raw meat is almost universally cooked to make it _____ and digestible suggests that prepromethean man did not eat it in large amounts.

① flexible ② palatable
③ palatial ④ detectable

09 Since fear is more suddenly contagious than hope, stock prices are likely to go down fast in a poor market and _____.

① rise slowly in a good one ② cause an inflation
③ rise speedily in a better one ④ stay down briefly

10 Even when summer temperatures were above freezing and the top inches of earth became saturated with water, the soil below remained _____ into a permafrost, as hard as rock.

① frozen ② thawed
③ molten ④ dissolved

11 You should be taking 2 digestive enzymes with every meal to assist your digestive system in _____ your food. These enzymes will help improve your health.

① digressing ② assimilating
③ isolating ④ separating

12 A so-called modern confessional writer because of her open use of _____ material, Sylvia Plath has been critically recognized for the intense focus of emotion in her art.

① autobiographical   ② expensive
③ public   ④ concealed

13 Linguists have now confirmed what experienced users of ASL — American Sign Language — have always implicitly known: ASL is a grammatically _____ language in that it is capable of expressing every possible syntactic relation.

① wholesome   ② feasible
③ complete   ④ inherent

14 Some scientists argue that carbon compounds play such a central role in life on Earth because of the possibility of _____ resulting from the carbon atom's ability to form an unending series of different molecules.

① deviation   ② continuation
③ reproduction   ④ variety
⑤ correspondence

15 With the single exception of death, mankind's classic enemy is _____. Our best thinkers have stood helpless before the problem of how to grow enough food to keep expanding populations well-fed.

① hunger   ② beasts
③ calamity   ④ climate

16 It is characteristic of many groups to resist change, for, they argue, change is not necessarily for the better but may also be for the worse. Change means disorganization, and many groups tend to view it _____.

① as inevitable   ② as desirable
③ with complacency   ④ with suspicion

17 A bipartisan group of members of Congress, backed by U.S. business interests, is pushing legislation that would ease travel restrictions. It is likely to be a prologue to the main event: lifting the U.S. _____ against Cuba.

① acquiescence   ② embargo
③ seizure   ④ mitigation

18 The commission chided the legislature for making college attendance dependent on the ability to pay, charging that, as a result, hundreds of qualified young people would be _____ further education.

① entitled to   ② striving for
③ deprived of   ④ uninterested in
⑤ incompetent for

19 Because they can explode when mixed together, _____ chemicals spelled with the same first letter, like cadmium chloride and cupric sulfide, must be kept apart; they should never be stored _____ in a laboratory.

① incompatible — alphabetically   ② organic — separately
③ toxic — verbally   ④ synthetic — timely

20 As the various Italian states vied for power, so, too, did the Church. As far as art is concerned, the Church funded a great deal of work, and there was a clear distinction between art that was pious and art that was _____.

① didactic   ② profane
③ spiritual   ④ invaluable

21 In a new book, Dennis Sewell highlights how often — and how easily — Darwin's big idea has been harnessed for _____ political ends. According to Sewell, evolution is scientifically undeniable, but its contribution to human well-being is unclear.

① auspicious   ② extraneous
③ sinister   ④ wholesome

22 "So far this year, there has been a greater number of subway suicides than usual, and I believe this _____," said an official, who asked not to be named because of the sensitivity of the subject matter.

① fuels the polarization between the senior citizens
② has nothing to do with male's insensitivity toward females
③ reflects the gloomy social atmosphere
④ is on account of the booming economy

23 The company also said it may soon _____ of the domestic washing machine market, a claim refuted by rival LG Electronics Inc., which has enjoyed market dominance for the past several years.

① dismiss roseate prospect   ② ascertain miserable reality
③ emerge as the second-to-none   ④ confront harsh mishap
⑤ develop inauspicious factors

24 Plants are entirely satisfied with mere existence; lower animals are almost so. Human beings, as a rule, demand a great deal more from life than sheer being. In fact, one might say that to the degree that people are content with mere existence, they _____.

① are sedentary beings   ② are dull and obtuse
③ realize their ambitions   ④ reflect on their state

25 Canoes used by the natives of the Pacific islands are very long and narrow. The canoe is kept in balance by a float, called an outrigger, that is fastened to a set of poles connected to one side of the canoe. The paddlers slightly tip the canoe in order to lift the outrigger about the water surface, so that the canoe _____.

① cannot upset   ② is balanced
③ can stop   ④ can go faster

18

I Choose the one that best completes the sentence(s). ▶▶▶ ANSWERS P.242

01   Their married life was not _____ since it was often fraught with bitter fighting and arguments.

① imminent   ② cogent

③ obvious   ④ tranquil

02   The customers demanded a full refund on the _____ goods which they had bought the previous week.

① detained   ② marred

③ impeccable   ④ compelling

03   Since there was a gasoline _____, everyone was forced to car pool and take public transportation.

① scarcity   ② plethora

③ malfunction   ④ smuggling

04   Although often extremely critical of the medical profession as a whole, people are rarely willing to treat their personal doctors with equal _____.

① impetuosity   ② sarcasm

③ mockery   ④ contempt

05   Psychology has slowly evolved into an _____ scientific discipline that now functions autonomously with the same privileges and responsibilities as other sciences.

① independent   ② unusual

③ outmoded   ④ uncontrolled

06 Dreams are _____ in and of themselves, but, when combined with other data, they can tell us much about the dreamer.

① uninteresting   ② startling

③ isolated   ④ uninformative

⑤ incoherent

07 Without seeming worldly, William James appeared wholly removed from the _____ of society, the conventionality of academe.

① ethos   ② paragon

③ pathos   ④ orthodoxy

⑤ commonplaces

08 Fingerprints are the pattern of fine lines on the tips of the fingers. Because everyone's finger prints are different, they are a(n) _____ way to tell who a person is.

① foolproof   ② exquisite

③ striking   ④ intricate

09 Mr. Baker _____ the accident; he was speeding, but the other driver drove through a red light.

① was not just liable for

② was grossly culpable for

③ bore only partial responsibility for

④ did not assume recalcitrant stance toward

10 The problem is that most people are _____ in their false religion, stubborn against the truth and unwilling to admit that they're wrong.

① vulnerable   ② decisive

③ apathetic   ④ fickle

11 When it comes to biology, _____ is everywhere. Lions use camouflage to blend in with the savanna. Most famously, chameleons will even change color to blend in with their backgrounds.

① mimicry
③ trait

② dominance
④ heredity

12 Science teaches us that we can take the future into our own hands if we _____ favoritism and fanaticism.

① disentangle ourselves from
③ are at the mercy of

② keep abreast of
④ are engrossed with

13 Old or New Testaments are multilayered: they represent an original text, _____ by successive generations of editors, so that it is impossible to disentangle the original event from the text.

① retained
③ imposed

② modified
④ admired

14 Heat waves are increasingly common across Asia, but many people don't realize how _____ they are. Over 750 deaths were attributed directly to the weather last year and heat was the leading cause of weather-related death.

① recurrent
③ contagious

② lethal
④ enervating

15 Among the many _____ of the project, expense cannot be numbered; the goals of the project's promoters can be achieved with impressive _____.

① highlights — efficiency
③ disadvantages — innovation
⑤ defects — economy

② features — savings
④ claims — speed

16 Thailand seems to have a contradictory relationship with its elephants. Elephants are mostly _____. However, stories abound of the mistreatment of elephants, primarily in the logging industry, where elephants are _____.

① patient — spoiled
② revered — abused
③ poached — migratory
④ negligible — lazy

17 Every cloud, it is said, has a silver lining. But that proverb often applies in reverse, as well. It certainly seems to in the case of lobsters off the coast of New England. Over past decades their numbers have boomed, as reckless exploitation has _____ competitor species like cod.

① diversified
② distributed
③ propagated
④ exterminated

18 In the woods, despite being injured, she held on to the thought of being reunited with her beloved ones and that pushed her to remain courageous. Also impressive was the fact that she didn't let her _____ stop her from wanting to get back to nature.

① ordeal
② valor
③ resignation
④ meed

19 Pharmaceutical companies have historically been slow to develop treatments for rare diseases. The money is in _____ drugs for top killers like heart disease, not in treatments that may benefit only a few hundred patients.

① stimulant
② hallucinatory
③ lucrative
④ narcotic

20 Many Indian writers are now protesting against the voice silencers by returning the prestigious awards bestowed upon them by their government. The many instances of curbed _____ in India urgently call for international attention.

① social welfare
② free competition
③ social mobility
④ free speech

21 The general prevalence of social media since the turn of the century has helped the rapid unchecked spread of perjuries and conspiracy theories. Can this form of _____ be stamped out by vigorously censuring social media?

① vanity   ② falsehood
③ boredom   ④ commonness

22 Until recently I did not know that my phone saved deleted voice mail. I lost a dear friend this year. He would often leave me voice mails. I thought most were gone forever. However, I _____ three. They made me laugh and cry.

① repealed   ② resigned
③ relegated   ④ retrieved

23 In Sweden, gender stereotypes were not encouraged, and thus girls were often invited to partake in boyish activities and vice versa. This all changed when we moved to Germany. Boys did not ring our bell any more to ask if our daughter wanted to come and play football, and birthday parties were _____.

① prepared for both genders
② indicators of gender equality
③ restricted to one gender
④ tolerant of blurred gender roles

24 Most novels _____. Glance at the names of writers who were famous in the nineteenth century, or who won the Nobel Prize at the beginning of the twentieth, or who were on best-seller lists just a few decades ago, and chances are that most of them won't even ring a bell.

① are enigmatic to reflect reality
② poke fun at masterpieces
③ transcend time and space
④ are buried in oblivion

25 Dietary supplements' classification as food means they are not subject to the same regulations as prescription drugs. To reach the market, prescription drugs have to go through strict laboratory and clinical trials. The tests performed must demonstrate the products are safe for consumers. On the other hand, dietary supplements are able to _____.

① provide vital nutrients
② avoid these requirements
③ prove their actual potency
④ cure chronic diseases

19

01   This species is less _____ than its relatives and is usually seen alone or in pairs.

① gregarious   ② solitary
③ congenial   ④ demure

02   Loving our country means not just flattering it but also telling the truth about its _____ as well as its beauty.

① brilliance   ② blessing
③ brutality   ④ beatitude

03   Movies about World War II comrades-in-arms often show them risking their lives to _____ each other.

① escape   ② wrestle
③ exploit   ④ rescue

04   With housing prices on the rise, young buyers with _____ credit or low incomes are hard pressed to qualify for loans.

① commercial   ② mutual
③ scant   ④ disposable

05   Four of the five men confessed to the crime, but later _____ their confessions, saying they were coerced.

① retracted   ② affirmed
③ substantiated   ④ confided

06 As long as nations cannot themselves accumulate enough physical power to dominate all others, they must depend on _____.

① allies   ② resources
③ sovereignty   ④ emancipation
⑤ self-determination

07 A man in the advanced stages of H.I.V. has not told friends about his situation because of the social _____ attached to the disease.

① welfare   ② prejudice
③ responsibility   ④ participation

08 The nostrils take turns inhaling. One nostril breathes for 3 to 4 hours then _____ to the other.

① interacts   ② switches
③ affects   ④ transmits

09 We should stop _____ one another because internal conflicts are more dangerous than outside aggression.

① vindicating   ② assisting
③ maligning   ④ imitating

10 I enthusiastically applaud the efforts of all the talented and _____ scientists who have spent years searching for a cure for spinal cord injuries.

① eloquent   ② exhausted
③ tenacious   ④ indecisive

11 The artist, who is clearly a Democrat, uses his _____ cartoons to expose the follies of Republican politicians.

① scrupulous   ② exalted
③ conservative   ④ satirical

12   Confucius said: "What you do not want done to yourself, do not do to others." According to this teaching, human nature is noble and subject to _____.

① discrimination   ② contempt

③ reverence   ④ reliance

13   The decor of the dining hall was _____ by comparison with that of the conference room, where works by known artists were prominently displayed.

① exquisite   ② extravagant

③ fancy   ④ modest

14   The single biggest problem in American education is that no one agrees on why we educate. Faced with this lack of _____, policy makers define good education as higher test scores.

① solution   ② consensus

③ reason   ④ education

15   As a child, Emily Bronte despised her _____; however, in her memoirs, she writes that as she grew older, she began to appreciate and embrace her grandmother's strict discipline.

① stringent upbringing   ② liberal education

③ precarious rearing   ④ idyllic childhood

16   As the first streamlined car, the Airflow represented a _____ in automotive development, and although its sales were _____, it had an immense influence on automobile design.

① milestone — disappointing   ② breakthrough — pivotal

③ relapse — considerable   ④ niche — calculable

⑤ revolution — tolerable

17   Two of the gravest burdens for any society, regarding health issues and medical expenses, are the use of drugs and tobacco smoking. Thus, legalizing any drug, especially one that is a gateway to heavier drugs, seems to _____.

① make matters worse
② turn things around
③ shed light on the future
④ be a long-awaited move

18   Critics believe that they win respect from their readers by ignoring _____ in favor of opinionated commentary; the best journalist simply presents facts and allows his audience to decide their meanings independently.

① sound judgement
② objective description
③ biased decisions
④ mainstream culture

19   The United Nations was created to solve problems, not to create them; to promote peace, not deepen conflict; to encourage development, not to create obstacles to it; to nurture freedom, not to serve _____.

① bound   ② bandage
③ bondage   ④ boundary

20   Open government advocates are raising new concerns about how policymakers are using some of the more _____ features of social media — including "Stories" that expire after 24 hours on Instagram, Snap and even Facebook.

① ostentatious   ② interactive
③ peripheral   ④ ephemeral

21 Rather than following the dictates of Socialist Realism, the style officially endorsed by the Soviet government, Komar and Melamid chose a _____ role. After much difficulty, they immigrated to the United States in 1978.

① pompous   ② preeminent
③ hypocritical   ④ dissident

22 Where little is needed, hard work is unnecessary; where much is needed, it is absolutely essential. It is, therefore, a mistake to despise dwellers in cold climates for being slaves to work; and equally wrong to despise dwellers in warm climates for _____.

① being slaves to money and material wealth
② working too hard all the time
③ doing unnecessary hard work
④ enjoying the leisure that nature has given them

23 One of the primary lessons philosophy teaches its students is that no source of authority should be considered _____. A good philosophy professor doesn't simply expect his students to memorize the teachings of the masters, but also to question them and to discover where they were wrong.

① invincible   ② impermeable
③ imperious   ④ infallible

24 For a long time there were people who believed that life could spring from nonliving matter. But Pasteur and Tyndall demonstrated that if all the living organisms in a nutrient solution were destroyed and if the solution were thereafter protected from external contamination, _____.

① spontaneous generation would be a fact
② only bacteria could survive
③ living forms would develop rapidly
④ no life would subsequently appear

25 The speaker stated that our periods of economic depression and inflation are not unavoidable. The economic system is not cast in the role of master with us, its humble servants, doing as it bids. Thus, we must conclude that, if our economic life continues to be one of inflations followed by depressions, _____.

① the blame must, of necessity, be placed on us
② we must follow recommendations for alleviation
③ it is mainly an expression of the master role
④ the immutable nature of cycles must be blamed

❚ Choose the one that best completes the sentence(s).　▶▶▶ ANSWERS P.250

01　Money _____ evidence by making investigators look bad and by playing the emotions of jurors.

① obscures
② preserves
③ intensifies
④ complements

02　An angry debate over _____ doctor-assisted suicide raged all day in the statehouse.

① distinguishing
② degenerating
③ refuting
④ decriminalizing

03　Out of the twenty board members, fifteen members voted for the proposal, three voted against, and two _____.

① consented
② brainstormed
③ subsisted
④ abstained

04　After decades of high savings and investment, Korean economy has achieved _____ growth.

① inevitable
② unprecedented
③ innocuous
④ tardy
⑤ recurrent

05　When we saw black smoke coming from the wing of the airplane, we were certain that disaster was _____.

① unlikely
② avoidable
③ catastrophic
④ imminent

06 Since you have failed three of the last four tests, you cannot afford to be _____ about passing for the term.

① courteous   ② relevant
③ sanguine   ④ passive

07 A famous opera composer, Richard Wagner was frequently intolerant; moreover, his strange behavior caused most of his acquaintances to _____ him whenever possible.

① contradict   ② tolerate
③ shun   ④ revere

08 The females of this species lay their eggs in the open wound of a warm-blooded animal. The hatching larvae are _____, feeding on the flesh of the host.

① symbiotic   ② parasitic
③ carnivorous   ④ herbivorous
⑤ metabolic

09 He confirmed that the sound's pitch was higher as the sound source approached him, and lower as the sound source _____ from him.

① solicited   ② overtook
③ receded   ④ proffered

10 The Earth's regenerative capacity can no longer _____ man's demand — people are turning resources into waste faster than nature can turn waste back into resources.

① stand out   ② keep up with
③ be based on   ④ do away with

11 Recruited as a cavalry scout, Dietrich seemed to lack the _____ for the job: concentration, decisiveness and the ability to move around without being noticed.

① necessary passion   ② physical control
③ leadership experience   ④ essential skills

12 Since the woman who had died had no will and no close relatives, a battle soon developed among her distant relatives over the way in which her great fortune should be _____.

① earned
② sold
③ divided
④ hoarded

13 Concealed behind the bushes, we watched our prey approach the pit that we had dug and covered over with leaves and light branches. Surely the animal would not have sauntered along so casually had it sensed that it was about to be _____.

① captured
② followed
③ attacked
④ hidden

14 At first I was a(n) _____ reader, basically reading everything in the house and as much of the local library as I could carry home. Gradually I settled on Science Fiction as my favorite reading matter.

① critical
② taciturn
③ indiscriminate
④ capricious

15 In order to _____ museums and legitimate investors and to facilitate the _____ of pilfered artifacts, art magazines often publish photographs of stolen archaeological treasures.

① perpetuate — excavation
② protect — recovery
③ retrieve — display
④ confuse — redemption

16 Rather than keep the sexual-harassment complaint secret, the boss _____ it to a news reporter, attributing it to a troublesome employee who was trying to blackmail him. In the meantime, the victim says she was destroyed by the resulting _____.

① disclosed — publicity
② upheld — volatility
③ concealed — anonymity
④ equivocated — confidentiality

17 Slane Castle in Ireland has often played host to rock bands, as Slane Castle is located in a natural _____ with excellent acoustic properties and the capacity to accommodate up to eighty thousand people.

① orchestra   ② velodrome
③ amphitheater   ④ acropolis

18 While we enjoy law and order, we hardly notice their presence. Only when they are removed do we come to realize how much we relied on them. Their loss is lamented: their gain is _____. While we have them, we are only too ready to find the defects in them.

① taken for granted   ② strictly observed
③ a heavy burden   ④ pretended to be indifferent

19 Asia is likely to become a region of increasing tensions. Foreign enterprises wishing to trade in Asian markets will have a range of choices. The successful ones will find ways to manage in times of increasing tension by reducing risks rather than _____ risks.

① abating   ② amplifying
③ placating   ④ eliminating

20 Sometimes the phrase is used against people who are viewed as _____ or intermeddling in someone else's affairs. It is another way of saying "Get your own life", or "Stay out of my business."

① affable   ② officious
③ deferential   ④ apathetic

21 Although some situations really are black and white, the majority of political issues are not. Instead, they involve complicated positions on all sides that require an appreciation of subtlety and _____ to fully understand.

① temper   ② hedonism
③ renown   ④ nuance

22 Figuring out the best level at which to set income taxes is a tricky proposition. The rates must be high enough to provide significant revenue for the government, without being so high that the citizens view them as a(n) _____ that they will risk jail to avoid.

① ignoble endeavor   ② munificent offer
③ onerous burden   ④ confounding labyrinth

23 Many people are inherently resistant to the idea of change. Even when the government implements new policies that are clearly better than the ones they are replacing, there will be those who will insist it should have _____ the old ways.

① withdrawn from   ② parlayed with
③ adhered to   ④ petitioned for

24 Abstract painting is at once one of the most compelling and one of the least respectable forms of art. It can capture the imagination in ways other types of paintings find hard to match because it is unlimited by any formal _____. However, for that very reason it can often look as if it required little talent or training to produce.

① rebukes   ② apparel
③ constraints   ④ invitations

25 Korean shamanism _____; it helped make South Korea a place where Buddhism, Confucianism and Christianity coexist peacefully and often overlap, making endless compromises with other religions and social changes. That explains why it has survived thousands of years.

① has contributed to the uniformity among people
② was banished from the contemporary religion
③ never rejected anything but embraced everything
④ did not respect diversity but restrain it

❚ Choose the one that best completes the sentence(s).　▶▶▶ ANSWERS P.254

01　We must not expect an easy victory for we are facing a _____ foe.

① legendary　　　　　　　② formidable
③ grandiose　　　　　　　④ sedentary

02　Since we can't know what knowledge will be most needed in the future, it is _____ to try to teach it in advance.

① reasonable　　　　　　② gallant
③ senseless　　　　　　　④ circumspect

03　He was severely reprimanded by the authorities. Instead of abandoning his convictions, however, he _____ stuck to his principles.

① accursedly　　　　　　② obstinately
③ reluctantly　　　　　　④ timidly

04　Although adolescent maturational and developmental states occur in an orderly sequence, their timing _____ with regard to onset and duration.

① lasts　　　　　　　　　② varies
③ falters　　　　　　　　④ accelerates

05　Mr. Green is a staunch believer in quantity over quality. He does not complain about his dinner if the servings are _____.

① prompt　　　　　　　　② appetizing
③ gorgeous　　　　　　　④ generous

06 His music was considered so controversial at the time that Coleman was _____ by many critics and musicians.

① praised
② shared
③ recognized
④ denounced

07 Airlines, retailers and many other industries are in dire shape after lockdowns that brought much of the global economy to a(n) _____.

① trajectory
② standstill
③ equilibrium
④ monopoly

08 Never release a pet into the wild — it could become a(n) _____ species! Cats, dogs, snakes, ferrets, and even hedgehogs prey on local wildlife.

① invasive
② endangered
③ rare
④ exotic

09 Despite the _____ times for the city's budget, four new libraries will open in Chicago by the end of the year.

① precarious
② phenomenal
③ exceptional
④ prosperous

10 To prevent a repetition of this dreadful occurrence, we must discover the _____ element in the food that was served.

① unknown
② toxic
③ benign
④ tawdry

11 The first step in any treatment, of course, is the _____: the doctor or the medicine man has to find out why the patient is ill and decide what to do about it.

① prognosis
② symptom
③ hospitalization
④ diagnosis
⑤ quarantine

12   The population of the United States is often described as being _____. To prove the point, two thirds of the citizens of the United States do not live in the cities where they were born.

① gregarious   ② energetic
③ conservative   ④ mobile

13   Law-abiding people should deplore the underground or black economy. Those who sell their goods and services outside the law are cheating fellow taxpayers by depriving government of _____ to meet society's needs.

① bankruptcy   ② commodities
③ revenue   ④ productivity

14   The increasingly popular leader of America's second largest tribe, Cherokee female chief Wilma Mankiller, has _____ the false myth that only males could be leaders in American Indian government.

① shattered   ② venerated
③ exaggerated   ④ perpetuated

15   Some people respond to a threat of rejection by becoming very _____ while others _____ and become again like little dependent children.

① militant — regress   ② concise — objectify
③ indignant — revive   ④ amiable — procrastinate
⑤ ingenuous — hesitate

16   We are looking for some reliable firms with whom we can enter into business relations. If your quoted price is _____ and quality _____, we will open an account with you.

① payable — considerable   ② reasonable — receivable
③ attractive — interesting   ④ valuable — enjoyable
⑤ competitive — satisfactory

17 Of all the arts, music is the freest. Most music does not 'mean' anything — except in its own world and on its own terms. But because it has little to do with what we call real life, because it is free of the weekday, it can effectively _____ our own nine-to-five worries.

① take us away from
② take us back to
③ make us concentrate on
④ make us resolve

18 Utopians are frequently characterized by excessive hatred of the present. These inspired reformers paint now as the most evil of all time and our civilization as the worst in history. They tend to idealize the past and future by accentuating _____.

① the worst in both
② the hopes of the present
③ present faults
④ contemporary progress

19 The Dutch arrived in the 1600s and established a trading base. But foreign influences did not change Japan's _____ until 1854 when Commodore Mathew Perry signed the Treaty of Kanagawa and opened Japans's door to the world.

① active role in international affairs
② determined insularity
③ bellicosity
④ open-door policy

20 Pickpockets prefer to extract men's wallets from behind, where you can't see them. Thus, the easiest target is the rear-trouser pockets, followed by those on the sides. Least _____ is a jacket's inside pocket.

① plausible
② muffled
③ vulnerable
④ decorative
⑤ pecuniary

21 Chinese protesters denounced the auctions as a national insult and a humiliation that began 140 years ago, when Europeans _____ the items from an imperial palace on the outskirts of Beijing and burned what they couldn't steal.

① looted
② cherished
③ disdained
④ forged

22   The debater argued that refusing to accept happiness unless everyone is equally happy would not be a way of securing happiness for everybody, but merely a way of making sure that unhappiness would become _____.

① universal   ② outlawed
③ alleviated   ④ deliberate

23   Stanford University on Wednesday became the latest prominent university to expand pecuniary backing well into the middle class. It announced that students from families earning less than $100,000 a year _____.

① would have monetary advantages over others
② may well be regarded as from the middle class
③ would not be charged tuition
④ ought not to withstand impecunious condition

24   Standard English allows a certain amount of variation. That is, there is often more than one acceptable way of using the same words. The most obvious variations are geographical. Some words are used differently in different parts of the country, but each use is _____ in its own locality.

① respectful   ② disapproved of
③ approved   ④ respectable

25   Many different people of the world believed — and some still do — that behind the immediate physical reality of things lie spirits, that even seemingly dead objects, rocks or earth, have a living force within them: *mana*. The Sioux Indians called it *wackan*. The Algonkians, *manitou*. The Iroquois, *orenda*. For such people the entire environment is _____.

① eerie   ② alive
③ deadly   ④ ghostly
⑤ superstitious

❚ Choose the one that best completes the sentence(s). ▶▶▶ ANSWERS P.258

01 A change in one's surroundings will most likely _____ a change in one's work habits.

① affect   ② inflict

③ effect   ④ rupture

02 I regret that my remarks seemed _____; I never intended to belittle you.

① inadequate   ② disparaging

③ unassailable   ④ shortsighted

03 Living memories of the annihilating Great Depression grow faint, but the recorded histories are _____.

① dim   ② skewed

③ counterfeit   ④ indelible

04 I can vouch for his honesty; I have always found him _____ and carefully observant of the truth.

① capricious   ② plausible

③ veracious   ④ innocuous

05 At first the sergeant was very domineering, but as he got to know the men he became less _____.

① overconfident   ② overbearing

③ overcast   ④ overgenerous

06 In the absence of effective competition policy, private restraints of trade can _____ the benefits of negotiated trade liberalization measures.

① augment   ② utilize
③ nullify   ④ deprecate

07 Purple's elite status stems from the rarity and cost of the dye originally used to produce it. Purple fabric used to be so _____ expensive that only rulers could afford it.

① deliberately   ② passably
③ approximately   ④ outrageously

08 How you react to the active bustle of city life or the peaceful _____ of the countryside really depends on where you grew up.

① serenity   ② idleness
③ frugality   ④ vigour

09 Kent Walker, one of Google's senior lawyers, _____ about being forced to spend a lot of money defending the company against frivolous lawsuits by rivals.

① complains   ② praises
③ mumbles   ④ celebrates

10 The World Bank said it will not issue any new loans to Cambodia before the government _____ a dispute with citizens displaced by a lakeside development.

① arouses   ② unsettles
③ complicates   ④ resolves

11 Confusion about what it means to own a book leads people to a false reverence for paper, binding, and type — a respect for the _____ rather than the genius of the author.

① name of the printer   ② contents of the book
③ thickness of the book   ④ craft of the printer

12 While nurturing parents can compensate for adversity, cold or inconsistent parents may _____ it.

① exacerbate   ③ neutralize

③ eradicate   ④ refurbish

⑤ defer

13 It is a characteristic of a good detective story that one vital clue should reveal the solution to the mystery, but that the clue and its significance should be far from being _____.

① imperceptible   ② conspicuous

③ modest   ④ fragmentary

14 Like many other immigrant parents, Martinez worried that her own fledgling English skills would _____ her ability to correctly interpret the report cards — the first benchmark of her son's progress in school.

① allow   ② hamper

③ accelerate   ④ dilate

15 The theory of cosmic evolution states that the universe, having begun in a state of simplicity and _____, has _____ into great variety.

① equilibrium — modulated   ② homogeneity — differentiated

③ contrast — metamorphosed   ④ intelligibility — developed

16 A complete breakdown of European market, which would come in the event of a European war, would seriously _____ American trade and prosperity. American efforts to keep Europe out of war are not only worthwhile from a human point of view, but also from an _____ standpoint.

① undermine — ethnic   ② stimulate — industrial

③ injure — economic   ④ boost — ideological

17 "We're going to Mars!" _____ declared a Zambian schoolteacher in 1964, revealing to the world his fanciful plans for his country to beat the United States and the Soviet Union in the battle to conquer outer space.

① solemnly   ② circumspectly
③ audaciously   ④ bitterly

18 More than 100 Tamils were prevented from entering Sri Lanka's capital, as it prepared to host a meeting of the Commonwealth. Human-rights abuses in Sri Lanka have caused several Commonwealth leaders to _____ the summit.

① preside   ② boycott
③ occupy   ④ abrogate

19 In early times, men who studied physics and chemistry were known as natural philosophers. Physics was then, as it is now, the study of nature. Early physics was not based on experiment. _____, it was based on guesses of why things happened. Sometimes the guesses were surprisingly correct.

① Therefore   ② However
③ But   ④ On the other hand
⑤ Instead

20 As the new book on immunology is distinguished from the already existing books in its way of narration, even very complex topics are described in such a(n) _____ way that students would facilitate the understanding.

① prescriptive   ② clandestine
③ explicit   ④ ostentatious

21 There are many types of direct interchanges between speakers and listeners confronting one another, remarkably _____ in motivation and character, ranging from cocktail party chitchat to the most serious of political debates.

① significant   ② exalted
③ diverse   ④ unnoticed

22 While the plight of the mentally sick patients is miserable enough, what adds to their suffering is _____ who are unwilling to help them live with dignity and honor.

① the sympathy of doctors
② the charity of the physically healthy
③ the apathy of mentally sound individuals
④ the affection of their beloved

23 Life is short, the saying goes, and exactly how much time we have before we shuffle off this mortal coil is anyone's guess. But this uncertainty could be consigned to history, according to the creators of a blood test they claim can predict a person's _____.

① blood pressure   ② mental capacity
③ life expectancy   ④ genetic material

24 Almost any new technology initially has high unit cost before it can be optimized and this is _____ true for electric cars. The strategy of Tesla is to enter at the high end of the market, where customers are prepared to pay a premium, and then drive down market as fast as possible to higher unit volume and lower prices with each successive model.

① no less   ② by no means
③ no more   ④ anything but

25 Upon seeing a predator, ground squirrels emit a high-pitched shriek so that nearby squirrels can escape. This behavior is not in their immediate best interest, as the alarm could betray the squirrels' location and endanger their lives. Ultimately, though, their actions actually ensure the survival of their DNA by helping fellow squirrels, including their own offspring and other kin, get to safety. Thus, it turns out that _____.

① their shriek does little to actually deter predators
② they only shriek in non-life-threatening situations
③ the alarms were solely to protect their own offspring
④ their altruism promotes the continuation of their species

23

▌ Choose the one that best completes the sentence(s).   ▶▶▶ ANSWERS P.262

01   I don't think we can _____ Jane's argument in this matter, because her contention is well-founded.

① espouse   ② refute
③ champion   ④ simulate

02   Over the phone, the girls exude an excited, youthful energy, which contrasts with the dark and _____ tone of the album.

① upbeat   ② pensive
③ affable   ④ bouncy

03   Mr. Oberst, now 34, started young, too, releasing an album on tape at 13 in his native Omaha, and earning accolades as a musical _____ before he graduated from high school.

① prodigy   ② footnote
③ mediocrity   ④ amateur

04   Evolutionarily speaking, it makes sense that a man would be _____ about men's faces; otherwise he would miss the first hint that another guy is going to punch him.

① grudging   ② laudable
③ vigilant   ④ disguised

05   Snapchat's primary value proposition is a _____ mobile message that disappears after a few seconds to protect message privacy.

① transient   ② ubiquitous
③ tailored   ④ bilateral

06 Now, medical research has unscrambled the misconception that eggs raise cholesterol, and reports that they are instead loaded with important nutrients. Up-to-date research _____ old rules.

① cloaks   ② verifies
③ bolsters   ④ nullifies

07 Iran agreed to put curbs on its nuclear program in exchange for relief from _____ that have isolated it economically.

① sanctions   ② immunities
③ appeals   ④ hierarchies

08 In spite of many attempts at being polite, he began to shun the _____ woman who never let him get a word in edgewise.

① pensive   ② unilateral
③ hospitable   ④ coherent

09 A smart manager ought to prefer satisfied and engaged employees; a worker who is _____ marking time is probably not great for the enterprise.

① austerely   ② gingerly
③ grudgingly   ④ strenuously

10 After countless bribery scandals involving politicians, the public came to believe that corruption was _____ in their country's politics.

① perfunctory   ② optional
③ rampant   ④ temporary

11 Sometimes patients will find that one medicine works well for a few years and then their body seems to build up a(n) _____ and that medicine no longer controls symptoms.

   ① tolerance   ② ingredient

   ③ curiosity   ④ relief

12 Peanuts are one of the leading triggers for a food allergy. But under a doctor's supervision, eating small amounts of peanuts daily — and slowly increasing that amount — can cause the allergy to _____.

   ① intensify   ② fade

   ③ proceed   ④ manifest

13 Pride and honour are very important to Arabs. Rates of theft, rape and assault are traditionally lower in Arab societies than in the West, partly because of severe punishments, but also because no one wants to _____ their family.

   ① support   ② abandon

   ③ join   ④ shame

14 The _____ part of the brain developed much later. That's why, when it comes to choosing between a bar of chocolate and a bracing walk, you're more likely to end up with the chocolate, though you have to lose weight.

   ① moral   ② emotional

   ③ social   ④ rational

15 American nationalism _____ itself constantly and in myriad ways, from erudite claims about the nation's "exceptionalism" to the _____ its citizens show to the Stars and Stripes, their flag.

   ① adjusts — patriotism   ② manifests — reverence

   ③ examines — apathy   ④ resolves — contempt

16 North Korea is one of the most isolated countries in the world — international travel is highly regulated and freedom of movement within its own borders _____. The lack of demand for air travel combined with global sanctions has had a(n) _____ effect.

① scarce — adverse   ② sporadic — beneficial
③ mediocre — temporary   ④ admissible — banal

17 Americans seem to have a particular _____ for writing and reading about themselves. Otherwise, how can we explain the stream of _____ that come off presses in a continuous flow?

① capacity — newspapers   ② abhorrence — diaries
③ tradition — handbills   ④ fondness — memoirs

18 Winston Churchill's speeches are often credited with keeping the British from surrendering during World War II. Each one was _____ the power to strengthen its listeners' resolve and to imbue courage into their hearts.

① resigned to   ② defeated by
③ infused with   ④ acceptable for

19 One of the most serious problems facing Western democracies today is the specter of public _____. Far too many citizens are disengaged from public life. An increasing number can't even be bothered to show up to vote in federal elections, much less in state and municipal ones.

① artifice   ② protocol
③ apathy   ④ disparity

20 It is important when preparing for a job interview to wear the proper _____. You want to avoid dressing too casually, or worse, appearing slovenly, but at the same time you also want to avoid dressing more formally than the person who is interviewing you.

① poise   ② tack
③ replica   ④ attire

21 Statistics can be informative tools but they can also be used to deceive. Too often those with specific agendas to push have combed through data looking for any _____ they can use to create a misleading impression.

① significant deviation ② inconsequential anomaly
③ ridiculous desecration ④ inadvertent prelude

22 Research on elephants is full of examples of the animals apparently behaving _____ — recognizing and responding to another elephant's pain or problem. Often, they even make heroic efforts to assist one another.

① erratically ② suspiciously
③ empathically ④ impatiently

23 One day a man came to sell me one of Picasso's pictures. When I took it to Picasso, and asked him to verify it, he said crossly, "It's a fake." That was too much. I exclaimed, "But I saw you paint the picture!" "Oh well," he said with a shrug. "I sometimes _____ Picasso myself."

① revere ② forge
③ modify ④ wreck

24 It took more than a million years for the Colorado River to carve the Grand Canyon to its present awesome depth. Corals and fossils of early insects, primitive reptiles, ferns, and sharks' teeth have been found in the rocks. The fossils testify to _____.

① mortality ② topography
③ river erosion ④ the ice age

25 The toughest decision a famous performer has to make is knowing when to _____. The invigorating roar of the crowd and the trappings of celebrity are hard enough to relinquish voluntarily. It is even more difficult to walk away from something one has spent a lifetime attaining.

① perform ② advertise
③ deplore ④ quit

01   His book was marred by the many _____ remarks, which made us forget his main theme.

① appropriate   ② humorous
③ digressive   ④ opinionated

02   A drug's path from the manufacturer to the patient is _____, and many middlemen are paid along the way.

① plausible   ② streamlined
③ circuitous   ④ expeditious

03   Up the road was an abandoned farmhouse, partially in ruins, and near its barn even more _____.

① opposed   ② splendid
③ dilapidated   ④ liberal

04   As the debate continued, the speakers became more vehement and their remarks were more _____.

① pertinent   ② prolonged
③ acrimonious   ④ ravenous

05   Despite the infamous record compiled by numerous economic forecasters in recent years, the demand for such forecasts continues to _____.

① realize   ② decline
③ satisfy   ④ flourish

06 Harry and William have very different personalities. "Emotionally, they are very unalike," a royal insider says. "Harry wears his heart on his sleeve. William is _____ and reclusive."

① haughty   ② quick-tempered
③ introverted   ④ fickle-minded

07 There is the _____ prospect that the issue of human rights, if it is not handled with great wisdom, could unleash new forces of American isolationism.

① hopeful   ② cheerful
③ nearsighted   ④ ominous

08 The president has proven to be as _____ as predicted. In turn, the press has responded with news coverage that also often comes off as changeable.

① sentient   ② astute
③ thorough   ④ mercurial

09 The long-term strategy of the United States will be to enlist the support of allies in Europe and Asia to help _____ the growing influence of China, its potential enemy.

① assess   ② contain
③ boost   ④ sustain

10 Both men and women are asked to dress _____ in public, avoiding tight fitting clothing or clothes with profane language or images to respect the local culture.

① capriciously   ② lavishly
③ liberally   ④ modestly

11 He _____ the state's segregated education by urging to end the separation of different racial groups in state schools.

① invoked   ② defied
③ discriminated   ④ administered

12 I was _____ about meditation, but after giving it a try, I started opening up to its benefits. I'm happy to say that it has helped reduce my anxiety and irrational fear.

① cognizant   ② inquisitive

③ sceptical   ④ forbearing

13 The earthquake in San Francisco in 1906 almost completely destroyed the city. While the tremor itself did a fair amount of damage, far more occurred as the result of a series of fires that broke out in the aftermath, fires that eventually joined together into a(n) _____.

① interminable performance   ② intermittent defect

③ virulent contagion   ④ massive conflagration

14 The articles that he wrote ran the gamut from the serious to the lighthearted, from the objective to the _____, from the innocuous to the _____.

① constant — evil   ② casual — realistic

③ ridiculous — remote   ④ argumentative — hostile

15 A sense of fairness _____ that the punishment should fit the crime; yet, in actual practice, judicial decisions _____ greatly for the same type of criminal offense.

① dictates — vary   ② assumes — coincide

③ relegates — deviate   ④ insists — compromise

16 Mountain climbing often has a _____ effect. Taking several treks per month to the summit and back gives a climber renewed energy and optimism and gives life back to muscles atrophied from disuse.

① rehabilitative   ② retentive

③ tenacious   ④ debilitating

17 Amid the glories of the 20th century lurked some of history's worst horrors: Stalin's collectivization, Hitler's Holocaust, Mao's Cultural Revolution, Pol Pot's killing fields, Idi Amin's rampages. It was a(n) _____ century.

① patricidal   ② genocidal
③ authentic   ④ anti-spiritual
⑤ communitarian

18 In 1969, when the Apollo 11 spacecraft successfully landed men on the moon, the entire country was suffused with excitement. Today, however, after thirty more years of space exploration, space shuttle launches _____ in the country.

① drive the public in shock   ② meet with opposition
③ create a sensation   ④ cause hardly a ripple

19 New writers often make the mistake of being too _____ in their work. They use far too many unnecessary words and phrases, taking entire paragraphs to say what could as easily have been conveyed in single concise sentence.

① baffling   ② offensive
③ vague   ④ prolix

20 While a majority government can implement whatever policies it wants, if it acts against its campaign promises and against the clear tide of public opinion, those policies are likely to lack _____ in the eyes of the public.

① forbearance   ② jubilation
③ legitimacy   ④ indignity

21 It is not unusual for non-religious individuals to _____ to some sort of established faith as they get older and begin to reflect more on the nature of their own mortality and on questions that cannot easily be answered purely through rationality and logical inquiry.

① allocate   ② relocate
③ convert   ④ digress

22 Japan has become an influential trendsetter in the world of animation. The nation used to boast about its strong economy, based on high-quality electronics and cars, but today its future depends on its _____.

① human resources
② advertising campaign
③ pop culture
④ sales strategy

23 Grapefruit and other common fruit juices, including orange and apple, can do the opposite effect by substantially decreasing the absorption of drugs, potentially _____ their beneficial effects.

① wiping out
② stirring up
③ dwelling on
④ settling for

24 Seriously neurotic people are often apt to dislike and despise themselves and to think much worse of themselves than the objective fact would justify. The majority of human beings, however, tend to judge themselves much more _____ than they judge other people.

① objectively
② subjectively
③ leniently
④ cruelly

25 Conceptions of the past _____. They are perennially revised by the urgencies of the present. When new urgencies arise in our own times and lives, the historian's spotlight shifts, throwing into sharp relief things that were always there but that earlier historians had carelessly excised from the collective memory. New voices ring out of the historical dark and demand to be heard.

① are far from stable
② are indelibly permanent
③ invariably prove to be right
④ always remain intact

01 The deposits lie in a disputed area where the nautical borders of the two countries' economic zones _____.

① overlap   ② flinch
③ are withheld   ④ are estranged

02 Aimed at curbing European attempts to seize territory in the Americas, the Monroe Doctrine was a warning to _____ foreign powers.

① reticent   ② predatory
③ benedictory   ④ credulous

03 Jung divided humankind into "thinkers" who engaged in laborious, structured study and "intuiters" who came to their conclusions through a sudden flash of _____.

① insight   ② industry
③ amazement   ④ imagination

04 The spacecraft has two identical sets of electronic components; if one fails, its _____ will still function.

① divergence   ② duplicate
③ similarity   ④ mutuality

05 The justice system is too _____ toward criminals in the country. Many judges let a lot of criminals go with a slap on the wrist.

① strained   ② intricate
③ punitive   ④ lenient

06 It is to the advantage of despots to keep people ignorant; it is to our advantage to make them _____. We must lead all of them gradually from ignorance.

① illiterate　　　　　　　　② passionate
③ intelligent　　　　　　　　④ foolish

07 History is replete with the horrors of war, torture and _____. And often we are numbed by the endless accounts of the daily doses of violence meted out to the vulnerable.

① regretful tears　　　　　　② barbaric brutality
③ joyful shout　　　　　　　④ burning ambition

08 The chief aim of university instruction is to make the student a better member of society. Emphasis should be on _____.

① specific knowledge　　　　② scientific research
③ fitness for the world　　　④ inspiration of genius

09 A siesta or afternoon snooze has been scientifically demonstrated to improve alertness, memory and _____ performance: it can help you organize your thoughts.

① emotional　　　　　　　　② cognitive
③ aesthetic　　　　　　　　④ physical

10 Her _____ should not be confused with miserliness; as long as I have known her, she has always been willing to assist those who are in need.

① intemperance　　　　　　② intolerance
③ apprehension　　　　　　④ diffidence
⑤ frugality

11 Current data suggest that, although _____ states between fear and aggression exist, fear and aggression are as distinct physiologically as they are psychologically.

① simultaneous　　　　　　② serious
③ exceptional　　　　　　　④ partial
⑤ transitional

12 The Bitcoin has soared in value this year — from roughly $13 in January to peak above $1,200 — and traded at $921 on the Mt. Gox exchange on Friday. The currency is prone to severe price _____.

① allowance   ② collusion
③ superiority   ④ volatility

13 Although Friedrich Nietzsche and John Stuart Mill were philosophic _____, their ideas on commonality were quite similar; John Stuart Mill was forwarding democratic ideals.

① foes   ② colleagues
③ sages   ④ accomplices

14 As an outstanding publisher, Alfred Knopf was able to make occasional _____, but his bad judgment was tolerated in view of his tremendous _____.

① appearances — energy   ② mistakes — success
③ remarks — connections   ④ enemies — audacity

15 The novel *Uncle Tom's Cabin*, which effectively _____ the unfairness toward black people, was a major influence in _____ the anti-slavery movement.

① glamorized — launching   ② viewed — appraising
③ portrayed — strengthening   ④ attacked — pacifying

16 Although there was considerable _____ among the members of the panel as to the qualities essential for a champion, Sugar Ray Robinson was _____ voted the greatest fighter of all time.

① suspicion — quietly   ② research — irrelevantly
③ discussion — incidentally   ④ disagreement — overwhelmingly

17 Imposing steep fines on employers for on-the-job injuries to workers could be an effective _____ to creating a safer workplace, especially in the case of employers with poor safety records.

① antidote   ② alternative
③ appendage   ④ deterrent
⑤ incentive

18 It has been said that knowledge is power, but great power lies in the ability to utilize knowledge. A trained and powerful mind surely contains something, but its chief value consists in what it _____.

① contains   ② retains
③ forgets   ④ exercises

19 With e-readers like Apple's new iPad touting their vast libraries of digital titles, some bookworms are bound to wonder if tomes-on-paper will one day become _____.

① interesting to youth   ② quaint relics
③ multimedia experiences   ④ the predominant format

20 Researchers are working on a new method of fighting viral diseases that may prove to be a veritable _____. If they are successful, they will have a medicine that cures not just one illness, but all viral infections.

① prejudice   ② panacea
③ pestilence   ④ polemic

21 Politicians must be careful to always watch their words, even when they think they are speaking in private. It only takes one _____ overheard by the wrong person at the wrong moment to completely derail a candidacy.

① mistrustful journalist   ② necessary evil
③ unexpected announcement ④ inopportune remark

22   Marine biologist Sylvia M. Earle makes a career of expanding the limits of deep-sea mobility, making hitherto-impossible tasks _____ through the new technology designed by her company.

① frenetic   ② feasible
③ fantastic   ④ controversial

23   We all have the responsibility to respect the other fellow's religion. We must not interfere with any man's personal religious beliefs. If we take freedom of religion away from anyone, it will not be long before _____, for that freedom is safe only in a country where all men enjoy the same freedom.

① no one has religious freedom   ② there is no religion on the earth
③ no one has reverence for religion   ④ there is no freedom on the earth

24   To be successful does not always mean to get riches, honor, and power. Some of the richest and most praised and powerful men are perhaps the greatest failures, since they have got what they want _____.

① with the help of other people   ② at the cost of their clean conscience
③ as a result of their steady efforts   ④ along with a greater responsibility

25   Just as we appreciate warmth because we have experienced cold, so we appreciate what love means all the more because we know what it is to have feelings of hate. We appreciate _____ the more because we have both experienced meanness from others and known what it is to feel mean towards others.

① superiority   ② generosity
③ ingenuity   ④ curiosity

TEST

26

| Choose the one that best completes the sentence(s). ▶▶▶ **ANSWERS** P.274

01 He looked so _____ that she believed he really was sorry about what he had said.

① stiff   ② contrite
③ doubtful   ④ fragile

02 Logic does not permit the _____ of a sentence like "All cucumbers are vegetables," because "All vegetables are cucumbers" is absurd.

① exactitude   ② abundance
③ inversion   ④ subjectivity

03 The basic law of the universe is economy. The universe does not waste a single quark; all serves a purpose and fits into a balance — there are no _____ events.

① consequent   ② germane
③ extraneous   ④ ineluctable

04 During the currency crisis, foreign media outlets that predicted a _____ Carnival in Rio were proved wrong by jubilant, record crowds.

① boisterous   ② vibrant
③ legitimate   ④ subdued

05 American designer Rick Owens' fashions often turn out to be _____ — his designs seem outlandish at their release but slowly seep into wider usage.

① retrogressive   ② mediocre
③ ephemeral   ④ prescient

06 The elements of the Brexit process that now trigger major discord are so _____ that only a handful of people really understand them.

① abstruse   ② foreseeable
③ plausible   ④ transparent

07 Over the years, many arguments have been put forward for legalizing euthanasia, but people are afraid that this might give rise to murder, unless there were very strict

_____.

① efficacy   ② medication
③ remunerations   ④ safeguards

08 The duties of all public officers are so plain and simple that men of intelligence may readily _____ themselves for their performance.

① assign   ② addict
③ refrain   ④ qualify

09 Beware of over packing, however, because carrying a _____ bag around the airport can make you tired and keep you from looking good while traveling.

① hefty   ② puny
③ paltry   ④ fragile

10 In his interviews with various statesmen, celebrities, and newsmakers, Russell Brand's tendency to interrupt his guests'responses with his own views demonstrates his _____ nature.

① amenable   ② narcissistic
③ adroit   ④ malleable

11 The poems of Lin Xia Yuen are _____: rhymes and meters are fragmented, broken into parts, and separated by long tempos of silence.

① uniform   ② harmonized
③ disarrayed   ④ touted

12 A perennial goal in zoology is to infer function from _____, relating the _____ of an organism to its physical form and cellular organization.

① age — ancestry   ② classification — appearance
③ size — movement   ④ structure — behavior
⑤ location — habitat

13 The poet Baudelaire got through years of poverty and _____, and so produced a deal of works that is now _____ by a range of literary critics.

① security — hailed
② adversity — acclaimed
③ celebrity — publicized
④ inactivity — undermined

14 Named after Vulcan, the Roman god of fire, volcanoes are best known for their _____ power. But they can also be havens for life, as _____ for plants and animals during ice ages.

① blazing — obstacles
② proficient — heritages
③ destructive — refuges
④ beneficial — charms

15 Familiarization process can be employed as a strong _____; it must be an effective antidote to _____.

① control — procrastination
② program — celibacy
③ therapy — diffidence
④ tool — insomnia

16 While *amiable* refers to friendly people, *amicable* refers to friendly relations between them; two _____ people who no longer want to be married to one another might have an _____ divorce.

① amiable — amicable
② amiable — amiable
③ amicable — amiable
④ amicable — amicable

17 What can be more _____ than devoting a lifetime to a work that will far _____ you, a work that will see future generations come and go?

① boring — exhaust
② rewarding — outlive
③ hypocritical — burden
④ ambitious — enlighten

18 _____ can be used to _____ new memories while we sleep. A study surrounded sleeping people with the scent of roses, which activated the hippocampus, the part of the brain associated with learning new things.

① Aromatherapy — impede
② Recreation — overlook
③ Slumber— strengthen
④ Odors — reinforce

19   Mobile phones have become _____ in the rich world. But they are even more useful in the developing world, where the availability of other forms of communication — roads, postal systems or fixed-line phones — is often limited.

① a living standard   ② a rarity
③ a thing of the past   ④ indispensable

20   ISIS sells the statues, stone faces and frescoes that international dealers demand. It takes the money, hands over the relics — and blows up the temples and buildings they come from to conceal the evidence of what has been _____.

① looted   ② bribed
③ venerated   ④ subdued

21   Lie detectors are _____. They give far too many false positives on nervous suspects, while a criminal who remains cool and collected can often beat the machine, his deceit going completely undetected.

① lamentably suppressible   ② notoriously unreliable
③ refreshingly original   ④ reputedly mythical

22   From the Crimean War to the fall of Saigon, the siege of Sarajevo to the genocide in Rwanda, the work of a foreign correspondent is a clarion call to never becoming _____ to what is indefensible, wicked or cruel.

① bigoted   ② mutinous
③ indifferent   ④ averse

23   By a strange combination of generosity and greed man protects the weak in asylums and kills the strong in wars. By a strange combination of ingenuity and impotence he multiplies the basic necessities of life far beyond any possible need only to let millions _____ and unclothed for lack of efficient distribution.

① fall behind   ② find shelter
③ go hungry   ④ get angry

24 Everyone knows that vitamin C has many health benefits, such as supporting the immune system. However, too much of a good thing can be bad, and an excess of 2,000 milligrams per day can actually have harmful health effects. So while vitamin C is essential for your health, it is important to _____.

① double your dose when you are sick
② take at least 2,000 milligrams a day
③ keep it under the daily intake limit
④ include it in your regular diet

25 While some people take up bicycling for health reasons, many choose to do it on _____ grounds. They claim that it is irresponsible to add to carbon emissions by using a car, when bicycling is an alternative. And evidence supports their claim: researchers estimate that about 40% of hazardous air pollutants come from cars.

① sociological   ② geological
③ archeological   ④ ecological

27

Choose the one that best completes the sentence(s). ▶▶▶ ANSWERS P.278

01 She used to be a famous actress, but she's now in _____; she never appears on stage now.

① eclipse   ② eclectic
③ zenith   ④ respect

02 In the American judicial system, defendants have the right not to _____ themselves, and so may refuse to answer compromising questions.

① adjourn   ② abdicate
③ exert   ④ incriminate

03 Rosa Parks was _____ when she refused to give up her seat on the bus, even though the law at that time dictated that black people had to stand when whites needed a seat.

① well-disciplined   ② segregative
③ defiant   ④ ill-mannered

04 Children's brains have high _____. If you do the right intervention as the trauma is happening, it allows you to transform a traumatic experience into an empowering one.

① elasticity   ② humility
③ latency   ④ intuition

05 Proponents of pesticide deregulation say that the current process for getting approval for pesticides is too cumbersome and that _____ it would increase crop production.

① imposing   ② streamlining
③ sanctioning   ④ withstanding

06 Even George Washington, so renowned for his composure, _____ during his address to the Senate after nervously improvising in his first inauguration.

① quivered   ② haggled

③ sauntered   ④ assented

07 Even those who disagreed with Carmen's views rarely faulted her for expressing them, for the positions she took were as _____ as they were controversial.

① complicated   ② political

③ subjective   ④ commonplace

⑤ thoughtful

08 Get a shirt one size larger than you usually wear, because this material _____ when you wash it.

① fades   ② shrinks

③ recedes   ④ decreases

09 Fuzzy logic began to find applications in industry in the early 1970s, when it was linked to advanced computer science and the study of _____ intelligence.

① natural   ② human

③ artificial   ④ universal

10 Many of the seemingly _____ discussed by ancient philosophers turn out to be much less mysterious once their unspoken premises have been clearly identified and refuted.

① unyielding zealots   ② taciturn nonentities

③ irresolvable paradoxes   ④ infamous pinnacles

11 OPEC ministers will debate a deep cut in oil supply when they meet this weekend in Cairo for urgent talks aimed at _____ a downward price spiral that sucked oil below $50 a barrel.

① furthering   ② contriving

③ circulating   ④ arresting

12 Trapped thousands of years ago in Antarctic ice, recently discovered air bubbles are _____ time capsules filled with information for scientists who chart the history of the atmosphere.

① inconsequential ② fragmentary
③ veritable ④ impenetrable

13 Legal _____ initiated by the government necessitate that manufacturers use _____ in choosing food additives.

① entanglements — knowledge ② restraints — caution
③ talents — decoration ④ proclivities — moderation

14 The deep-rooted prejudice against woman fighters makes them _____ even if they can earn a(n) _____ income.

① tempting — unbelievable ② unappealing — attractive
③ charming — beautiful ④ uninviting — slender

15 Thus far predictions that global _____ would lead to mass starvation have proven false; however, in the years to come, population _____ may yet prove to be one of the world's greatest problems.

① pollution — expansion ② overcrowding — growth
③ poverty — density ④ deforestation — control

16 It is difficult to link precise intake levels of caffeine to specific health effects because _____ to caffeine differs widely from person to person. For example, some people are more _____ to caffeine. For them, a small amount could cause insomnia and irritability.

① addiction — invulnerable ② tolerance — sensitive
③ resistance — fatal ④ extraction — susceptible

17 While some people do give to charity out of _____, many others do so for essentially self-centered reasons — to develop a good reputation within a community, for instance, or to take advantage of tax write-offs.

① uncouth egoism   ② profound depression
③ enforced obligation   ④ genuine altruism

18 With the suspension of Google's foreign searches and automatic keywords feature, Chinese users will find their Internet search through Google significantly less efficient and even _____.

① adhesive   ② cumbersome
③ optimal   ④ arresting

19 The Mariana Trench is a veritable _____. The long, narrow gap at the bottom of the sea bed goes down so far that accurately measuring its depth is still beyond us, though various attempts have put it somewhere between ten and eleven kilometers.

① caprice   ② icon
③ matrix   ④ abyss

20 Writing a novel with another person can be a deeply rewarding experience. However, you must be careful when engaging in such _____ to determine in advance how you will resolve any conflicts that may arise between you and your partner.

① colloquialism   ② contradiction
③ controversy   ④ collaboration

21 Called one of the seven deadly sins, _____ is characterized by a limitless appetite for food and drink and overindulgence to the point where one is no longer eating just to live, but rather living to eat.

① lust   ② gluttony
③ greed   ④ sloth

22 Every day we use many things made in our own country from raw materials that are imported. Other countries have mineral and vegetable products that we do not have, and we have some that they cannot supply for themselves. Some of our factories would have to close if we were not able to _____.

① import food
② carry on international trade
③ collect high tariffs
④ invest in foreign factories

23 For the Japanese, a bath is not just a way to get clean. It is also a way to relax and recover from a stressful day. In Japan, people like to take very long, hot baths. While they are in the bathtub, they like to listen to music or read books. For this reason, a Japanese company has begun selling special "bath" books. These books _____.

① are cheap
② are interesting
③ have plastic pages
④ contain cartoons

24 Many people are choosing organic foods not because they want foods uncontaminated with pesticides but because they assume organic foods contain fewer calories than non-organic alternatives. The study showed that such people are liable to _____, as they adjust their diet to reflect their beliefs about the low caloric content of organic foods.

① become depressed
② be contaminated
③ gain weight
④ worry about their health

25 About 95 percent of the Earth's oceans (which make up more than 70 percent of the planet) remain unexplored. Scientists estimate almost a million undiscovered species could live in these unseen seas. Some lands, like parts of the rain forests in New Guinea, are also uncharted. This means that many things on Earth _____.

① need to be controlled
② are in danger of becoming extinct
③ have yet to be discovered
④ thrive in barren areas

28

❚ Choose the one that best completes the sentence(s). ▶▶▶ **ANSWERS** P.282

01   I knew by the _____ look on father's face that the letter had brought some bad news.

① sterile   ② stubborn

③ sturdy   ④ strict

⑤ stricken

02   The principal declared that the students were not simply ignoring the rules, but also openly _____ them.

① flouting   ② redressing

③ reviewing   ④ discussing

03   The writings of the great philosopher René Descartes are _____; many readers have difficulty in following his complex, intricately woven arguments.

① generic   ② bland

③ abstruse   ④ concrete

04   The seriousness of the drought could only be understood by those who had seen the _____ crops in the fields.

① wilted   ② deluged

③ copious   ④ diversified

05   Though many of the teachings of Socrates are generally accepted today, in his time they disagreed with the prevalent ideas and were considered to be very _____.

① radical   ② tenable

③ orthodox   ④ rational

06 The government showed signs of _____ democratic reforms by abrogating the right of free speech.

① retarding   ② precipitating
③ illuminating   ④ forcing

07 For some time now, _____ has been presumed not to exist: the cynical conviction that everybody has an angle is considered wisdom.

① rationality   ② flexibility
③ diffidence   ④ disinterestedness
⑤ insincerity

08 That group of poets could be original because they had completely rejected outworn authority; they had cultivated a far-reaching disbelief and had discarded _____.

① the spirit of blind faith   ② contradictory evidence
③ new hypotheses   ④ dispassionate curiosity

09 This is not a book, in the ordinary sense of the word. No, this is a prolonged _____, a gob of spit in the face of Art, a kick in the pants to God, Man, Destiny, Time, Love, Beauty.

① injury   ② inspection
③ insult   ④ inspiration

10 The world is born anew each day, but we early come to regard it with worn-out eyes. The feeling of wonder is _____.

① human   ② profound
③ fleeting   ④ strange

11 Even when faced by seemingly insurmountable obstacles, the great Asiatic conqueror Tamerlane would not turn aside from his goal. His most outstanding trait was _____.

① perseverance   ② vacillation
③ procrastination   ④ aggressiveness

12   One of the greatest drawbacks to living in poverty is that every little problem has the potential to be ruinous. Things that are merely _____ to the rest of us can destroy a pauper's entire family.

① intervals   ② forebodings
③ gratifications   ④ nuisances

13   The EU said China is "subject to confirmation of _____," meaning Beijing should lift all restrictions on European citizens entering China before European countries will allow Chinese citizens back in.

① consignment   ② reciprocity
③ nullity   ④ conformity

14   Eric was frustrated because, although he was adept at making lies sound _____, when telling the truth, he _____ the power to make himself believed.

① plausible — lacked   ② convincing — retained
③ honest — affected   ④ true — acquired
⑤ logical — claimed

15   Although its publicity has been _____, the film itself is intelligent, well-acted, handsomely produced, and altogether _____.

① perfect — spectacular   ② tasteless — respectable
③ extensive — moderate   ④ sophisticated — amateur

16   It has long been known that the air and water encountered by people in their daily lives are filled with all sorts of microorganisms. Thankfully, most of these are _____ and even the _____ ones can usually be washed down the drain without causing any harm.

① malicious — inevitable   ② benign — unsavory
③ pathogenic — treatable   ④ temporary — moderate

17   Before 1500 North America was inhabited by more than 300 cultural groups, each with different customs, social structures, world views, and languages; such diversity _____ the existence of a single Native American culture.

① complements   ② implies
③ reiterates   ④ argues against

18   It has been said of ladies that when they write letters they put their minds in their postscripts — letting out the real object of their writing as if it were a second thought or a thing comparatively _____.

① emphasized   ② unimportant
③ remembered   ④ rewritten

19   Back when radio and newspapers were the primary media for political debate coverage, debate participants were forced to provide clear, intelligent answers to important questions. Now, in the television age, many politicians get by with a good suit and a(n) _____ smile.

① exhausted   ② winsome
③ menacing   ④ itinerant

20   The primary difference between a _____ and a siege is that the former generally involves preventing goods from entering a very wide area, such as an entire nation, whereas the latter is usually aimed at isolating no more than a specific city or castle.

① flanking   ② reinforcement
③ blockade   ④ clearance

21   Ironically, Carver's precision in sketching lives on the edge of despair ensures that his stories will sometimes be read too narrowly, much as Dickens' social-reformer role once caused his broader concerns to be _____.

① ignored   ② reinforced
③ contradicted   ④ diminished
⑤ diversified

22 One should always be willing to question authority. Even a(n) _____ expert on a given subject is still a fallible human being, as capable of making foolish errors due to carelessness or exhaustion as any ordinary layman.

① religiously devout   ② incontrovertibly incompetent
③ unrealistically simplistic   ④ eminently credible

23 It is of course necessary, or at least desirable, for a political leader to articulate a vision for the country he hopes to lead. However, this should ideally be a pragmatic vision grounded in an awareness of political realities rather than a _____, unrealistic vision rooted in utopian fantasies.

① versatile   ② rapacious
③ grandiose   ④ timorous

24 The primary area of disagreement in most union negotiations may not concern issues of direct _____. Often, the sticking points center less on salary levels and more on the implementation and levels of additional benefits or on ways in which working conditions might be improved.

① collective action   ② material construction
③ monetary compensation   ④ diplomatic extradition

25 Before the invention of writing, successive generations were dependent upon the oral transmission of knowledge. Anything that was forgotten or distorted by one generation had to be laboriously rediscovered later. Writing, when it came to be used, granted to intellectual achievements a new _____.

① keenness   ② interpretation
③ permanence   ④ beauty

29

Choose the one that best completes the sentence(s). ▶▶▶ ANSWERS P.286

01 The gentleman is being rather more prolix than he normally is — he is usually very _____.

① stingy   ② optimistic
③ talkative   ④ succinct

02 The conspirators met _____ in order to plot an insurrection against the oppressive regime.

① publicly   ② indigently
③ indolently   ④ clandestinely

03 The office building was designed with practical, rather than _____, concerns in mind.

① tangible   ② aesthetic
③ endemic   ④ conspicuous

04 The stern appearance of the school's headmaster made all of the students _____ being called before him.

① angry   ② easy
③ confused   ④ dread

05 Although she knew she would be burned at the stake as a witch, Joan of Arc refused to _____ her statements.

① insist   ② advocate
③ renounce   ④ emphasize

06 The kingdom enforces a strict version of National Security Law and does not tolerate a political _____.

① novice   ② proponent
③ dissident   ④ patriot

07 For years, he was known as the "homeless billionaire" for his _____ life in which he lived in fine hotels around the world but did not own a home.

① monasterial   ② itinerant
③ enviable   ④ ebullient

08 When legendary director Alfred Hitchcock created a film about a detective with an intense fear of heights, he named the film *Vertigo*, not _____; perhaps he thought *Vertigo* was catchier.

① Hydrophobia   ② Acrophobia
③ Xenophobia   ④ Agoraphobia

09 The university should _____ the function of the alumni fund so that its importance will be better appreciated by the school's graduates who are asked to contribute to it.

① revoke   ② elucidate
③ ascertain   ④ prescribe
⑤ entice

10 As rational being, we can, to some extent, control our surroundings. We may _____ of social or economic forces, but we, as citizens, can work to change our society.

① be at the mercy   ② be at the cost
③ follow the lead   ④ take the lead

11 Hardliners in the ruling party would like to dismantle the Democratic Progressive Party, but wholesale arrests of its members could well _____ massive unrest.

① result from   ② depend upon
③ terminate   ④ trigger

12 One puzzling fact about the earth is that it does not rotate at a _____ rate of speed. It appears to slow down in the spring and speed up in the fall.

① rapid   ② different
③ uniform   ④ varied

13 Many elderly people are capable of working, but they are kept from gainful employment by a _____ of the part of employers which leads them to believe that young people alone can give them adequate service.

① philosophy   ② conviction
③ short-sightedness   ④ tendency

14 Scientists should have choice as to what area they explore, and certainly have the _____ right and obligations as _____ to influence what use is made of their discoveries.

① impeccable — teachers   ② ethical — humanists
③ inherent — philosophers   ④ definitive — recorders

15 The scientific literature can become distorted overall toward commercial ends when certain hypotheses favorable to _____ are investigated more often than others, and when scientists only publish their results _____.

① consumers — reluctantly   ② business — adversely
③ industry — selectively   ④ scholars — timely

16 Mobsters and outlaws are often the heroes of films, but businesspeople seldom are. Instead, they are portrayed as _____, money-hungry, and overcharging. Though many businesspeople are _____ who use their wealth to improve communities, this is hardly depicted in films.

① bold — beneficiaries   ② insatiable — novices
③ greedy — philanthropists   ④ indecisive — frauds

17 When judging historical figures, it is necessary to bear in mind the social and political contexts they operated in. An action or speech that may seem _____ to us today might have been seen as perfectly acceptable, or even praiseworthy, back then.

① reprehensible   ② tangible
③ counterfeit   ④ blithe

18 Often the lowest of the working classes consists primarily of those trapped in jobs that condemn them to perpetual _____, to menial, soul-destroying tasks that consist of repetitive physical labor carried out in dangerous and often disgusting environments.

① homage   ② drudgery
③ somnolence   ④ impiety

19 Dr. Steven Long, the head of the Veterinary Society of New Zealand, has warned pet owners that despite the supposed advantages of vitamin supplements, giving domesticated animals high doses of such products may in fact be _____.

① counterproductive ② puissant
③ efficacious   ④ cogent

20 While the delegate clearly sought to _____ the optimism that has emerged recently, she stopped short of suggesting that the conference was near collapse and might produce nothing of significance.

① substantiate   ② dampen
③ encourage   ④ elucidate
⑤ rekindle

21 Things are looking pretty bleak for Microsoft in its new mission to bring cheap Windows to the Asian markets. There has apparently been a(n) "_____ response" to the launch of Windows XP Starter Edition in Thailand, Malaysia and Indonesia.

① supportive   ② lukewarm
③ animated   ④ humble

22 Homophony is a musical term meaning that one voice or instrument takes the melodic lead while all other voices or instruments provide harmony. Polyphony is the opposite of homophony because a polyphonic composition has _____.

① no harmony at all
② instruments, not voices
③ independent and equally important parts
④ only one instrument

23 Survival, of course, isn't heroism, even with the enormous _____ of Nature refusing to help or hinder your path. Neither of the characters is a hero, especially after one kills the other — despite being an act of mercy.

① abdication   ② impassivity
③ nemesis   ④ foreboding

24 We are taught to be very conscious of the passage of time. Such slogans as "_____" can often be seen hanging on the wall of many of our factories. Workmen are paid by the hour, and are constantly reminded that "Every minute counts."

① Time and tide waits for no man   ② There is a time for everything
③ Let bygones be bygones   ④ Time means money

25 In fact, it is an odd fact that many of the greatest discoveries have been stumbled upon — but usually by people whose minds were in a condition to perceive them, who by training and inclination were looking in the right direction. However, the moment of revelation _____ — in art, never.

① deliberately creates truths about discoveries
② has seldom been coldly calculated
③ has made a leisurely progress
④ is bound up inextricably with discipline

30

❙ Choose the one that best completes the sentence(s). ▶▶▶ ANSWERS P.290

01 She dismissed his ideas as impractical; his supporters attacked her with a virulent misogyny that _____ their commitments to equality.

① affirmed   ② belied
③ consolidated   ④ exhorted

02 Everything changes in this world — values, culture, technology, fashion — but the power of Cinderella seems weirdly _____ to time.

① impervious   ② proportionate
③ subordinate   ④ permeable

03 It can be difficult for those on a parole board to tell when an applicant for parole is genuinely _____ and when he is merely pretending to be so in the hopes of securing early release.

① pestilent   ② protestant
③ pertinent   ④ penitent

04 The Nazis have come up with a plot to _____ the U.S. and British economies by flooding them with fake currency on a massive scale.

① destabilize   ② justify
③ liberate   ④ escalate

05 The yoga courses at school are offered for two groups; one for the experienced and the other for the _____.

① experts   ② novices
③ civilians   ④ immigrants

06   For centuries animals have been used as _____ for people in experiments to assess the effects of therapeutic and other agents that might later be used in humans.

① benefactors   ② subordinates
③ prototypes   ④ precedents
⑤ surrogates

07   An investigation that is _____ can occasionally yield new facts, even notable ones, but typically the appearance of such facts is the result of a search in a definite direction.

① roundabout   ② unguided
③ inconsistent   ④ involved

08   He believes that, with dogged persistence, he can catch someone in a lie or uncover some _____ in his suspect's story.

① discrepancy   ② truthfulness
③ uniformity   ④ honor

09   It was a vogue at that time to give English names to city villas, so every _____ man chose the English name for their houses.

① neglectful   ② fashionable
③ honest   ④ passionate

10   Remelting old metal cans rather than making aluminum from bauxite ore shipped from overseas saves producers millions of dollars in _____ and production costs.

① distribution   ② salvage
③ storage   ④ procurement
⑤ research

11   In contemporary politics, some misdemeanors are not always career-ending controversies. The public is often forgiving, for example, when politicians are _____ about mistakes in their personal lives.

① lewd   ② contrite
③ dismissive   ④ lenient

12   Just as such apparently basic things as rocks, clouds, and clams are, in fact, intricately structured entities, so the self, too, is not an "elementary particle," but is _____ construction.

① a complicated   ② a convoluted
③ a distorted   ④ an amorphous
⑤ an illusory

13   While astronomers play with the idea of a(n) _____ large universe, physicists are wondering if there is a limit to _____.

① tremendously — achievement   ② infinitely — minuteness
③ mysteriously — visibility   ④ imaginatively — vastness

14   Though the new pharmaceutical regime was intended to be beneficial, its actual effect was _____, a result the medical community _____.

① harmful — fascinated   ② abundant — castigated
③ fortuitous — ignored   ④ detrimental — lamented

15   Describing himself as "young and inexperienced," he struck a tone of _____. "I know I made the wrong decision when I got involved in this fraud," he said. But in interviews, others involved in the schemes were not contrite, _____ their actions.

① resilience — apologizing   ② transparency — deprecating
③ remorse — rationalizing   ④ defiance — confessing

16   Friendship depends on keeping some of our thoughts to ourselves. Since newspapers appear to print everything one nation thinks about other nations, we should expect this to be a world of _____.

① enmity   ② cooperation
③ honesty   ④ compromise

17   If someone _____ financially, they buy property, stocks, shares etc. especially on a large scale or as a business, in the hope of being able to sell them again at higher price and make a profit.

① robs   ② speculates
③ retains   ④ discounts

18   It is difficult to tell edible mushrooms from poisonous ones frequently called toadstools. Probably the amateur mushroom gatherer's only safe judgment is to regard all wild mushroom as _____.

① edible   ② poisonous
③ cultivated   ④ fungi

19   The scientific approach to morality is not entirely incompatible with religious views, although it _____ the need for divine providence to explain one of our most profound and cherished features.

① underscores   ② obviates
③ precipitates   ④ manifests

20   Local politicians who move to the national stage sometimes find that they must _____ long held positions that may have appealed to their local community but that are unlikely to play well to a larger swath of the country's population.

① express   ② repudiate
③ summarize   ④ dismantle

21   There is an element of game theory to reclining an aeroplane seat. As long as there is _____ — either everyone in your column of seats is upright or everyone is reclined — no-one is disadvantaged.

① equilibrium   ② ergonomics
③ egotism   ④ aeronautics

22 The discoveries of science often are a mixed blessing; on the one hand they give us valuable germicide that enables the farmer to grow more abundant crops and on the other hand they _____ the benefits by destroying the balance of nature.

① compromise
② misplace
③ mollify
④ counteract

23 Those who languish in boredom, doing nothing because nothing interests them, will always be bored. Trying whole-heartedly to execute a task is the only sure way of developing a vital interest in the task. We do something not because we're interested in it — rather, _____.

① the challenge is never too great
② we expect occasional boredom
③ interest comes from doing
④ doing often derives from interest

24 Pure liberal arts programs in this country are becoming _____. Small liberal arts colleges are downsizing humanities departments to make way for more career-oriented majors. In _____ of this move, administrators at these institutions claim that such decisions are driven by financial pressures.

① abundant — disregard
② obvious — favor
③ prominent — hatred
④ scarce — defense

25 I've been reflecting about that powerful force — inertia. Overall, _____ among people still dominates even as the need to embark on an intensive global effort to boost energy efficiency and advance promising non-polluting energy technologies has grown ever clearer.

① bustle
② idleness
③ responsibility
④ overactiveness

31

| Choose the one that best completes the sentence(s).   ▸▸▸ ANSWERS P.294

01   Unprecedented turmoil in the usually thriving nation has made the formerly _____ investors leery of any further involvement.

① pessimistic   ② cautious
③ clandestine   ④ taciturn
⑤ sanguine

02   In spite of _____ reviews in the press, the production of her play was rescued from almost certain oblivion by enthusiastic audiences whose acumen was greater than that of the critics.

① lackluster   ② distinctive
③ individual   ④ lustrous

03   The celebrity website typically _____ video for more concise viewing from visitors to their site rather than posting lengthy entire videos.

① censors   ② deciphers
③ ejects   ④ condenses

04   Whereas China's totalitarian government has an easier time enforcing its rules, corruption and lack of accountability _____ India's efforts to enforce regulations.

① plague   ② expand
③ sanction   ④ promote

05   Both sides in the immigration debate have used language that can only be described as _____, inciting ardent reactions.

① nonchalant   ② incendiary
③ phlegmatic   ④ oblique

06   The photographs of Ethiopia's starving children have demonstrated the _____ of drought, poor land use, and overpopulation.

① struggles   ② prejudices
③ consequences   ④ mortalities

07   From the time of Tocqueville's visit in the 1830s to the present, commentators have observed that the American religious scene is adaptive and _____ to its ever-changing environment.

① restricted   ② accommodating
③ exclusive   ④ compelling

08   On almost bare land, with few or no destructive insects or birds living there, nearly every seed which chanced to arrive, if fitted for the climate, would _____.

① germinate   ② wither
③ ignite   ④ plummet

09   To forestall a financial panic, the government should restore confidence by putting together a credible rescue plan for the _____ banks.

① insolvent   ② delusive
③ detrimental   ④ apathetic
⑤ prosperous

10   Handwriting analysis, or graphology, long dismissed as a(n) _____, is increasingly being used as a hiring tool to detect desirable personality traits and to match candidates to jobs for which they are best suited.

① supernatural   ② pseudo-science
③ earthliness   ④ nonconfidence

11 Cezanne's delicate watercolor sketches often served as _____ of a subject, a way of gathering fuller knowledge before the artist's final engagement of the subject in an oil painting.

① an abstraction   ② an enhancement
③ a synthesis   ④ a reconnaissance
⑤ a transcription

12 People who scorn the study of the past and its works usually assume that the past is entirely different from the present, and that hence we can learn _____.

① something worthwhile from the past
② something worthwhile from the present
③ nothing worthwhile from the past
④ nothing worthwhile from the present

13 The _____ rites of the Baba cult were kept secret by the members and were never _____ to outsiders since they were first commenced.

① public — delegated   ② esoteric — divulged
③ dubious — maligned   ④ elusive — proscribed

14 All told, the female characters carry the _____ of the story, while the males are either patently cruel or somewhat _____ and ineffectual.

① malice — animated   ② calamity — interesting
③ humanity — insipid   ④ severity — lackluster

15 The Brazilian poet Jose Silva was widely lauded for his political _____; his shrewd observations of the needs of Brazilian citizens were widely incorporated into the platforms of various presidential candidates.

① bigotry   ② stoicism
③ sagacity   ④ obtuseness

16 Hospitals always need a large supply of blood to meet all of the medical needs for transfusions. Very little pure blood can be spared for research and clinical testing. The situation will be relieved by the development of techniques that allow analysis to be made using _____.

① smaller blood samples   ② pure chemicals
③ new laboratories   ④ pure blood

17 Schools often want foreign exchange students as a way to increase the _____ of their student population. These programs may be true exchanges. A student from the school goes to a foreign country for a school year while a foreign student comes to the United States.

① incongruity   ② assortment
③ enrollment   ④ substitution
⑤ faculty

18 It is the image of a man who was _____ in his hatred of dishonesty, but who was ever kind and sympathetic toward those who sought earthly rewards through human weakness and error.

① yielding   ② obedient
③ generous   ④ obdurate

19 The most _____ among the children — those quickest to start fights and who habitually used force to get their way — were the most likely to have dropped out of school and, by age thirty, to have a record for crimes of violence.

① belligerent   ② frustrated
③ desperate   ④ destitute

20 The Spanish flu actually didn't have a very high _____. It killed only about two percent of its victims. The problem was that it was so contagious that it infected almost everyone who came in contact with it.

① peak altitude   ② statistical confluence
③ mortality rate   ④ idealized quarantine

21 A central motif of Hayao Mizuno's novel, *Ashes From the Fire*, is the manner in which the protagonist, Kazuhiro, _____ his adopted homeland of New York City. Throughout the course of the book, Kazuhiro thoroughly and thoughtfully investigates the morals and habits of native New Yorkers.

① eulogizes   ② slanders

③ scrutinizes   ④ lionizes

22 Activity is contagious. Looking where others look, and conversing about the same things, we catch the charm that lured them. Napoleon said, "You must not fight too often with one enemy, or you will _____".

① hate that enemy all the more

② teach the enemy all your art of war

③ defeat your enemy in every battle

④ find your enemy is all your only foe

23 Each scenario consists of multiple events, such as pandemic, warfare, global warming-related occurrences and a meteor strike, which occur in relative succession and result in equally destructive domino effects, such as societal _____ leading to economic decline and escalated terrorism.

① restorations   ② breakdowns

③ stabilities   ④ improvements

24 A recall can create a lot of financial damage for a company. It costs a great deal of money to exchange an old product for a new one, fix a problematic part or give customers a refund. But a recall is not always bad news. It can improve a company's reputation by showing that the company _____.

① has safety problems or defects

② is lax about recalling a problematic product

③ puts consumers ahead of profit

④ offers a free repair rather than conducting a recall

25   America's Supreme Court was intended to be apolitical. In practice, appointments are highly partisan. But a new study shows that conservative judges tend to _____ over time. This has kept the court's rulings near the midpoint of American political debate, despite a preponderance of Republican appointees.

① drift to the left   ② act up to their beliefs
③ fall back on litigation   ④ reject judicial restraint

❚ Choose the one that best completes the sentence(s).   ▶▶▶ ANSWERS P.298

01   A procrastinator to the end, James studied for exams in short bursts of _____ activity.

① private   ② frantic
③ innocent   ④ easygoing

02   It was easy to tell that the speaker's talk was memorized, though he tried to make it seem _____.

① simultaneous   ② impressive
③ prodigious   ④ extemporaneous

03   Fortunately, Mary has a keen sense of awareness; her _____ stopped her from taking the next step, which would have landed her in the uncovered manhole before her.

① perspective   ② frivolity
③ penitence   ④ intuition

04   GM was tagged with the _____ moniker "Government Motors," and taking aid from the taxpayers kept some buyers away from GM vehicles.

① innovative   ② magnificent
③ derisive   ④ insipid

05   The man encountered a series of _____ events on his way to work, from finding €20 on the ground to winning plane tickets off the radio.

① morbid   ② fortuitous
③ simultaneous   ④ baffling

06   Stress is any condition or circumstance that can _____ affect the proper workings of the body and mind.

① ambiguously   ② positively
③ fortunately   ④ adversely

07 Another way to fight against _____ is to exercise every day. Muscular relaxation is an important part of sleep. Daily exercise leaves your muscles pleasantly relaxed and ready for sleep.

① rabies   ② insomnia

③ vertigo   ④ corpulence

08 Although providing wild chimpanzees with food makes them less _____ and easier to study, it is also known to _____ their normal social patterns.

① interesting — reinforce   ② manageable — upset

③ shy — disrupt   ④ poised — inhibit

09 In the past few years, the status of comic books has risen dramatically. Long _____ as childish fare, comic books or "graphic novels" are now _____ as serious art.

① acclaimed — criticized   ② ridiculed — disregarded

③ manipulated — praised   ④ dismissed — embraced

10 When he was young he _____ thoughts of becoming a chef; however, he was _____ by his father who wanted him to inherit the family business.

① forced — backed   ② accepted — encouraged

③ harbored — frustrated   ④ produced — captivated

11 Illegally parked vehicles block hydrants and crosswalks, _____ the flow of traffic when double-parked, and _____ the law.

① stem — transgress   ② expedite — violate

③ reduce — resist   ④ impede — flout

12 For many people, climate change and COVID-19 feel _____, so these seemingly invisible threats create a psychological distance. This can cause people to _____ the potential danger and make the solutions seem worse than the problem itself.

① ambivalent — overcome   ② awkward — mitigate

③ credible — encounter   ④ remote — undervalue

13 The salesmen in that clothing store are so _____ that it is impossible to even look at a garment without being _____ by their efforts to convince you to purchase.

① offensive — considerate
② persistent — irritated
③ extensive — induced
④ intriguing — evaluated

14 In a rising tide of _____ in public education, Miss Anderson was an example of an informed and _____ teacher — a blessing to children and an asset to the nation.

① pacifism — inspiring
② oblivion — typical
③ mediocrity — dedicated
④ ambiguity — average

15 Man is thinking constantly every day. In fact, he is usually not aware that he is thinking. Just walking a few steps _____ a number of mental choices and activities that are performed more or less _____.

① accompanies — methodically
② deters — haphazardly
③ evades — consecutively
④ entails — unwittingly

16 The egg is undeniably one of nature's most remarkable accomplishments. It comes to us pure and perfectly packaged, its contents untouched by human hands, with no chemicals or _____ added.

① preservatives
② additions
③ side-effects
④ pollutions

17 Even the most _____ medieval castle, capable as it might have been of withstanding direct assault by the most fearsome of armies, was vulnerable to a protracted siege. What swords and arrows might not be able accomplish, starvation and disease eventually would.

① retrograde
② picayune
③ impregnable
④ outlandish

18 Tenants in Canada have a great many legal protections. Even when they are clearly in the wrong, engaging in obnoxious behavior, missing rent payments, and the like, it still takes a long time and a lot of hassle before a landlord can legally _____ them.

① evict   ② convict

③ indict   ④ interdict

19 The separation of thought and action in education is regrettable. If students are encouraged to absorb facts rather than to learn to apply skills, education becomes _____.

① the passive reception of information

② an invaluable part of worthwhile living

③ the translation of thoughts into actions

④ an antisocial function performed by only a few

20 If, when you are young, you buy what you do not want, when you are old, you may have to sell what you can hardly spare. We ought to _____ while we are young so that we may be free from debt and pecuniary anxieties when we are old.

① do our duty   ② live pleasantly

③ lead a simple life   ④ help our neighbors

21 To avoid personal disputes, there are at least two things we can do. First, severely _____ our willingness to be offended by what others may say or do. Second, to the best of our ability, avoid offending others. Of the two, the _____ is the more difficult as we cannot always predict how others may react to things we do or say.

① increase — former   ② increase — latter

③ restrict — former   ④ restrict — latter

22 Philosophers once thought that our emotions interfered with the ability to think, and that one had to _____ before he could attain understanding. Modern medical science holds that repression of our feeling may be more damaging to our ability to think clearly than anything else.

① express his feelings   ② eliminate his emotions
③ learn how to feel   ④ repress his thoughts

23 In recent years, the parade of authors brandishing fierce new tracts against God and religion has become, it seems, interminable. Richard Dawkins, author of *The God Delusion*, continues as head baton twirler, but now we also have many critics of religion — naming them all would be nearly as _____ as reading their books.

① tedious   ② optimal
③ deserved   ④ scrupulous

24 Archaeological and geological studies suggest that the downfall of civilizations can be explained by climate change. Despite mounting evidence, many people refuse to accept this theory because they equate it with environmental determinism, a theory that claims that _____ — for instance, that tropical climates forster indolence.

① we have control over our actions
② climate determines character
③ character traits are formed by heredity
④ climate change is the result of human activity

25 A thief wished to divert the attention of the watchdog so that he could rob a house. He threw a piece of meat to the dog, hoping that the dog would eat the meat instead of barking to warn the household. But the dog refused the offer of food and alerted the household. Taking a lesson from the dog, a wise man should beware of _____.

① gifts   ② bribes
③ sentries   ④ machinations

22만 6천 편입합격생의 선택

김영편입 영어
논리

워크북 **1**단계

해설편

01 ③	02 ②	03 ①	04 ①	05 ①	06 ②	07 ③	08 ④	09 ②	10 ①
11 ①	12 ②	13 ①	14 ②	15 ③	16 ④	17 ③	18 ④	19 ①	20 ①
21 ④	22 ①	23 ④	24 ④	25 ③					

01 ③

because가 쓰인 종속절과 주절이 인과관계를 이루어야 한다. 종소리를 듣지 못한 것은 다른 일에 크게 신경을 쓰고 있었다는 것이 적절한 이유가 될 것이므로 ③이 정답으로 적절하다.

bent a. 굽은, 휘어진 suspended a. 중지된, 보류된 absorbed a. 흡수된; 몰두된, 골몰하는 confirmed a. 확인된

로버트는 독서에 완전히 몰두해 있었기 때문에 종소리를 듣지 못했다.

02 ②

조카딸의 죽음에 대해 상심이 컸던 것은 그 아이에게 특별한 의미를 부여하고 있었기 때문일 것이다. 그러므로 빈칸에는 '소중히 여기다', '귀여워하다'라는 의미의 ②가 들어가는 것이 가장 자연스럽다.

niece n. 조카딸, 질녀 pass away 죽다; 쇠퇴하다 chase v. 추적하다, 쫓다 cherish v. 소중히 하다; 귀여워하다 chastise v. 질책하다, 비난하다 chat v. 잡담하다

그들은 프랑스에 있는 조카딸을 매우 귀여워했기 때문에, 그 아이가 세상을 떠났을 때 무척 슬펐다.

03 ①

선거 혹은 선출의 양상을 나타내는 말이 쓰여야 문장의 의미가 가장 자연스러워진다. 그러므로 빈칸에는 '만장일치의'라는 의미의 ①이 들어가는 것이 적절하다.

unanimous a. 합의의, 만장일치의 unarmed a. 무장하지 않은 uncanny a. 섬뜩한, 으스스한 undaunted a. 겁내지 않는

그는 만장일치로 클럽 회장에 선출되었다.

04 ①

후두염이나 목의 감염은 쉰 목소리를 만들어낼 것이다. 그래서 말을 하는 것이 힘들었던 것이다.

throat infection 목의 염증, 후두염 hoarse a. 목쉰, 쉰 목소리의 dumb a. 벙어리의, 말을 못하는 indigestible a. 소화되지 않는; 이해하기 어려운 sensible a. 분별 있는, 현명한

나는 후두염에 걸려서 목이 많이 쉬었고 그 때문에 말하는 것이 힘들었다.

05 ①

컴퓨터의 전문가라면 컴퓨터를 다루는 데 정통할 것이므로 ①이 정답으로 적절하다.

expert n. 전문가 proficient a. 능숙한, 숙달된 poignant a. 매서운, 날카로운, 통렬한 prolix a. 장황한, 지루한 profuse a. 아낌없이 주는, 마음이 후한; 풍부한

제인은 컴퓨터 전문가이기 때문에 컴퓨터를 다루는 데 능숙하다.

06 ②

'매우 슬퍼했다'라는 말 뒤에 역접의 접속사 but이 왔으므로, '슬픔이 오래가지 않았다' 혹은 '슬픔을 이겨냈다'는 흐름으로 이어지는 것이 적절하다.

transcendent a. 초월한, 탁월한, 무상의 transitory a. 일시적인; 덧없는 transmissive a. 전달하는, 전하는 transfer v. 옮기다, 이동하다

프레데릭 부인은 매우 슬펐지만, 그녀의 슬픈 감정은 일시적이었다.

07 ③

두 기업의 이윤과 자산이 합쳐지는 것은 그 두 회사가 하나의 회사가 되었기 때문, 즉 합병을 했기 때문일 것이므로 빈칸에는 이를 의미하는 ③이 들어가야 한다.

profit n. 이익, 수익 asset n. 자산, 재산 estrangement n. 소외, 소원(疏遠); 이간, 반목 barter n. 교역, 물물교환 merger n. 합병 embankment n. 제방, 둑; 둑쌓기

그 두 회사가 합병하게 되면 그들의 이윤과 자산이 합쳐지는 되는 결과가 발생할 것이다.

08 ④

새 컴퓨터를 구입하려는 이유, 즉 그 원인이 되기에 적절한 단어를 찾으면 된다. '구식의', '낡은'이라는 의미의 ④가 가장 적절하다.

arbitrary a. 멋대로의, 마음대로 하는; 독단적인 absolute a. 절대적인 fashionable a. 최신 유행의 out-of-date a. 구식의, 낡은

나는 지금 내가 쓰고 있는 컴퓨터가 구식이 되면 교체할 새 컴퓨터를 항상 찾고 있다.

09 ②

섬의 소유권이 어느 나라에게 있는가에 관한 분쟁은 영토에 관한 분쟁이다.

dispute n. 토론, 논의; 논쟁 remote a. 먼, 먼 곳의, 외딴 domestic a. 가정의; 국내의 territorial a. 영토의; 토지의 equatorial a. 적도의, 적도 부근의 antarctic a. 남극의, 남극지방의

그 두 나라는 외딴 섬의 소유권에 대해 영토 분쟁을 벌였다.

10 ①

but 전후의 문장의 내용이 대조를 이루어야 할 것이므로 빈칸에는 outstanding과 반대되는 뜻의 ①이 들어가야 한다.

outstanding a. 걸출한, 눈에 띄는, 현저한 mediocre a. 보통의, 평범한; 2류의 moderate a. 절도 있는, 온건한; 적당한 memorable a. 기억할 만한, 잊기 어려운 intermediate a. 중간의, 중간에 일어나는

그는 뛰어난 화가로 여겨지고 있지만, 나는 그의 작품이 매우 평범하다고 생각한다.

11 ①

'그의 열렬한 지지자들(his zealous admires)'이라는 표현과 '점점 자기만족에 빠져들었다(grow complacent)'는 내용으로 미루어 빈칸에는 ①의 '아첨(flattery)'이 쓰여야 적절한 인과관계가 성립한다.

zealous a. 열광적인 complacent a. 만족한, 자기만족의 flattery n. 아첨 animosity n. 악의, 증오, 원한, 앙심 criticism n. 비평, 비판, 흠잡기 harassment n. 괴롭힘, 애먹임

자신을 열렬히 지지하는 사람들의 아첨 때문에 그는 점점 자기만족에 빠져들었다.

12 ②

'매우 피곤했다'고 했으므로 빈칸에는 '일찍 잠자리에 들다'가 쓰여야 적절한 인과관계가 성립한다.

exacting a. 착취적인, 가혹한 labor n. 노동, 근로 get one's feet wet 참가하다, 시작하다 hit the sack <속어> 자다 roll up one's sleeves (일, 싸움을 하려고) 소매를 걷어 붙이다; (일을) 착수하다 burn the midnight oil 밤늦게까지 공부하다, 일하다

나는 고된 일로 매우 피곤했기 때문에 어젯밤에 일찍 자기로 마음먹었다.

13 ①

부부에게 한 자녀만을 갖도록 권하는 것은 인구 증가를 '억제하기' 위함일 것이므로 빈칸에는 ①이 적절하다.

curb v. 억제하다 forecast v. 예상[예측]하다 inspire v. 고무하다; 영감을 주다 maintain v. 지속하다, 유지하다

인구 증가를 억제하기 위해 한 자녀만 갖는 것을 부부들에게 권고하고 있다.

14 ②

손을 흔드는 행위는 인사를 하는 방법 중의 하나이다.

wave n. 파도, 물결; 손을 흔드는 신호 embrace v. 껴안다, 포옹하다 greet v. ~에게 인사하다 shake v. 흔들다 show v. 보이다, 제시하다

우리는 손을 흔들어서 친구들에게 인사했다.

15 ③

회사에서 요구하는 고객 서비스의 높은 기준에 부합하는 반응은 고객에게 '호의적으로' 대하는 반응일 것이다.

response n. 응답, 대답; 반응 consistent a. 일치하는, 양립하는 mediocre a. 보통의, 평범한 indifferent a. 무관심한 favorable a. 호의적인 hostile a. 적의 있는; 반대의

고객에 대한 그런 호의적인 반응은 이 회사가 요구하는 고객 서비스에 대한 높은 기준에 부합한다.

16 ④

죽음이 불가피하다는 사실을 받아들이지 못하는 사람은 '죽지 않을 수도 있다'고 생각하고 있는 것이다. 그러므로 빈칸에는 '불멸의'라는 뜻의 ④가 들어가야 한다.

youth n. 젊음; 청년 inevitable a. 불가피한, 부득이한 glorify v. 찬미하다, 찬송하다 splendid a. 빛나는, 훌륭한; 화려한 transient a. 일시적인; 순간적인; 덧없는 immortal a. 죽지 않는, 불멸의

젊은이는 죽음을 피할 수 없는 것으로 받아들이지 못한다. 그의 어머니는 대자연이며 그래서 그는 자신도 대자연과 마찬가지로 죽지 않는다고 믿고 있다.

17 ③

실수가 실제보다 더 크게 보이는 것은 실수를 과장하거나 확대한 행동의 결과일 것이므로 빈칸에는 ③이 적절하다.

transfer v. 옮기다, 이동하다 submit v. 제출하다; 복종시키다 magnify v. 확대하다; 크게 보이게 하다 intercede v. 중재하다

어떤 사람들은 자신의 실수들을 실제보다 더 크게 보이도록 과장한다.

18 ④

빈칸에는 but 이하의 calm down과 같은 의미를 가진 표현이 들어가야 하므로 ④가 정답으로 적절하다.

mob n. 군중; 폭도; 야유하는 무리 provoke v. 화나게 하다, 자극시키다 expound v. 상세히 설명하다 confide v. (비밀 따위를) 털어놓다; 위탁하다, 맡기다 pacify v. 평온하게 하다, 진정시키다

그 연사는 군중들을 진정시켜 보려 했지만 그들을 차분히 가라앉힐 수 없었다.

19 ①

동물을 치료하는 일을 하는 수의사가 된 것은 동물에 대한 애정 혹은 호감이 있었기 때문으로 보는 것이 가장 자연스럽다.

veterinarian n. 수의사 affinity n. 밀접한 관계; 호감, 좋아함, 애호 distaste n. 싫음, 혐오 approach n. 가까워짐, 접근 likeness n. 비슷함, 유사함

그는 동물에 대해 대단히 친밀감을 느꼈기 때문에 수의사가 되었다.

20 ①

잠을 자기 전에 커피를 마시면 대개 잠을 잘 이룰 수 없다. 앞에 부정어 not이 있으므로 빈칸에는 ①이 쓰여야 한다.

adequate a. 적당한, 충분한 helpful a. 도움이 되는, 유용한 persuasive a. 설득력 있는 ridiculous a. 웃기는, 터무니없는 incompetent a. 무능한

대체로, 자기 전에 커피를 마시는 것은 숙면을 취하는 데 도움이 되지 않는다.

21 ④

'진품'임이 입증될 때까지는 모조품으로 여겨진다. 빈칸에는 fake와 반대되는 의미를 가진 표현이 필요하므로 ④가 정답으로 적절하다.

fake n. 위조품, 모조품; 가짜 masterpiece n. 걸작, 명작 copied a. 복제한, 모사된 stolen a. 도둑맞은 forged a. 위조된 genuine a. 진짜의; 진심에서 우러난

그 그림은 어떤 교수가 그것이 진짜 걸작품임을 입증할 때까지는 모조품으로 여겨졌다.

22 ①

천연 제품을 대체한 것은 천연적이지 않은 제품, 즉 인조 혹은 합성 제품일 것이다. 따라서 빈칸에는 natural과 반대되는 의미를 가진 ①이 들어가는 것이 적절하다.

replace v. 대신하다, 대체하다 synthetic a. 합성의, 인조의 flexible a. 구부리기 쉬운, 유연성이 있는, 유동적인 expensive a. 값비싼, 고가의; 사치스러운 modern a. 현대의

20세기 동안 많은 인조 제품들이 천연 제품을 대체했다.

23 ④

결과의 부사절 속의 '그의 말에 동의할 수밖에 없었다'는 내용으로 미루어 빈칸에는 '설득력 있는'이라는 의미의 ④가 쓰이는 것이 자연스럽다.

biased a. 편견에 치우친 trite a. 진부한 complex a. 복잡한 convincing a. 설득력 있는, 납득이 가는, 수긍이 가게 하는

그 문제의 해결 방법에 관한 존슨 박사의 생각은 너무나도 설득력이 있어서 나는 그의 생각에 동의할 수밖에 없었다.

24 ④

even though는 '비록 ~이긴 하지만'의 뜻으로, 앞문장의 내용과 뒷문장의 내용을 서로 상반되게 진술할 때 쓰인다. '온종일 굶었지만'과 상반된 내용이 되기 위해서는 두 번째 빈칸에 부정적인 뜻인 '거절했다(rejected)' 또는 '사양했다(declined)'가 쓰여야 한다. 한편, 첫 번째 빈칸의 경우, 바로 앞 내용과 유사한 의미가 되기 위해서는 부정적인 뜻의 little이 쓰여야 한다. 따라서 ④가 정답이다.

accept v. 받아들이다, 수락하다 extra a. 여분의, 특별한 reject v. 거절하다 welcome v. 환영하다, 기꺼이 맞이하다 decline v. 정중히 거절하다; 거부하다

온종일 굶었고 주머니 속에 돈도 거의 없었지만, 엘리자베스는 무료로 제공되는 식사를 정중히 거절했다.

25 ③

'차이(divide)'는 대비 혹은 대조되는 점을 가진 대상들 사이에 존재하는 것이므로, 빈칸에는 '신중한 개발(careful development)'과 대조되는 ③의 '전면적인 개발(full exploitation)'이 쓰여야 한다.

divide n. (사람들의 집단을 구분하는) 차이점; 분수령; 경계선 advocate v. 옹호하다, 변호하다 preparation n. 준비 illegal a. 불법의, 위법의 exploitation n. 이용, 개발; 불법적 이용, 착취 even a. 공평한, 공정한 distribution n. 분배, 배분; 배포

우리의 천연자원들을 전면적으로 개발할 것을 주장하는 사람들과 그 똑같은 자원들을 신중하게 개발할 것을 지지하는 사람들 사이에는 뿌리 깊은 철학적 견해 차이가 존재한다.

01 ③	02 ④	03 ③	04 ①	05 ①	06 ③	07 ③	08 ③	09 ③	10 ①
11 ④	12 ②	13 ④	14 ④	15 ④	16 ①	17 ④	18 ③	19 ①	20 ③
21 ②	22 ③	23 ③	24 ②	25 ④					

01 ③

역접의 접속사 but 이하에서 그 질환이 노인들에게 '흔하다(not uncommon)'고 했으므로, but 앞에서는 그 질환이 '정상적이지 않다'고 해야 한다. 따라서 ③이 정답이다.

condition n. 병, 질환 abnormal a. 보통과 다른, 정상이 아닌 definite a. 뚜렷한, 확실한 stable a. 안정된 widespread a. 광범위한

의료 전문가들은 그 질환이 정상은 아니지만 노인들에게 흔하다고 말했다.

02 ④

call A B는 'A를 B라고 부르다'는 의미이며, 빈칸은 who의 선행사이다. 위험한 상황을 피하기 위해 전우들을 위험에 빠뜨리는 사람은 비겁하다고 할 수 있을 것이므로 빈칸에는 ④가 적절하다.

fraud n. 사기꾼, 협잡꾼 burglar n. 절도범 opponent n. 적, 반대자 coward n. 겁쟁이, 비겁한 자

사람들은 그를 비겁한 사람이라고 불렀는데, 왜냐하면 그는 위험한 상황을 피하기 위해 자신의 전우들을 위험에 빠뜨렸기 때문이다.

03 ③

색을 구분하지 못하는 색맹인 사람들에게 있어 양탄자의 색깔은 그다지 중요한 요소가 아닐 것이므로 ③이 정답으로 적절하다.

rug n. 융단, 양탄자 color-blind a. 색맹인; 피부색으로 인종 차별을 않는 salient a. 현저한, 두드러진 insolent a. 버릇없는, 무례한 inconsequential a. 하찮은, 중요치 않은 inevitable a. 불가피한, 필연적인

이 양탄자가 빨간색인지 녹색인지가 색맹인 사람들에게는 중요하지 않다.

04 ①

'교구 목사', '설교' 등과 가장 자연스럽게 호응하는 표현이 정답이 된다. 따라서 '신도들'이라는 의미의 ①이 정답으로 적절하다.

sermon n. 설교 vicar n. 교구목사 congregation n. 교회의 회중(會衆), 신도들 constituent n. 선거구 주민, 유권자 crowd n. 군중 contributor n. 기부자, 공헌자; 기고가

설교에 앞서 교구목사는 신도들에게 자리에 앉아달라고 부탁했다.

05 ①

그 가족의 오랜 친구 같은 느낌이 들었던 것은 댄의 부모님이 따뜻하게 맞이해주었기 때문일 것이다. 그러므로 빈칸에는 '진심', '온정'이라는 의미의 ①이 들어가야 한다.

greet v. 인사하다; 맞이하다, 환영하다 cordiality n. 진심; 온정 audacity n. 대담함, 용감함; 무모함 provisionality n. 임시, 일시적임 equity n. 공평, 정당함

댄(Dan)의 부모님은 나를 진심으로 맞아 주었으며, 나로 하여금 그 가족의 오랜 친구 같은 느낌이 들도록 해주었다.

06 ③

주차장을 확장하려던 노동자들이 로마 시대의 무덤을 발견한 것이므로 이는 원래의 목적과 다르게 '우연히' 발굴한 것이라고 볼 수 있다.

expand v. 확장하다, 넓히다 parking lot 주차장 unearth v. 발굴하다, 파내다 concretely ad. 구체적으로 deliberately ad. 신중히; 일부러 accidentally ad. 우연히, 뜻밖에 sternly ad. 엄격하게, 준엄하게

크로아티아의 해변 도시에서 사설 주차장을 확장하던 노동자들은 우연히 로마시대 무덤을 다수 발굴했다.

07 ③

교사가 학생들에게 규칙을 지키도록 하려는 행위는 '설득'에 해당한다.

enable v. 가능하게 하다, ~에 가능성을 주다 allow v. 허락하다, 허가하다 convince v. 설득시키다, 깨닫게 하다 tempt v. 유혹하다, 부추기다

교사가 아무리 열심히 학생들에게 규칙을 지키도록 설득해도 그들은 그 교사의 말을 듣지 않았다.

08   ③

관심사와 능력이 서로 '유사한' 사람들을 분류하는 개념에 관한 것이므로 빈칸에는 '동종의'라는 의미를 가진 ③이 들어가야 한다.

concept n. 개념; 생각, 발상 grouping n. 그룹으로 나누기, 집단화, 분류 integrated a. 통합된, 합성된; 완전한 heterogeneous a. 이종(異種)의, 이질적인 homogeneous a. 동종(同種)의, 등질의 congruent a. 일치[조화]하는

비슷한 관심사와 능력이 있는 사람들을 동종의 집단으로 묶는 개념이 교사들 사이에 매우 인기가 있다.

09   ③

탈출을 용이하게 하기 위해서는 감시하는 시선을 다른 곳으로 돌려야 했을 것이므로, 빈칸에는 '교란하다', '혼란스럽게 하다'라는 의미의 ③이 들어가는 것이 적절하다.

inmate n. 피수용자, 재소자, 입소자 admonish v. 훈계하다; 충고하다 censure v. 비난하다; 견책하다 perturb v. 교란하다, 혼란하게 하다 extricate v. 구출하다, 탈출시키다

그는 함께 수용되어 있는 동료들에게 탈출을 권했고, 기회가 생길 때마다 적의 보초를 교란하고자 노력했다.

10   ①

'결정을 내리기 전'이라는 내용과 '대안, 다른 방도'라는 의미의 the alternative가 주어져 있으므로, 빈칸에는 '곰곰이 생각하다', '심사숙고하다'의 의미를 지닌 ①이 들어가는 것이 가장 자연스럽다

take a few days off 며칠 동안 푹 쉬다, 휴식을 취하다 alternative n. 둘 중에서의 선택, 양자택일; 다른 방도, 대안 ponder v. 숙고하다, 곰곰이 생각하다 wander v. (정처 없이) 돌아다니다, 헤매다 bewilder ~을 당황하게 하다, 어리둥절하게 하다 flounder v. 버둥거리다; 발버둥 치다; 허둥거리다, 실수하다

어려움에 부딪힐 때면 결정을 내리기에 앞서 대안을 심사숙고하기 위해 며칠 간 쉬는 편이 낫다.

11   ④

'기여도에 따라 이익의 일정한 몫을 배분 받는다'는 맥락이므로 ④가 정답이 된다.

profit n. (금전상의) 이익, 이득 amount n. 총액, 총계; 양(量) speculate v. 사색하다, 깊이 생각하다 appropriate v. (공공물을) 전유하다; 착복하다; (특수 목적에 돈을) 충당하다 collaborate v. 공동으로 일하다[연구하다], 합작하다 allocate v. (일, 이익을) 할당하다; 배분하다

각 개인은 자신이 그 프로젝트에 쏟은 일과 시간의 양에 따라서 이익의 일정한 몫을 배분받았다.

12   ②

'140권의 책을 썼다'는 것은 매우 많은 책을 집필했다는 것이므로 빈칸에는 '다작하는'이란 의미의 ②가 들어가야 한다.

to date 이 날까지, 지금까지, 현재까지 novelist n. 소설가 anonymous a. 익명의; 작자불명의 prolific a. 아이를 많이 낳는; 다산(多産)의; 다작(多作)의 eccentric a. (사람, 행동이) 별난, 상궤를 벗어난, 괴벽스러운 controversial a. 논쟁의, 논쟁의 여지가 있는; 물의를 일으키는

지금까지 140권의 책을 썼기 때문에, 그가 금세기의 가장 다작(多作)하는 소설가들 중의 하나로 간주되는 것은 당연한 일이다.

13   ④

전쟁의 빌미가 된 사건에 대한 내용이므로, 미국인들을 영국 해군에 복무하도록 '강요했다'는 의미가 되는 것이 자연스럽다.

seizure n. 붙잡음; 압류, 몰수; 강탈; 점령 bribe v. 매수하다, ~에게 뇌물을 쓰다 recruit v. (군대에) 신병을 모집하다 deride v. 비웃다, 조소하다 compel v. 억지로 ~을 시키다, 강요하다

영국이 미국 선박을 억류한 것과 그 선원들을 영국 해군에서 복무하도록 강요한 것이 1812년의 전쟁이 일어난 두 가지 주된 원인이었다.

14   ④

변절과 잔인한 행동은 헌신과 자비와 상반되는 개념이다. 대비되는 행동을 모두 하는 것은 모순적인 혹은 역설적인 상황이라 할 수 있을 것이므로 빈칸에는 ④가 들어가는 것이 적절하다.

treachery n. 배반, 변절; 배신행위 brutality n. 야만성, 잔인성; 잔인한 행위, 만행 exhibit v. 나타내다, 보이다, 드러내다 tremendous a. 무서운, 무시무시한; 엄청난 capacity n. 용적, 용량; (최대) 수용량; 재능, 역량 devotion n. 헌신, 전념 charity n. 사랑; 자애, 자비 appalling a. 소름끼치는, 무시무시한, 간담이 서늘해지는 explicable a. 설명할 수 있는 distressing a. 괴로움을 주는, 비참한, 애처로운 paradoxical a. 역설적인

변절과 잔인한 행동에 능한 사람들이 헌신과 자비를 드러내는 엄청난 역량 또한 보여준다는 것은 가히 역설적이다.

15   ④

추가 지출이 불가능한 것은 지출이 이미 예산을 초과했기 때문이라고 볼 수 있다.

trustee n. 피(被)신탁인; (대학, 병원 등의) 이사, 평의원 expenditure n. 지출; 경비, 소비; 비용 budget n. 예산, 예산안; 경비, 생활비 additional a. 부가적인, 추가의; 특별한 spending n. 지출; 소비 restore v. (유실물, 도난품 등을) 되돌려주다; 복직시키다; 복구(재건)하다 exceed v. (~의 한도를) 넘다

이사들은 전년도의 지출이 이미 예산을 초과했으며 추가적인 지출은 불가능할 것이라고 보고했다.

---

16   ①

순접의 접속사 and로 연결된 vague와 개념적으로 유사한 표현이 빈칸에 들어가야 할 것이므로 ①이 정답으로 가장 적절하다.

accessible a. 접근하기 쉬운; 입수하기 쉬운 vague a. 막연한, 애매한 opaque a. 불투명한; 분명치 않은 infinite a. 무한한, 무수한 lucid a. 맑은, 투명한; 명료한 straightforward a. 똑바른; 정직한 concrete a. 유형의, 구체적인

대부분의 상징주의자들의 시처럼, 말라르메(Mallarme)의 시는 분명하고 쉽게 접근할 수 있는 것이 아니라 막연하고 분명하지 않다.

---

17   ④

연구가 철저해서 모든 증거를 탐구했다는 내용을 만드는 ④가 적절한 인과관계의 문장을 만든다.

tiny a. 작은, 조그마한 evidence n. 증거, 물증; 증언 arduous a. (일 등이) 어려운, 힘든; 끈기 있는 imperil v. (생명, 재산 등을) 위태롭게 하다, 위험하게 하다 superficial a. 피상적인 document v. 문서로 증명하다; 상세히 보도하다, 기록하다 impeccable a. 죄 없는; 결점이 없는 thorough a. 철저한, 완전한; 절대적인 unexplored a. 아직 탐험[답사, 탐구]되지 않은

그들의 연구는 너무나도 철저해서 아주 사소한 단 하나의 증거도 탐구되지 않은 것이 없었다.

---

18   ③

많은 중소기업들이 살아남기 어려운 상황에서 놀랄 만한 일이란 그 상황에서도 좋은 실적을 내거나 지속적인 성장을 이뤄낸 것 등이 될 것이다.

continuous a. 연속적인; 부단한 competitive a. 경쟁의 insecure a. 불안정한, 무너질 듯한 partial a. 부분적인; 편파적인 exaggerated a. 과장된; 지나친

많은 중소기업들이 살아남지 못한 국제 경쟁 시장에서 이처럼 작은 사업체가 끊임없는 성장을 이뤄내는 것은 놀라운 일이다.

---

19   ①

not A but B 구문에서 A와 B의 자리에는 상반되는 의미의 표현이 온다. A에 해당하는 자리에 sudden(갑작스러운)이 왔으므로, B에 해당하는 빈칸에는 이와 반대되는 의미의 ① '예측 가능한'이 가장 적절하다.

presentation n. (겉으로 드러난) 표시, 표현 stroke n. 뇌졸중 migraine n. 편두통 sudden-onset a. 갑작스럽게 증상이 발현(발병)하는 avertible a. 피할 수 있는 deferrable a. 연기할 수 있는 relievable a. 완화시킬 수 있는

뇌졸중의 가장 일반적인 증상은 몸의 한쪽이 갑자기 약해지기(힘을 잃기) 시작하는 것이다. 편두통이 뇌졸중과 혼동될 것 같지는 않은데, 편두통은 판에 박은 듯이 재발되는 두통으로, 갑작스럽지 않고 예측가능하기 때문이다.

---

20   ③

'참석한 사람들로부터 박수갈채를 받으려 한 것'으로 미루어 빈칸에는 긍정적인 의미의 단어가 들어감을 알 수 있다. ③만이 긍정적인 뜻이다.

applaud v. ~에게 박수갈채하다, 성원하다; 칭찬하다 attendance n. 출석자, 참석자, 참가자 sensitivity n. 민감성, 감수성 plight n. 곤경, 궁지 underprivileged a. (사회적, 경제적으로) 혜택 받지 못한 charity n. 자선(행위), 구호 shyness n. 수줍음, 숫기 없음; 겁 많음 discomfort n. 불쾌, 불안; 귀찮은 일 generosity n. 관대함, 관용, 아량 arrogance n. 거만, 불손, 오만

그가 자선 모임에서 아량을 베푼 이유는 경제적으로 혜택 받지 못한 사람들의 곤경을 세심하게 헤아렸기 때문이 아니라 참석한 사람들로부터 박수갈채를 받고자 하는 욕망 때문이었다.

---

21   ②

접속사 while이 대조의 의미로 쓰였으므로 주절과 종속절의 내용은 역접 관계를 이룬다. 종속절에서 '적당한' 운동이 주는 도움에 대해 서술하였으므로 주절은 '과도한' 운동이 주는 피해에 대한 내용이 되는 것이 적절하다. 따라서 ②가 정답이 된다.

moderate a. 절제하는; 알맞은, 적당한 maintain v. 지속하다, 유지하다 stroke n. 발작; 뇌졸중 heart attack 심장마비 infallible a. 전혀 틀림이 없는, 의심할 여지없는; (절대로) 확실한 excessive a. 과도한; 지나친, 심한 prolific a. (많은) 아이를 낳는; 다산(多産)의; (토지가) 비옥한; (작가가) 다작의 vivacious a. 쾌활한, 활발한

정기적으로 적당한 운동을 하는 것은 건강한 심장을 유지하는 데 도움을 줄 수 있지만, 과도한 운동은 실제로 심장에 부담을 주어 뇌졸중이나 심장마비의 위험을 증가시킬 수 있다.

---

22   ③

비교 문장에는 대조의 의미가 내포돼 있다. '운이 좋을 때보다 그렇지 않을 때 사람들이 하는 행동에서 성격이 더 많이 드러난다'는 맥락이므로, 빈칸에는 '운이 좋을 때'와 대조적인 의미를 가진 표현이 들어가야 할 것이다. 따라서 '역경'이라는 의미의 ③이 정답이 된다.

cope with 대처하다, 극복하다 revealing a. 감춰진 부분을 밝히는; 뜻이 깊은 laid-back a. 느긋한, 태평스러운 diversity n. 차이, 변화; 다양성 humility n. 겸손, 겸양 adversity n. 역경, 불행, 불운 impropriety n. 부정, 잘못

사람들이 역경을 어떻게 대처하느냐가 운이 좋을 때 어떻게 행동하느냐보다 그들의 성격을 더 많이 보여준다. 거의 대부분의 사람들은 걱정할 것이 거의 없을 때에는 친절하고 느긋할 수 있다.

23   ③

두 번째 문장은 첫 번째 문장에 대한 부연설명이다. 첫 번째 문장에서 때때로 사막에서는 아지랑이를 물웅덩이로 착각한다고 했는데, 그렇다면 이 아지랑이들은 진짜 오아시스가 아닌 '신기루'일 가능성이 높다고 할 수 있을 것이다.

shimmer n. 어렴풋한 빛, 가물거리는(불)빛; 아지랑이 mistake A for B A를 B로 잘못 생각하다 arid a. 건조한; 불모의 wasteland n. 황무지, 물모의 땅 genuine a. 진짜의; 진심에서 우러난 recluse n. 은둔자 outpost n. 전초부대; 전진기지 mirage n. 신기루

사막에서 길을 잃은 사람들은 때때로 건조한 황무지에서 시원한 물웅덩이인 것으로 착각하는 아지랑이를 발견한다. 불행하게도, 이것들은 진짜 오아시스보다는 신기루일 가능성이 더 높다

24   ②

훌륭한 소설은 직접적으로 우리에게 모든 것을 말해주지는 않는다고 했으므로, 우리는 제공되는 단서로부터 간접적으로 주제를 파악해야 할 것이다. 이는 곧 유추나 추론을 해야 한다는 것을 의미하므로, 빈칸에는 ②가 들어가는 것이 적절하다.

state v. 진술하다, 주장하다, 말하다 explicitly ad. 명백히, 명쾌하게 present v. 주다, 제공하다 clue n. 실마리, 단서 provide v. 주다, 공급하다 imply v. 함축하다; 암시하다 infer v. 추론하다, 추측하다 imbue v. ~에게 감화시키다, 불어넣다 instill v. (사상 따위를) 주입시키다, 스며들게 하다

훌륭한 소설은 주제를 명시적으로 말하거나 소설 속의 인물들에 대해 직접적으로 우리에게 모든 것을 말해주거나 하지 않는다. 대신에, 제공되는 단서로부터 우리가 알 필요가 있는 것들을 추측하기에 충분한 만큼의 정보만을 우리에게 준다.

25   ④

관계대명사 who 이하의 절에서 선원들은 아침의 붉은 하늘이 임박한 폭풍의 징후라고 믿고서 두려움 때문에 항해를 거부한다고 부연설명하고 있다. 따라서 아침의 붉은 하늘은 선원들에게 '불길한 징조'라고 할 수 있을 것이다.

impending a. 임박한 refuse v. 거부하다 encounter v. ~과 우연히 만나다, 조우하다 rough a. 거친; 험악한 omnivorous a. 잡식성의 predator n. 포식자, 육식동물 omit v. 생략하다 clause n. 조목, 조항; 절(節) omnibus a. 여러 가지 물건[항목]을 포함하는; 총괄적인; 다목적인 bill n. 법안; 지폐 ominous a. 불길한, 나쁜 징조의 portent n. (불길한) 징조

선원들은 아침의 붉은 하늘을 불길한 징조로 여기는데, 그들은 그것을 임박한 폭풍의 징후라고 믿고서 종종 그런 날에는 거친 바다와 맞닥뜨리는 것이 두려워서 항해를 거부한다.

TEST 03

01 ①	02 ②	03 ①	04 ③	05 ④	06 ④	07 ②	08 ④	09 ④	10 ①
11 ①	12 ①	13 ①	14 ④	15 ④	16 ③	17 ②	18 ③	19 ②	20 ②
21 ②	22 ③	23 ①	24 ④	25 ①					

01   ①

빈칸에는 '환자의 동의 없이는 공개되지 않음'을 달리 나타낼 수 있는 표현이 들어가야 할 것이므로, '기밀의'라는 의미의 ①이 정답으로 적절하다.

release v. (정보 등을) 공개[발표]하다 consent n. 동의, 허가 confidential a. 은밀한, 기밀의 believable a. 믿을[신용할] 수 있는 mysterious a. 신비한, 불가사의한 persuasive a. 설득력 있는, 구변이 좋은

의료기록은 기밀이며 따라서 환자의 동의 없이는 누구에게도 공개되지 않을 것이다.

02   ②

불과 24시간밖에 살지 못하는 반딧불이 수명은 인간의 눈에 매우 짧다고 여겨지거나 혹은 그 삶이 덧없다고 여겨질 것이다.

lightening bug 반딧불 ludicrous a. 웃기는, 우스꽝스러운 ephemeral a. 하루살이 목숨의; 단명한, 덧없는 ecstatic a. 희열에 넘친, 황홀한 incandescent a. 백열의; 눈부신

인간에게는 반딧불의 삶이 덧없어 보인다. 반딧불은 불과 24시간 동안만 살기 때문이다.

03   ①

직장에만 집착하게 되면 가족과는 멀어지게 될 것이므로 ①이 정답이다.

obsession n. 집착, 강박관념 alienate v. 소원(疏遠)하게 하다, 멀리하다; 소외하다 deliver v. 배달하다; 구출하다; 해방시키다 shine v. 빛나게 하다 amaze v. 몹시 놀라게 하다

그는 직장에 대한 자신의 집착이 그를 그의 가족에게서 소원하게 만들었음을 깨달았다.

04   ③

콜론 다음의 they는 normative statements를 가리키는데, 세상이 어

떠해야 하는지에 대한 주장을 한다고 했으므로 규범적인 진술은 '따르고 지켜야 하는' 속성을 가지고 있다고 볼 수 있다. 따라서 빈칸에는 이와 관련된 ③이 들어가야 한다.

normative a. 표준의; 규범적인 claim n. 요구, 청구; 주장 remedial a. 교정[개선]하는 wholesome a. 건전한, 유익한 prescriptive a. 규정하는, 지시하는 arbitrary a. 임의의; 독단적인

규범적인 진술은 규정하는 성격의 것이다. 그러한 진술들은 세상이 어떠해야 하는가에 관해 주장을 한다.

05   ④

활동적으로 생활하는 것이 건강에 이롭다면, 건강에 나쁜 것은 활동적이지 않게 생활하는 것이 될 것이다. 따라서 빈칸에는 being active와 상반되는 의미를 가진 ④가 들어가는 것이 적절하다.

sedentary a. 주로 앉아서 지내는, 몸을 많이 움직이지 않는 humble a. 겸손한, 겸허한 outgoing a. 나가는, 출발하는; 사교적인 opulent a. 부유한; 풍부한

우리는 활동적으로 생활하는 것이 건강에 이로우며 몸을 많이 움직이지 않는 생활방식이 건강에 나쁘다는 것을 알고 있다.

06   ④

주어진 문장에서 대시(—)는 앞 문장을 부연 설명하는 기능을 하고 있다. 보도를 부인하지도 않았고 사실임을 확인하지도 않았다고 했는데, 이것은 모호한 태도를 보인 것이라 할 수 있으므로 빈칸에는 ④가 들어가야 한다.

deliberately ad. 고의로, 의도[계획]적으로 deny v. 부인하다 confirm v. 확증하다; 확인하다 equivocal a. 모호한, 애매한 straightforward a. 정직한, 솔직한 decisive a. 결정적인, 단호한 inimical a. 불리한, 유해한

그는 언론에 의도적으로 모호하게 말했다. 그는 보도를 부인하지도 않았지만 그렇다고 사실이라고 확인하지도 않았다.

07   ②

but 이하는 앞 문장에 대한 부연 설명에 해당하므로, 앞에서 언급한 '한

푼이라도 아끼기 위해 노력하는 것'에 해당하는 표현이 빈칸에 들어가야 한다. 따라서 '검소한'이라는 의미의 ②가 정답이 된다.

consume oneself (~의) 마음을 빼앗다, 열중시키다, 사로잡다 maximize v. 극대화하다; 최대한으로 활용하다 dull a. 따분한, 재미없는 frugal a. 검약한, 절약하는 stubborn a. 완고한, 고집 센 pretentious a. 허세 부리는, 가식적인

한 푼이라도 아끼려고 몰두하는 것은 쉽지만, 불필요하게 아끼는 것은 주위에 있는 사람들과의 관계를 해칠 수 있다.

08 ④

독이 없고 뱀 애호가들에게는 좋은 애완동물이라고 했으므로, 그 뱀의 성질을 나타내는 형용사로는 ④가 적절하다.

venomous a. 독이 있는, 독액을 분비하는 enthusiast n. 열광자, 팬 inquisitive a. 호기심 많은 malicious a. 악의 있는, 심술궂은 offensive a. 불쾌한; 공격적인 docile a. 유순한, 다루기 쉬운

그 뱀들은 독이 없으며 유순한 성질을 가진 것으로 유명한데, 그런 까닭에 그 뱀들은 뱀 애호가들에게 좋은 애완동물이다.

09 ④

발각되지 않고 독살에 성공할 수 있었던 것은 그 독약이 감지가 불가능했기 때문일 것이다. 따라서 ④가 주어진 문장에서 언급한 점과 관련이 있는 정답으로서 적절하다.

poison n. 독, 독물, 독약 impeccable a. 흠 잡을 데 없는, 결점[결함]이 없는 impertinent a. 무례한 indiscreet a. 조심성 없는 imperceptible a. 감지할 수 없는

그는 음식물과 섞으면 냄새가 나지 않게 되는 독약을 만들었다. 그 독약은 감지하는 것이 불가능했기 때문에 그는 발각되지 않고 그들을 살해할 수 있었다.

10 ①

이분법은 대상을 대비되는 두 가지의 부류로 분류하는 것이다. 앞에서 큰 차가 대기오염을 시킨다고 했으므로, 빈칸에는 이와 대비되는 소형차의 장점이 들어가야 한다. 따라서 '연비가 좋다'는 의미의 ①이 정답으로 적절하다.

dichotomy n. 이분법 efficient a. 능률적인, 효율적인 fragile a. 취약한, 깨지기 쉬운 slender a. 훌쭉한; 빈약한 cramped a. 비좁은

"모든 자동차는 작고 에너지 효율이 좋거나 아니면 크고 대기를 오염시킨다."라는 진술은 잘못된 이분법을 낳는데, 이는 둘 중 어느 범주에도 들어가지 않는 자동차들도 일부 있기 때문이다.

11 ①

"신은 너무 큰 존재여서 한 종교에 꼭 들어맞지 않는다"라는 말에는 다른 여러 종교를 용인한다는 의미가 내포돼 있으며, 이는 결국 '종교의 다양성'이란 말로 요약할 수 있다.

theological a. 신학의 perspective n. 원근법; 전망, 시각 succinctly ad. 간결하게 sum up 요약하다 bumper sticker 자동차 범퍼에 붙인 선전·광고 스티커 diversity n. 다양성 instruction n. 훈련; 지시 worship n. 숭배 intolerance n. 불관용, 편협

그녀는 종교적 다양성을 즐기며 그녀의 신학적인 관점은 자동차 스티커에 붙은 문구 즉, "신은 너무 큰 존재여서 한 종교에 꼭 들어맞지 않는다."로 간결하게 요약될 수 있다.

12 ①

no more ~ than은 주어와 than 이하가 '똑같이 ~하지 않다'는 뜻이다. than 이하에 '보통의 날에 일어나는 일'이 왔으므로 둘 다 평범하다는 뜻이 되도록 빈칸에는 '특별한'에 해당하는 ①이 들어가는 것이 적절하다.

statistically ad. 통계적으로 superstitious a. 미신적인 bizarre a. 별난, 기이한 mediocre a. 좋지도 나쁘지도 않은, 평범한, 2류의 carefree a. 근심이 없는; 태평한 serene a. 고요한, 잔잔한

통계적으로 보면, 13일의 금요일이라는 이 미신적인 날에 일어나는 일은 연중 다른 날에 일어나는 일과 마찬가지로 기이하지 않다.

13 ①

적군에게 포위당한 상황 그리고 결국에는 패배했다는 내용과 호응하는 표현이 필요하므로 빈칸에는 ①이 들어가는 것이 적절하다.

surround v. 포위하다, 둘러싸다 in defeat 패배해서 ominous a. 불길한, 나쁜 징조의 laudatory a. 칭찬하는, 감탄하는 archaic a. 낡은, 구식인 plausible a. 타당한 것 같은, 이치에 맞는

카르타고인들이 적군인 로마인들을 포위했을 때, 로마인들에게 상황이 바로 불길하게 보이기 시작했고, 로마인들은 곧 패배했다.

14 ④

첫 번째 문장의 관계대명사절의 which는 반 고흐가 일생동안 경험한 여러 번의 사랑을 가리키는데, 이어지는 문장에서 결혼까지 이어진 것은 없었다고 했으므로 그가 한 사랑이 '순조롭게 이루어지지 않았다'고 볼 수 있다.

various a. 여러 가지의, 가지각색의 tie the knot 결혼하다 insipidly ad. 재미없게, 무미건조하게 absurdly ad. 불합리하게, 모순되게 pensively ad. 깊은 생각

에 잠겨 smoothly ad. 부드럽게, 순조롭게

빈센트 반 고흐(Vincent van Gogh)는 일생동안 여러 번의 사랑을 했지만, 그 중 어느 것도 순조롭게 이루어지지 않았다. 그는 세 번의 청혼을 했지만, 실제로 결혼을 하지는 못했다.

15 ②

의사 혹은 약사가 환자의 병력, 알레르기, 다른 처방약 등을 묻지 않았다는 것은 자신들의 의무를 소홀히 한 것이므로 빈칸에는 ②가 들어가는 것이 적절하다.

inquire about ~에 관하여 묻다 medical history 병력(病歷) prescription n. 처방, 처방전; 처방약 be liable for ~에 대한 의무가 있다, 책임이 있다 oversight n. (잊어버리거나 못 보고 지나쳐서 생긴) 실수, 간과 exemption n. (의무 등의) 면제 hindrance n. 방해, 장애 liability n. 책임, 의무

의사 또는 약사가 환자의 병력(病歷), 알레르기 또는 다른 처방약에 관하여 묻지 않는다면, 그들은 자신들의 실수로 인해 발생한 모든 피해에 대해 책임이 있을지도 모른다.

16 ③

콜론 이하에 비만에 시달리는 이유가 나열돼 있다. 따라서 선택지 중에서 비만을 유발하는 요인에 해당되는 것을 찾으면 된다. 폭식을 하게 되면 필요 이상의 음식을 섭취하게 될 것이므로 빈칸에는 ③이 들어가는 것이 가장 적절하다.

afflict v. 괴롭히다, 시달리게 하다 corpulence n. 비만 attendant a. 수반되는 misery n. 불행; 고통; 비참한 신세 wrath n. 분노, 노여움 envy n. 질투, 부러움 gluttony n. 폭식, 과식 lust n. 욕정, 욕망

영국인들은 유럽에서 가장 뚱뚱한데, 이들 민족은 폭식, 비만, 그리고 그로 인해 수반되는 좋지 않은 건강, 조기 사망, 그리고 국가적으로 곤란한 상황이라는 고통에 시달리고 있다.

17 ②

or 앞은 바로 뒤의 '거짓을 이용하는 것'과 유사한 의미가 되어야 하므로, '사실을 조작하는 것'이라는 뜻이 되도록 하는 ②가 정답으로 적절하다.

unequivocal a. 명백한, 분명한, 솔직한 falsehood n. 허위; 거짓말 disclose v. (비밀을) 폭로하다, 드러내다 manipulate v. 교묘하게 조작하다 emphasize v. 강조하다; 역설하다 ascertain v. 확인하다; 규명하다

나는 분명히 하고 싶다. 우리의 민주주의에는 사실을 조작하거나 거짓을 이용해서 정치적 이득을 얻을 여지가 절대로 없다.

18 ③

교황 베네딕토와는 달리 교황 프란치스코는 음악 애호가가 아니었다는 흐름이 되어야 하겠는데, 음악애호가가 아니었다는 것은 결국 음악에 대한 관심이 많지 않았다는 것이므로 빈칸에는 ③이 들어가야 한다.

predecessor n. 전임자; 선배 liturgical a. 예배식[용]의, 전례(典禮)(용)의 intricate a. 뒤얽힌, 복잡한 versatile a. 재주가 많은; 다방면의 scant a. 불충분한, 부족한 abiding a. 지속적인, 변치 않는

음악 애호가로 잘 알려진 그의 전임자 교황 베네딕토(Benedict)와는 달리, 교황 프란치스코(Francisco)는 예배 음악이나 그 외의 다른 음악에 대한 관심이 적음을 보여줬다.

19 ②

새로 얻게 된 경제력을 정치와 군사 분야에서 사용한다면 그것은 그 분야에서의 역량을 공고히 하거나 보다 향상시키기 위한 목적으로 볼 수 있다. 따라서 빈칸에는 이러한 흐름의 문장을 완성시키는 ②가 들어가야 한다.

buttress v. 지지하다, 보강하다 conflict n. 투쟁; 전투; 갈등 dominance n. 우세, 우월; 지배 corruption n. 타락; 퇴폐 hardship n. 고난, 고초

인도 경제가 최근 몇 년 사이에 호황을 누림에 따라, 인도는 첨단 산업 부분을 기반으로 새로 얻은 부(富)를 정치 및 군사적 우위를 보강하는 데 이용하려 해왔다.

20 ②

빈칸 이하는 앞에서 언급한 권고 사항을 제대로 이행하지 않았을 경우에 초래될 상황으로 봐야 한다. 따라서 빈칸에는 '만약 그렇지 않으면'이라는 의미의 ②가 들어가야 한다.

abandon v. 버리다; 단념하다 competition n. 경쟁 secure v. 굳게 지키다; 확고히 하다; 확보하다 cooperation n. 협력, 협동 disaster n. 재앙; 재해, 재난

오늘날 우리는 경쟁을 포기하고 협력을 확보해야 한다. 이것이 국제문제에 대한 우리의 모든 고려사항에서 중심된 사실이어야 한다. 만약 그렇지 않으면, 우리는 어떤 재앙에 직면하게 될 것이다.

21 ②

빈칸 앞에 also가 있으므로 나치의 상징인 하켄크로이츠와 마찬가지로 일본의 욱일기 또한 부정적인 의미를 갖고 있음을 알 수 있는데, '잔인한 제국주의'가 주는 느낌으로는 '분노를 유발하는'이라는 의미의 ②가 적절하다.

Hakenkreuz n. 하켄크로이츠, 나치스 독일의 기장(記章, 卍) ban v. 금지하다

reminder n. 생각나게 하는 사람[것] brutal a. 잔인한, 악랄한 salutary a. 유익한, 효과가 좋은 inflammatory a. 선동적인, 강한 분노를 유발하는 feeble a. 허약한 anonymous a. 익명의; 특색 없는

나치의 상징인 하켄크로이츠는 전 세계의 많은 나라에서 금지되었다. 일본의 욱일기 또한 아시아의 절반에 달하는 국가에게 잔인한 제국주의의 과거에 대해 강한 분노를 일으키면서 기억을 일깨워주는 역할을 한다.

---

22   ③

세수입이 줄면 정부가 쓸 돈이 줄어서 연료비 보조금도 줄어들 것이므로 첫 번째 빈칸에는 slash나 lower가 적절하다. 한편, 보조금이 석유가격을 낮추는 효과를 거두고 있는 상황에서 이 보조금이 줄어들면 석유회사는 석유가격을 올릴 것이므로, 두 번째 빈칸에는 lifting이나 hiking이 들어갈 수 있다.

rage n. 분노 reach a boiling point 극에 달하다 dwindling a. 감소하는 revenue n. 수입, 소득; (세금·관세에 의한 국가·공공 단체의) 세입 subsidy n. 보조금; 교부금 abruptly ad. 갑자기 boost v. 증대시키다 lift v. 올리다; 일소[제거]하다; (포위 따위를) 풀다, (법정이 금령(禁令) 따위를) 해제하다 slash v. 감소시키다 hike v. 끌어올리다 lower v. 낮추다 curtail v. 줄이다, 삭감하다

국가 세수입의 감소로 인해 어쩔 수 없이 총리가 연료비 정부 보조금을 줄이게 되자 갑자기 가솔린의 소비자 가격이 20%나 오르면서 대중들의 분노가 극에 달했다.

---

23   ①

커튼과 양탄자에 열이 전달돼서 화재가 발생할 수 있다는 것은 그 표면이 불이 붙기 쉬운 성질을 갖고 있기 때문일 것이다. 따라서 빈칸에는 '가연성의'라는 의미의 ①이 적절하다.

appliance n. 기구, 장치 worn a. 닳아빠진 rug n. 양탄자 combustible a. 타기 쉬운, 가연성의 decorative a. 장식용의, 장식적인 frictional a. 마찰의, 마찰로 움직이는 volatile a. 휘발성의; 폭발하기 쉬운

가정용 전기 기구의 결함이 주택 화재의 주된 원인이다. 우리는 코드가 닳은 기구를 사용하지 말아야 하는데, 닳은 코드가 마룻바닥과 커튼과 양탄자 같은 가연성 표면에 열을 전할 수 있기 때문이다.

---

24   ④

두 번째 문장의 and 앞에서 '이상화된 것들의 정체를 폭로하고자 한다'고 했으므로, 부정적 의미로 이어지기 위해서는 나이팅게일의 영웅적 명성과 '어울리지 않는' 실체를 보여준다는 흐름이 되는 것이 적절하다.

publication n. 출판, 발행; 출판물 assessment n. 세액, 평가액; (사람·사물 등의) 평가, 판단 debunk v. (정체를) 폭로하다 reputation n. 명성, 신망 in terms of ~의 면에서 in accordance with ~에 따라서 in proportion to ~에 준하여 at odds with ~와 불화하는

최근에 발표된 두 개의 출판물은 영국의 유명 간호사 플로렌스 나이팅게일(Florence Nightingale)의 생애에 대해 다른 평가를 내리고 있다. 앤 서머스(Anne Summers)의 책은 이상화된 것들의 정체를 폭로하고자 하고 나이팅게일의 영웅적인 명성과 어울리지 않는 실체를 보여주고자 한다.

---

25   ①

교육이론은 사회와 그 사회의 철학에 따라 다르다고 했으므로, 모든 사회에 일률적으로 적용되는 절대적인 교육이론은 존재하지 않는다고 볼 수 있다.

nature n. 성격, 본질 be determined by ~에 의해 결정되다 govern v. 지배하다 absolute a. 절대적인 authority n. 권위 relative a. 상대적인 specific a. 특수한, 구체적인 incomplete a. 불완전한 content n. 내용

교육이론은 사회의 성격에 따라 다르고 개인과 사회의 관계를 지배하는 철학에 의해 결정된다. 따라서 절대적 권위를 지닌 교육이론은 없다고 말할 수 있다.

01 ④	02 ④	03 ④	04 ①	05 ③	06 ②	07 ④	08 ①	09 ③	10 ②
11 ①	12 ④	13 ④	14 ③	15 ②	16 ④	17 ④	18 ④	19 ③	20 ②
21 ①	22 ③	23 ③	24 ②	25 ①					

01 ④

약사와 가장 관련 있는 표현이 빈칸에 들어가기에 적절하다. 따라서 '처방전'이라는 의미의 ④가 정답이 된다.

pharmacist n. 약사 medication n. 약물치료; 투약; 약물 subscription n. 기부 청약, 기부; 기부금 description n. 기술, 묘사, 서술 prescription n. 명령; 법규, 규범; 처방, 처방전

그 약사는 처방전을 바로 쓸 수 없었다.

02 ④

자신이 가진 실제 가치보다 더 나은 사람으로 보이려 하는 행위는 잘난 체하려는 것 혹은 겉치레하려 하는 것과 관련이 있다.

pass for (흔히 가짜 따위가) ~으로 통하다 retentive a. 보유하는, 보유하는 힘이 있는 extenuating a. 죄를 가볍게 할 수 있는, 참작할 수 있는 sedentary a. 앉아 있는; 잘 앉는; 앉아 일하는 pretentious a. 점잔빼는, 자부하는, 잘난 체하는; 겉치레하는

자신의 가치 이상으로 보이려고 하는 사람은 잘난 체한다고들 말한다.

03 ④

여러 사람이 정확히 같은 시간에 행동하려면 각자가 가지고 있는 시계의 시간이 모두 일치해야 할 것이다. 그러므로 빈칸에는 ④가 들어간다.

transfix v. 찌르다, 꽂다, 꿰뚫다 stabilize v. 안정시키다, 견고하게 하다 temporize v. 일시적인 미봉책을 쓰다 synchronize v. 동시에 일어나게 하다; (시계 등의) 시간을 맞추다

우리는 정확히 같은 시간에 시작해야 했다. 그래서 우리 모두는 시계를 맞췄다.

04 ①

국내 판매가 줄어들고 있는 상황에서 해외 판매를 늘리려 하는 것은 줄

어든 국내 판매를 해외 판매를 통해 만회 혹은 벌충하려 하는 것이다.

tobacco n. 담배 domestic a. 가정의; 국내의 expand v. 확장하다, 확대하다 abroad ad. 외국으로, 해외로 make up for (손실 따위를) 보상하다, 보전하다; 벌충하다, 만회하다 give way to ~에 굽히다; (~에게) 항복하다[양보하다] keep up with ~와 보조를 맞추다 find fault with 비난하다, 탓하다

미국의 담배회사들은 줄어들고 있는 국내 판매를 해외 판매를 늘려서 벌충하고 있다.

05 ③

세미콜론 이하는 그 앞 문장에 대한 부연설명이다. 따라서 빈칸에는 '(too) self-satisfied'의 의미를 가진 표현이 들어가야 할 것이므로 ③이 정답으로 적절하다.

self-satisfied a. 자기만족에 빠진, (지나치게) 자기만족적인 drive n. 의욕; 추진력 acute a. 날카로운; 명민한; 급성의 diffident a. 자신 없는, 겁 많은, 수줍은 complacent a. 만족한; 안심한; 은근한 scrupulous a. 빈틈없는; 양심적인

운동선수들은 자신의 업적에 대해 결코 자기만족에 빠져선 안 된다. 왜냐하면 만약 자만하게 되면 성공하고 싶은 의욕을 상실하게 되기 때문이다.

06 ②

anti-smoking critics는 금연을 지지하는 사람들이므로, 그들이 그 만화에 대해 비판적이었던 것은 만화 속 등장인물이 흡연을 미화시키거나 멋있게 보이도록 했다고 생각했기 때문일 것이다.

animated a. 만화영화의 character n. (소설 등의) 등장인물 critic n. 비평가, 평론가; 비난하는 사람 mar v. 손상시키다, 훼손하다 glamorize v. 매혹적으로 만들다; (사물을) 낭만적으로 다루다, 미화(美化)하다 ban v. 금지하다 uglify v. 추하게 하다

조 캐멀(Joe Camel)과 그의 애니메이션에 나오는 등장인물은 금연 논객들의 표적이었는데, 그들은 그 애니메이션의 등장인물이 십대들에게 흡연이 매력적으로 보이도록 했다고 말했다.

07 ④

특정 장소에서만 발견된다는 것은 다른 장소에서는 거의 사라졌다는 것이므로 빈칸에는 ④가 적절하다. '질병과 서식지의 파괴'가 초래할 결과를 생각해서 답을 도출하는 것도 가능하다.

destruction n. 파괴 habitat n. (동식물의) 서식지 isolated a. 고립된, 격리된 avert v. (눈, 생각 등을) 돌리다, 비키다 disperse v. 흩뜨리다, 흩어지게 하다; (종자, 지식, 병을) 퍼뜨리다 compile v. (책을) 편집하다; (자료 등을) 수집하다 exterminate v. 근절하다, 절멸시키다, 모조리 없애버리다

질병과 서식지의 파괴로 인해 거의 멸종되었기 때문에, 오늘날 코알라는 유칼리 나무숲의 외딴 지역에서만 발견된다.

08 ①

빈칸에는 순접의 접속사 and를 통해 연결되고 있는 urbanely와 의미나 느낌이 유사한 단어가 들어가야 할 것이므로 ①이 정답이 된다.

urbanely ad. 세련되게; 정중하게, 예의 바르게 persistently ad. 완고하게; 끈덕지게, 악착같게 investigatory a. 조사의, 조사에 종사하는 commission n. 위임, 위임장; 위원회 aide n. 조력자, 측근 courteously ad. 예의 바르게, 정중하게; 친절하게 belligerently ad. 호전적으로 intrusively ad. 주제넘게 참견하는 조로 intermittently ad. 간헐적으로

정중하고도 예의 바르게, 그러나 집요하게, 특별조사위원회의 위원들은 대통령의 측근 모두에게 계속해서 질문을 했다.

09 ③

1,000 페이지에 달하는 장편 소설을 2페이지의 요약본으로 만든다는 것은 줄거리를 '간추리는' 것이므로 빈칸에는 ③이 적절하다.

plot n. (소설 따위의) 줄거리 summary n. 요약, 개요 editor n. 편집자, 논설위원 embellish v. (이야기를) 꾸미다[윤색하다] conjure v. 상기하다, (마음에) 그려내다 condense v. (사상·문장 따위를) 요약하다, 간추리다 refurbish v. 새로 꾸미다; 쇄신하다

당신은 당신이 쓴 1,000 페이지짜리 소설의 한 단어 한 단어를 아낄지도 모르지만, 당신의 편집자를 위해 그 줄거리를 2페이지짜리 요약본으로 간추려야 한다.

10 ②

콜론 다음에서 생각을 조직화하는 데, 즉 '조직적으로 생각하는 데' 도움이 될 수 있다고 했으므로, 빈칸에는 이와 관련된 ②가 들어가는 것이 적절하다.

siesta n. 시에스타(점심식사 후의 낮잠) snooze n. 꾸벅꾸벅 조는 잠 demonstrate v. 증명하다, 논증하다; (모형·실험에 의해) 설명하다 alertness n. 기민함; 각성 organize v. 조직하다, 편제하다; 구성하다 emotional a. 감정의; 감정적인 cognitive a. 인식의; 인식력이 있는 aesthetic a. 미적인 physical a. 육체의; 물질의

시에스타, 즉 오후의 낮잠이 정신적 각성, 기억력, 인지적 수행을 향상시킨다는 것이 과학적으로 입증되었다. 시에스타가 생각을 조직화하는 데 도움이 될 수 있다는 것이다

11 ①

과묵한 사람이라고 했으므로 기자들의 질문에 대한 답변은 '간결할' 것이다.

reputation n. 평판; 명성 a man of few words 말이 적은 사람, 과묵한 사람 notorious a. (대개 나쁜 의미로) 소문난, 유명한 respond v. 응답하다, 대답하다; 반응하다 monosyllable n. 단음절어(it이나 no 같이 하나의 음절로 되어 있는 단어) terse a. 간결한, 간단한 explicit a. 분명한, 명쾌한; 솔직한 instructive a. 교훈적인, 유익한 outmoded a. 유행에 뒤떨어진

드 니로(De Niro)는 과묵한 사람이라는 평판을 가지고 있는데, 기자들의 질문에 간결한 단음절어로 답변을 하는 것으로 악명이 높다.

12 ④

컴퓨터 가게를 일부러 열어둬서 친구들이 노트북 컴퓨터를 훔쳐가게 한 것은 친구들과 함께 계획하여 저지른 범죄에 해당하므로 '공모(共謀)'라는 의미의 ④가 정답으로 적절하다.

purposely ad. 고의로, 일부러 assault n. 습격; 폭행 bribery n. 뇌물 forgery n. 위조; 위조죄 complicity n. 공모, 공범, 연루

키스(Keith)는 친구들이 노트북 컴퓨터를 훔칠 수 있도록 컴퓨터 가게의 문을 고의로 열어 둔 공모(共謀) 죄를 범했다.

13 ④

특정 무기가 앞으로 전장에서 사라질 것이라는 것은 그 무기가 쓸모없거나 시대에 맞지 않기 때문일 것이므로, 빈칸에는 ④가 들어가는 것이 자연스럽다.

on several occasions 몇 차례나 declare v. 선언하다, 발표하다; ~을 밝히다 watered a. 물을 뿌린, 물로 묽게 한 determinant a. 결정하는; 한정적인 forcible a. 강력한, 힘찬; 강제적인 obsolete a. 쓸모없는; 시대에 뒤진, 구식의

여러 차례에 걸쳐 전차는 시대에 뒤떨어져 있다고 선언되었으며, 그래서 전장(戰場)에서 사라질 것으로 예상된다.

14 ③

빈칸을 포함하고 있는 문장의 주어인 He는 앞 문장에서 언급한 '현실보다 자기 본위의 환상을 더 좋아하는 사람'을 가리킨다. 자기 본위는 자기를 우선하고 아끼는 것이므로 빈칸에는 이러한 의미를 완성시키는 ③이 들어가는 것이 적절하다.

egocentric a. 자기중심의, 이기적인 profess v. 공언하다, 고백하다 prestige n. 위신, 명성 humanity n. 인류; 인간애 principle n. 원리, 원칙 self n. 자기; 자아 ideal n. 이상

우리는 현실보다 자기 본위의 환상을 더 좋아하는 사람을 존경할 수 없다. 이런 사람이 이상주의를 공언하는 것은 단지 자신에 대한 사랑에 철학적 위신을 더하기 위한 것이다.

15 ②

순접의 접속사 and로 연결된 표현들에 유의한다. 이 표현들에서 obedience와 submission이 유사한 의미이므로 빈칸에는 implicit과 유사한 의미를 가진 표현이 들어가야 할 것이다. 따라서 '맹목적인'이라는 의미의 ②가 정답이 된다.

obedience n. 복종; 순종 implicit a. 암시된, 은연중의; 절대적인, 무조건적인 submission n. 항복, 복종 nominal a. 이름의; 명목상의, 이름뿐인 blind a. 눈먼; 맹목적인, 분별없는 mechanical a. 기계의; 기계적인 superficial a. 피상적인, 천박한

미국인들은 다른 사람의 의지에 맹목적으로 복종하고 절대적으로 순종하는 것이 훌륭한 정부를 유지하는 데 필요하다고 생각하지 않는다.

16 ④

원시인들은 과학과 이성의 시대에 살고 있지 않았으므로 일식을 당연히 비과학적, 비이성적으로 바라봤을 것이다. 두 번째 빈칸에는 ①, ②, ③, ④가 모두 가능하지만, '과학과 이성의 시대에 살고 있다'는 내용으로 볼 때 첫 번째 빈칸에는 ④가 가장 적절하다.

reason n. 이성, 사고력, 판단력 primitive a. 원시의; 원시적인 eclipse n. 일식, 월식 glare v. 번쩍번쩍 빛나다, 눈부시게 빛나다; 노려보다 foretell v. ~을 예고하다, 예시하다 spectacular a. 구경거리의; 장관의, 눈부신, 호화로운 ominous a. 불길한, 나쁜 징조의; 험악한 understandable a. 이해할 수 있는 magical a. 마술적인, 신비한

우리는 과학과 이성의 시대에 살고 있다. 따라서 원시인들이 일식을 신비롭게 여긴 것을 이해할 수 있다.

17 ④

위기의 순간에 어떻게 움직여야 할까를 생각하면 쉽게 답을 찾을 수 있

으며, and 뒤의 fast와 유사한 성격의 표현을 찾는 식으로 접근하는 것도 가능하다.

after all (문두에 쓸 때) 아무튼, 하지만, 어쨌든 confront v. 직면하다; 마주보다; 맞서다 boar n. 수퇘지 absolutely ad. 절대적으로 simultaneously ad. 동시에, 일제히 constantly ad. 변함없이, 항상 instantly ad. 즉시로, 즉석에서

어쨌거나, 만일 당신이 숲 속에서 야생멧돼지와 맞닥뜨렸다면, 혹은 버스에 치이기 직전이라면, 당신은 즉시 그리고 빠르게 움직일 필요가 있다.

18 ④

재래식 주택이 갈수록 비싸지고 있는 상황이라면 이동 주택은 재래식 주택의 '대안'으로서 인기를 얻고 있는 것으로 볼 수 있다.

favor n. 호의, 지지; 찬성 conventional a. 전통적인; 재래식의 reaction n. 반작용; 반항, 반발 addition n. 부가, 첨가 introduction n. 받아들임, 도입된 것; 소개 alternative n. 대안; 선택, 양자택일

이동 주택은 갈수록 비싸지고 있는 재래식 주택의 대안으로서 인기를 얻고 있다.

19 ③

빈칸에는 순접의 접속사 and를 통해 연결돼 있는 greedy와 유사한 의미를 가진 표현이 들어가야 하므로 ③이 정답으로 적절하다.

dictator n. 독재자 national n. 국민, 시민; 동포 greedy a. 욕심 많은, 탐욕스러운 credible a. 신용할 수 있는, 확실한 insatiable a. 만족할 줄 모르는, 탐욕스러운 sensible a. 사리를 아는, 현명한

독재자는 국민들의 안전과 이익에는 관심이 없고 오직 그들 자신의 탐욕스럽고 만족할 줄 모르는 사리사욕에만 관심이 있다.

20 ②

데이트 신청이 진짜 목적이었다면 책을 갖다 준다는 것은 데이트 신청을 위한 핑계나 구실이었을 것으로 볼 수 있다.

maintenance n. 유지, 지속 pretext n. 핑계, 변명, 구실 allowance n. 수당, 급여; 참작 prevalence n. 보급, 유행

나는 그녀가 도서관에 놓고 간 책을 갖다 준다는 구실로 그녀에게 데이트신청을 하기 위해 그녀의 집에 찾아갔었다.

21 ①

'오랜 시간 동안'이라는 표현은 '지속'의 의미를 내포하고 있는 동사와 잘 어울린다.

antique a. 오래된, 고래의; 옛날의 bulb n. 구근(球根); 전구, 진공관 preserve
v. 보존하다, 유지하다 shorten v. 짧게 하다; 삭감하다 revise v. 개정하다
preempt v. 선취하다

오늘날의 정원사는 수백 년 동안, 심지어 수 세기 동안 같은 형태를 유지해
왔던 오래된 구근(球根)들을 많이 찾을 수 있다.

22   ③

since 이하의 원인을 통해서 답을 유추할 수 있다. 동굴의 입구를 사람
의 힘으로는 움직일 수 없는 돌이 막고 있다면, 동굴 안에서 자고 있는
거인을 죽인다는 것은 실행 가능성이 없다고 할 수 있을 것이다.

be[feel] tempted to ~하고 싶어지다 realize v. 실감하다, 깨닫다 a course
of action 행동 방침 intricacy n. 복잡함 anxiety n. 걱정, 근심 futility n.
쓸데없음, 무익함, 헛됨 necessity n. 필요성

자고 있는 그 거인을 죽이고 싶었지만, 동굴의 입구를 막고 있는 돌이 너무
커서 사람의 힘으로는 움직일 수가 없었기에 오디세우스는 그러한 행동이
헛되다는 것을 깨달았다.

23   ③

Only so much work와 these limits가 단서가 된다. 하루에 할 수 있는
일만큼만 일할 수 있다는 것은 누구에게나 한계가 있다는 것을 의미하
므로 ③이 정답이다.

keep ~ in mind ~을 명심하다, 기억하다 job description 직무 내용 설명서
verbal a. 말의, 말에 나타난; 구두(口頭)의 amount n. 총계; 양(量) emergency
n. 비상사태 calling n. 직업, 생업 limit n. 한계, 한도 merit n. 가치; 장점

모든 사람에게는 한계가 있다는 말을 명심하라. 사람은 하루에 할 수 있는
일만큼 일할 수 있다. 문서로 하건 말로 하건, 직무 내용 설명서는 해야 하는
일의 양이 아닌, 이런 한계에 기초해야 한다.

24   ②

현재의 온난화 추세가 정상적인 기후 변동의 범위를 넘을 때까지는 대
기 중 이산화탄소의 증가가 지구온난화를 초래한다고 자신 있게 말할
수 없을 것이다. 그 전에는 양자 사이의 관계가 불확실하다고 할 수 있
을 것이므로 ②가 정답으로 적절하다.

exceed v. ~을 넘다, 초과하다 climatic a. 기후의 fluctuation n. 변화, 변동
long-term a. 장기적인 atmospheric a. 대기의, 공기의 interest n. 관심, 흥미
uncertainty n. 불확실, 불확정 enthusiasm n. 열심, 열중

현재의 온난화 추세가 정상적인 기후 변동의 범위를 넘을 때까지는 과학자
들 사이에서도 대기 중 이산화탄소의 증가가 장기적인 온난화를 초래할 가
능성은 매우 불확실한 문제로 남아 있을 것이다.

25   ①

효율적인 비행을 위한 외양과 형태를 연구했다는 단서로부터 정답을
추론할 수 있다.

aeronautical a. 항공의, 비행(술)의 relative a. 상대적인 effectiveness n.
효율성, 효능, 효과 various a. 가지가지의, 여러 가지의 contemporary a. 현대
의; 동시대의 transportation n. 운송, 수송

수리물리학자들은 공기 중을 지나가면서 움직이는 데 있어서 여러 가지 외
양과 형태의 상대적 효과와 같은 비행 상의 문제점들을 연구하는 기술들을
개발해냈다. 그들이 연구한 바의 결과는 오늘날의 비행기 디자인에서 볼 수
있다.

TEST 05

01 ①	02 ①	03 ②	04 ③	05 ④	06 ②	07 ②	08 ③	09 ②	10 ③
11 ①	12 ②	13 ④	14 ④	15 ④	16 ②	17 ①	18 ①	19 ④	20 ③
21 ④	22 ④	23 ②	24 ③	25 ③					

01 ①

특정 주제에 대해 반대하는 말을 하기를 두려워한다면 그 주제에 관해 솔직한 이야기가 오갈 수 없을 것이다.

speak against ~에 반대 발언을 하다 cosmetic surgery 성형수술 candid a. 정직한, 솔직한 artificial a. 인공의, 인위적인 discreet a. 분별 있는; 신중한 compliant a. 고분고분한

사람들이 성형수술에 반대하는 발언을 하는 것을 두려워하기 때문에 미용성형수술에 대한 솔직한 대화는 없다.

02 ①

when절은 1990년대 후반에 신흥 시장이 겪었던 경제위기를 부언하고 있다. 경제위기 하에서는 개도국들의 금융 시스템이 좋지 않은 상황이었을 것이므로 부정적인 뜻의 동사가 빈칸에 적절한데, 바로 뒤에 쓰인 like dominoes를 감안하면 빈칸에는 ①이 들어가는 것이 가장 자연스럽다.

economist n. 경제학자 invoke v. 기원하다, 빌다; (권위 있는 것·신성한 것을) 예로서 인용하다 emerging market 신흥시장 crisis n. 위기 collapse v. 무너지다, 붕괴하다 reverse v. 역으로 되다, 반대가 되다 evolve v. 진전되다, 서서히 발전하다 flourish v. 번영[번성]하다

몇몇 경제학자들은 1990년대 후반에 있었던 신흥 시장의 경제위기를 상기시키고 있는데, 당시에 개도국들의 금융 시스템은 도미노처럼 붕괴됐었다.

03 ②

양보의 접속사 although가 왔으므로 부사절과 주절의 내용은 반대가 되어야 한다. 제대로 교육을 받지는 못했음에도 청중을 사로잡는 카리스마가 넘치는 연설자였다고 했으므로, 히틀러의 연설은 뛰어났다고 볼 수 있다. 따라서 '능숙하게 말을 잘한다'는 의미의 ②가 빈칸에 적절하다.

captivate v. ~의 넋을 빼앗다, 매혹시키다 revenge n. 보복, 복수 eloquence n. 웅변, 능변, 달변 grace n. 우아함, 품위 honesty n. 정직, 성실

히틀러는 제대로 교육받지 못했음에도 불구하고 달변으로 청중을 사로잡았던 카리스마 넘치는 연설가였다.

04 ③

더 튼튼한 조종실 문이 장착된 것은 외부 침입자들이 조종실이나 비행기를 장악하지 못하도록 하기 위함일 것이므로 ③이 정답으로 적절하다.

strengthen v. 강하게 하다, 강화하다 intruder n. 침입자, 난입자 take control ~을 장악하다 alienate v. 소원하게[멀어지게] 만들다 distinguish v. 구별하다, 분별하다 prevent v. 막다, 방지하다 divert v. 돌리다, 전환하다

9/11 테러 이후 침입자들이 (비행기를) 장악하지 못하도록 비행기에는 더 튼튼한 조종실 문이 장착되어 왔다.

05 ④

구조 요청을 했음에도 이웃집 사람들이 듣지 못한 것은 구조를 요청하는 목소리가 너무 작았기 때문일 것이다.

cry out for help 구조를 요청하다 neighbor n. 이웃, 이웃사람 harsh a. 거친, 귀에 거슬리는 desperate a. 자포자기의; 필사적인 feeble a. 약한, 미약한, 희미한 audible a. 들리는, 청취할 수 있는

그들은 구조를 요청했지만 그들의 목소리가 너무 희미해서 이웃집 사람들에게 들리지 않았다.

06 ②

증상이 나타나고 몇 시간 안에 사망하게 한다고 했으므로 그 병의 진행 속도는 매우 빠르다고 할 수 있다.

onset n. 개시, 시작; 발병 symptom n. 징후, 조짐; 증상 sporadic a. 때때로 일어나는 swift a. 빠른, 신속한 gradual a. 점차적인, 서서히 하는 subtle a. 미묘한, 포착하기 힘든

그 병의 진행은 빨라서 증상이 나타나고 몇 시간 안에 종종 사망하게 된다.

07 ②

비행기를 회항할 정도라면 승객 사이의 언쟁은 매우 격렬했거나 팽팽

했다고 할 수 있을 것이다.

recline v. 의지하다, (몸을) 눕히다 divert v. (딴 데로) 돌리다, (물길 따위를) 전환하다 rational a. 이성적인 tense a. 긴장한; 팽팽한 banal a. 평범한, 진부한 sympathetic a. 동정적인, 인정 있는

좌석을 눕히는 것 때문에 벌어진 여객기 승객 사이의 언쟁이 너무 팽팽해서 조종사들은 덴버에서 시카고로 가던 비행기를 회항했다.

---

08 ③

'so ~ that …' 구문은 원인과 결과의 문장을 만든다. that 이하에서 반칙을 구분하는 것이 불가능하다고 했으므로 그 이유로는 '심판의 판정이 들쑥날쑥했던 것'이 되는 게 자연스럽다.

complain v. 불평하다, 한탄하다 officiate v. (시합의) 심판을 맡아 보다 feasible a. 가능한; 적당한 steady a. 안정된; 견고한 capricious a. 변덕스러운, (마음이) 변하기 쉬운 impartial a. 공평한, 편견 없는

많은 코치들과 선수들은 심판이 너무 변덕스러워서 어떤 것이 반칙이고 어떤 것이 아닌지를 구분하는 것이 불가능했다고 불평했다.

---

09 ②

열성적인 부모들이 최신 캐릭터 인형과 비디오 게임을 차지하기 위해 몰려든다면, 장난감 상점들은 이런 부모들로 넘쳐날 것이다.

scramble v. 앞을 다투어 (~하려고) 애쓰다, 다투다 scatter v. 뿔뿔이 흩어버리다 inundate v. 범람시키다; 그득하게 하다 conciliate v. 달래다, 회유하다 forge v. 꾸며내다; 위조하다

연휴 직전에 장난감 상점들은 최신 캐릭터 인형과 비디오 게임을 먼저 차지하고자 몰려드는 열성적인 부모들로 종종 넘쳐난다.

---

10 ③

인접한 방의 투숙객들을 방해하지 않기 위해 소음에 신경 써야 한다면, 이는 방음이 제대로 되지 않기 때문일 것이다. 빈칸 앞에 부정어가 있으므로 '방음설비가 돼 있는'이라는 의미의 ③이 정답이 된다.

mind v. 주의를 기울이다, 조심하다 disturb v. 방해하다; ~에게 폐를 끼치다 so as not to ~하지 않도록 adjacent a. 인접한, 부근의 sound proof 방음이 되는, 방음설비가 돼 있는 all furnished 설비가 모두 갖춰져 있는

전통 방식을 따르고 있는 일본의 방들은 방음 설비가 돼 있지 않으므로 인접한 방의 투숙객들을 방해하지 않도록 저녁에는 소음에 대해 신경을 쓰는 것이 필요하다.

---

11 ①

since가 이유의 부사절을 이끌고 있다. 소프트웨어가 실시간으로 실수를 확인해서 바로잡을 수 있다면 오류의 수가 크게 줄어들 것이므로 ①이 정답으로 적절하다.

file v. 제출하다 tax return (납세를 위한) 소득 신고서 significantly ad. 상당히, 현저하게 lessen v. 줄이다, 감하다 neglect v. 무시하다; 간과하다 convert v. 전환하다 compute v. 계산하다

컴퓨터를 이용해서 소득 신고서를 제출하는 것은 오류의 수를 상당히 줄여주는데, 소프트웨어가 실시간으로 실수를 확인해서 바로잡을 수 있기 때문이다.

---

12 ②

사실보다 의견을 더 많이 꾸며서 들려준다는 것은 객관적이지 않다는 것이므로, 빈칸에는 '결코 ~이 아닌'이라는 의미의 관용표현인 ②가 들어가야 한다.

coverage n. 보도, 취재 trustworthy a. 신뢰할 수 있는; 확실한 tabloid n. 타블로이드판 신문 objective a. 객관적인, 편견이 없는 dish up (이야기 따위를) 그럴 듯하게 꺼내다, 관심을 끌도록 꾸며 말하다 far from 결코 ~이 아닌 virtually ad. 사실상, 실질적으로

대중매체의 보도가 모두 믿을만한 것은 아니다. 예를 들어, 타블로이드판 신문은 결코 객관적이지 않아서 종종 사실보다는 의견을 더 많이 꾸며서 들려준다.

---

13 ④

제품의 문제점을 다른 사람들에게 이야기할 때에는 어디가 어떻게 문제인지에 대해 자세하게 설명해주어야 할 것이다.

customer n. 손님, 고객, 단골 describe v. 묘사하다, 기술하다; 설명하다 distinctive a. 독특한, 특이한, 구별이 분명한 fixed a. 고정된, 일정한 specific a. 특수한, 독특한; 일정한, 명확한

제품에 대해 자신들이 겪고 있는 문제점을 설명할 때에는 가능한 한 구체적으로 기재하도록 고객들에게 권고하고 있다.

---

14 ④

achieve balance는 양쪽의 균형을 맞춘다는 의미이므로 절충점을 찾는다는 것으로 해석할 수 있다. 그렇다면, 가능한 한 빨리 가고자 하는 욕구를 충족시키면서도 그렇다고 해서 사고가 날 정도로 지나치게 빠르지는 않게 제한속도가 정해질 것이라 추론할 수 있다.

speed limit 제한속도 normal a. 정상의, 보통의 inadvertent a. 우연한, 의도하지 않은; 부주의한, 소홀한, 태만의 excessive a. 과도한; 지나친

제한속도는 과속의 위험과 가능한 한 빠르게 이동하길 원하는 대부분의 사람들의 바람 사이에서 균형을 이루는 수준으로 정해진다.

15 ④

나에게 무례한 짓을 한 사람에게 해야 하는 어떤 행동이 나의 자존심을 상하게 하는 것이라면, 그 행동은 그런 사람을 존경하거나(respect) 비위를 맞춰야(propitiate) 하는 것이 해당될 수 있다. 한편, 그렇게 자존심이 상함에도 불구하고 하려고 애써야 하는 행동은 마찬가지로 그런 사람을 달래거나 호의를 얻으려 하는 것(conciliate)이 될 것이다.

insult v. 모욕하다, ~에게 무례한 짓을 하다 nevertheless ad. 그럼에도 불구하고 intimidate v. 위협하다, 협박하다 redeem v. 되찾다; 상환하다 repudiate v. 거부하다, 부인하다; 인연을 끊다, 의절하다 evaluate v. 평가하다 propitiate v. 달래다; 화해시키다; 비위를 맞추다 conciliate v. 달래다, 회유하다; 호의를 얻다

나에게 늘 무례한 짓을 한 사람의 비위를 맞추려 노력해야 한다는 사실 때문에 자존심이 상했다. 그럼에도 불구하고, 나는 그의 호의를 얻으려 애를 썼다.

16 ②

콤마 이하의 분사구문에서 빈칸에 들어갈 표현을 부연설명하고 있다. '모든 일을 일정한 방식으로 하도록 완고하게 고집하는 것'과 가장 관련 있는 단어로는 '독선적인'이라는 의미의 ②가 적절하다.

threaten v. 위협하다 inflexibly ad. 완고하게, 굽히지 않게 genuine a. 믿을 만한, 확실한; 진정한, 진짜의 autocratic a. 독재적인, 독선적인 democratic a. 민주적인 optimistic a. 낙관적인, 긍정적인

마빈(Marvin)의 독선적인 상사는 모든 일을 일정한 방식으로 하길 완고하게 고집하면서 사무실 직원들을 위협한다.

17 ①

양보절을 이끄는 접속사 Although가 있으므로 주절과 종속절의 내용은 서로 대조를 이루어야 한다. 따라서 빈칸에는 의도했던 바와 다른 결과가 나올 수도 있다는 내용을 만드는 ①이 들어가야 한다.

specific a. 특정한; 명확한, 구체적인 concerns n. (pl.) 관심사 determine v. 결정하다 intent n. 취지, 의도 unanticipated a. 미리 예상되지 않은 beneficial a. 유익한, 이로운 expensive a. 값비싼 spectacular a. 구경거리의, 장관인, 호화스러운

특정한 관심사가 연구 프로젝트의 의도를 결정할 수는 있지만 그 연구의 결과는 흔히 예상하지 않은 것일 수 있다.

18 ①

'정확한 사망 원인을 밝혀내기 위해 하는 행위'에 해당하는 표현이 빈칸에 들어가야 하므로 '검시', '부검'을 뜻하는 ①이 정답으로 적절하다.

exact a. 정확한; 정밀한 victim n. 희생자, 피해자 autopsy n. 검시, 시체 해부, 부검 immunity n. 면제; 면역 diagnosis n. 진단 convalescence n. 회복, 요양

피살자의 정확한 사망 원인은 부검이 이루어진 뒤에 밝혀질 것이다.

19 ④

빈칸에 들어갈 표현이 없어도 의미가 통하는 문장이 이미 완성돼 있으므로 빈칸에는 '억압받고 있다'라는 표현을 강조하거나 부연하는 역할을 할 수 있는 부사가 들어갈 수 있다. '가차없이', '혹독하게'라는 의미의 ④가 가장 자연스럽게 호응한다.

yearning n. 열망, 동경 suppress v. 억압하다, 진압하다 retroactively ad. 반동으로, 소급하여 revocably ad. 폐지(취소) 할 수 있게 revealingly ad. 드러내면서 relentlessly ad. 가차없이, 혹독하게

폴란드와 아프가니스탄에서의 자유에 대한 열망과 소련에서의 인권활동은 계속해서 잔인하게 억압받고 있다.

20 ③

빈칸 이하는 순접의 접속사 and 앞에 쓰인 advanced computer science와 관련 있는 의미가 되어야 하므로 '인공지능'이라는 의미를 완성시키는 ③이 정답으로 적절하다.

application n. 응용, 적용 be linked to ~에 연계[관련]되다 intelligence n. 지능, 지력; 지성 artificial a. 인공적인, 인조의 universal a. 보편적인, 일반적인

퍼지 이론은 1970년대 초에 산업에서 여러 방면으로 응용되기 시작했는데, 그 시기에 그 이론은 고등 컴퓨터 과학과 인공지능 연구와 연계되었다.

21 ④

while이 양보의 종속절을 이끌고 있으므로 주절과 종속절의 내용은 대조를 이루어야 한다. 주절은 개발의 필요성에 대한 내용이므로 조건절은 이와 반대되는 개념, 즉 보호 혹은 보존과 관련된 주장을 담아야 한다. 따라서 ④가 정답이 된다.

argue v. 논하다, 논의하다; 주장하다 environmentalist n. 환경론자, 환경문제 전문가 industrialize v. 산업화하다, 공업화하다 desist v. 그만두다, 중지하다 commandeer v. 징집하다, 징용하다; 징발하다 preserve v. 보전하다, 유지하다; 보존하다

정부 관리들은 미개발지가 농업과 산업, 주택사업에 크게 필요하다고 주장하는 반면, 환경보호론자들은 우리가 그 땅을 보존해야 한다고 말하고 있다.

22   ④

개체수가 줄어들게 되면 궁극적으로는 멸종하게 될 것이다.

encroach v. 침해하다, 잠식하다 nest v. 보금자리를 짓다, 보금자리에 깃들이다 winter v. 겨울을 지내다, 월동하다 dwindle v. 줄다, 작아지다, 감소하다 species n. 종(種), 종류 exist v. 존재하다 evident a. 분명한, 명백한 distinct a. 뚜렷한; 별개의, 다른 extinct a. 멸종한; (불이) 꺼진

새들이 둥지를 틀고 겨울을 나는 땅을 인간이 잠식해 들어감에 따라, 새들의 숫자는 계속 줄어들고 있으며 그 나라의 관리들은 그 종(種)이 멸종돼버릴 것을 두려워하고 있다.

23   ②

for 이하는 앞 문장의 내용을 부연하여 설명하는 역할을 한다. 교육받은 사람이라고 해서 분명한 사고를 하는 것이 아니라면 훌륭한 판단과 교육은 정비례 관계에 있지 않다고 해야 자연스러운 흐름이 된다.

assume v. 당연한 것으로 여기다, 당연하게 생각하다; 추측하다, 가정하다 inhabitant n. 주민, 거주자; 서식동물 proportional a. 비례하는 heredity n. 유전; 세습 experience n. 경험

우리는 어떤 지역사회에서 교육받은 사람만이 분명한 사고를 하는 주민이라고 가정해서는 안 된다. 왜냐하면 훌륭한 판단이 반드시 교육에 비례하는 것은 아님이 드러났기 때문이다.

24   ③

첫 문장에서 환경변화를 통해 자녀의 행동을 변화시키려는 부모가 많지 않다고 했으므로, '환경 변화'를 목적어로 하고 있는 빈칸에는 '무시하다'라는 의미의 ③이 들어가야 한다.

modification n. 수정, 개조, 변화 talk A out of B A를 설득하여 B하지 않게 하다 unacceptable a. 받아들일 수 없는, 용납할 수 없는 pursue v. 추적하다; 추구하다 exaggerate v. 과장하다 neglect v. 무시하다; 간과하다 revise v. 개정하다; 수정하다

자녀들의 주변 환경을 바꾸어서 자녀들의 행동을 바꾸려고 노력하는 부모가 충분히 많지 않다. 대부분의 부모들은 환경 변화를 무시하고 자녀들을 말로 설득해서 용납할 수 없는 행동을 하지 않게 만들려고 애쓴다.

25   ③

육체노동자들이 자신들이 입는 옷에 대한 다른 사람들의 시선에는 크게 신경 쓰지 않지만 동료들의 시선은 신경 쓴다는 맥락이 되어야 하므로, ③이 빈칸에 들어가기에 적절하다.

recognize v. 알아보다, 인지하다 deviation n. 벗어남, 탈선, 일탈 accepted a. 일반에게 인정된 serenity n. 고요함; 평온 resolution n. 결심, 결의; 해결 ridicule n. 비웃음, 조롱 camouflage n. 위장

육체노동자들이 그들이 입고 있는 옷으로 평가될 수 있다는 사실을 (평소엔) 별로 신경 쓰지 않지만, 일반적으로 받아들여지는 유형의 옷에서 벗어나는 것은 동료들로부터 조롱을 받게 될 것이라는 것은 알고 있었다.

TEST 06

01 ③	02 ①	03 ③	04 ②	05 ②	06 ①	07 ④	08 ①	09 ①	10 ②
11 ④	12 ③	13 ③	14 ②	15 ④	16 ②	17 ②	18 ①	19 ③	20 ④
21 ④	22 ②	23 ④	24 ②	25 ④					

01 ③

while이 양보의 절을 이끌고 있으므로 주절과 종속절의 내용은 대조를 이루어야 한다. 주절에서 잠재적인 이득만 강조했다고 했으므로, 종속절에서는 잠재적인 해에 대해서는 '무시했다'는 흐름으로 이어져야 한다.

exaggerate v. 과장하다, 지나치게 강조하다 potential a. 잠재적인 emphasize v. 강조하다; 역설하다 inspect v. 조사하다, 검사하다 ignore v. 무시하다 describe v. 묘사하다, 설명하다

주요 언론매체는 잠재적인 손해의 문제에 대해서는 무시하면서 잠재적인 이득은 지나치게 강조했다.

02 ①

due to 이하는 기업들이 큰 어려움을 겪어오고 있는 이유나 원인에 대한 내용이 되어야 하므로, '불확실성'이라는 의미의 ①이 들어가는 것이 가장 자연스럽다.

firm n. 상사, 상회, 회사 uncertainty n. 불확실성 warranty n. 담보, 보증 responsibility n. 책임, 책무, 의무 security n. 안전, 무사, 안심

최근의 불확실한 경제 여건 때문에 많은 기업들이 큰 어려움을 겪어오고 있다.

03 ③

병으로 고생하고 있는 사람에게 "참 안됐군요"라고 말하는 것은 동정이나 연민의 마음을 나타내 보이는 것이라 할 수 있다.

suffer from ~에 시달리다, ~를 앓다 sleeplessness n. 불면증 indifferently ad. 무관심하게 curiously ad. 호기심에서 sympathetically ad. 동정하여, 가엾이 여겨

그가 불면증에 시달리고 있다는 말을 듣고, 나는 그에게 동정하면서 "참 안됐군요."라고 말했다.

04 ②

'건물에서 나가라는 경보'가 발령됐다면 하던 일이 갑작스럽게 중단됐을 것이므로 빈칸에는 ②가 적절하다.

come to an end 끝나다, 마치다 evacuation n. 소개(疏開), 피난; 물러남; 철수 gradual a. 단계적인, 점차적인 abrupt a. 갑작스런; 뜻밖의 sporadic a. 때때로 일어나는, 산발적인 prospective a. 예상되는, 가망이 있는

건물에서 대피하라는 경보가 울렸을 때 물리학 강의는 갑자기 중단되었다.

05 ②

빈칸 전후에서 마약 중에서도 리탈린, 범죄 중에서도 청소년 범죄를 언급하고 있는 것은 주제를 보다 구체적으로 좁혀 이야기한 것으로 볼 수 있다. 그러므로 ②가 정답이 된다.

drug n. 약, 약품; 마약 crime n. 죄, 범죄 humble a. 천한, 비천한; 겸손한 specific a. 일정한, 특정한; 구체적인 specialized a. 전문적인 compact a. 빽빽하게 찬, 밀집한; (집 따위가) 아담한

우리는 오늘밤 마약과 범죄에 면밀하게 살펴볼 것이다. 구체적으로는 마약 리탈린과 청소년 범죄를 살펴볼 것이다.

06 ①

'수영으로 호수를 건너려 했으나 세 번은 실패하고 네 번째 성공했다'는 문장이 되는 것이 적절하다. 그러므로 빈칸에는 '어떤 것을 이루어 보려고 계획하거나 행동하는 것'을 의미하는 ①이 들어가는 것이 적절하다.

attempt n. 시도 process n. 진행, 경과; 과정 display n. 표시; 진열, 전시 instance n. 실례, 사례; 경우

조지는 그 호수를 가로질러 수영하는 데 어려움을 겪었지만, 마침내 네 번째 시도 끝에 성공하였다.

07 ④

자신이 원했던 지위를 얻었다고 한 내용에 주목하면 ④가 정답으로 적절함을 알 수 있다.

animation n. 생기, 활기 animosity n. 적의, 증오, 원한 emancipation n. 해방, 자유, 이탈 manipulation n. (기계·사람 등의) 조작, 조종, 취급

자기 주변의 모든 것들을 매우 현명하게 잘 처리해서 그는 자신이 바라던 지위를 얻을 수 있었다.

08 ①

신문 기사의 내용 속에서 행간의 뜻을 읽어낼 수 있어야 하는 것은 기사에 명시적으로 모든 사실을 실을 수 없기 때문일 것인데, 이에 대한 이유로는 정보기관이 그 내용을 검열하기 때문이라 하는 것이 가장 타당하다.

intelligence agency 정보국, 정보기관 read between the lines 행간의 뜻을 읽다, 말의 숨은 속뜻을 알다 censor v. 검열하다, 검열하여 삭제하다 publish v. 출판하다 compile v. 편집하다 invest v. 투자하다

이 지역의 모든 신문은 정보기관으로부터 검열을 받는다. 그러므로 실제 이야기를 알려면 행간의 뜻을 읽을 수 있어야 한다.

09 ①

but 전후의 내용이 대조를 이루어야 한다. 따라서 비서와의 스캔들을 아내는 심각하게 여겼지만 그는 '사소한 것'으로 생각했다는 내용이 되는 것이 적절하므로 빈칸에는 ①이 들어간다.

mere a. 단순한, ~에 불과한 divorce n. 이혼, 별거 fault n. flake n. 얇은 조각 fraud n. 사기, 협잡 gratitude n. 감사, 보은의 마음; 사의(謝意)

그는 자신의 비서와의 스캔들을 단순한 실수라고 생각했지만 그의 아내는 그것을 이혼 사유가 될 만한 것이라고 생각했다.

10 ②

형편이 어려운 젊은이들에게 교육을 지원하고 장학금을 준 행동을 가장 잘 설명할 수 있는 표현을 고르면 된다.

tutorial a. 개인[개별] 지도[교습]의 scholarship n. 장학금 disadvantaged a. 불우한 deed n. 행위, 행동 prejudiced a. 편견을 가진 altruistic a. 이타주의적인 contradictory a. 모순되는, 자가당착의 self-complacent a. 자기 만족한

경제적으로 넉넉하지 못한 수백 명의 젊은이들에게 개별 교습을 지원하고 대학 장학금을 준 이반 램지(Ivan Ramsey)는 진실로 이타적인 행동을 했다.

11 ④

직원들이 매우 당황스러워 할 상황은 같은 직원이 상을 오랜 기간 동안 계속해서 받는 상황일 것이므로 빈칸에는 ④가 적절하다.

employee n. 고용인, 종업원, 직원 dismay n. 당황, 경악; 낙담 urgent a. 긴급한, 절박한 consecutive a. 연속적인, 잇따른

같은 직원이 '이 달의 직원 상'을 7개월 연속으로 수상하자 나머지 직원들은 매우 당황스러웠다.

12 ③

지리적으로 '멀다'라고 한 다음에 역접의 접속사 but이 나왔으므로, but 이하는 '멀지 않다'라는 내용이 되어야 한다. 그러므로 '친숙하다'는 의미의 형용사인 ③이 정답이 된다.

geographically ad. 지리적으로 inconvenient a. 불편한; 형편이 나쁜 familiar a. 친밀한; 익숙한 indifferent a. 무관심한 ludicrous a. 우스꽝스러운

이 나라들은 세계의 많은 곳으로부터 지리적으로 멀리 떨어져 있을지 모르지만, 그 나라들의 역사는 다른 어떤 나라보다 우리에게 친숙하다.

13 ③

많은 학생들이 표절을 통해 과제를 마치고 있는 상황이라면, 그 문제는 향후에 더더욱 심각해질 것이라 추론할 수 있다.

plagiarism n. 표절, 도용 resort to ~에 의지하다, (수단으로서) 쓰다, 힘을 빌다 fluctuate v. 변동하다, 오르내리다 reduce v. 줄어들다, 쇠하다 intensify v. 증대하다, 강하게 되다

표절 문제는 더욱 더 많은 대학생들이 자신들의 과제를 마치기 위해 표절에 의지함으로써 날마다 증대되고 있다.

14 ②

갈등은 서로 반대되는 것이 부딪힐 때 일어나며, 한쪽이 종교의식이라고 했으므로 빈칸에는 종교적인 것과 반대되는 '세속적인'이라는 말이 적절하다.

conflict n. 싸움, 다툼; 충돌, 대립 religious practice 종교의식 stern a. 엄격한, 단호한 secular a. 세속적인 prehistoric a. 유사 이전의

머리부터 발끝까지 온몸을 가리는 수영복을 착용한 이슬람 여성은 프랑스에서 일어난 종교의식과 엄격한 세속적인 사회규범 간의 갈등에서 새로운 장을 열었을지도 모른다.

15 ④

Although가 양보의 부사절을 이끌고 있으므로, '용감히 싸웠음에도 불구하고 패배를 인정해야 했다'는 흐름이 되어야 하며, 패배를 인정한 후에 해야 하는 행위는 퇴각을 명령하는 것이 될 것이다.

outnumber v. ~보다 수가 많다, 수적으로 우세하다 troop n. 떼, 무리; 군대, 병력 defeat n. 패배 retreat n. 퇴각, 퇴거 hasten v. 서두르다, 재촉하다 suggest v. 암시하다; 제안하다 oversee v. 우연히 목격하다; 감독하다 reject v. 거절하다, 각하하다 request v. 구하다, 신청하다 acknowledge v. 인정하다, 승인하다 order v. 명령하다

수적으로 열세에 있는 그의 군대가 용감하게 싸웠음에도 불구하고, 장군은 패배를 인정하고 퇴각을 명하는 것 이외의 다른 대안은 없다고 생각했다.

16 ②

발효시키는 온도가 너무 높으면 발효가 중단된다고 했으므로, 그 경우에 만들어지는 맥주는 마실 수 없는 것이 될 것이다.

fermentation n. 발효 temperature n. 온도; 기온 no more than 단지, 오직 flavor v. ~에 맛을 내다, 풍미를 곁들이다 ruin v. 못 쓰게 만들다; 망쳐놓다 savor v. ~에 맛을 내다 recycle v. 재활용하다

발효 온도를 평상시보다 불과 몇 도만 높이도록 해라. 온도가 너무 높으면 발효를 완전히 멈추게 할 수 있고 맥주를 못 쓰게 만들 수 있기 때문이다.

17 ②

and 이하에서 다른 손님을 깔보는 것처럼 보였다고 했으므로 빈칸에는 이와 비슷한 의미의 형용사인 ②가 들어간다.

look down one's nose at ~을 깔보다, 경멸하다 amiable a. 호감을 주는; 붙임성 있는 arrogant a. 거만[오만]한, 건방진 resolute a. 굳게 결심한, 결연한 capricious a. 변덕스러운

그는 얼굴에 거만한 표정을 지었으며 다른 손님들을 깔보는 것처럼 보였다.

18 ①

이슬람 지역으로 다니는 것을 찬성하지 않았다면, 이슬람교도와 함께 일하는 직장을 그만두라고 했을 것이다.

pressure v. ~에 압력을 가하다, 강제하다 resign v. (지위·관직 따위를) 사임하다, 그만두다 retaliate v. 보복하다, 앙갚음하다 achieve v. 목적을 이루다 hide v. 숨기다

이슬람교도와 일하고 있던 한 힌두교도 직원은 가족으로부터 직장을 그만두라는 압박을 받았다. 왜냐하면 그들은 그녀가 이슬람 지역으로 다니는 것을 찬성하지 않았기 때문이다.

19 ③

슬픔을 표현하지 않고 거짓 미소를 지은 것은 아무 일도 일어나지 않은 체 한 것이다.

sorrow n. 슬픔; 비애 fake a. 가짜의, 위조의 suspect v. ~이 아닌가 의심하다 satisfy v. 만족시키다 pretend v. ~인 체하다, 가장하다 prove v. 증명하다, 입증하다

나는 슬펐지만 아무 말도 하지 않았으며, 거짓 미소를 지으며 아무 일도 일어나지 않은 체 하였다.

20 ④

보살핌을 받는 대상이 어떤 속성을 가지고 있는가를 생각하면 '무력한'이라는 의미의 ④가 들어가야 함을 알 수 있다.

confused a. 당황한; 어리둥절한 precious a. 귀중한 disappointed a. 실망한, 낙담한 helpless a. 스스로 어떻게도 할 수 없는, 무력한

당신이 스스로를 돌보기에는 너무나도 무기력했던 아기였을 때 어머니가 당신을 어떻게 보살폈는지 생각해 보라.

21 ④

상어의 수가 줄어든 이유가 되기에 적절한 표현이 들어가야 하므로, '쫓아버리다', '퇴치하다'라는 의미의 ④가 정답이 된다.

dwindle v. 줄어들다, 감소되다 proactive a. 상황을 앞서서 주도하는, 사전 대책을 강구하는 retrieve v. 만회하다, 회수하다; 벌충하다 console v. 위로하다 smuggle v. 밀수하다 repel v. 쫓아버리다, 격퇴하다

2014년에는 전 세계적으로 상어의 공격이 줄어들었는데, 주된 원인은 상어의 개체수가 감소한 것이며, 또한 사람들이 상어를 퇴치하는 데 보다 많은 사전 대책을 강구했기 때문이다.

22 ②

미국 근로자와 일본 근로자의 태도가 대조를 이루어야 한다. 미국 근로자는 직장을 여러 군데 옮기는 것을 기대한다고 하였으므로, 이와 대조를 이루기 위해서는 일본 근로자는 직업을 '평생 동안의 헌신으로 여긴다'는 내용이 되어야 한다.

firm n. 상회; 회사 career n. 경력, 이력, 생애 commitment n. 범행; 위임; 몰두, 헌신 monetary a. 화폐의; 금융의, 재정상의 gain n. 이익, 이득 prolonged a. 연장한, 오래 끄는 pause n. 휴지(休止), 중지; 중단

직장생활을 하는 동안 여러 다른 회사에서 일하기를 바라는 미국의 근로자와 달리, 최근까지도 일본의 근로자는 직업을 평생의 헌신으로 여겨왔다.

23 ④

자신들이 체류하고 있는 외국 정부에 의해 추방되는 것을 두려워한다면 불법이민자들은 신원을 밝히길 꺼려할 것이므로, 빈칸에는 ④가 들어가는 것이 적절하다.

illegal a. 불법의; 비합법적인 immigrant n. 이주자, 이민 identity n. 일치, 동일성; 신원, 신분; 신분증명서 expel v. 쫓아내다; 추방하다 reveal v. 드러내다; 알리다, 누설하다 declare v. 선언하다, 발표하다 reluctant a. 마음 내키지 않는, 꺼리는 disclose v. 나타내다; 드러내다; 폭로하다

불법이민자들이 체류하고 있는 외국 정부에 의해 추방되는 것이 두려워 자신들의 신원을 밝히길 꺼려한다는 점을 고려하면, 불법이민자들의 수는 틀림없이 더 많을 것이다.

24 ②

여성의 심장병 위험을 의사들이 과소평가하고 그에 대한 주의를 덜 하는 경우의 결과를 추론한다. 그럴 경우 예방적 치료(preventive care) 또한 덜 이루어 질 것이다.

risk n. 위험 underestimate v. 과소평가하다; 얕보다 recommendation n. 추천; 권고 preventive a. 예방의; 방지하는 expense n. 지출; 비용 accurate a. 정확한 diagnosis n. 진단; 원인 분석

여성의 심장병 위험은 의사들에게 종종 과소평가될 수 있으며 의사들로부터 주의를 남성보다 덜 받게 될 가능성이 있는데, 이로 인해 여성들이 예방적 치료를 덜 받게 된다.

25 ④

음악을 즐겁거나 불쾌하게 느끼는 것이 사람마다 다르다고 했으므로 그와 같은 경험은 '주관적'이라고 할 수 있다.

extremely ad. 극히 aural a. 청각의, 귀의 perceive v. (오관으로) 지각하다; 인식하다 pleasant a. 즐거운, 유쾌한 personal a. 개인의, 자기만의 impartial a. 공평한 entertaining a. 흥겨운, 재미있는 comparable a. 비교하는; 필적하는 subjective a. 주관적인

음악은 매우 주관적인 청각 경험이다. 어떤 소리는 우리에게 즐겁게 인식되지만 다른 어떤 소리들은 불쾌하게 인식된다. 즐겁거나 불쾌하게 여겨지는 것은 우리의 특정한 문화에 바탕을 두며 매우 개인적일 수 있다.

TEST 07

01 ①	**02** ③	**03** ③	**04** ④	**05** ①	**06** ③	**07** ④	**08** ②	**09** ②	**10** ①
11 ④	**12** ③	**13** ②	**14** ②	**15** ③	**16** ③	**17** ③	**18** ①	**19** ③	**20** ①
21 ①	**22** ③	**23** ①	**24** ③	**25** ③					

01 ①

두 번째 문장은 빈칸을 포함하고 있는 문장의 내용을 부연하는 역할을 하고 있다. 두 번째 문장에서 '가입을 강요받아서는 안 된다'고 했으므로, 빈칸에는 이와 같은 맥락의 '자발적인(voluntary)'이 쓰여야 한다.

require v. 요구하다, 명하다, 규정하다 false a. 잘못된, 틀린; 거짓의 necessary a. 필요한, 없어서는 안 될; 필연의, 피할 수 없는 daring a. 대담한, 용감한; 무모한

노동조합에 가입하는 것은 자발적인 결정이다. 누구도 가입을 강요받아서는 안 된다.

02 ③

용의자가 범죄를 저지르지 않았다는 것을 경찰이 알게 됐다면, 그를 구금상태에서 벗어나게 해주었을 것이다.

custody n. 구금, 구류 innocent a. 결백한, 무죄의 crime n. 범죄 pursue v. 뒤쫓다, 추적하다 arrest v. 체포하다 release v. 풀어주다, 석방하다 witness v. ~을 목격하다

그가 범죄를 저지르지 않았다는 것을 알게 됐기 때문에 경찰은 유치장에서 그 용의자를 풀어주었다.

03 ③

'직장에서 해고되었다'는 내용으로 미루어 이 사람의 기분은 매우 좋지 않은 상태임을 유추할 수 있다. 선택지 중에서는 ③이 해고를 당해 기분이 좋지 않은 사람의 행동으로 적절하다.

fire v. 해고하다 hit the spot 더할 나위 없다, 만족스럽다 beat a dead horse 이미 다 끝난 문제를 논한다, 아무도 흥미를 갖지 않는 문제를 논한다; 헛수고하다 hit the bottle 술을 많이 마시다, 곤드레만드레 취하다 handle with kid gloves 부드럽게 다루다, 신중히 대처하다

직장에서 해고된 후 그는 술을 많이 마시기 시작했다.

04 ④

뒤에 이어지는 '그들의 노력을 손상시키다'는 내용으로 미루어 빈칸에는 부정적인 의미를 갖는 표현이 쓰여야 한다. 따라서 '구식의'라는 의미를 가진 ④가 정답으로 적절하다.

undermine v. (명성 따위를) 음험한 수단으로 훼손하다, 몰래 손상시키다 animated a. (동식물이) 생기가 있는; 활기 넘친, 기운찬 brilliant a. 빛나는, 찬란한, 눈부신; 훌륭한 benevolent a. 인자한, 인정 많은; 호의적인 ancient a. 고대의; 오래된, 구식의

많은 공립학교의 오래된 (학습) 기자재는 학생들을 오늘날의 기업의 요구를 충족시키도록 준비시키려는 그들의 노력을 저해했다.

05 ①

두 대학의 학생들이 서로 다른 대학에서 수업을 들을 수 있다는 것은 두 대학이 '상호 협정'을 맺었기 때문에 가능한 일이므로 빈칸에는 ① reciprocal이 적절하다.

arrangement n. 협정, 합의 reciprocal a. 상호의, 호혜적인 futile a. 쓸데없는, 무익한 delicate a. 민감한, 예민한 superficial a. 피상적인

그 두 대학은 상호 협정을 맺고 있어서 한 대학에 다니는 학생들은 다른 대학의 수업을 들을 수 있다.

06 ③

언어가 점진적으로 변한다면 최종적이고 완성된 영어사전은 존재할 수 없을 것이다.

evolve v. 서서히 발전하다, 점진적으로 변화하다 portable a. 들고 다닐 수 있는, 휴대용의 illegible a. 읽기 어려운 definitive a. 한정적인; 최종적인; 완성된 plausible a. 그럴 듯한

언어는 시간이 흐름에 따라 점진적으로 변하기 때문에 완성된 영어사전이란 결코 있을 수 없다.

07 ④

'이 달의 직원' 상(賞)을 받았다는 내용으로 미루어 긍정적인 어구가 쓰여야 한다. 따라서 '모범적인'이라는 의미의 ④가 정답이다.

award n. 상(賞), 상품 credulous a. (남의 말을) 잘 믿는, 속기 쉬운 critical a. 비판적인, 비평의; 위기의 quarrelsome a. 싸우기 좋아하는, 논쟁하기 좋아하는 exemplary a. 모범적인, 훌륭한; 본보기의

그녀가 '이 달의 직원' 상을 받았던 것은 자신이 맡은 일을 모범적으로 수행했기 때문이었다.

08 ②

'학습 장애(learning disabilities)'는 배우는 데 지장을 줄 것이므로 학습 발달에 부정적인 영향을 미칠 것이다.

dyslexia n. 난독증(難讀症), 독서 장애 significantly ad. 상당히, 현저하게 report v. 보고하다, 전하다 impede v. ~을 방해[저해]하다 promote v. 진척시키다, 조장하다, 장려하다

'난독증(dyslexia)'과 같은 학습 장애는 학생의 학습 발달을 크게 저해할 수 있다.

09 ②

장기간에 걸친 항해에 앞서 중고 물품 세일(garage sale)에서 물건을 '처분한다'는 흐름이 되어야 하므로 ②가 정답으로 적절하다.

possession n. 소유; 소유물; (pl.) 재산 massive a. 부피가 큰, 무거운; 대규모의 garage sale (사람이 자기 집 차고에서 하는) 중고 물품 세일 embark on (사업에) 착수하다, 종사하다 circumnavigate v. 배로 일주하다 ship off 배에 실어 보내다 sell off 헐값에 팔아 치우다 borrow v. ~을 빌리다, 대여하다 appraise v. 평가하다

나는 지구를 일주하는 2년간의 항해를 떠나기에 앞서서 내가 가진 것들 전부를 대규모 중고품 염가 판매에서 헐값으로 처분할 계획이었다.

10 ①

상대가 거친 비판을 한 것은 작품에 대해 솔직하고 거리낌 없이 비판해 줄 것을 요청했기 때문일 것이다.

request v. 신청하다, 청하다 critique n. 비평, 비판 harsh a. 거친; 호된, 모진 criticism n. 비평, 비판, 평론 candid a. 솔직한, 거리낌 없는 authorized a. 공인된 abstract a. 추상적인 ambiguous a. 모호한

나는 내 작품에 대해 거리낌 없는 비평을 부탁했지만 혹평을 받고나서 당황했는데 왜냐하면 혹평을 받는 것에 대해서는 준비가 돼 있지 않았기 때문이다.

11 ④

인상적인 건물이 속이 비어 있는 겉치레에 불과한 것임을 알게 되었을 때의 느낌을 유추하면 된다.

impressive a. 인상적인 facade n. (건물의) 정면; (사물의) 겉, 외관 satisfied a. 만족한 delighted a. 아주 기뻐하는 disinterested a. 사심 없는, 공평한, 이해관계가 없는 disappointed a. 실망한, 기대가 어긋난

그는 테마 파크의 그 인상적인 건물들이 속이 빈 겉치레에 불과했다는 것을 알게 되고서 매우 실망했다.

12 ③

빈칸 뒤에 순접의 등위접속사 and가 있으므로 untouched와 유사한 의미의 ③이 빈칸에 적절하다.

nomadic a. 유목(생활)의; 유목민의 cluster v. 무리를 이루다, (소규모로) 모이다 untouched a. 훼손되지 않은, 본래 그대로의 infertile a. 불모의; 생식력이 없는 bizarre a. 별난, 기묘한 pristine a. 자연[원래] 그대로의, 오염되지 않은 fragile a. 취약한

콜럼버스가 남아메리카를 정복하기 이전에, 유목민 무리들이 아마존 강 주변에서 무리를 이루어 살았는데, 이들은 주변의 열대우림을 자연 그대로 훼손되지 않게 두었다.

13 ②

and 전후의 병치구조에 유의하면, 빈칸에는 dialogue와 유사한 의미 혹은 속성을 가진 표현이 들어가야 함을 알 수 있다. '상호작용'이라는 의미의 ②가 가장 적절하다.

unending a. 끝없는, 끊임없는 efficiency n. 효율성, 능력 interaction n. 상호작용 accusation n. 고발, 고소, 비난 intervention n. 간섭, 중재, 개입

역사란 역사가와 그가 추구하는 역사적 사실 간의 끊임없는 상호작용의 과정이며 현재와 과거 사이의 쉼 없는 대화이다.

14 ②

역접의 접속사 but 전후의 내용이 대조를 이루어야 하므로, 빈칸에는 but 앞에 쓰인 differ from와 상반되는 의미를 가진 표현이 들어가야 한다.

remarkable a. 주목할 만한, 현저한 differ from ~와 다르다 parent language 모어(母語), 조어(祖語) indifferent a. 무관심한 close a. 가까운; 밀접한 valuable a. 귀중한 impervious a. 둔감한

미국 영어에 있어 주목할 만한 사실은 그것이 영국 영어와 다르다는 것이 아니라 그것이 모어(母語)와 여전히 너무도 가깝다는 점이다.

15 ③

겸손하다면 자신이 가진 능력에 대해 실제보다 박하게 평가 혹은 이야기할 것이므로 빈칸에는 ③이 적절하다.

humble a. 겸손한 mention v. ~을 언급하다 assumption n. 가정, 억측 integrity n. 정직, 성실 assessment n. 평가, 판단 suppression n. 억압, 탄압

그들은 종종 너무도 겸손하여 자신들의 과거 경력을 좀처럼 말하지 않으며 자신들의 실제 능력을 너무나도 하찮게 평가한다.

16 ③

다른 곳에서 살면서 그가 예전에 지냈던 익숙한 곳을 동경했다면, 이는 향수(鄕愁)에 젖어 있는 것이다.

long for 열망하다; 동경하다 vogue n. 유행 nostalgia n. 향수(鄕愁), 노스탤지어, 향수병(鄕愁病) acquaintance n. 아는 사람[사이], 알고 있음, 면식

3년을 파리에서 보낸 후에 그는 향수에 젖어 뉴욕시의 낯익은 장면을 동경했다.

17 ③

빈칸에는 '모두가 이해했다'라는 결과를 가져오기에 적절한 표현이 들어가야 하므로, '명료한', '알기 쉬운'이라는 의미의 ③이 정답이다.

chemistry n. 화학 loquacious a. 수다스러운 lubricious a. 미끄러운, 미끄러지기 쉬운 lucid a. 맑은, 투명한; 명료한, 알기 쉬운 ludicrous a. 우스운, 익살맞은

그 화학이론에 대한 홀런(Holan)씨의 논점은 너무나도 명료해서 우리 모두는 그것을 이해했다.

18 ①

살인자가 무죄로 풀려났다는 것은 정의가 지켜지지 않은 것이다.

accuse v. 고발하다, 고소하다; 비난하다 acquit v. 무죄로 하다, 방면하다 charge n. 비난; 고소; 죄과 perversion n. 곡해, 왜곡; 오용 paradigm n. 모범, 전형 safeguard n. 보호 realization n. 실감; 실현, 현실화

많은 사람들은 고소된 그 살인자의 혐의가 무죄가 되었을 때 그것을 정의의 왜곡이라고 생각했다.

19 ③

빈칸에는 '체제의 와해, 폭동, 내전'을 포괄할 수 있는 표현이 들어가야 하므로, '위기'라는 의미의 ③이 가장 적절하다.

breakdown n. 고장; 쇠약; 몰락, 와해 revolt n. 반란; 폭동 civil war 내전 union n. 결합; 조합; 연합 crisis n. 위기; 고비 renewal n. 새롭게 하기; 부활; 재생 invasion n. 침략; 침해

유럽 전체는 17세기에 위기에 직면했는데, 이는 잇따른 체제의 와해, 폭동, 내전으로 표출되었다.

20 ①

자주 다퉜다면 그 신혼부부는 '긴장(tension)'된 관계에 있었다고 할 수 있다.

conflict n. 싸움, 다툼; 대립 tension n. 팽팽함; 긴장, 긴장상태 faith n. 신념; 신앙 progress n. 진보, 발달 indifference n. 무관심; 냉담

그 신혼부부 사이에는 언제나 긴장이 감돌았으며, 그들은 누가 옳고 그른지를 두고 자주 다툼을 벌였다.

21 ①

이슬람 군주의 아들이라는 것은 가문의 명예를 중시함을 암시하고 by 이하의 죽음은 치욕스러운 죽음을 나타낸다.

sultan n. 술탄, 이슬람교국 군주 slaughter v. 도살하다 antelope n. 영양(羚羊) disgrace n. 치욕, 불명예 bring disgrace on 체면을 손상시키다 disparity n. 불일치, 불균형 delusion n. 망상 defeat n. 패배, 좌절

그는 술탄의 아들이기 대문에 사자의 공격에 쓰러진 겁먹은 영양(羚羊)만큼 쉽게 죽임을 당함으로써 조상을 욕되게 하고 싶지는 않았다.

22 ③

두 번째 문장은 첫 번째 문장의 내용을 부연하는 역할을 하고 있다. 앞 문장에 '똑같지 않다'는 전제가 있으므로. 빈칸에는 이를 달리 표현하는 ③이 들어가는 것이 자연스럽다.

attractiveness n. 매력, 매혹 characteristic n. 특성, 특질 equality n. 동등, 대등, 평등 diversity n. 다양성, 변화 uniformity n. 한결 같음, 고름

육체적인 힘, 건강, 지능, 또는 매력에 있어서 인간은 똑같지 않다. 이러한 특성들에 있어서 자연의 법칙은 다양성이다.

23 ①

'예상치 못한 상황'은 부정적인 원인이므로 그 결과도 부정적인 것이어야 한다. 첫 번째 빈칸의 경우, 앞에 부정어 no longer가 있으므로 모든 선택지의 단어가 가능하지만, 두 번째 빈칸의 경우 부정적인 의미가 되기 위해서는 rejected만이 가능하다. 따라서 ①이 정답이 된다.

unforeseen a. 뜻하지 않은, 생각지 않은 original a. 최초의; 본래의; 독창적인 acceptable a. 받아들일 수 있는; 허용되는 reject v. 거절하다, 각하하다 approve v. 승인하다; 찬성하다 effective a. 효과적인 relevant a. 관련된; 적절한 adaptable a. 적응할 수 있는, 순응할 수 있는 applicable a. 적용할 수 있는, 응용할 수 있는 appraise v. 평가하다, 인식하다

예상치 못한 상황 때문에 독창적인 계획들은 더 이상 받아들여지지 않았고 그 결과 무효가 되었다.

---

24   ③

in other words는 앞서 진술한 내용을 요약할 때 쓰인다. '선을 행하되 악을 무시하지 말라'는 앞의 내용으로 미루어 뒷부분도 같은 내용이 되어야 하므로 악도 포용하는 내용인 ③이 정답으로 적절하다.

observe v. (법률·풍습·규정·시간 따위를) 지키다, 준수하다; 주시하다 ignore v. 무시하다, 묵살하다 evil n. 악(惡), 사악

대부분의 고대 종교들은 사람들에게 세상에 선(善)을 보고 행하되 악(惡)을 무시하지 말라고 가르쳤다. 바꾸어 말하면, 선을 찾되 거기에는 악도 존재하고 있음을 유념하라는 것이다.

---

25   ③

여름철 고객에게 거의 의존했던 리조트가 겨울 스포츠를 광고하고 있다면 여름은 물론 겨울 휴가를 즐기려는 사람들까지도 끌어들이기 위한 것이라 볼 수 있으며, 이는 1년 내내 계속해서 수입을 얻기 위한 노력의 일환으로 해석할 수 있다.

customer n. 고객 advertise v. 광고하다 attract v. (흥미를) 끌다, 매혹하다 secure v. 확보하다, 획득하다, 얻다 income n. 소득, 수입

여름철 손님들에게 전적으로 의존하곤 했던 많은 휴양 리조트들이 스케이트, 스키, 그리고 다른 추운 계절의 스포츠들을 홍보하고 있다. 그들은 겨울 휴가를 즐기려는 많은 사람들을 끌어들여, 1년 내내 수입을 확보하기를 바라고 있다.

T E S T 08

01 ②	02 ②	03 ④	04 ③	05 ②	06 ④	07 ③	08 ①	09 ①	10 ③
11 ①	12 ①	13 ④	14 ①	15 ②	16 ③	17 ④	18 ③	19 ①	20 ②
21 ③	22 ④	23 ③	24 ①	25 ③					

01　　　　　　　　　　　　　　　　　②

despite에 양보의 뜻이 있으므로, 애를 먹는 상황과 문맥상 상반되는 의미를 나타낼 수 있는 표현이 빈칸에 들어가야 한다. '재능', '소질'이라는 의미의 ②가 들어가는 것이 가장 자연스럽다.

calculus n. 계산법; 미적분학　arithmetic n. 산수; 계산　aversion n. 싫음, 혐오　aptitude n. 소질, 재능; 적성　sympathy n. 동정, 연민; 공감, 호감　precaution n. 조심, 경계; 예방 조치

미적분학에 재능이 있음에도 불구하고 그는 기본적인 계산 문제를 푸는 데는 애를 먹었다.

02　　　　　　　　　　　　　　　　　②

증인에게 전과가 있었다면 그가 하는 증언에 대한 신빙성이나 진정성이 의심받을 가능성이 높다.

criminal record 전과, 범죄 전력　witness n. 증언; 증인, 목격자　jury n. 배심원　testimony n. (법정에서의) 증언　belie v. 속이다, 현혹시키다; 거짓임을 나타내다　discredit v. 의심하다, 믿지 않다　acquit v. 석방하다, 무죄로 하다　retract v. 수축시키다; 취소하다, 철회하다

증인의 전과 기록으로 인해 배심원들은 그의 증언을 의심했다.

03　　　　　　　　　　　　　　　　　④

명확한 증거 없이 하는 비난은 억측이나 지레짐작에 불과할 것이다.

positive a. 확신하는; 단정적인, 명확한　evidence n. 증거; 증언　accusation n. 비난; 고발, 고소　default n. 태만, 불이행　digression n. 지엽적으로 흐름, 여담　contagion n. 접촉 전염, 감염; 전염병　conjecture n. 추측, 억측

명확한 증거가 없을 경우 당신의 비난은 단지 억측에 불과한 게 될 것이다.

04　　　　　　　　　　　　　　　　　③

술 취한 사람의 행동이 지독하다고 했으므로 빈칸에는 '반감, 혐오'의 의미인 ③이 쓰여야 적절한 인과관계가 성립한다.

terrible a. 무서운; 지독한　patron n. 후원자; (상점 따위의) 고객, 단골손님　excitement n. 흥분; 자극　reduction n. 감소; 환원　repulsion n. 격퇴; 거절; 반감, 혐오　accumulation n. 축적

그 술 취한 사람의 행동은 너무나 지독해서 술집의 다른 손님들 모두에게 혐오감을 불러 일으켰다.

05　　　　　　　　　　　　　　　　　②

prefer A to B는 'B보다 A를 좋아하다'는 뜻으로 A와 B에는 비교 또는 대조되는 내용이 쓰여야 한다. 주어진 문장에서 A의 자리에 people이 왔으므로, B의 자리인 빈칸에는 이와 대조를 이루도록 '고독'이라는 의미의 ②가 들어가는 것이 적절하다.

emotionally ad. 감정적으로, 정서적으로　content a. 만족하는　in the company of ~와 함께, ~의 면전에서　gregarious a. 사교적인　honor n. 명예, 영예　solitude n. 고독; 외로움　society n. 사회; 사교, 교제　attention n. 주의; 배려

당신은 사람들과 같이 있을 때 더 행복하십니까? 당신은 고독보다 사람들을 좋아하고 여러 친구들과 함께 있을 때 정서적으로 만족감을 느끼십니까? (그렇다면) 당신은 사교적이군요.

06　　　　　　　　　　　　　　　　　④

거래가 호전되지 않는 경우는 부정적인 결과를 초래할 것인데, 뒤에 이어지는 '모든 직원들이 실직할 것이다'와 연관 지어 생각하면 빈칸에는 '파산하다'라는 의미의 ④가 들어가는 것이 적절하다.

improve v. 좋아지다, 호전되다　firm n. 회사, 상회　recruit v. 신병[새 회원]을 모집하다　be well off 잘 살다, 유복하게 지내다　expand v. 팽창하다; 성장하다, 발전하다　go bankrupt 파산하다

만약 거래가 조만간 호전되지 않으면 그 회사는 파산할 수도 있으며 그렇게 되면 모든 직원들이 일자리를 잃을 것이다.

07 ③

앞에서 '극소수의 사람들만이 부자가 되었다'고 했으므로, 대부분의 사람들의 수입은 변변찮았다고 볼 수 있다. 따라서 '빈약한', '불충분한'이라는 의미의 ③이 정답이 된다.

acquire v. 얻다, 획득하다 income n. 수입, 소득 laborer n. 근로자, 노동자 steady a. 확고한, 안정된 scanty a. 부족한, 빈약한, 불충분한 comfortable a. 편안한; (수입이) 풍족한

1800년대 후반에 골드러시가 일어났을 때 극소수의 사람들만이 부자가 되었다. 대부분의 사람들은 광산촌의 노동자들처럼 빈약한 수입만을 벌어들였다.

08 ①

빈칸 바로 앞에서 그녀가 근면한 직원이라고 했으므로, 조금의 문제점이 있긴 해도 더 나은 대우를 받아야 할 충분한 이유나 자격을 갖고 있다고 할 수 있을 것이다.

abrasive a. 문질러 닳게 하는; (목소리가) 귀에 거슬리는; (인품이) 마찰을 일으키는 painstaking a. (사람이) 수고를 아끼지 않는, 근면한 entitled to ~을 받을 자격이 있는 inapt for ~에 부적당한 conscious of ~을 의식하고 있는 illegible a. 읽기 어려운

그녀의 성격이 때때로 마찰을 일으키긴 하지만, 그녀는 근면한 직원이며 따라서 지금까지 받은 것보다 더 나은 대우를 받을 자격이 있다.

09 ①

연구에서 실망이 예외가 아닌 법칙이라고 한다면, 연구를 계속하는 이유는 그 연구가 법칙(=실망)이 아닌 예외(=성공)가 되길 바라며 하는 것일 것이다.

disappointment n. 실망, 기대에 어긋남 exception n. 예외 complete v. 완성하다 popularize v. 대중화하다; 평판을 좋게 하다

과학 연구에 있어서 실망은 예외가 아니라 법칙이다. 과학자들은 그들이 하는 현재의 연구가 예외가 되길 바라면서 계속 연구를 한다.

10 ③

그 연극이 '조악하게 쓰여 있었다'고 했으므로, 조예가 깊은 사람에게는 결말이 충분히 예측 가능했을 것으로 볼 수 있다.

childishly ad. 유치하게, 조악하게 denouement n. (소설·희곡의) 대단원; (사건의) 고비 sophisticated a. 순진하지 않은; (기계·기술 따위가) 정교한, 고성능의; 고도로 세련된 act n. <연극> 막(幕) abstract a. 추상적인, 관념적인 profound a. 깊은; 심오한, 난해한 obvious a. 명백한; 속이 들여다뵈는, 뻔한 controversial a. 논쟁의 여지가 있는; 논쟁하기 좋아하는

그 연극은 조악하게 쓰여 있었다. 그래서 연극을 자주 보는 수준 높은 사람들에게는 1막의 중간쯤에 이르렀을 때 대단원(결말)이 뻔히 보였다.

11 ①

'경험이 일천한 젊은이들은 어떤 일의 결과를 단기적 관점에서만 바라봐서 장기적 측면에서의 의미를 잘 알지 못한다'는 맥락이 되어야 하므로, 빈칸에는 ①이 들어가는 것이 가장 자연스럽다.

grasp v. 이해하다, 파악하다 importance n. 중요성 gratitude n. 감사; 사의 manipulation n. 교묘한 처리, 조종 innovation n. 기술혁신, 쇄신

경험이 많지 않은 젊은이들은 때로 그들이 직면하는 많은 결정의 장기적 측면에서의 중요성을 이해하지 못한다.

12 ①

'비극(the tragedy)'이라는 말로 미루어 매우 부정적인 의미의 단어가 정답이 된다. 보기 중에서는 ①만이 빈칸에 쓰일 수 있다.

tragedy n. 비극 intensify v. 격렬하게, 강렬하게 하다 ardor n. 열정, 열의 murder n. 살인 attention n. 주의, 유의 affection n. 애정, 호의 gratitude n. 감사, 보은의 마음

윌리엄 셰익스피어가 쓴 <오델로>에서, 오델로가 데스데모나를 살해한 비극은 서로에 대한 열정적인 사랑에 의해 더 강렬해졌다.

13 ④

본래의 직업을 포기하고 부업에 열중했다는 내용으로 미루어 빈칸에는 and 뒤의 profitable과 같이 긍정적인 의미의 표현이 들어가야 한다. 그러므로 '매혹적인'이라는 의미의 ④가 정답으로 가장 적절하다.

profitable a. 수익성이 있는, 유리한 gradually ad. 점차적으로, 서서히 abandon v. 버리다; 단념하다, 그만두다 occupation n. 직업 concentrate v. 집중하다 avocation n. 부업 tiresome a. 지치는; 성가신 expensive a. 값비싼 whimsical a. 변덕스러운 fascinating a. 매혹적인

자신의 취미가 매우 매혹적이고 돈벌이가 되는 것으로 드러나자 그는 차차 본래의 직업을 포기하고 부업에 열중했다.

14 ①

공직자가 부정을 저지르면 기소, 해고 등의 처벌을 받게 될 것이다.

government enterprise 공기업 on the ground that ~의 이유로 bribe n. 뇌물 fire v. 해고하다 promote v. 조장하다; 승진시키다 decorate v. 장식하다; 훈장을 주다

일부 공무원과 공기업 경영진이 뇌물을 받았다는 이유로 해고됐다.

15 ②

평소에 입는 치수보다 한 치수 큰 것을 골라야 하는 것은 옷이 세탁을 한 후에 줄어드는 소재로 만들어졌기 때문일 것이다.

material n. 재료, 소재; 자료 fade v. 시들다, 쇠퇴하다; 퇴색하다 shrink v. 줄다, 오그라들다 recede v. 물러나다, 후퇴하다 decrease v. 감소하다, 저하되다

이 소재는 세탁하면 줄어들기 때문에 당신이 평소 입는 셔츠보다 한 치수 큰 것을 골라라.

16 ③

존경이 왕위에 으레 뒤따르는 것이라면, 그러한 존경을 잃게 되는 것은 왕위를 버리거나 빼앗긴 경우일 것이다.

startle v. 깜짝 놀라게 하다 throne n. 왕위; 왕좌, 옥좌 enforce v. (법률을) 시행하다, 집행하다, 강요하다 impede v. 방해하다 abdicate v. (권리 등을) 버리다, 포기하다; 양위하다 mortify v. 억제하다, 굴욕을 느끼게 하다

왕은 자신이 통치 권력을 포기했을 때 왕위에 으레 뒤따라왔던 (백성들의) 존경도 잃게 되었다는 사실에 깜짝 놀랐다.

17 ④

빈칸은 고객의 성질을 나타낼 수 있는 형용사가 적절한데, if절의 someone changed their mind에 해당하는 내용이 빈칸에 적절하므로 ④ fickle이 정답이다.

exasperate v. 몹시 화나게[짜증나게] 하다 courteous a. 예의바른, 정중한 resilient a. 쾌활한, 발랄한 dull a. 둔감한, 우둔한 fickle a. 마음이 잘 변하는, 변덕스러운

그는 고객들의 변덕스러운 성질에도 즐겁게 지내려고 노력했는데, 그것은 업무의 일부였고, 누군가가 마음을 바꿀 때마다 짜증을 낸다면 그는 살아남을 수 없을 것이다.

18 ③

친구들로부터 배척을 당하기 시작했다는 말로 미루어 그 원인에 해당하는 앞부분은 부정적인 내용이 되어야 한다. '범죄자와의 연루'가 가장 자연스러우므로 ③이 정답이 된다.

scoop n. 특종 exclusive a. 배타적인; 독점적인 connection n. 연결; 관계 ostracize v. 추방하다, 배척하다 needy a. 가난한 patriot n. 애국자 criminal n. 범인, 범죄자 orphan n. 고아

그가 범죄자들과 관련되어 있다는 소식이 신문에 특종, 즉 대서특필되자 친구들은 그를 곧 배척하기 시작했다.

19 ①

피의자를 기소하려는 검찰측 증인의 진술이 모호하다면 피의자에게 죄를 물을 수 없을 것이다.

statement n. 진술, 성명 prosecutor n. 검사 witness n. 증인, 목격자 vague a. 막연한, 모호한, 애매한 feel impelled to do ~하지 않을 수 없다고 느끼다 the accused 피고인, 피의자 acquit v. 무죄로 하다, 방면하다 detain v. 억류하다, 구금하다 employ v. 고용하다 sentence v. 선고하다, 판결하다

검찰측 증인의 진술이 너무나 모호해서 판사는 피의자를 무죄 방면할 수밖에 없다고 생각했다.

20 ②

마지막 문장에서 티베탄 마스티프의 성질에 대해 설명하고 있다. 사람들에 대해 완전히 무관심하다고 했으므로, 빈칸에는 disinterested와 같은 의미의 말이 적절하다.

aggressive a. 공격적인; 적극적인 disinterested a. 사욕이 없는; 무관심한, 흥미를 갖지 않는 alert a. 방심 않는, 정신을 바짝 차린 aloof a. 무관심한, 초연한 afire a. 격한, 몹시 흥분한 abashed a. 창피한, 겸연쩍은

나는 '친근한'이란 단어가 적절한 것이 아니라고 생각한다. 견종 표준에 따르면 티베탄 마스티프(Tibetan Mastiff)는 '낯선 이에게 무관심하다'고 한다. 그들은 공격적이지는 않지만, 사람들에 대해 완전히 무관심하다.

21 ③

학비를 없앨 것을 제안한 것은 그 만큼 학자금 대출에 대해 학생들이 지는 부담이 컸기 때문일 것이다

candidate n. 후보, 지원자 lay out 제시하다 eliminate v. 없애다, 제거하다 tuition n. 등록금, 수업료 affordable a. (가격이) 알맞은 meager a. 빈약한; 불충분한 exorbitant a. 터무니없는, 과대한, 엄청난 equitable a. 공정한, 정당한

민주당의 미국 대통령 후보인 버니 샌더스(Bernie Sanders)는 학생 대출금리가 엄청나다고 대답했으며, 공립대학교에서 등록금을 없애자는 제안을 제시했다.

22 ④

'스트레스를 경험한다'는 말로 미루어 그 이유가 될 수 있는 어구가 쓰여야 한다. '혼란스러운'이라는 의미의 ④가 정답으로 적절하다.

adolescence n. 청년기, 사춘기 conflicting a. 모순되는, 상충되는, 상반된 promising a. 유망한 confusing a. 혼란스러운

청년기가 되면 청소년은 서로 상반되고 혼란스러운 사회적 요구 때문에 정서상의 스트레스를 겪을 수도 있다.

23 ③

'보다 오래된 화석을 1층에, 최근의 것을 2층에 놓았다'는 것은 연대와 시간을 반영한 것이므로, 빈칸에는 이와 관련된 ③이 들어가야 한다.

arrange v. 배열하다, 정돈하다 fossil n. 화석 place v. 놓다, 두다 random a. 닥치는 대로, 임의의, 순서 없는 arbitrary a. 임의의; 독단적인 chronological a. 연대순의 retrospective a. 회고의, 과거로 거슬러 올라가는

그 박물관은 화석들을 연대순으로 배열했는데, 후기 빙하 시대로 거슬러 올라가는 보다 오래된 화석들은 1층에, 보다 최근의 화석들은 2층에 전시해 놓았다.

24 ①

앞 문장의 내용이 뒷 문장의 이유가 되기 위해서는 두 빈칸에 모두 긍정적인 뜻의 어구, 또는 모두 부정적인 어구가 쓰여야 한다. 따라서 모두 부정적인 어구로 짝지어진 ①이 정답이 된다.

undertaking syndicate 사업인수단 committee n. 위원회, 위원 be composed of ~로 구성돼 있다 defect n. 결함 rough a. 거친; 대강의; 조야한 neglect v. 소홀히 하다; 무시하다, 간과하다 close a. 가까운, 밀접한 overlook v. 감독하다; 빠뜨리고 보다; (결점 따위를) 눈감아 주다, 너그럽게 보아 주다 hasty a. 급한, 서두르는 point out 지적하다, 나타내다 regular a. 규칙적인; 일상의 make little of ~을 가벼이 보다, 깔보다

회사의 중역들로 구성된 위원회인 기업인수단이 그 공장을 대충 조사했기 때문에 많은 결점을 간과했다.

25 ③

앞에서 언급한 morally neutral의 의미를 부연하는 표현이 빈칸에 들어가야 한다. '냉담한', '무관심한'이라는 의미의 ③이 정답으로 적절하다.

morally ad. 도덕적으로 neutral a. 중립의; 어느 편도 들지 않는 sacred a. 신성한 sensitive a. 민감한 indifferent a. 무관심한, 개의치 않는 moribund a. 다 죽어 가는

과학 그 자체는 도덕적으로 중립적이다. 즉 수단이 사용되는 목적의 가치에 무관심할 뿐 아니라, 도덕적 방향을 전혀 제공할 수 없다.

01 ②	02 ②	03 ②	04 ③	05 ④	06 ④	07 ③	08 ②	09 ④	10 ④
11 ⑤	12 ③	13 ③	14 ②	15 ③	16 ①	17 ④	18 ②	19 ①	20 ④
21 ②	22 ③	23 ①	24 ③	25 ③					

01   ②

쫓기고 있는 탈주자는 필사적으로 몸을 숨길만한 곳을 찾았을 것이다.

hot a. (추구, 추적 등) 바짝 ~한, 바로 뒤에 다가온, 가까운 pursuit n. 추적, 추격; 추구 desperate a. 자포자기의; 목숨을 건, 필사적인 ad. 필사적으로 fugitive n. 도망자, 탈주자; 망명자 therapy n. 요법, 치료 sanctuary n. 신성한 장소, 지성소(至聖所); 은신처 confirmation n. 확정, 확증; 확인 repudiation n. 거절, 부인

적병(敵兵)이 바짝 추격해왔기 때문에 그 탈주자는 마을의 교회 안에서 필사적으로 은신처를 찾았다.

02   ②

역접의 접속사 but을 전후한 문장의 내용이 대조를 이루어야 한다. 따라서 빈칸에는 'conservative(수수한)'와 대조적인 의미를 가진 flamboyant(화려한)가 오는 것이 적절하다.

conservative a. 보수적인; (옷차림 등이) 수수한 austere a. 엄격한, 엄숙한 flamboyant a. 화려한, 현란한 inexpensive a. 비싸지 않은 intelligible a. 이해할 수 있는

그녀가 디자인한 남성복은 다소 수수하지만, 여성복은 좀 더 화려하다.

03   ②

in other words 이하는 the results he got ~ his tactics를 부연해서 설명한 말이다. results에 해당하는 것이 ends이고, tactics에 해당하는 것이 means이므로, 빈칸에는 justified의 유의어인 ②가 들어가야 한다.

tactic n. 전략, 작전 ends n. 목적 justify v. 정당화하다 means n. 수단 disclose v. 나타내다, 드러내다; 폭로하다 vindicate v. 정당화하다; 옹호하다 implement v. 이행하다, 실행하다 revise v. 개정하다; 수정하다

마키아벨리(Machiavelli)는 그가 이끌어낸 결과가 전략을 정당화시킬 수 있다고 주장했는데, 다른 말로 하면, 목적이 수단을 정당화시킨다는 것이다.

04   ③

생물학전은 다수의 사람들을 일거에 무력화시키기 위해 독성물질을 사용한다.

biological warfare 생물학전 tactic n. 용병(用兵), 작전 poisonous a. 유독한, 유해한 substance n. 물질, 물체 civilian n. 민간인 conserve v. 보존하다; 보호하다 transport v. 수송하다, 운반하다 subdue v. 정복하다, 복종[진압]시키다 persuade v. 설득하다

생물학전(戰)은 다수의 병사 혹은 민간인을 진압하기 위해서 독성물질을 사용하는 작전이다.

05   ④

두 문장이 역접의 접속사 but으로 연결되어 있으므로 제이슨과 토니의 생각은 대조를 이루어야 한다. 제이슨이 강연에 긍정적인 평가를 했으므로 토니는 부정적인 평가를 해야 할 것이다. 따라서 빈칸에는 '겉으로만 그럴듯한'이라는 의미의 ④가 적절하다.

impress v. 감명을 주다, 감동시키다 lecture n. 강연, 강의 erudite a. 학식 있는, 박학한 translucent a. 반투명의; 명백한 recondite a. 심오한, 난해한 impeccable a. 죄를 범하지 않는, 죄[과실] 없는; 결점 없는 specious a. 외양만 좋은; 겉으로만 그럴듯한

제이슨(Jason)은 그 철학자의 강연에 감명 받았으나 토니(Tony)는 그 강연이 학식 있다기보다 외양만 좋았다는 표현이 더 어울린다고 생각했다.

06   ④

빈칸 뒤의 cites는 주절의 주어인 개발도상국의 도시지역을 의미한다. 개발도상국의 도시지역이 인구 유입과 사람들이 만들어내는 쓰레기로 몸살을 앓고 있다고 했는데, 이는 많은 사람들이 도시로 몰려들기 때문일 것이므로 ④가 정답으로 적절하다.

struggle to keep up with ~에 뒤지지 않으려고 애쓰다, 고심하다 influx n. 유입, 쇄도 complain to 불평[항의]하다 interfere in ~에 개입하다, 간섭하다 account for 설명하다 flock to ~로 모여들다

전 세계에서 점점 더 많은 사람들이 도시로 몰려들면서, 개발도상국의 도시 지역은 인구 유입과 사람들이 만들어내는 쓰레기를 제때 처리하려고 애쓰고 있다.

그 숙녀 앞에서 자신의 태도를 품위 있게 하기 위해 그는 욕하는 것을 멈추고 가능한 한 애써 정중하게 말했다.

07 ③

가장 나쁜 상품 시상식에서 1위를 차지한 것은 불명예이므로 부정적인 의미의 표현이 빈칸에 적절하다.

sleeping pill 수면제 noble a. 고결한, 숭고한 immense a. 막대한, 무한한, 끝없는 dubious a. 의심스러운, 수상한; 미덥지 않은 eminent a. 저명한, 유명한

미국에서 어린이들에게 수면제를 판매한 한 제약회사는 가장 나쁜 상품 시상식에서 1위를 차지하는 명예 아닌 명예를 얻었다.

08 ②

'나중에 더 유리해지기 위해'라고 했고 실격을 당했다고 했으므로, 시합을 '고의로' 패배하려고 했을 것으로 추론할 수 있다.

odds n. 유리한 조건 round n. 게임, 회전 throw out 내쫓다, 거부하다 haphazardly ad. 우연히; 함부로 deliberately ad. 고의로 whimsically ad. 변덕스럽게; 묘하게 recklessly ad. 무모하게, 무분별하게

런던 올림픽에서 세 나라의 탁구 복식조들이 나중 게임에서 더 유리한 조건을 얻기 위해 고의로 시합을 지려고 했다. 보기에 재미는 있었지만 그들은 스포츠정신에 어긋난 행위로 모두 실격 당했다.

09 ④

방사능 유출의 가능성이 있다면 원전 근처에 사는 주민들에게 피난 혹은 대피 명령이 내려졌을 것이다.

resident n. 거주자 radiation leak 방사능 유출 linger v. 오래 머무르다, 어슬렁거리다 confess v. 고백[자백]하다 offset v. 상쇄하다, 벌충하다 evacuate v. 피난[철수]하다

방사선 유출의 가능성 때문에 도쿄 전력공사가 운영하는 원자력 발전소 근처에 사는 주민들에게 대피 명령이 내려졌다.

10 ④

and 앞 부분은 and 뒤의 '공손하게 말했다'와 같은 의미가 되어야 하겠는데, 빈칸 앞에 '멈췄다'는 의미의 동사 stopped가 있으므로 결국 '공손하게 말했다'와 상반되는 의미의 표현이 빈칸에 와야 함을 알 수 있다. 따라서 ④가 정답이 된다.

refine v. 세련되게 하다, 품위 있게 하다 vindicate v. ~의 정당성을 입증하다; 변호하다 meander v. 굽이쳐 흐르다, 정처 없이 흐르다 soothe v. 달래다, 어르다, 진정시키다 swear v. 맹세하다; 욕하다; 선서하다

11 ⑤

페미니즘적인 측면을 암시적으로 보여줬다면 그것은 감독이 페미니즘에 적극적으로 참여하기 이전에 있었던 일이라 보는 것이 타당하다.

implication n. 암시, 함축 involvement n. 관련, 관여 preserve v. 보전하다; 보존하다 portray v. 그리다, 표현하다 encourage v. 격려하다, 고무하다 renew v. 새롭게 하다, 갱신하다 antedate v. ~보다 선행하다

이본 레이너(Yvonne Rainer)의 1974년 영화는 페미니즘적인 측면을 암시적으로 보여주긴 하지만 그것은 감독이(그녀가) 페미니즘 정치에 적극 관여하기 전이었다.

12 ③

장황하고 반복적인 문체에서 변화를 준 것을 환영했다면 이와 대비되는 문체로 옮아갔기 때문일 것이므로, 빈칸에는 '간결한'이라는 의미의 ③이 적절하다.

verbose a. 장황한, 말이 많은 redundant a. 여분의, 과다한, 중복되는 prolix a. 지루한, 장황한 consistent a. 일치하는, 조화된; 견실한 terse a. 간결한 logistical a. 병참학의, 병참술의

나는 그 작가의 장황하고 반복적인 문체에 너무 싫증이 나서 이 저자가 간결한 문체로 바꾼 것을 기꺼이 환영하였다.

13 ③

아내의 성격이 변덕스러운 런던의 날씨와 같다고 한 것에서 정답을 추론할 수 있다. 빈칸에는 mercurial과 유사한 의미를 가진 단어가 들어가야 할 것이므로 ③이 정답으로 적절하다.

mercurial a. 민활한; 잘 바뀌는; 변덕스러운 facetious a. 농담의, 익살맞은, 재미있는, 우스운 disinclined a. 내키지 않는 moody a. 변덕스러운; 뚱한 far-fetched a. 억지의, 무리한

그의 아내의 변덕스러운 성격 때문에 그녀를 즐겁게 하는 것은 불가능했다. 그녀의 성격은 변덕스러운 런던의 날씨 같았다.

14 ②

문두의 '역설적이게도'라는 표현으로부터 그녀의 부정이 사실은 애정이나 관심이었음을 추론할 수 있다.

paradoxically ad. 역설적으로 excessive a. 과도한, 과다한 denial n. 부인, 부정 reflective a. 반영하는, 반사하는 enamor v. 반하게 하다, 매혹하다

skeptical a. 회의적인, 의심 많은 encourage v. 격려하다, 고무하다

역설적이게도, 로빈슨이 초기 공상과학 소설 작품의 가치를 과도하게 부정하는 것은 그녀가 그러한 작품들에 크게 매료됐다는 것을 시사한다.

15 ③

오염 물질이 발견되었으나 공중 보건에 위험을 끼치지는 않았다고 했으므로 그 양이 매우 적었다는 것을 알 수 있다.

contaminant n. 오염 물질 absurd a. 불합리한; 부조리한 substantial a. 상당한, 꽤 많은 infinitesimal a. 극미한, 극소의 redundant a. 여분의, 과다한

오염 물질이 시의 상수도에서 발견되었지만, 그 양이 매우 적어서 공중 보건에 위험을 끼치지 않았다.

16 ①

and 앞은 '도전에 정면으로 맞섰다'와 호응해야 하므로 두려움을 '떨쳐버렸다' 혹은 '억눌렀다'라는 내용을 만드는 표현이 빈칸에 들어가야 한다.

head on 정면으로 quell v. (욕망, 반란 등을) 가라앉히다; 억누르다 augment v. 늘리다, 증대시키다 feign v. ~을 가장하다, ~인 체하다 probe v. 탐사하다, 조사하다

비록 다시 실패할지 모른다는 생각이 들기는 했지만, 조안(Joanne)은 두려움을 가라앉히고 정면으로 도전에 맞서려고 하였다.

17 ④

양보의 접속사 Although가 쓰였으므로 두 빈칸에 상반되는 표현이 와야 하겠는데, '상당한 자원을 투입했음에도 여전히 문제의 해결책이 손에 잡히지 않는다'는 의미가 되는 것이 가장 자연스러우므로 ④가 정답으로 적절하다.

devote v. (노력·돈·시간 따위를) 바치다; 내맡기다; 헌신하다 alleviate v. 완화시키다, 경감하다, 덜다 satisfactory a. 만족스러운 solution n. 해결, 해법 adequate a. 적당한, 충분한 probable a. 개연적인, 있음직한 natural a. 자연의; 천연의 artificial a. 인공의, 인위적인 capital a. 주요한; 우수한, 훌륭한 decisive a. 결정적인; 단호한, 확고한 substantial a. 실질적인; 내용이 풍부한; 상당한 elusive a. 파악하기 어려운, 이해하기 어려운; 회피하는

오랜 세월에 걸쳐 이 문제의 해결을 위해 상당한 자원이 이 나라에 투입되었지만, 만족할 만한 해결책은 여전히 손에 잡히지 않고 있다.

18 ③

올해 첫 석 달 동안의 수입액을 작년 같은 기간의 수입액과 비교해야 하므로, 빈칸에는 '상응하는', '일치하는'이라는 의미의 ③이 적절하다.

import n. 수입, 수입액 succeeding a. momentary a. 순식간의, 순간적인, 찰나의, 덧없는 corresponding a. 상응하는, 일치하는 irregular a. 불규칙적인

첫 석 달 동안의 수입액이 작년 상응하는 시기에 비해 10% 증가했다.

19 ①

자격이 있는 사람들을 계속해서 모집해야 하는 것은 그 인원이 꾸준히 필요하기 때문일 것인데, 이것을 은퇴하거나 사직한 근로자와 연관 지어 생각하면 결국 새로 모집하는 직원이 회사를 나가는 직원을 대신 혹은 대체하게 되는 것이라 할 수 있다. 그러므로 ①이 정답이다.

recruit v. 신병[새 회원]을 모집하다 qualified a. 자격 있는, 적임의 personnel n. 전직원, 인원 retire v. 은퇴하다, 퇴직하다 replace v. 제자리에 놓다, 대신하다, 대체하다 unplace v. 치우다 displace v. 바꾸어 놓다, 옮겨 놓다 misplace v. ~을 잘못 두다, 둔 곳을 잊다

대부분의 회사들은 은퇴하거나 사직한 근로자들을 대체하기 위해 적임자를 계속 모집할 필요가 있다.

20 ④

something bad was going to happen을 한 단어로 표현한 ④ premonition이 빈칸에 적절하다.

diligence n. 근면, 부지런함 forbearance n. 관용, 관대 propensity n. 경향 premonition n. (특히 불길한) 예감

그녀는 뭔가 나쁜 일이 일어날 것 같은 느낌이 들었지만, 아무도 그녀의 이런 불길한 예감을 믿으려 하지 않았다.

21 ②

사진이 제대로 현상될 수 없었던 것은 빛에 노출되었기 때문이라 할 수 있다.

develop v. 개발하다; (사진을) 현상하다 properly ad. 올바르게; 완전하게 impose v. 부과하다; 강제하다 expose v. 노출시키다 import v. 수입하다 impress v. 감명을 주다, 감동시키다

안타깝게도 필름이 빛에 노출되었기 때문에 사진은 제대로 현상될 수 없다.

22   ③

새로운 상품이 시장에 나오는 것을 더디게 하며 그 상품들을 더 비싸게 만든다고 했으므로, 만연하는 지적 재산 소송은 혁신을 '저해하는' 것으로 볼 수 있다.

rampant a. 만연하는; 무성한, 우거진 intellectual property 지적재산권 litigation n. 소송, 기소 innovation n. 혁신, 쇄신 expensive a. 돈이 드는, 값비싼 advocate v. 옹호하다 contemplate v. 고려하다 impede v. 방해하다, 지연시키다 augment v. 늘리다, 증대하다

만연하는 지적 재산 소송은 새로운 상품이 시장에 나오는 것을 더디게 하고 그 상품들을 더 비싸게 만듦으로써 혁신을 저해하고 있다.

23   ①

빈칸 앞에서 소크라테스의 사상이 당대의 지배적인 사상과 일치하지 않았다고 했으므로, '급진적인'이라는 의미의 ①이 앞서 언급한 내용과 자연스럽게 호응한다.

prevalent a. 널리 퍼진, 유행하는 radical a. 급진적인, 과격한 untenable a. 보유할 수 없는, 지지할 수 없는 orthodox a. 정설의, 정통의; 보수적인; 종교적인 offensive a. 싫은; 불쾌한; 위반하는; 감정을 상하게 하는

소크라테스의 가르침들 가운데 많은 것들이 오늘날에는 일반적으로 받아들여지고 있지만, 그것들은 그가 살던 시대에는 지배적인 사상과 일치하지 않았으며 매우 급진적인 것으로 간주되었다.

24   ③

뒤에 이어지는 내용은 모두 별 하나 하나가 다른 별들과 연결돼 있음을 이야기하고 있는 내용이므로, 이와 맥을 같이 하는 ③이 정답으로 적절하다.

pairing n. (둘이 짝을 이룬) 한 쌍, 짝을 짓기[이루기] grouping n. 모으는(모이는) 일, 무리를 이룸 come into view 시야에 들어오다, 보이게 되다 constellation n. 별자리 dissolve v. 용해하다; 점점 사라지다 cluster n. 무리, 떼, 집단 distinct a. 별개의, 다른; 뚜렷한

처음에는, 별 하나하나가 모든 다른 별들로부터 떨어져 있는 것처럼 보이나, 좀 더 오랫동안 관찰해 보면 무리들이 나타나기 시작하고, 짝이 나타나며, 집단이 보이게 된다.

25   ③

첫 번째 문장에서 사실과 거짓을 분간하는 것이 불가능하다고 했고, 두 번째 문장에서 일부 이야기의 경우에는 사실일 수도 있다고 했으므로, 다른 이야기는 '거짓'이라는 의미가 되도록 그 정권에 의해 '조작된다' 고 해야 적절하다.

tall tale 믿기 어려운 이야기, 과장된 이야기 validate v. 정당함을 인정하다, 확인하다 neglect v. 경시하다, 무시하다 fabricate v. (거짓 정보를) 날조하다, 조작하다 amend v. 수정하다, 개정하다; 바로잡다

"거울 나라의 앨리스"의 세계인 평양에서는 사실과 거짓을 분간하는 것이 거의 불가능하다. 일부 과장된 이야기들이 전체 또는 부분적으로 사실일지도 모르지만, 어떤 이야기들은 그 정권에 의해 거의 확실히 날조된다.

01   ②

빈칸 앞에 curiously가 있으므로, 오랫동안 보고 싶어 한 대상을 실제로 보게 됐을 때 일반적으로 보이는 반응과 다른 반응에 해당하는 표현이 빈칸에 들어가야 한다. 따라서 '미온적인'이라는 의미의 ②가 정답으로 적절하다.

yearn v. 갈망하다; 간절히 ~하고 싶어 하다 reaction n. 반응, 반작용 curiously ad. 호기심에서; 기묘하게도 meditative a. 명상적인, 사색을 즐기는 tepid a. 미온적인, 미지근한 categorical a. 무조건적인, 범주에 속하는 unoriginal a. 독창적이지 않은

그녀가 얼마나 오랫동안 이탈리아를 보고 싶어 했는지를 생각해보면, 그녀의 첫 반응은 이상하게도 미온적이었다.

02   ③

난기류로 인한 부상이 드물다고 한 다음 순접의 접속사 and가 왔으므로 미래에는 이런 부상이 거의 없을 것이라는 흐름이 되는 것이 자연스럽다.

turbulence n. 난기류 injury n. 부상; 손상 rare a. (자주 있는 일이 아니어서) 드문, 보기 힘든 falter v. 비틀거리다 seize v. 붙잡다, 포착하다 eliminate v. 제거하다, 없애다 deteriorate v. 저하시키다, 타락시키다

상용 항공기에서 난기류로 인한 부상은 드물며 미래에는 거의 없어질 것이다.

03   ④

소득으로 생활을 유지하는 것이 힘들다고 했으므로 수입이 많지 않다고 볼 수 있다.

keep up with ~을 따라잡다 finance n. 재정, 재무; 소득 reliable a. 확실한, 신뢰할[믿을] 수 있는 disgraceful a. 불명예스런 substantial a. (자산이) 풍부한 meager a. 불충분한; 풍부하지 못한

언론인들은 수입이 변변찮기 때문에 소득을 가지고 생활을 유지하는 것은 분명 힘들 것이다.

04   ①

빈칸에 들어갈 표현을 and 이하에서 avoidance로 받고 있다. 따라서 빈칸에는 avoid의 의미를 내포하고 있는 표현이 들어가야 할 것이므로 '꺼리다'라는 의미를 가진 ①이 정답으로 적절하다.

avoidance n. 회피, 기피 reluctant a. 꺼리는, 마지못해 하는 immune a. 면한, 면역성의 impatient a. 성마른, 조급한 positive a. 확신하는, 자신 있는; 적극적인

남성들은 (병원에 가길) 꺼리는 환자이며 치료를 기피하는 것은 그들의 목숨까지 위협할 수도 있다.

05   ④

빈칸 앞에 '심지어'라는 의미의 even이 있으므로 beyond what's needed에 비해 정도가 더 강한 뜻을 가진 표현이 빈칸에 들어가기에 적절하다.

supplement n. 보충, 추가; 보충제 requisite a. 필요한, 필수적인 wholesome a. 유익한, 건전한; 건강에 좋은 modest a. 겸손한; 알맞은, 온당한 undesirable a. 바람직하지 않은

음식을 원천으로 지나칠 정도로 많은 양의 칼슘을 섭취하는 것은 쉬운 일이 아니지만, 보충제와 맞춤식품은 사람들을 필요한 양 이상, 심지어는 적절치 않을 정도의 양까지도 쉽게 섭취하게 한다.

06   ①

존 아담스는 환경을 지키기 위해 싸워왔다고 했으며 그 다음에 and가 왔으므로 빈칸에도 이런 환경보호에 동참해 줄 것을 촉구하는 내용이 들어가야 한다. 따라서 '사회적인 운동, 대의'를 뜻하는 ①이 빈칸에 들어가는 것이 가장 적절하다.

defend v. 지키다 environment n. 환경 encourage v. 장려하다 join v. 참가하다 cause n. 원인, 까닭; 대의 imagination n. 상상 donation n. 기부, 증여 development n. 개발

존 아담스(John Adams)는 환경을 보호하기 위해 싸워 왔으며, 전 세계 사람들에게 이런 대의에 동참할 것을 장려해 왔다.

07   ②

다문화 국가가 아닌 호주의 모든 국민이 자신들의 문화를 호주 문화로 간주한다는 것은 개별 문화를 인정하지 않는다는 것이므로, 반대로 다문화국가에서는 개별문화가 인정되고 유지된다고 볼 수 있다.

multi-cultural a. 다문화의 separate a. 개별적인 blend v. 혼합하다 maintain v. 유지하다 assimilate v. 동화시키다 neglect v. 소홀히 하다

호주는 다문화 국가가 아니다. 다문화 국가에서는 개별 문화들이 여러 세대가 지나도록 유지된다. 호주 태생의 모든 국민들은 그들의 문화를 호주 문화로 간주한다.

08   ①

빈칸 이하에서 매우 웃기면서도 때때로 아주 슬프다고 했으므로 그 영화의 분위기가 '고르지 않음'을 알 수 있다.

episodic a. 에피소드적인, 삽화로 이루어진 structure n. 구조, 체계 hilariously ad. 명랑하게, 즐겁게 downright ad. 철저히, 완전히 uneven a. 균형이 잡히지 않은; 불규칙한, 고르지 않은 satirical a. 풍자적인 laconic a. 간결한 somber a. 음침한, 우울[음울]한

그 영화의 구성은 매우 단편적인 사건들로 이루어져 있으며 분위기는 때때로 고르지 않은데, 정말 웃기고 재미있으면서도 때로는 너무나도 슬프다.

09   ②

인종차별이 타고난 것이라 주장하는 사람들은 인종차별이 생물학적이라는 입장을 '지지하거나 강화할' 것이라고 볼 수 있다.

racism n. 인종차별주의, 인종차별 evidence n. 증거, 증언 biological a. 생물학적인 buttress v. 지지하다, (주장을) 강화하다 refute v. 논박[반박]하다 absolve v. 용서하다; 면제하다 conceal v. 숨기다

인종차별이 타고난 인간의 속성이라고 주장하기를 원하는 사람들은 인종차별이 어떤 의미에서는 생물학적이라는 증거가 있다는 입장을 강화하려고 애써왔다.

10   ①

콤마를 중심으로 두 개의 that절은 동일한 의미를 가져야 한다. 우리의 유전적 성질에 내재되어있다는 것은 선천적인 특성을 말하고 있는 것이다.

linguist n. 언어학자 genetic a. 발생의, 유전의 makeup n. 구성, 구조; 성질 innate a. 타고난, 선천적인 accidental a. 우연한, 우발적인 empirical a. 실험의, 관찰에 의한, 경험적인 transitory a. 덧없는, 무상한

많은 언어학자들은 언어를 습득하는 우리의 능력이 부분적으로는 선천적이라고 믿고 있다. 다시 말해, 그 능력이 어떤 식으로든 우리의 유전적 성질에 뒤섞여 있다는 것이다.

11   ④

거부되지도 않고 인정되지도 않은 상태라면 평가가 모호한 상태에 있다는 것이다.

reject v. 거부하다; 인정하지 않다; 퇴짜 놓다 evaluation n. 평가 estimable a. 존경할만한, 평가할 수 있는 orthodox a. 정통의, 옳다고 인정된 unspoken a. 무언의, 입 밖에 내지 않은 equivocal a. 모호한, 애매한

민속예술은 예술 역사가들로부터 예술형태로서 완전히 거부되지도 인정되지도 않은 상태이므로 민속예술에 대한 최종적인 평가는 불가피하게 여전히 모호한 상태이다.

12   ④

but 이하에서 '그 경감은 아마도 일시적일 것'이라고 했는데, but 앞은 그 '경감'에 대한 내용이어야 하므로 현재의 문제점이나 어려움에서 벗어난다는 내용이 되어야 한다. 따라서 '곤경'이라는 의미의 ④가 빈칸에 들어가기에 적절하다.

loan n. 대부금, 융자 firm n. 회사, 상회 more likely than not 아마, 십중팔구 temporary a. 일시적인; 순간의, 덧없는 fantasy n. 공상, 환상 opulence n. 풍부, 부유 prosperity n. 번영, 번창 predicament n. 곤경, 궁지

그 융자금은 확실히 회사가 현재의 곤경으로부터 벗어나도록 도와줄 것이지만, 그 (곤경의) 경감은 아마도 일시적일 것이다.

13   ①

해외여행 시에 마주치게 되는 상이한 행동 양식들은 각 나라가 가진 풍습이나 관습을 의미한다고 볼 수 있다.

disparate a. (본질적으로) 다른, 공통점이 없는 prevailing a. 널리 행해진, 유행하는 comprehend v. 이해하다, 파악하다 might n. 힘, 세력 custom n. 관습, 풍습, 관행 sovereignty n. 주권 nationality n. 국적 circumstance n. 사정, 상황, 환경

해외로 여행하면서 완전히 다른 행동 양식이 퍼져 있는 것을 볼 때 사람은 관습의 힘을 이해하기 시작한다.

14   ②

distinguish between A and B는 'A와 B를 구분하다'는 뜻이므로, A와 B에는 서로 대조적인 의미를 가진 표현이 와야 한다. 주어진 문장에서, A에 해당하는 feeling에서 conflict를 내세웠으므로, B의 자리 안에 있는 빈칸에는 이와 대조를 이루는 '양립할 수 있는, 조화되는'이라는 의미의 ②가 적절하다.

distinguish v. 구별하다, 식별하다 conflict n. 싸움, 다툼; 충돌, 대립 ultimately ad. 궁극적으로 glamorous a. 매혹적인 compatible a. 양립할 수 있는, 사이좋게 지낼 수 있는; 호환되는 fluctuating a. 동요하는 volatile a. 휘발성의; 변덕스러운; 불안한

나는 과학과 종교가 때때로 충돌한다는 '느낌'과 과학과 종교는 궁극적으로 양립할 수 있다는 '믿음'을 구분하려고 노력했다.

---

15 ④

나쁜 평판을 피하는 데 몰두하면서 혐의를 받고 있는 교수를 보호하고 언론을 침묵시키고 있다면, 경찰 조사에도 협조적이지 않을 것이므로 빈칸에는 '방해하다'는 의미의 ④가 적절하다.

committed a. 전념하는, 헌신적인 publicity n. 명성, 평판 suspect v. 의심하다 undergo v. 겪다[받다] expedite v. 신속히 처리하다 testify v. 증언[진술]하다 thwart v. 훼방 놓다, 방해하다

나쁜 평판을 피하는 일에만 몰두한 하버드대학교는 경찰 조사를 방해하고 있고, 혐의를 받고 있는 그 교수를 보호하고 있으며, 언론을 침묵시키고 있다.

---

16 ④

인터넷으로가 아니라 직접 대면하여 소통하라고 권한다는 것은 인터넷 공간에서는 프라이버시가 지켜지지 않기 때문일 것이며, 비밀을 나눈다는 것은 비밀을 털어놓는다는 말이다.

cyber-space n. 사이버 공간, 인터넷 공간 face to face 마주 대하여 formality n. 형식에 구애됨; 격식을 차림 revel in 즐기다 solitude n. 고독 count in 셈에 넣다 barrier n. 울타리, 방벽 intervene in 개입하다 privacy n. 사적 자유, 프라이버시 confide in 신용하다, 신뢰하다; 비밀을 털어놓다

인터넷이 사람들을 연결해주지만, 오늘날 사적인 자유는 전혀 없다. 사실, 비밀을 공유하거나 누군가에게 털어놓기를 원한다면, 사이버 공간에서 소통하지 않는 것이 좋다. 조용한 길모퉁이에서 직접 만나 부드럽게 대화하는 것이 더 좋다.

---

17 ①

두 번째 문장은 첫 번째 문장에 대한 부연설명이다. 시에서는 형식과 내용이 모두 중요하다고 했으므로, '정교한 형식도 내용이 없으면 우스꽝스럽게 된다'는 흐름의 문장을 만드는 ①이 정답으로 적절하다.

content n. 내용 style n. 문체; 스타일 insure v. 보증하다 elaborative a. 공들인, 정교한 ridiculous a. 어리석은, 우스꽝스러운 absence n. 부재, 결석 complex a. 복잡한 purpose n. 목적, 의도 insignificant a. 하찮은, 사소한

내용과 형식은 둘 다 훌륭한 시(詩)에 필요불가결하다. 좋은 소재가 좋은 시를 보장해 주지 않으며, 정교한 형식은 내용이 없는 경우에는 우스꽝스러워진다.

---

18 ③

좋은 사교상의 대화가 미리 계획을 세워서 할 수 있는 성격의 것이 아니라면, 결국 그것은 우연히 그런 상황이 되었을 때 발생하는 것이라 할 수 있으므로 빈칸에는 ③이 적절하다.

conversation n. 대담, 대화 in advance 앞서서, 미리 circumstance n. 상황, 환경 favor v. 호의를 보이다; 편애하다 intentionally ad. 계획적으로, 고의로 continually ad. 계속적으로 fortuitously ad. 우연히 eventually ad. 드디어, 결국

훌륭한 사교상의 대화는 결코 미리 계획할 수 없다. 그것은 우연히도 그것이 일어나기에 유리한 상황에서 그냥 일어나는 것이다.

---

19 ②

comfort와 대비되면서도 to serve your nation에 해당하는 표현이 필요하므로 ②가 정답으로 적절하다.

reform n. 개혁, 개량 overwhelming a. 압도적인, 저항할 수 없는 triumph n. 승리; 대성공 common good 공동 선(善), 공익 promising a. 유망한 self-interest n. 이기심, 이기주의

저는 여러분에게 부탁합니다. 자신의 안락을 초월하여 공익을 추구하고, 필요한 개혁이 쉽사리 공격받지 않도록 지켜주며, 여러분의 이웃부터 시작하여 우리의 조국에 봉사해 줄 것을 말입니다.

---

20 ③

발명가에게는 창조적인 일로 보상받도록 보장하고 혁신을 장려하면서도 기업가적인 혁신을 저지하는 상황은 아이러니하다고 할 수 있다.

copyright n. 저작권 patent law 특허법 encourage v. 장려하다; 조장하다 innovation n. 혁신 ensure v. 보장하다 expand v. 확대하다, 확장하다 entrepreneurial a. 실업가의, 기업가의 lawsuit n. 소송, 고소 arbitrary a. 멋대로의, 독단적인; 임의의, 자의적인 coincidental a. 동시에 일어나는, 우연의 일치에 의한 ironic a. 역설적인, 반어적인 legitimate a. 옳은, 정당한

저작권법과 특허법은 발명가에게 창조적인 일로 보상 받는다는 것을 보장함으로써 혁신을 장려한다. 그래서 만약 이러한 법 아래에서의 확대된 보호가 소송에 대한 두려움을 증가시킴으로써 기업가적인 혁신을 저지한다면 그것은 아이러니한 것이다.

---

21 ②

처벌을 하도록 규정하고 있다는 것은 그 행동을 매우 부정적으로 본다는 것이므로, 빈칸에는 '비열한'이라는 의미의 ②가 적절하다.

rape v. 강간하다 justify v. 정당화하다 stipulate v. 규정하다 strict a. 엄격한, 엄한 punishment n. 처벌, 형벌 banal a. 진부한 mean a. 비열한 imprudent a. 경솔한 futile a. 무익한

강간당한 여자를 살해하는 것은 정당하다고 주장하는 이슬람 국가들의 지도자들은 코란을 읽지 않은 게 분명하다. 왜냐하면 코란에는 그런 말이 전혀 없기 때문이다. 오히려, 이슬람교는 그런 비열한 행동을 하는 남자들을 엄중히 처벌하도록 규정하고 있다.

22 ③

'neither ~ nor …' 구문은 양자 부정이다. take oneself too seriously 하지 않는 것이 sense of humor와 호응하므로 '빈칸+oneself'하지 않는 것이 self-knowledge와 호응해야 한다. 자신을 아는 사람은 자신을 속일 수 없으므로, 빈칸에는 ③이 적절하다.

detachment n. 분리; 무관심, 냉담; 공정함 reason n. 이성, 지성 intelligence n. 지성; 지능 expand v. 확장하다, 확대하다 deceive v. 속이다, 사기 치다 destroy v. 파괴하다

흄(Hume)과 같은 철학자나 기번(Gibbon)과 같은 역사학자의 초연한 태도를 지니고 이성을 구사하기 위해서는, 지성 외에도 두 가지 ― 즉, 자신을 아는 것과 유머감각 ― 가 필요하다. 다시 말해서, (그러기 위해서는) 자신을 속여도 안 되고, 자신을 너무 중요하게 생각해서도 안 된다.

23 ①

'시기를 추정하다'는 의미의 동사 date가 단서가 된다. 이것과 가장 관련 있는 표현은 '고고학적인'이라는 의미의 ①이다.

bead n.구슬, 유리알 date v. (어느 연대로부터) 비롯되다, (어느 연대에) 속하다; 시기를 추정하다 designate v. 명시하다, 가리키다, 지시하다 mercantile a. 상업의, 무역의 sophistication n. 세련; 정교함, 복잡함 archaeological a. 고고학의 belligerent a. 호전적인 aesthetic a. 미의, 심미적인, 미학의 primitive a. 원시의, 미개의

"문명의 작은 변화"라고 흔히 간주되는 구슬들은 모든 문화의 일부이다. 그리고 그 구슬들은 고고학적인 장소의 시기를 측정하기 위해서 그리고 상업적, 기술적, 그리고 문화적 세련도를 알아내기 위해서 사용된다.

24 ③

무화과나무의 떨어진 잎과 꼬투리 안에 천연 제초제가 있다면, 그 주위에 다른 식물들이 사는 것을 어렵게 할 것이다.

canopy n. 덮개 sycamore n. 큰 단풍나무 pod n. 꼬투리 herbicide n. 제초제 leach v. 걸러지다, 용해하다 compete (for) v. 경쟁하다, 다투다, 겨루다 nutrient n. 영양소, 자양물 distinguish v. 특징짓다; 구별하다 nourish v. 기르다, 자양분을 주다 inhibit v. 억제하다, 제지하다 encourage v. 장려하다, 촉진하다

무화과나무 그늘 아래에서 자랄 수 있는 다른 식물들은 거의 없다. 무화과나무의 나뭇잎과 꼬투리는 주변의 흙 속으로 스며드는 천연 제초제를 만들어내기에, 물과 양분을 두고 다투는 다른 식물들을 억제한다.

25 ②

운전대를 잡으면 전혀 다른 사람으로 돌변한다는 단서로부터 정답을 추론할 수 있다.

call forth 불러내다, 끌어내다 rude a. 무례한, 버릇없는 aggressive a. 공격적인 get behind the wheel 운전대를 잡다 drastic a. (변화 따위가) 맹렬한; (수단 따위가) 과감한 faultless a. 결점 없는, 흠잡을 데 없는

가장 나쁜 매너는 때때로 운전하는 행위에 의해 드러난다. 평상시에는 흠잡을 데 없는 매너를 가진 사람들이 운전대만 잡으면 갑자기 무례하고 공격적으로 돌변한다. 때로는 그 변화가 너무나 대단해서 그들을 그 원래의 똑같은 사람들로 보기가 어려울 정도다.

01 ③	02 ③	03 ①	04 ③	05 ②	06 ③	07 ①	08 ①	09 ①	10 ②
11 ②	12 ①	13 ③	14 ③	15 ②	16 ③	17 ①	18 ③	19 ④	20 ②
21 ①	22 ②	23 ①	24 ④	25 ③					

01 ③

아이러니한 상황이 되려면 원래 의도한 것과 정반대의 결과가 초래돼야 한다. 따라서 strengthen의 반의어인 ③이 정답으로 적절하다.

protest n. 항의데모, 항변, 주장 hold v. 개최하다, 거행하다 strengthen v. 강하게 하다, 강화하다 the labor movement 노동운동 coddle v. 상냥하게 다루다, 응석받이로 기르다 appease v. 진정시키다, 달래다 weaken v. 약하게 하다, 약화시키다 invigorate v. 기운 나게 하다, 활기 띠게 하다

아이러니하게도, 노동운동을 강화하기 위해 개최된 항의 시위가 노동운동을 약화시키는 데 기여하였다.

02 ③

혼자서 독립적으로 살아가는 생명체가 없다는 것은 결국 서로가 의지하면서 살아가고 있다는 것이다.

solitary a. 고독한, 외로운 free-living a. 독립하여 살아가는 segregate v. 분리하다, 격리하다 parallel a. 평행하는, 나란한 reliant a. 믿는, 의지하는, 신뢰하는 overshadow v. 그늘지게 하다, 가리다

혼자서, 독립적으로 사는 생물은 없다. 모든 종류의 생명체는 다른 종류의 생명체에 의존하고 있다.

03 ①

두 문장이 역접의 접속사 but으로 연결되어 있다. 앞 문장에서 계절에 맞지 않게 쌀쌀하다고 했으므로, but 뒤의 문장에 포함돼 있는 빈칸에는 cold에 대해 문맥상 반대되는 의미를 갖는 형용사가 와야 한다.

unseasonably ad. 시절[계절]에 맞지 않게 agreeable a. 쾌적한; 기분 좋은 foggy a. 안개가 자욱한 arid a. 건조한, (토지가) 바싹 마른, 불모의 moist a. 습기 있는, 축축한

밴쿠버의 날씨는 계절에 맞지 않게 쌀쌀할지 모르지만 그 나라의 다른 어느 곳보다 훨씬 쾌적하다.

04 ③

역접의 접속사 but과 이유의 전치사 due to가 단서가 된다. 치아를 미백하길 원하지만 비용과 관련된 문제로 포기한다는 흐름이 되어야 하므로, ③이 정답으로 적절하다.

whiten v. 희게 하다, 표백하다 pay off 성공하다[성과를 올리다] put forth 내뻗다 back out (하기로 했던 일에서) 빠지다 set out 착수하다, 시작하다

여러분 중에 많은 사람이 자신의 치아를 미백하길 원했지만 관련되는 비용 때문에 포기했을지도 모른다.

05 ②

일본의 연례 고래잡이는 과학적인 목적으로 허락을 받는다고 했는데, 반대하는 입장에서는 이것을 상업적인 목적의 고래잡이를 위한 '핑계'나 '구실'로 볼 것이다.

annual a. 1년의; 1년마다의 commission n. 위원회 opponent n. 상대, 대항세력 commercial a. 영리적인 whaling n. 고래잡이 ban v. 금지하다 limit n. 한계, 한도 excuse n. 핑계, 구실 reward n. 보수, 포상; 보답 objection n. 반대; 반감, 혐오

일본의 연례 고래사냥은 과학적인 목적으로 그 위원회가 허용해준다. 그러나 반대파들은 그러한 허용은 1986년 이래 금지되어 온 상업적 고래잡이를 위한 핑계라고 주장한다.

06 ③

삼촌이 나이가 듦에 따라 덜 고집스러워졌다고 했으며, 비위 맞추기도 훨씬 쉬워졌다고 했다. 따라서 빈칸에는 삼촌의 긍정적인 변화를 나타낼 수 있는 표현이 들어가야 한다. '유순한'이라는 의미의 ③아 가장 적절하다.

stubborn a. 완고한, 고집 센 strange a. 야릇한, 기묘한 aggressive a. 공격적인, 호전적인 flexible a. 유순한, 융통성이 있는 wealthy a. 부유한

나의 삼촌은 나이가 듦에 따라 덜 고집스러워졌다. 즉, 나이를 먹음에 따라 더 유순해졌고, 훨씬 비위 맞추기 쉬워졌다.

07   ①

연구가 논란을 일으키는 것은 기존의 믿음을 흔들거나 부정할 경우에 가능하다.

controversial a. 논란을 일으키는, 물의를 빚고 있는 established a. 기존의; 확립된 quantum n. 양자(量子) interference n. 간섭; 방해, 훼방 contradict v. 부인하다, 반박하다 accept v. 받아들이다; 수락하다 strengthen v. 강화하다 assert v. 단언하다

그들의 연구가 양자(量子) 간섭에 관한 기존의 믿음을 반박하는 것으로 보임에 따라 논란을 일으켰다.

08   ①

법안의 반대파들은 표결의 연기에 대해 법안의 지지자들과 상반되는 반응을 보였을 것이므로, 빈칸에는 disheartened와 대조를 이룰 수 있는 표현이 들어가야 한다. 따라서 ①이 정답이 된다.

proponent n. 지지자; 옹호자 bill n. 법안 disheartened a. 낙담한 vote n. 투표, 표결 put off 연기하다 critic n. 비평가; 비판하는 사람, 비난자 delighted a. 아주 기뻐하는 unconvinced a. 설득되지 않은 frustrated a. 실망한; 좌절된 criticize v. 혹평하다, 비난하다

그 법안의 지지자들은 표결이 봄까지 연기됐을 때 낙담했다. 그러나 그 법안의 반대파들은 매우 기뻐했다.

09   ①

미국에 반대하고 세속주의에 적대적인 강경 이슬람교도는 지하드를 외치는 알카에다에 대해 호의적일 것이다.

implacably ad. 완강히, 무자비하게 hostile a. 적의 있는; 반대의, 호의적이 아닌 secularism n. 세속주의 sympathetic a. 공감을 나타내는; 호의적인, 찬성하는 contrary a. 반대의, ~에 반(反)하는 vulnerable a. 상처를 입기 쉬운; 비난[공격] 받기 쉬운, 약점이 있는; (유혹·설득 따위에) 약한 disloyal a. 불충한, 불성실한

일부는 미국에 완강히 반대하며, 세속주의에 적대적이고, 세계적인 지하드를 외치는 폭력 이슬람 단체인 알카에다에 동조하는 강경 이슬람교도들이다.

10   ②

고가품의 소비율이 늘어나고 있는 것은 '경제 위기 상황'이라는 말을 무색하게 할 것이다. 그러므로 빈칸에는 '터무니없는'이라는 의미의 ②가 적절하다.

consumption rate 소비율 peril n. 위험 trite a. 진부한, 케케묵은 absurd a. 부조리한, 터무니없는 plausible a. 그럴듯한, 정말 같은 contemporary a. 현대의; 당대의

계속해서 증가하고 있는 고가품의 소비율은 "경제 위기의 현재 상황"이란 말이 터무니없게 들리게 한다.

11   ②

if가 명사절을 이끄는 용법으로 쓰였음에 유의한다. if A or B의 구문인데, A가 long-term recovery에 해당하므로, B에는 이와 반대되게 '일시적인 성장(fleeting boost)'이 와야 한다.

surge n. 급증, 급등 reflect v. 반영하다, 나타내다 incentive n. 격려, 자극; 유인책 fleeting a. 잠깐 동안의; 덧없는 steady a. 고정된, 확고한 objective a. 객관적인 beneficial a. 유익한, 이익을 가져오는

제조사들은 4월의 판매 급증이 장기간의 경기 회복을 반영하는지 혹은 정부의 부양책들로 인한 일시적인 성장인지를 알기위해 판매수량을 확인하고 있는 중이다.

12   ①

에볼라 바이러스의 발병을 억제하기 위한 조치가 and에 의해 병치되고 있다. 국경을 폐쇄하고 일부 마을을 격리시켰다고 했으므로, 공공 집회도 마찬가지로 '금지'했을 것이라 볼 수 있다.

public gathering 공공집회 quarantine n. (전염병 확산을 막기 위한 동물·사람의) 격리, 교통 차단 contain v. 억제하다, 저지하다 outbreak n. (소동·전쟁·유행병 따위의) 발발, 돌발, 창궐 ban v. 금하다, 금지하다 organize v. 조직하다, 편제[편성]하다 preserve v. 보전하다, 유지하다; 보존하다 facilitate v. 촉진[조장]하다

라이베리아는 에볼라 바이러스의 발병을 억제하기 위한 노력의 일환으로 인접한 거의 모든 국경을 폐쇄했고, 공공집회를 금지했으며, 일부 마을에 대한 격리를 발표했다.

13   ③

공공장소에서 익명의 미술품을 남기는 작품 활동이라고 했으므로, 생각을 세계와 공유하는 데 있어서 남의 눈을 피해 몰래 한다고 볼 수 있다.

entail v. (필연적 결과로서) 수반하다, 일으키다 anonymous a. 익명의 intrusive a. 강제하는; 주제넘게 나서는 humble a. 변변치 않은, 초라한 stealthy a. 비밀의, 남의 눈을 피하는 pragmatic a. 실제적인

게릴라 예술은 당신의 생각을 세계와 공유하는 재밌고 비밀스러운 방식이다. 그 예술은 공공장소에 익명의 예술품을 남기는 작품 창작의 한 방식이다.

14   ③

방문객들이 그 도시를 멀리한다고 하였으므로 도시의 풍경은 여전히 볼품이 없다고 할 수 있다.

replace v. 대신하다, 대체하다 vegetation n. 초목, 식물 landscape n. 풍경, 경치 uncluttered a. 어수선하지[복잡하지] 않은, 깔끔한 unspoiled a. 훼손되지 않은 아름다움을 지닌 unsightly a. 추한, 볼품없는 unblemished a. 흠 하나 없는

그 도시는 초목을 교체하는 쪽으로 서서히 나아가고 있다. 하지만 그 도시의 풍경은 여전히 보기 흉하여 방문객들이 멀리하게끔 한다.

15 ②

걱정과 우려의 내용이 되기 위해서는 수중 환경이 관광 산업으로 인해 쏟아지는 오염과 폐기물을 견디기에는 취약하다는 흐름이 되어야 한다.

burst v. (사람·활기 등으로) 넘쳐흐르다, 북적거리다 aquatic a. 물의, 물속의 onslaught n. 돌격, 습격 pollution n. 오염, 공해 precious a. 귀중한, 가치가 있는 fragile a. 취약한, 손상되기 쉬운 sustainable a. 유지[계속] 할 수 있는 paltry a. 하찮은, 무가치한

그 강은 관광객들로 북적거리고 있지만, 운동가들은 이런 독특한 수중 환경이 관광 산업으로 인해 쏟아지는 오염과 폐기물을 견디기에는 너무 취약하다고 걱정한다.

16 ③

정부를 비판하는 것에 두려워한다면 는 것을 알 수 있으므로, 정치에 대해 공개적으로 언급하려 하지 않을 것이다. 따라서 첫 번째 빈칸에는 reluctant가 적절하다. 한편, 연구가들이 정부를 비판하는 것을 주저하는 이유와 관련하여 본인들에게 해를 끼치게 될 상황은 '경력을 망치는 것'이 될 수 있을 것이므로 두 번째 빈칸에는 spoil이 적절하다.

noticeably ad. 두드러지게, 현저히 publicly ad. 공개적으로 criticize v. 비평하다, 비판하다 anxious a. 걱정스러운; 열망하는 pursue v. 추적하다; 추구하다 inadvertent a. 부주의한, 소홀한, 태만한 presuppose v. 미리 가정[예상]하다; 필요조건으로 예상하다, 전제로 하다 reluctant a. 꺼리는, 주저하는 spoil v. 망쳐 놓다, 손상하다 eager a. 열망하는 advance v. 출세하다

그 나라의 과학자들은 정치에 대해 공개적으로 언급하는 것을 분명히 주저하는데, 정부를 비판하는 것이 그들의 자신들의 경력을 망치게 할까봐 두려워하고 있다고 일부 젊은 연구가들이 <네이처>에 말했다.

17 ③

'불필요한 정보 없이'라고 했고 그렇지 않을 경우에 '지루해지고', '흥미를 잃게 된다'라고 했으므로, 이 두 가지 정보와 가장 자연스럽게 호응하는 것은 '간결한'이라는 의미의 ③이다.

adroit a. 교묘한, 솜씨 좋은; 기민한 furtive a. 내밀한, 남몰래 하는 succinct a. 간단명료한, 간결한 tedious a. 지루한; 장황한

당신의 이야기를 너무 많은 불필요한 정보 없이 간결하게 하라. 그렇지 않으면, 면접관이 지루해질 것이고 흥미를 잃을 것이다.

18 ③

바깥에서 일어나는 일을 보게 되는 것은 집안일에 집중하는 것을 방해할 것이다.

domestic chore 집안일 encourage v. 격려하다, 고무하다 spoil v. 망치다, 손상하다 distract v. 빗나가게 하다, 흩트리다, 딴 데로 돌리다; 혼란스럽게 하다 eradicate v. 뿌리 뽑다, 근절하다, 박멸하다

그녀가 식탁을 돌려서 창밖을 향하게 했을 때, 그녀는 거리에서 벌어지고 있는 집 밖의 행위들이 집안일에 집중하고자 하는 그녀의 관심을 흩트리게 한다는 사실을 알게 됐다.

19 ④

it이 가주어이고 to expect 이하가 진주어인 구문이다. 문화유산을 보호하기 위한 프로젝트의 진행이 미진하다고 했으므로 예정대로 마무리될 것으로 기대하는 것은 지나치게 '낙관적'이라고 볼 수 있다.

conservation n. (자연·자원의) 보호, 관리; 보존, 유지 heritage n. 상속재산, 세습재산 outline v. 윤곽을 그리다, ~의 개요를 말하다 daunting a. (일이) 고된, 성가신 procrastinative a. 질질 끄는, 미루는 overwhelming a. 압도적인, 저항할 수 없는 optimistic a. 낙관적인

올해로 계획이 잡힌 많은 문화유산 보호 프로젝트가 여전히 완료되지 않은 채 남아있다. 그래서 그 프로젝트들이 예정대로 마무리될 것을 기대하는 것은 너무 낙관적이라고 여겨진다.

20 ②

빈칸 앞에 나열돼 있는 individual, contemplative와 유사한 성격 혹은 의미를 가진 표현이 빈칸에 들어가야 하므로, ②가 정답으로 가장 적절하다.

individual a. 개개의; 개인적인 contemplative a. 명상적인; 관조적인 gregarious a. 군거하는, 사교적인 retiring a. 교제를 싫어하는, 수줍은; 은퇴하는, 퇴직의 somnolent a. 졸리는 ,최면의

자신의 능력이 허용하는 한 가능하면 완벽하게 이야기를 창조하는 일에만 전적으로 관심을 가지고 있는 문학가는 일반적으로 상당히 개인적이며 사색적이며 (사람들과의) 교제를 싫어한다.

21 ①

이 기계를 사용한 뇌졸중 환자들이 회복증세를 보였다고 하였으므로 이것은 뇌졸중 환자들에게 '유망한(promising)' 도구일 것이다.

therapy n. 치료, 요법 wrist n. 손목(관절) rehabilitation n. 사회 복귀; 회복 stroke n. (병의) 발작; 뇌졸중 promising a. 유망한, 믿음직한

MIT에서 개발한 팔과 손목의 물리 치료를 위한 로봇은 뇌졸중 환자들이 회복하는 데 유망한 도구가 된다. 이 기계를 일주일에 네다섯 시간 이용한 뇌졸중 환자들은 더 많이 더 빠르게 호전되었다.

22
③

미신과 지식은 서로 상반되는 개념이므로, 미신이 만연하고 있다는 것은 지식이 미신을 일소할 만큼 충분하지 않다는 것을 의미한다고 하겠다.

civilized a. 문명화된, 교화된; 예의 바른 superstition n. 미신, 미신적 습관 instability n. 불안정성 evidence n. 증거; 증언 found v. ~에 근거하다 firm a. 굳은, 단단한; 단호한; 확고한 inadequate a. 부적당한, 부적절한, 불충분한 constant a. 불변의, 일정한 diverse a. 다른 종류의; 다른; 여러 가지의, 다양한

모든 문명사회는 미신에 무겁게 짓눌러 있으며, 사실상 모든 문명사회의 불안정성은 문명사회가 기초로 하고 있는 지식의 기반이 불충분하다는 사실에 대한 증거라고 할 수 있다.

23
①

앞서 언급된 보너스, 주식, 휴양지에서의 여름휴가를 포괄할 수 있는 표현이 필요하므로, '혜택'이라는 의미의 ①이 정답으로 가장 적절하다.

salary n. 봉급 employer n. 고용주, 사용자 offer v. 제공하다, 권하다 stock n. 주식, 증권 resort n. 휴양지 benefit n. 이익, 이득; 혜택 side income 부수입 pension n. 연금 bribe n. 뇌물

고용주로부터 얼마나 많이 얻는가 하는 것을 봉급 하나만을 가지고서 말할 수는 없다. 많은 회사에서 직원들에게 보너스, 주식, 회사 소유의 휴양지에서 보내는 여름휴가와 그 밖의 여러 가지 다른 혜택들을 제공하기 때문이다.

24
④

자격이 출중하다고 해서 늘 일자리를 얻을 수 있는 것이 아니라는 말에는 자격 외의 적극적인 노력이 필요하다는 의미가 담겨 있다. ④가 가장 적절하며, 나머지는 올바른 방법이라 할 수 없다.

qualified a. 자격 있는, 적임의 flatteringly ad. 알랑거리며, 비위를 맞추며, 아첨하는 투로 exaggeratedly ad. 과장하여, 과도하게 pompously ad. 점잔 빼며, 거드름 피우며 persuasively ad. 설득력 있게

가장 자격이 출중한 사람이라고 해서 늘 일자리를 얻는 것은 아니다. 일자리는 자기 자신을 직접 그리고 서류로 가장 설득력 있게 표현하는 사람에게 돌아간다. 그래서 당신에 어디에 있었고 또 무엇을 했다는 것을 나열하지만 마라. 당신이 일을 어떻게 잘 했는가를 말할 기회를 가지도록 하라.

25
③

공룡의 멸종으로 포유동물이 우위를 점하게 되었다고 했다. 빈칸 뒤에 extinct competitors는 공룡을 가리키는데, 이들이 비운 자리를 포유동물이 차지를 하게 된 것이므로, 비워진 생태학적 지위를 점하게 되었다는 뜻이 되도록 빈칸에는 ③이 적절하다.

mammal n. 포유류 extinction n. 멸종, 절멸 dinosaur n. 공룡 attain v. 이루다; ~를 차지하다 dominance n. 지배, 우세 diversify v. 다각[다양]화하다 evolutionary a. 진화의; 점진적인 stride n. 걸음, 진전 assume v. (성질·양상을) 띠다, 나타내다; (태도를) 취하다 take over 인수하다 vacate v. 비우다, 공허하게 하다 extinct a. 사멸한, 멸종한 archaeological a. 고고학의 specimen n. 견본, 표본 biological a. 생물학적인 diversity n. 다양성 ecological a. 생태학적인 niche n. 틈새; (생태적) 지위 primitive a. 원시적인 remnant n. 나머지, 잔여

공룡이 멸종하고 1억 5천만년이 지난 후에 포유동물이 우위를 점했다. 식물은 인상적으로 다양해졌다. 공룡들이 더 이상 포유동물들을 잡아먹지 못하자, 포유동물은 재빨리 진화적인 진전을 이루었으며, 새로운 형태 및 생활방식을 취하게 되었고 멸종이 된 경쟁자에 의해 비워진 생태학적 지위를 차지하게 되었다.

01 ④	02 ②	03 ④	04 ④	05 ④	06 ②	07 ②	08 ④	09 ①	10 ④
11 ④	12 ③	13 ③	14 ④	15 ①	16 ③	17 ④	18 ③	19 ②	20 ②
21 ②	22 ④	23 ②	24 ③	25 ①					

01 ④

정치에 대해서는 관대하고 진보적이라고 한 다음 역접의 접속부사 however가 왔다. 여성에 대한 견해는 정치에 대한 태도와는 반대여야 할 것이므로 ④가 빈칸에 적절하다.

scrupulously ad. 꼼꼼하게; 신중하게, 양심적으로 liberal a. 관대한, 개방적인 progressive a. 진보적인 lenient a. 관대한; 인정 많은 easygoing a. 태평한, 게으른 pleased a. 기뻐하는, 만족한 antiquated a. 구식의, 고루한

리(Lee) 박사는 정치에 있어서는 그야말로 개방적이고 진보적이었다. 하지만 여성에 관한 견해들은 꽤 고루했다.

02 ②

'저자가 막 사망했다'는 내용과 자연스럽게 호응할 수 있는 표현이 필요하므로, '사후(死後)에', '유작(遺作)으로'라는 의미의 ②가 정답으로 적절하다.

publish v. 발표하다; 출판하다 revive v. 소생하게 하다, 회복시키다 interest n. 관심, 흥미, 감흥 anonymously ad. 익명으로 posthumously ad. 죽은 후에, 사후(死後)에; 유작(遺作)으로 privately ad. 내밀히; 비공식적으로 incognito ad. 암행으로, 미행하여

유작(遺作)으로 간행된 그 책은 이제 막 사망한 저자에 대한 우리의 관심을 다시금 불러 일으켰다.

03 ④

큰언니의 빈정대는 행동은 떨어져서 살고 싶은 마음을 더 절실하게 만들었을 것이므로 '(감정 등을) 부채질하다'라는 의미의 ④가 정답으로 적절하다.

sarcasm n. 빈정거림, 풍자 comfort v. 위로하다; 안락하게 하다 deploy v. 전개시키다; 분산하다 please v. 기쁘게 하다, 만족시키다 fuel v. 연료를 보급하다; 자극하다, (감정 등을) 부채질하다

큰언니의 빈정댐이 웬디(Wendy)로 하여금 수천 마일 떨어져 살고 싶은 마음을 더 부채질했다.

04 ④

명사 growth가 '종양'의 의미로 쓰인 점과 '의사들이 염려했다'는 표현으로 미루어 빈칸에는 부정적인 의미의 단어가 들어가야 하겠다. 따라서 '악성(惡性)의'라는 의미의 ④가 정답이 된다.

surgeon n. 외과의사 growth n. 성장; 발전; 종양 benign a. 인자한, 친절한; <의학> 양성(良性)의 superficial a. 표면상의, 외면의; 피상적인 operable a. 수술에 적합한, 수술할 수 있는 malignant a. 악의가 있는; 해로운; <의학> 악성(惡性)의

의사들은 그 환자에게서 악성 종양을 발견할 가능성을 염려하고 있다.

05 ④

빈칸에는 등위접속사 and로 연결되고 있는 '거만한(domineering)'과 의미나 뉘앙스가 유사한 단어가 들어가야 한다.

resent v. 분개하다 domineering a. 거만한 urbane a. 도시풍의, 품위 있는, 세련된; 정중한 prudent a. 분별 있는, 신중한, 현명한 convivial a. 연회를 좋아하는; 쾌활한 imperious a. 오만한, 거만한; 긴급한, 중대한

그 회사의 젊은 노동자들은 사무국장의 거만하고 오만한 태도에 분개했다.

06 ②

양보절을 이끄는 Although가 이끄는 종속절의 내용과 주절의 내용이 대비를 이루어야 하므로, '여학생이 그 수가 많음에도 불구하고 그 만큼의 영향력은 갖고 있지 못하다'는 의미가 되어야 한다.

influence n. 영향 enormous a. 거대한, 막대한 negligible a. 무시해도 좋은; 대수롭지 않은 provocative a. 성나게 하는; 자극하는 venerable a. 존경할만한, 공경할만한, 덕망 있는

그 단과대학에는 남학생보다 여학생이 더 많지만 여학생들이 학생회에 갖고 있는 영향력은 미미하다.

07　②

행복, 건강, 물질적인 재화는 모두 국가의 부를 측정하는 기준으로 언급된 것들이므로, 빈칸에는 '~의 관점에서'라는 의미의 ②가 들어가는 것이 자연스럽다.

measure v. 측정하다, 측량하다 material a. 물질적인; 유형의 goods n. 물품, 상품; 재산, 재화 in line with ~와 비슷하게, ~에 맞추어 in terms of ~의 관점에서, ~에 의하여 in regard with ~와 관련하여 in tandem with ~와 동시에, ~와 협력하여

한 국가의 부(富)는 그 나라가 생산할 수 있는 물질적인 재화뿐만 아니라 국민들의 행복과 건강의 관점에서도 측정되어야 한다.

08　④

성공하기 위해서는 특정한 한 분야의 전문가가 되어야 한다고 했는데, 이에 대한 이유가 되는 첫 문장의 빈칸에는 ④가 들어가는 것이 적절하다.

era n. 연대; 시대, 시기 expert n. 전문가; 달인 well-rounded a. 다재다능한 industrialization n. 산업화 informatization n. 정보화 versatility n. 다재다능함 specialization n. 전문화

우리는 전문화의 시대에 살고 있다. 실제로 성공하기 위해서는 하나의 특정한 분야에서 전문가가 되는 것이 필요하다. 이는 곧 다재다능한 사람이 될 가능성을 허용하지 않는 것이다.

09　①

경제가 어려운 시기에도 현금 유동성을 완화하여 대출을 해줄 수 있다는 것은 그 만큼의 지급 능력을 갖추고 있다는 것을 의미한다.

loosen v. (규제 따위를) 완화하다, 관대하게 하다 cash flow 현금유동성 solvent a. 지급 능력이 있는 deficient a. 모자라는, 불충분한 discreet a. 분별 있는; 신중한 stingy a. 인색한

경제가 어려운 이런 시기에는 지급 능력이 있는 은행들만이 현금 유동성을 완화할 수 있고 대출을 시작할 수 있다.

10　④

as가 이유의 접속사로 사용되었다. 더 많은 고객들이 가격과 편리함 때문에 푸드 트럭을 이용하고 있다면, 거리에서 음식을 파는 노점상의 숫자도 그에 맞춰 늘어나고 있을 것이다.

vendor n. 행상인, 노점 turn to (도움·조언 등을 위해) ~에 의지하다 affordability n. 적당한 가격으로 구입할 수 있는 것; 감당할 수 있는 비용 convenience n. 편리, 편의 swindle v. 속이다, 속여서 빼앗다 stagnate v. 침체되다 conceive v. 상상하다 proliferate v. 증식[번식]하다; 급격히 늘다

더 많은 고객들이 적당한 가격과 편리함으로 인해 푸드 트럭을 이용하고 있기 때문에 거리의 음식 노점상은 미국에서 계속해서 급증하고 있다.

11　④

지도자를 자신 혹은 소수의 사람들이 선출한다는 것은 나머지 사람들에게는 그러한 권리가 주어져 있지 않다는 것을 의미한다. 빈칸에는 이처럼 자유가 억압되는 정치체제를 나타내는 표현이 들어가야 할 것이므로, '전체주의의'라는 의미의 ④가 정답이 된다. 전체주의란 강력한 국가권력이 국민생활을 간섭·통제하는 사상 및 그 체제를 일컫는다.

municipal a. 도시의, 지방자치의 bureaucratic a. 관료정치의; 관료적인 autonomic a. 자치적인, 자치의 totalitarian a. 전체주의의; 권위주의의

전체주의 국가에서는 자유선거가 거의 없다. 지도자는 자신 또는 소수의 사람들에 의해 선출된다.

12　③

친구의 행동을 통해서 알 수 있는 것은 우정의 정도, 즉, 친구에 대해 얼마나 애착을 가지고 있는가 하는 것이다.

slender a. 호리호리한, 날씬한; 얼마 안 되는, 빈약한 acquaintance n. 지식, 앎; 아는 사람 objectivity n. 객관성 dissention n. 의견 차이, 불화 attachment n. 애착, 사모, 애정 criterion n. 표준, 기준, 규칙

세상에 대한 얼마 안 되는 지식으로도 모든 사람을 확신시킬 수 있는 사실은 (삼척동자라도 알 수 있는 사실은) 말이 아니라 행동이 친구간의 우정을 판가름하는 참된 기준이라는 점이다.

13　③

빈칸 뒤의 '유기물'은 토양에 이로운 것인데, 빈칸 전후의 침식, 사막화 등처럼 부정적인 의미를 가지기 위해서는 빈칸에 ③이 들어가야 한다.

deterioration n. 저하, 악화 agricultural a. 농업의 soil n. 흙, 토양 erosion n. 부식, 침식 organic matter 유기물 desertification n. 사막화 salinizaion n. 염류화(鹽類化), 염류화 작용 alkalinization n. 알칼리성화 dependence n. 의지, 의존 partiality n. 편파, 불공평

침식, 유기물의 소실, 사막화, 염성화, 알카리화 등으로 인해 전 세계적으로 농업용 토양의 질이 저하될 것이다.

14　④

진짜 약과 같은 효과를 낸다는 말에는 실제로는 진짜 약이 아니라는 의미가 내포돼 있다.

term n. 용어, 전문어 pill n. 알약 ingredient n. 성분; 원료, (요리의) 재료 genuine a. 진짜의 medication n. 약물, 의약품 antidote n. 치료제; 해독제 charlatan n. 사기꾼, 돌팔이 의사 tablet n. 알약, 정제(錠劑); 명판 placebo n. 플라시보, 위약(僞藥) panacea n. 만병통치약

'위약(僞藥)'이라는 용어는 약의 성분이 들어가 있는 것은 아니지만 종종 진짜 약과 똑같은 효과를 만들어 낼 수 있는 약을 설명할 때 사용한다.

15 ①

지구가 우주의 중심이라고 믿었다는 단서로부터 정답을 추론할 수 있다.

astronomer n. 천문학자 cling to 고수하다 fixed a. 고정된, 일정불변한 erroneously ad. 잘못하여, 틀리게 indecisively ad. 확정적이지 않게, 주저하듯이; 우유부단하게 definitely ad. 분명히; 명확히; 한정적으로 notoriously ad. 악명 높게

중세 시대에, 천문학자들은 기원전 2세기 그리스 철학자인 프톨레마이오스(Ptolemy)의 학설에 잘못 집착했는데, 이는 지구가 우주의 고정된 중심이라는 것이었다.

16 ③

첫 번째 빈칸에는 dramatic colors와 관련하여 수컷 새들의 겉모습과 관련된 의미의 형용사가 필요하며, 두 번째 빈칸의 경우, 앞에 역접의 접속사 but이 쓰여 앞 문장과는 반대되는 말이 와야 하므로, 이러한 화려함이 다른 어떤 행동을 하는 데 반드시 필요하다는 의미를 만드는 표현이 필요하다.

courtship ritual 구애 행동 attractive a. 사람의 마음을 끄는; 매력적인 reliant a. 믿는, 의지하는 outstanding a. 걸출한, 눈에 띄는, 현저한 unneeded a. 불필요한 ornamental a. 장식의, 장식적인 essential a. 근본적인, 필수의, 가장 중요한 decorative a. 장식용의, 장식적인 reaction n. 반응

수컷 극락조의 인상적인 색깔은 단지 장식적인 것으로 보일 수도 있지만 실제로는 새들의 구애 행동에 있어 반드시 필요한 것이다.

17 ④

대부분의 미국 박물관이 소수의 부유한 기부자들의 지원을 받는다고 했는데, 이는 민간의 '자선 행위'에 해당하므로 빈칸에는 ④가 적절하다.

era n. 기원, 연대; 시대, 시기 meager a. 빈약한; 불충분한 funding n. 자금 조달 consecutive a. 연속적인, 잇따른 donor n. 기증자, 기부자 nuisance n. 골칫거리, 귀찮은 일 mediation n. 중재, 조정; 매개 interference n. 방해; 간섭, 참견 philanthropy n. 박애, 자선[박애] 행위[사업·단체]

예술품에 대한 불충분한 공공 기금과 그로 인한 민간 자선 활동에의 의존도가 높은 시대에 대부분의 미국 박물관은 소수의 매우 부유한 기부자들의 지원을 받고 있다.

18 ③

이미 널리 받아들여지고 있는 사실을 확립하려 하는 것은 굳이 할 필요가 없는 행위라 볼 수 있다.

establish v. (학교·회사 따위를) 설립하다; (관계 따위를) 확립하다, (제도·법률 등을) 제정하다 accepted a. 일반에게 인정된 inevitable a. 피할 수 없는, 부득이한 apropos a. 적당한, 적절한 superfluous a. 남는, 여분의; 불필요한 prudent a. 신중한, 조심성 있는

음악이 소리 사이의 수학적인 관계에 기초한다는 것이 이미 널리 받아들여져 있기 때문에 수학과 음악 사이의 관계를 확립하려는 것은 불필요한 것이다.

19 ②

while이 '~하면서도'라는 양보적 의미로 쓰였으므로, experimented with[(새로운 것을) 실험하다]와 반대되는 의미를 만들 수 있는 것이 빈칸에 들어가야 한다. 그러므로 '이전에 만들어진 발명품'이라는 표현을 완성시키는 ②가 가장 적절하다.

the Civil War (美) 남북 전쟁 opposing a. 대립하는, 적대하는 aerial a. 대기의; 공기 중의; 기체의 repeating rifle 연발총 muzzle-loading rifle 전장총 obsolete a. 쓸모없게 된; 진부한, 구식의 previous a. 이전의 precious a. 귀중한, 값비싼 obscure a. 분명치 않은, 불명료한

남북전쟁 기간 동안, 대립하고 있던 그 두 군대는 이전에 발명된 철도, 전보, 전장총 등에 크게 의지하면서도 공중 기구, 잠수함, 연발총 등을 실험했다.

20 ②

바로 앞의 '부근과 먼 곳에서 벌어진 일에 대해 노래를 부른다'는 단서로부터 정답을 추론할 수 있다.

wander v. 헤매다; 방랑하다 narrate v. 말하다, 설명하다, 이야기하다 preacher n. 설교자, 종교 강연자 commentator n. 주석자; (시사) 해설자 minstrel n. 음유시인

중세에, 가수들은 이곳저곳 떠돌아다녔다. 가는 곳마다 환영받았다. 그들은 흔히 노래로 가까운 곳과 먼 곳에서 일어난 일들을 노래했다. 그들은, 말하자면, 당대의 뉴스 논평가였다.

21 ②

앞의 injected tension과 호응해야 하므로 '우려를 키운다'는 의미를 만드는 표현이 적절하다.

surge n. 급상승, 급증 inject v. 주사하다, 주입하다 tension n. 긴장 misgiving n. 걱정, 불안, 염려 undulate v. 물결[파동]치다 provoke v. 화나게 하다; (감정 따위를) 일으키다; 선동하다 alleviate v. 완화시키다, 경감하다 supersede v. 대신하다; 폐지시키다

미국에서 해외의 자본이 급증한 것은 글로벌 경제에서 미국이 차지하는 위치에 대해 진행되고 있는 논쟁에 신선한 긴장을 불어넣었으며 외국인들이 미국의 경제적 장래를 좌우하게 되지 않을까하는 우려를 다시 키우고 있다.

---

22   ④

1953년에는 캐비아가 충분하고 토스트가 부족했던 반면, 현재는 토스트는 충분하지만 캐비아가 위험에 처해 있으므로 상황이 역전된 셈이다.

companion n. 동료, 상대 plentiful a. 많은, 풍부한 crisis n. 위기, 중대 국면, 난국 fidelity n. 충실, 성실 impact n. 충돌; 충격, 영향 mission n. 임무, 직무 reverse n. 역(逆), 반대

"언제나 충분한 캐비아(철갑상어알)를 구하는 것보다는 그것을 올려 먹을 충분한 토스트를 구하는 것이 문제겠죠."라고 제임스 본드가 상대 여성에게 설명한다. 1953년에는 정말 그랬는지 모른다. 요즘엔 그 반대가 사실이다. 토스트는 충분하지만 캐비아는 위기에 처해 있다.

---

23   ②

사람들이 관습의 노예가 돼 있다면 사소한 변화조차도 무척 꺼려할 것이다.

custom n. 관습, 관행 occupation n. 직업; 점유 adopt v. 채용하다, 채택하다 opposition n. 반대 hesitation n. 주저, 머뭇거림; 망설임 reluctance n. 마음이 내키지 않음, 마지못해 함, (하기)싫음 majority n. 대부분, 대다수

사람들은 하는 일에서 가장 별것 아닌 것들의 매우 단순한 개선을 채택할 때에도 망설이고 뜸을 들일 정도로 지나치게 관습의 노예가 돼 있다.

---

24   ③

여성이 강한 힘으로 변화시켜야 할 문화라면 남성이 지배하는 문화일 것이므로 빈칸에는 ③이 적절하다.

maneuver v. 이끌어내다, 빠져나가다 plight n. 곤경 potent a. 효능 있는, 유력한 indispensable a. 없어서는 안 될 gender integration(남녀합반 등의) 성별 통합 ethnic diversity 민족적 다양성 male dominance 남성 지배 political correctness 정치적 올바름(소수집단에 대한 차별이나 편견이 없는 표현과 용어의 사용)

우리는 그녀가 다시 싸워 곤경을 빠져나가는 모습을 보고 싶어 했는데, (만약 그랬더라면) 그것이 적어도 일본의 남성지배 문화를 변화시키는 데 없어서는 안 될 유력한 여성의 힘을 보여주는 데 도움이 되었을 것이다.

---

25   ①

빈칸 뒤의 양보절 although it grew out of a mishap과 주절의 내용이 대비를 이루어야 하므로, 빈칸에는 mishap과 상반되는 의미를 가진 표현을 포함하고 있는 것이 들어가야 한다.

lyric n. 서정시; 노래 가사 mishap n. 불운한 일, 재난 suppression n. 억압, 진압 provoke v. (감정 따위를) 일으키다; 성나게 하다, 신경질나게 하다 fury n. 격노, 격분 relieve v. (고통·부담 따위를) 경감하다, 덜다 ordeal n. 호된 시련; 고통스런 체험 galvanize v. 직류 전기로 자극하다, 갑자기 활기를 띠게 기운이 나게 하다 mobster n. 폭력단원

뮤지컬 "변화의 바람" 대본의 작곡 및 작사를 한 론 브레인스(Ron Breins)는 자신의 작품의 기원이 천안문에서 있었던 학생 무력 진압 사태라는 비극에서 나오긴 했지만, 창작 의도는 희망을 주려는 데 있다고 말하고 있다.

TEST.13

01 ②	02 ①	03 ②	04 ②	05 ④	06 ①	07 ②	08 ③	09 ②	10 ①
11 ②	12 ④	13 ③	14 ②	15 ②	16 ③	17 ④	18 ④	19 ④	20 ①
21 ③	22 ①	23 ①	24 ③	25 ①					

01 ②

부주의한 투자자들은 의심스러운 고수익 투자를 장려하는 사기꾼들에게 '사기를 당할' 것이다.

unwary a. 주의[경계]를 게을리 하는, 부주의한 scam artist 사기꾼 dubious a. 의심하는, 미심쩍어 하는 high-yield a. 고성능의, 고수익의 redeem v. 상환하다; 회복하다, 되찾다 swindle v. 사취하다, 사기치다 appreciate v. 가치를 인정하다 monitor v. 감시하다

부주의한 투자자들은 의심스러운 고수익 투자를 장려하는 사기꾼들에게 사기를 당했다.

02 ①

although가 이끄는 종속절과 주절의 내용이 대조를 이루어야 하므로, '나는 그를 존경하지 않지만 다른 사람들은 존경한다'라는 흐름이 되어야 할 것이다. 따라서 빈칸에는 reverence와 유사한 의미를 가진 표현이 들어가야 하며, ①이 그러한 의미와 가장 가깝다.

reverence n. 숭상, 존경 worthy of 상응한, ~에 어울리는, ~하기에 족한 admiration n. 감탄, 찬양 achievement n. 성취, 달성 virtuosity n. 기교 foolhardiness n. 무모함, 저돌적임

비록 어떤 사람들은 그가 찬양 받을 만하다 생각할지 몰라도 나는 그 남자를 향한 공경심이 없다.

03 ②

이어지는 관계대명사절에서 '거만함과 자만심이 없는'이라고 했으므로, 이것과 반대되는 의미를 가진 단어가 빈칸에 들어가야 함을 알 수 있다. 따라서 ②가 정답이 되며 and로 연결돼 있는 sincere와 자연스럽게 호응하는 표현을 고르는 식으로 접근하는 것도 가능하다.

translator n. 번역가 cultivate v. 양성하다, 교화하다, 계발하다 attitude n. 태도, 자세 free from ~이 없는, ~을 면한 arrogance n. 거만, 불손, 오만 conceit n. 자만, 자부심 impious a. 신앙심 없는, 경건치 않은 reverent a. 경건한, 공손한 indifferent a. 무관심한 artful a. 기교를 부리는, 교활한

번역가는 거만함과 자만심이 없는 성실하고 공손한 태도를 길러야 한다.

04 ②

'엄청난 지적능력에도 불구하고'라고 했으므로, 그 능력에 걸맞지 않은 결과에 해당하는 표현이 빈칸에 들어가야 한다. 따라서 '당황하거나 좌절했다'라는 흐름을 만드는 ②가 정답이 된다.

tremendous a. 굉장한; 엄청난 confront v. ~에 직면하다 enlighten v. 계몽하다 baffle v. 당황하게 하다; 좌절시키다 cautious a. 조심성 있는, 신중한 wary a. 조심성 있는, 세심한

엄청난 지적 능력에도 불구하고, 조나단(Jonathan)은 종종 실질적인 문제에 직면했을 때 좌절한다.

05 ④

싸움에 휩쓸리지 않으려면 양측 어느 편에도 서지 않으면 된다. 그것은 곧 '중립'을 의미한다.

embroil v. (분쟁에) 관련시키다, 끌려들게 하다, (사건 따위에) 휩쓸어 넣다 maintain v. 유지하다; 주장하다 consciousness n. 자각, 의식; 지각 suspense n. 미결정; 걱정, 불안; 지속적 불안감, 긴장감 vicinity n. 근접, 가까움; 부근 neutrality n. 중립, 불편부당 decisiveness n. 결정, 결단력; 단호함, 확고함

그들은 그 싸움에 휩쓸리는 것을 피하기 위해 최선을 다했고 가능한 한 중립을 유지하고 싶어 했다.

06 ①

노년이 가난, 고독, 질병을 가져온다고 믿는 한, 노년에 대한 생각은 걱정과 염려를 수반하게 될 것이다.

invariably ad. 일정불변하게; 항상 poverty n. 가난, 빈곤 isolation n. 고립, 고독 apprehension n. 염려, 우려 dignity n. 존엄, 위엄 indifference n. 무관심, 냉담 incapacity n. 무능, 무력

노년이 항상 가난과 고독, 그리고 질병을 가져온다고 믿는 한 우리는 노년에 대한 생각을 불안감으로 갖게 될 것이다.

07 ②

빈칸에 들어갈 단어를 뒷 문장에서 the introduction으로 받고 있다. 그러므로 빈칸에는 이와 유사한 의미를 가진 ②가 들어가는 것이 적절하다.

introduction n. 소개; 서론, 서문 attentive a. 경청하는; 주의 깊은, 세심한 conclusion n. 결말; 결론 prelude n. 서곡; 서막; 서두, 서론 reply n. 회답; 답사 objection n. 반대; 이의

그 과학자는 연설의 서두로서 우스운 농담을 했는데, 그가 희망했던 대로, 그 익살스런 소개는 청중을 활기 띠게 하였고 그들을 더 경청하게끔 하였다.

08 ③

방부제의 기능에 대한 내용이므로 제품의 오염을 '막는' 것이 이에 해당될 수 있을 것이다.

preservative n. 방부제 makeup n. 화장 용구; 화장품 on the shelf 선반에 얹혀 있는, 사용되지 않는 sustain v. 유지하다 infringe v. (법규를) 어기다, 범하다 contaminate v. 더럽히다, 오염하다 prolong v. 늘이다, 연장하다

방부제는 선반에 얹혀져 있는 화장품을 신선하게 유지시켜 줄 뿐만 아니라 당신이 그 제품을 오염시키는 것을 막아준다.

09 ②

고속도로에 가스가 누출된 상황에서 경찰이 바리케이드를 설치한 것은 교통을 차단하기 위함일 것이다.

portion n. 한 조각, 일부 leak n. 누출; (비밀 따위의) 누설 stretch n. 뻗기; 범위, 한도 hold on 계속하다, 지속하다 keep out ~을 안에 들이지 않다 break down 고장 나다 pull off 사라지다; 성공하다

올드 하이웨이(Old Highway) 51의 일부 구간이 가스 누출로 인해 폐쇄되었고, 경찰은 교통을 차단하기 위해 0.5마일 도로의 구간에 바리케이드를 설치했다.

10 ①

적으로부터 자신과 장비를 숨기기 위해 사용된다는 진술을 통해, '위장' 혹은 '변장'이 정답이 됨을 알 수 있다.

hide v. 숨기다, 보이지 않게 하다 equipment n. 장비, 설비, 비품 camouflage n. 위장(僞裝); 변장 tactics n. 용병학, 전술 legislation n. 입법, 법률제정 despoilment n. 약탈

전쟁에서 위장(僞裝)의 기능은 매우 단순하다. 그것은 적으로부터 자신과 장비를 숨기기 위해 사용된다.

11 ②

탐지할 수 없고 느낄 수 없는 이유가 될 수 있는 형용사가 빈칸에 들어가야 할 것이므로, '포착하기 힘든'이라는 의미의 ②가 정답으로 적절하다.

seismometer n. 지진계 detect v. 간파하다, 감지하다, 탐지하다 frequent a. 자주 일어나는, 빈번한 subtle a. 미묘한, 포착하기 힘든 violent a. 격렬한, 맹렬한 continuous a. 연속[계속]적인, 끊이지 않는

느리게 진행되는 지진은 너무나도 포착하기 힘들어서 일반적인 지진계는 그런 지진을 탐지할 수 없고, 지상의 사람들도 그런 지진은 느낄 수 없다.

12 ④

소수만이 감당할 수 있다는 것은 그 만큼 돈이 많이 드는 사치품과 같은 것이 되었다는 것이다.

recession n. 퇴거, 후퇴 cut into (이익·가치 등을) 줄이다 budget n. 예산; 경비 afford v. ~의 여유가 있다, ~을 구입할 돈이 있다 obligation n. 의무, 책임 premium n. 할증금, 프리미엄; 포상금 fender n. 방호물, 완충장치 extravagance n. 사치; 낭비 행위; 무절제, 방종

경기후퇴가 모든 이들의 휴가 예산을 줄여놓음에 따라 로키산맥과 알프스산맥은 보다 소수의 사람들만이 감당할 수 있는 사치가 되었다.

13 ③

말과 글에서의 차이가 극복되면, 양자가 서로 비슷해질 것이다.

express v. 표현하다 proper a. 적당한, 타당한 precise a. 정확한, 정밀한

보통 사람은 글과 말에서 자신을 다르게 표현한다. 그러나 적절한 연습을 통해 그 차이는 극복할 수 있으며, 그렇게 되면 글이 말과 보다 더 비슷해질 것이다.

14 ②

지구온난화가 더 이상 논쟁거리가 아닌 만큼 이제는 정부, 과학자, 사업가 모두 해결책을 찾기 위해 협력한다는 내용이다. no longer라는 부정의 표현이 사용되었으므로 빈칸에는 콜론(:) 이후에 나오는 내용과 상반되는 의미의 단어가 필요함을 짐작할 수 있다. 따라서 빈칸에는 '논쟁'이라는 뜻의 ②가 적절하다.

solution n. (문제 등의) 해법, 해결법 perilous a. 위험한, 모험적인 compliance n. 추종; 순종 contention n. 싸움; 논쟁, 말다툼 reciprocity n. 상호성; 호혜주의 prescience n. 예지, 선견

지구온난화의 위험성은 더 이상 논쟁의 핵심이 아니다. 정부 기관, 과학자, 그리고 비즈니스 리더들은 마침내 이 위험한 상황의 해결책을 찾기 위해 손을 잡았다.

15 ②

해일이 영국과 유럽대륙을 연결하고 있던 땅을 범람하기 전까지는 영국과 유럽대륙이 이어져 있었다는 것이므로, 당시 영국은 사방이 아닌 삼면이 바다로 둘러싸여 있는 지형이었던 게 된다. 이러한 지형을 반도(半島)라고 부르므로 빈칸에는 ②가 적절하다.

tidal wave 해일 flood v. (물이) ~에 넘치게 하다, 범람시키다, 잠기게 하다 strip n. (헝겊·종이·널빤지 따위의) 길고 가느다란 조각, 작은 조각; 좁고 긴 땅 inlet n. 후미; 입구, 끌어들이는 어귀 peninsula n. 반도(半島) archipelago n. 군도(群島), 다도해 bay n. 만(灣)

영국은 현재는 섬이지만, 거대한 해일이 영국과 유럽대륙과 연결시킨 좁고 긴 땅을 범람시켰던 것으로 여겨지는 약 8천 년 전까지는 반도(半島)였다.

16 ③

현재 잘 작동하고 있는 것은 오랜 기간의 진화를 거치면서 최적의 상태를 만들었기 때문일 것이며, 손상된 유전자는 '돌연변이'로 달리 표현할 수 있다.

gene n. 유전자 evolution n. 진화 cell n. 세포 cancer n. 암 identify v. (본인·동일물임을) 확인하다; (사람의 성명·신원, 물건의 소속 따위를) 인지[판정]하다 latent a. 잠복성[기]의 abnormal a. 정상이 아닌 optimize v. 완벽하게[가장 효과적으로] 활용하다 mutate v. 변화하다, 돌연변이하다 favour v. 호의를 보이다 functional a. 기능적인

우리의 유전자는 6억 년 이상 동안의 진화를 통해 가장 적합하게 되었다. 그렇기 때문에 잘 작동하고 있는 것이다. 그러나 우리의 일생동안 유전자는 온몸의 다양한 세포 안에서 손상된다. 이 돌연변이 유전자들이 대부분의 암을 유발한다.

17 ④

빈칸에는 바로 앞의 self-knowledge를 대신할 수 있는 표현이 들어가야 할 것이므로 '자기 성찰'이라는 의미의 ④가 가장 적절하다.

desirable a. 바람직한 counter-productive a. 역효과를 낳는 beset v. 포위하다, 에워싸다; (위험·유혹 등이) ~에 따라다니다, 괴롭히다 second-guess v. (결정 등을) 예측[추측]하다; (결정·사건 등을) 사후에[뒤늦게] 비판하다 hesitation n. 주저, 망설임 speculation n. 사색, 숙고 perspective n. 원근법; 전망; 시각 circumspection n. 용의주도함, 신중함 introspection n. 자기 성찰

자기 이해는 강력하고 바람직한 것이지만, 너무 많은 자기 성찰은 스스로에 대한 의구심으로 자신을 괴롭게 하고, 심지어 망설임의 시간이 지난 뒤라 할지라도 자신의 결정에 의구심을 갖게 하는 역효과를 낳을 수 있다.

18 ④

전투나 군사 작전의 상황이 좋지 않음을 대중이 알게 된다면, 그들의 '사기'에 부정적인 영향을 미칠 것이다.

conceal v. 숨기다 campaign n. 군사행동, 선거운동 akin a. 동족의; 유사한 coverage n. 보도, 취재 interpretation n. 해석, 설명; 통역 explication n. 해설; 설명 morale n. 사기

전시(戰時)에 정치 지도자들은 전투나 군사 작전의 상황이 좋지 않은 경우, 종종 대중에게 진실을 감추길 바랄지도 모르는데, 이는 진실을 알게 됨으로써 대중의 사기에 부정적인 영향을 끼침으로써 적에게 두 번째 승리와 비슷한 것을 가져다줄지도 모른다는 두려움 때문이다.

19 ④

음악 치료 요법은 학대 받은 어린이를 위한 지원 서비스에 도움을 주기 위한 프로그램일 것이므로, 결국 '보충' 혹은 '보완'의 역할을 한다고 볼 수 있다.

therapy n. 치료, 치료법 consolidate v. 결합하다; 공고히 하다 integrated a. 통합된; 완전한 understudy v. 대역을 하다 relieve v. 경감하다, 완화하다 vilify v. 비방하다, 중상하다; 헐뜯다 supplement v. 보충하다

학대 받은 어린이를 위한 지원 서비스를 보완하기 위해 음악 치료 요법을 사용하는 것은 이들 프로그램이 노래 연습과 전문적인 상담이 통합된 형태로 하나가 될 때 가장 생산적이다.

20 ①

재정적으로 어려움을 겪고 있는 미국인들이 약 이외의 다른 필요한 것을 사는 데 돈을 쓴다면, 이는 약에 돈을 쓰지 않고 약 없이 지내는 쪽을 선택했기 때문일 것이다.

consumer n. 소비자 prescription drug (약국에서 구입할 때) 의사의 처방전이 필요한 약 decline n. 쇠퇴, 감퇴; 하락 modest a. 알맞은, 온당한 expert n. 전문가 medication n. 약물 치료; 약물 necessity n. 필요; 필수품 forgo v. ~없이 지내다 procure v. 획득하다, (필수품을) 조달하다 classify v. 분류하다 heckle v. 조롱하다

미국의 소비자들은 의사의 처방전이 필요한 약을 지난해보다 더 적게 주문하고 있다. 이러한 감소 추세는 대단하진 않지만, 많은 전문가들은 재정적인 어려움을 겪는 사람들이 다른 필수품을 지불하기 위해 약 없이 지내는 것을 선택하고 있다고 믿고 있다.

21 ③

물건 한 개 값으로 세 개를 얻을 수 있는 기회를 거부하는 것이 불가능해 보였다면, 그 물건을 구입하게 하는 유혹은 억누를 수 없을 정도였

다고 할 수 있다.

refuse v. 거절하다, 거부하다, 사절하다 article n. 기사, 논설; 조항; 물품, 물건 temptation n. 유혹 purchase v. 사다, 구입하다 restrainable a. 삼가는, 절제하는, (생활이) 절도 있는 recommendable a. 추천할 수 있는, 권할 만한 irresistible a. 저항할 수 없는; 억누를 수 없는, 억제할 수 없는 irresponsible a. 책임을 지지 않는, 무책임한

하나의 가격에 그런 유용한 물건 세 개를 얻을 수 있는 기회를 거부하는 것은 불가능해 보였으며, 물건을 구입하게 하는 유혹이 억누를 수 없을 정도여서 나는 그 기회를 잘 이용하기로 결심했다.

22 ①

두 번째 문장은 첫 번째 문장에 대한 부연설명에 해당한다. 빈칸에는 두 번째 문장의 '희극적인 기분 전환(comic relief)'과 유사한 의미를 갖는 표현이 들어가야 할 것이므로 '경박'이라는 의미의 ①이 정답이다.

tragedy n. 비극, 비극적인 이야기 thrust n. 밀기; 찌르기; 혹평, 날카로운 비꼼; 요점, 진의(眞意); 취지 relief n. (고통·곤란 따위의) 경감, 제거; 안심, 위안 overwhelm v. 압도하다 levity n. 경솔, 경박 despair n. 절망 lucidity n. 밝음, 맑음 melancholy n. 우울; 우울증

많은 비극들이 작품의 전체적인 취지에도 불구하고 경박한 순간을 제공하는 장면을 최소 몇 개는 가진다. 이러한 장면들은 극의 나머지 부분이 가진 비극적 성격이 관객을 압도하는 것을 막는 희극적인 기분 전환을 어느 정도는 제공할 수 있다.

23 ①

두 번째 문장에서 '이것은 여러 가지 면에서 도시와 유사하다'라고 했으므로, 첫 번째 문장을 두 번째 문장과 같은 흐름의 문장으로 만들어주는 ①이 정답이 된다.

cooperate v. 협동하다 analogy n. 유사, 비슷함; 유추 edifice n. 건물; 체계 gallery n. 화랑, 미술관 citadel n. 성(城); 요새; 최후의 거점

개미 언덕은 도시와 유사한 역할을 할 수 있다. 이것은 여러 가지 면에서 도시와 유사하다. 매우 많은 수의 개미들이 개미 언덕에 살고 있으며, 거기에는 많은 건물들이 있으며, 그리고 개미들은 마치 사람들처럼 목적을 달성하기 위하여 협동한다.

24 ③

거짓말 탐지기를 완전한 것으로 생각하는 사람들은 거짓말 탐지기가 고유의 기능을 오류 없이 수행할 것이라고 생각할 것이다. 따라서 ③이 정답이 된다. 비교적 신뢰성이 있다는 말은 거짓말 탐지기에 오류가 있을 수도 있다는 말이므로 빈칸에 ④는 적절하지 않다.

be accustomed to ~에 익숙해져 있다 lie detector 거짓말 탐지기 foolproof a. 고장이 없는, 절대 확실한 assume v. 당연한 것으로 여기다; 추정하다, 가정하다

separate v. 분리하다 relatively ad. 상대적으로 reliable a. 확실한, 신뢰성 있는

대부분의 미국인들은 거짓말 탐지기가 어떠한 오류도 없다고 생각하는 데 익숙해져 있다. 거짓말 탐지기가 기계이기 때문에 미국인들은 그 기계가 어떠한 오류도 없이 유죄와 무죄를 구별할 수 있다고 생각한다. 그러나 실제로는 그것은 더할 나위 없이 사실과 거리가 먼 이야기다.

25 ①

고위 정치인의 부적절한 행동에 대한 이야기가 반복해서 터지면 유권자들은 전체 정치인들을 비도덕적으로 바라보게 될 것이다. 유권자들이 정치에 대한 흥미를 잃게 한다고 하였다(turns a few more voters off of the political process). 고위 공무원이 부도덕하면 나머지 다른 정치인들도 그렇다고 여기기 마련이므로 ①이 정답이 된다.

expose v. 노출시키다; (죄·비밀 따위를) 폭로하다 scandalous a. 소문이 나쁜, 수치스러운 inappropriately ad. 부적절하게, 부당하게 profession n. 직업 turn ~ off ~을 흥미를 잃게 하다 sordid a. 더러운, 지저분한 querulous a. 불평을 하는, 화를 잘 내는 proficient a. 숙달된, 능숙한 advisable a. 권할 만한, 적당한; 현명한

정치인들은 자주 그들의 경쟁자의 수치스러운 개인적 행동을 노출시키고 싶어 하지만, 고위 정치인의 부적절한 행동에 대한 이야기가 터질 때마다 전체 정치인들을 조금 더 비도덕적으로 보이게 만들고 좀 더 많은 유권자들이 정치적 과정에 흥미를 잃도록 한다는 것을 그들은 기억해야 한다.

01 ④	02 ①	03 ③	04 ③	05 ④	06 ④	07 ②	08 ②	09 ②	10 ②
11 ①	12 ③	13 ④	14 ①	15 ③	16 ④	17 ①	18 ③	19 ③	20 ①
21 ①	22 ④	23 ②	24 ①	25 ②					

01 ④

양보의 접속사 though로 연결되었으므로, 주절에서는 '쓰나미에 영향을 받지 않고 언덕 위에 있는 집은 무사했다'고 해야 자연스럽다.

ruin v. 망치다; 폐허로 만들다 vacant a. 비어 있는 disturbed a. 불안[걱정]스러운 restricted a. 제한된, 제약을 받는 intact a. 본래대로의, 손대지 않은

마을 전체가 쓰나미로 인해 폐허가 됐지만, 언덕 위에 있는 집은 무사했다.

02 ①

시험에서 떨어졌다는 것은 시험을 잘 보지 못했다는 것이고, 이는 곧 써낸 답이 타당하거나 적절하지 않았다는 것을 의미한다.

pertinent a. 타당한, 적절한, 요령 있는 referential a. 관련한; 참조의 elusive a. 알기 어려운; (교묘하게) 도망 다니는, 회피하는 implacable a. 달래기 어려운, 화해할 수 없는

그가 쓴 답 중 맞는 답이 하나도 없었으므로 시험에서 떨어졌다.

03 ③

인접한 시대의 가치관이나 신조가 매우 다르거나 이질적인 경우를 역설적이라고 할 수 있을 것이다.

paradoxically ad. 역설적으로 era n. 기원, 연대; 시대, 시기 tenet n. 주의; 교의 predilection n. 편애 heresy n. 이단 precursor n. 선구자, 선각자

역설적이게도, 그 시대의 (지배적인) 가치관은 대개 그 이전 시대에는 이단적인 사상이다.

04 ③

전화를 받으려고 집 안으로 달려들어 오다가 전화기 코드에 걸려 넘어지는 상황과 가장 잘 어울리는 표현은 '숨을 헐떡거리며'라는 의미의 ③이다.

trip v. (발이) 걸리다, 걸려 넘어지다; 과오를 범하다, 실수하다 hesitantly ad. 망설이면서, 주저하면서 soothingly ad. 달래어, 위로하여 breathlessly ad. 숨을 헐떡이며; 숨을 죽이고 distantly ad. 멀리, 떨어져서; 쌀쌀하게, 냉담하게

그는 집 안으로 달려 들어가, 전화기를 향해 뛰었다, 그리고는 숨을 헐떡거리며 전화를 받았으나 전화기 코드에 걸려 넘어지고 말았다.

05 ④

삼엄한 경찰의 순찰에 의해'라는 어구가 있으므로 첫 번째 빈칸에는 ③과 ④만이 가능하다. 한편, 양보의 의미를 지닌 접속사 Although에 의해 주절과 종속절의 의미는 반대가 되어야 하므로, '경찰이 순찰을 했지만 계속 지하철을 어슬렁거렸다'는 의미가 되도록 두 번째 빈칸에는 ④의 continue가 들어가야 한다.

intense a. 강한, 격렬한; (감정 등이) 열정적인 burglar n. 강도 prowl v. (사람, 동물이) (먹이를 찾아, 훔칠 기회를 노려) 찾아 헤매다, 어슬렁거리다 incite v. 자극하다, 격려하다, 고무하다; 선동하다 decline v. (정중히) 거절하다 enliven v. 활기 있게 만들다 hinder v. 방해하다, 훼방하다 cease v. 중지하다, 그치다 impede v. 방해하다, 저해하다

삼엄한 경찰의 순찰 때문에 방해를 받았지만, 도둑들은 계속해서 지하철을 어슬렁거리며 돌아다녔다.

06 ④

such as는 '~와 같은 것'이라는 의미이다. 주어진 문장에서 such as 이하에 제시된 죄책감과 당황스러움은 감정과 연관된 단어이므로, 빈칸에는 ④가 적절하다.

guilt n. 죄가 있음; 유죄; 죄책감 embarrassment n. 당황, 곤혹 solution n. 해결, 해명 behavior n. 행동, 태도 proposition n. 제안, 건의 emotion n. 감정; 감동

십대들은 죄책감 또는 당황스러움 같은 감정을 처리하는 데 있어 성인들과는 다른 부위의 뇌를 사용한다.

07 ②

불경기가 계속되면 일자리는 줄어들고 지원자는 넘쳐날 것이다

recession n. 경기 후퇴 available a. 이용할 수 있는; 입수 가능한 opening n. 취직 자리; 결원, 공석 greet v. 맞이하다, 환영[영접]하다 applicant n. 지원자, 후보자 abundance n. 풍부, 많음 deterioration n. 황폐; 악화 exhibit n. 전람, 전시; 전시품, 진열품 revolution n. 혁명; 변혁

불경기가 계속해서 가용한 일자리를 감소시킴에 따라, 일자리가 생기면 수많은 지원자들이 몰려들고 있다.

08 ②

거대한 욕조에 토성을 넣으면 뜰 것이라고 하고 있는데, 이는 토성이 물보다 밀도가 낮다는 것을 의미한다. 빈칸 앞에 부정어 less가 있으므로 ②가 정답이 된다.

saturn n. 토성 solar system 태양계 imaginary a. 상상의, 가상의 gigantic a. 거대한; 아주 큰 volatile a. 휘발성의; 폭발하기 쉬운 dense a. 밀집한, 빽빽한; 밀도가 높은 efficient a. 능률적인, 효과적인 flexible a. 구부리기 쉬운, 굴절성의

토성은 태양계에서 물보다 밀도가 낮은 유일한 행성이다. 당신이 가상의 거대한 욕조를 만들 수 있다면 토성은 그 안에서 떠 있을 것이다.

09 ②

두 번째 문장은 첫 번째 문장에 대한 부연 설명에 해당한다. 공생 관계를 인정한다는 것은 결국 상호 배타적이지 않음을 인정해야 한다는 것이므로 ②가 정답으로 적절하다.

symbiotic a. 공생의 conceded a. 인정된 mutually ad. 서로, 상호간에 exclusive a. 배타적인 delicately ad. 섬세하게, 정교하게 disciplined a. 훈련된, 군기가 잡힌 interactive a. 상호 작용하는

우리는 세계적인 문제를 상호 배타적으로 바라봐서는 안 된다. 오히려, 우리는 공생관계를 인정할 필요가 있다.

10 ②

환자들에 대해 적절한 처방을 하기 위해서는 환자들의 검사에 만전을 기해야 할 것이므로 빈칸에는 ②가 들어가야 한다.

prescribe v. 처방하다 treatment n. 치료; 치료법 temporarily ad. 일시적으로, 임시로 thoroughly ad. 완전히, 철저히 bearably ad. 견딜 수 있게, 참을 수 있게 erratically ad. 괴상하게; 변덕스럽게

그 교수는 그녀의 학생들이 환자들에게 적절한 치료를 처방할 수 있기 위해 환자들을 철저히 검사하고 관찰할 수 있도록 교육시켰다.

11 ①

흰 피부와 금발이 외모(appearance)에 해당하므로, 빈칸에는 빈칸 뒤의 '지적이고 온정적인'을 나타낼 수 있는 ①의 '성품'이 적절하다.

blond a. 금발의 appearance n. 외모 intelligent a. 지적인, 영리한 warm-hearted a. 마음씨 따뜻한, 온정적인 character n. 성격, 인격 physique n. 체격 wisdom n. 지혜 passion n. 열정

엘리자베스는 흰 피부에 금발이었다. 그녀는 외모뿐 아니라 성품에서도 아버지를 닮아 아버지만큼 지적이고 온정적이었다.

12 ③

'so ~ that …' 구문은 인과 관계를 나타낸다. 국민정신에 낙관주의가 깊이 내재돼 있었다면, 대공황과 일련의 불경기들을 긍정적인 마인드로 극복해내거나 버텨낼 수 있었을 것이므로 빈칸에는 ③이 들어가는 것이 적절하다.

optimism n. 낙천주의, 낙관론 embed v. 깊숙이 박다, 깊이 간직하다 psyche n. 정신, 영혼 the Great Depression 대공황 a string of 일련의 recession n. 불경기, 불황 maintain v. 유지하다; 주장하다 abandon v. 포기하다 withstand v. 저항하다, 견디어내다 neglect v. 무시하다

낙관주의가 미국인들의 정신에 너무나 깊이 박혀 있었기 때문에 미국인들은 1930년대의 대공황과 일련의 불경기들을 견뎌낼 수 있었다.

13 ④

조금만 수면이 부족해도 생산성에 피해를 준다고 했으므로, 한 시간을 적게 자면 생산성이 한 시간 늘어난다는 것은 근거가 희박한 '사회적 통념'으로 볼 수 있다.

live by ~에 따라 살다 productivity n. 생산성 deprivation n. 박탈; 결핍 take a toll 피해를 끼치다 maxim n. 격언, 금언 myth n. (근거 없는) 이야기, 사회적 통념 covenant n. 계약, 서약 script n. 원고; (극·영화·방송극 등의) 각본

우리는 한 시간 적게 자면 생산성이 한 시간 늘어난다는 사회적 통념을 갖고서 살아가고 있다. 실제로는, 한 연구조사에 따르면, 조금만 수면이 부족해도 우리의 생산성에 큰 피해를 준다.

14 ①

인간이 자연의 일부라는 내용으로부터 정답을 추론할 수 있다.

exception n. 예외 picture v. 사진을 찍다; 마음에 그리다; 묘사하다 determine v. 결심시키다, 결정하다 conquer v. 정복하다

많은 작가들은 인간이 자연의 질서에서 예외라고 믿고 있는 것 같다. 왜냐하면 작가들은 인간의 행동을 인간에 의해서만 결정된다고 묘사하고 있기 때

문이다. 그러나 그들은 실수하고 있는 것이다. 왜냐하면 인간은 자연의 일부이며 따라서 자연의 법칙을 따라야 하기 때문이다.

15 ③

문맥상 빈칸 앞에 쓰인 명사 reduction보다 정도가 강한 의미를 가진 표현이 필요하므로 ③이 정답이 된다.

foremost a. 맨 먼저의; 주요한 reduction n. 감소; 환원 redemption n. 되찾음; 상환; 구출 retaliation n. 보복, 앙갚음 elimination n. 제거, 배제 progression n. 전진, 진보

많은 사람들이 폭력을 싫어하고 있으며 그들은 인간의 삶에서 폭력을 줄이거나 가능하면 그것을 제거하기 위해 노력하는 것이 자신들의 가장 희망적인 일 중의 하나라고 확신하고 있다.

16 ④

딜러들이 그들의 세계에 대해 이야기 하는 것은 insider's knowledge라고 할 수 있으며, 주식 시장이 상대적으로 변덕스러운 정도가 적다는 것은 예술 시장보다 예측가능하다는 것을 의미한다.

insist v. 주장하다 fickle a. 변덕스러운, 변하기 쉬운 by comparison 상대적으로, 비교적 sensible a. 분별 있는, 현명한 erratic a. 별난; 산만한; 변덕스러운 irrational a. 불합리한, 이성을 잃은 investor n. 투자자 boom v. 갑자기 경기가 좋아지다; 폭등하다 insider n. 내부 사람, 내부자, 내막을 아는 사람 predictable a. 예언할 수 있는, 예측할 수 있는

딜러들은 전문적 예술 작품 딜러가 예술 시장에서 돈을 벌 수 있다고 주장하지만 (예술시장에서는) 내부자 지식(정보)도 충분하지 않다. 예술계는 하도 변덕스러워서 그에 비하면 주식 시장 가격은 상대적으로 예측가능하다고 할 수 있다.

17 ①

"반복"을 통해 얻게 되는 교훈 또는 효율성으로는 "익숙함"이 적절하다.

assembly line 조립대 be aware of 알고 있다 efficiency n. 능력, 능률, 효율성 repetition n. 되풀이, 반복 manufacture v. 제조하다, 생산하다 familiarity n. 능숙함; 친함, 가까움; 편안함 honesty n. 정직, 성실 curiosity n. 호기심 creativity n. 창의성

조립대에서 일하는 사람은 반복을 통해 얻어질 수 있는 효율성에 대해 잘 알고 있다. 그래서 모든 제조 공장 근로자와 관리자는 익숙함의 가치를 잘 알고 있다.

18 ③

박물관이 도난당한 문화재나 예술품을 구매했다면 그 사실로 인해 도

덕적 비난에 부딪혔을 것이고 이 문제는 박물관이 맞서 싸워야 이슈가 되었을 것이다.

loot v. 약탈하다 priceless a. 매우 귀중한 archeological a. 고고학의 dig n. 파내기; 발굴지 cart v. 수레로 나르다; 실어 내다 conquest n. 정복; 점령지 disparage v. 얕보다, 깔보다; 헐뜯다, 비난하다 camouflage v. 위장하다, 변장하다; 주변의 색깔과 섞이는 색으로 변해 숨다 contend v. 주장하다; 다투다, 경쟁하다; 싸우다 insatiable a. 만족할 줄 모르는, 매우 탐욕스러운

전 세계 박물관들은 약탈된 문화재라는 이슈와 오랫동안 싸워야 했다. 영국과 프랑스는 점령지로부터 값진 예술품을 국내로 들여왔고 많은 박물관들은 고고학적 발굴지에서 도난당한 예술품을 구매해왔다.

19 ③

많은 사람들의 삶을 돕기 위해 행동하는 것은 인도주의적인 노력에 해당한다.

come up with (아이디어 등을) 떠올리다, 생각해내다 devoted a. 헌신적인; 몰두하고 있는 prodigal a. 낭비하는 philistine a. 속물의 humane a. 인도주의적인 worldly a. 세속적인, 속세의 ulterior a. 숨겨진, 감춰진

그들은 사용될 기금으로 어떻게 많은 사람들의 삶을 획기적으로 도울 수 있을지 생각해 보았고 그 이전의 어떤 인도주의 활동에 쓰인 것보다 더 많은 기금을 그들이 생각해낸 아이디어에 쏟아 붓기 시작했다.

20 ①

매사에 옳게 행동하는 사람은 자신에게 적절하지 않은 자리에는 있지 않으려 할 것이다.

liability n. 책임 있음, 책임; 부담, 의무; (~한) 경향이 있음 realize v. 실감하다. 깨닫다 limitation n. 제한, 한정; 한계 unequal a. 같지 않은; 적임이 아닌, 감당하지 못하는 refuse v. 거절하다, 거부하다 humbly ad. 겸손하게 concede to ~에게 양보하다 grudgingly ad. 마지못해서, 내키지 않지만 repudiate v. 부인하다, 거부하다 uncompromisingly ad. 단호하게, 타협적이지 않게 without any reservation 의구심 없이, 의심 없이

(매사에) 옳게 행동하려고 하며 자신의 한계를 깨달은 사람들에게 있어서, 만약 그들이 그 위치에 적절하지 않다는 것을 깨닫는 경우에 그 자리를 겸손하게 거절하는 것은 분명하고도 단순한 의무이다.

21 ①

빈칸 뒤의 콜론은 앞 문장의 내용을 요약하거나 설명하는 용법으로 쓰였다. 따라서 빈칸에는 콜론 이하에 쓰인 close the book on의 의미를 내포하고 있는 표현이 들어가야 하므로 ①이 정답으로 가장 적절하다.

attain v. 얻다, 획득하다; 달성하다 close the book on ~에 대한 결론을 도출하다 clear-cut a. 명백한 methodical a. 질서 있는, 조직적인 confidential a. 비밀스런, 은밀한

사람들이 정신 건강을 얻을 수 있는 수단에 특히 관심이 있던 베일리언트
(Vaillant)는 결정적인 대답, 즉 인간 본성에 관해 적어도 몇 가지 질문에 대
해서는 결론을 낼 수 있는 길을 찾고 있는 듯하다.

---

22 ④

한 지역은 덥고 다른 지역은 춥거나 토네이도가 지나갔다면, 날씨가 변
덕스럽다고 할 수 있다.

shimmer v. 희미하게 반짝이다, 가물거리다 unseemly a. 부적당한, 때[장소]에
맞지 않는 chill a. 차가운, 냉랭한 sweltering a. 찌는 듯이 더운 genial a. 온화한,
쾌적한 limpid a. 맑은, 투명한 capricious a. 변덕스러운

변덕스러운 여름 날씨가 전국을 놀라게 했다. 뉴욕의 고층빌딩이 지금까지
기록된 것 중 가장 높은 화씨 104도를 기록하며 가물거렸던 반면에 플로리
다 사람들은 때에 맞지 않는 추위를 견뎌야만 했으며 토네이도가 오클라호
마를 관통했다.

---

23 ②

replace A with B는 'A를 B로 대체하다'는 뜻인데, 영화를 찍기 위해서
가계약을 먼저하고 나서 영화를 찍는 동안 '영구계약'으로 대체할 수 있
을 것이므로, 빈칸에는 B에 해당하는 ② permanent가 적절하다.

provisional a. 임시의, 일시적인 provisional contract 가계약 permanent
a. 영구[영속]적인 temporary a. 일시의, 잠깐 동안의 marginal a. 미미한; 주변
부의 nascent a. 발생기의, 초기의

영화 촬영을 급하게 시작해야 한다면, 배우와 가계약을 맺고 최소한 영화 촬
영을 시작할 수 있다. 당신은 영화를 찍는 동안 가계약을 영구계약으로 바꾸
는 시간이 있을 것이기 때문이다.

---

24 ①

항구적인 대립 속에서 살아온 행진자들이 평화의 의미와 가치에 대해
누구보다 더 잘 알고 있다는 내용으로부터 정답을 추론할 수 있다.

constant a. 변치 않은, 일정한 conflict n. 싸움, 분쟁 cease-fire n. 정전, 휴전
entitle v. 칭호를 주다, 제목을 붙이다; 권리를 주다 make light of 가볍게 다루다
[여기다] vanity n. 허영

하지만 우리는 평생을 분단된 나라에서 항구적인 대립 속에 살아온 그 행진
자들은 평화의 의미와 가치를 어느 누구보다 잘 알고 있으며 따라서 평화행
진을 펼칠 자격이 그 누구보다 있다고 생각한다.

---

25 ②

인간과 달리 자연은 차별을 모른다는 단서로부터 정답을 추론할 수 있다.

intimately ad. 친밀하게, 밀접하게 justify v. 옳다고 하다, 정당화하다
differentially ad. 다르게, 다양하게 mutual a. 서로의; 공동의 attraction n.
매력, 유혹; 끌어당김 positive a. 양성(陽性)의; 양(陽)의 negative a. 음성(陰性)
의; 음(陰)의 electrical charge 전하(電荷) awe n. 두려움; 존경, 경외
circulatory system 순환계 rate v. 평가하다 merit n.가치; 장점 uniform
a. 변화하지 않은, 한결 같은

우리는 자연의 다른 측면보다 일부 어떤 측면에 더 관심이 많지만, 이런 사
실들을 다르게 평가하는 것은 정당화되지 못한다(옳지 않다.) 양전기와 음전
기의 상호 인력은 인간 순환계의 작동 못지않게 경이로워 할 가치가 있다.
자연은 자신의 산물들(사실들)을 동등한 가치로 평가한다.

01 ④	02 ①	03 ③	04 ③	05 ①	06 ①	07 ③	08 ⑤	09 ③	10 ④
11 ①	12 ②	13 ④	14 ①	15 ①	16 ②	17 ③	18 ②	19 ④	20 ①
21 ①	22 ②	23 ③	24 ②	25 ③					

01 ④

주절에서 형사 사건이 과학보다는 증인의 증언에 의존했다고 했는데, 이를 통해 이 시기는 과학적인 증거가 사용되기 이전임을 알 수 있다. 따라서 과학과 관련된 ④가 빈칸에 적절하다.

evidence n. 증거 criminal case 형사 사건 witness n. 증인, 증언 testimony n. 증거, 증언 legal a. 법률(상)의 judicial a. 사법의 punitive a. 형벌의 forensic a. 법의학적인, 범죄 과학 수사의

법의학적 증거가 사용되기 이전에, 형사 사건은 과학보다는 증인의 증언에 의존했다.

02 ①

차장이 승객들에게 조용한 차 안에 있다는 것을 상기시켜 주는 상황에서는 승객들이 대화를 멈추는 것이 일반적인 상황이므로 빈칸에는 ①이 적절하다.

conversation n. 회담, 대화 conductor n. 안내자, 지도자; (전차·버스·열차의) 차장 remind v. 생각나게 하다, 깨닫게 하다 hush v. ~을 조용하게 하다, 입 다물게 하다 overhear v. (몰래) 엿듣다, 도청하다 initiate v. 시작하다, 개시하다 expedite v. 재촉하다

기차 승객들은 차장이 그들에게 그들이 조용한 차 안에 있다는 것을 상기시켜 주면 일반적으로 그들의 대화를 멈출 것이다.

03 ③

빈칸에는 냉소적인 사람이 가질 수 있는 성격적인 특성과 가장 관련이 깊은 필요하므로, ③이 정답으로 적절하다.

outlook n. 관점, 세계관, 인생관 instinct n. 본능 favorable a. 호의적인 moral a. 도덕의, 윤리의 bleak a. 어두운, 암울한; 냉혹한 confident a. 자신 있는, 확신하는

냉소적인 사람은 다른 사람들에 대해서 비관적인 관점을 가지고 있으며, 항상 사람들이 그들의 최악의 본능에 지배받는다고 생각한다.

04 ③

by 전치사구가 순접의 등위접속사 and에 의해 병치되고 있는데, 바다를 오염시키고 생물의 다양성을 파괴하는 행위와 같이 이산화탄소의 배출을 늘리는 행위가 지구를 망칠 것이다. 빈칸 앞에 부정어 not이 있으므로 늘리는 것과 반대되는 뜻의 ③이 빈칸에 적절하다.

pollute v. 더럽히다, 오염시키다 emission n. 발산, 방출 biodiversity n. 생물의 다양성 extend v. 확대[확장]하다 intensify v. 심화시키다, 강화하다 mitigate v. 완화[경감]시키다 consume v. 소비하다

우리는 바다를 오염시키고, 이산화탄소의 배출을 줄이지 않고, 생물의 다양성을 파괴함으로써 지구를 망쳐놓고 있다.

05 ①

꿀을 냉장고에 보관하면 결정화된다고 했으므로, 그럴 경우 꿀은 단단히 굳게 될 것이다.

crystallize v. 결정화되다 grainy a. 알갱이 모양의; 알갱이가 많은 virtually ad. 사실상, 실질적으로 solid a. 단단한; 고체의, 고형의 vaporized a. 기화된 liquefied a. 액화된 rotten a. 썩은

꿀은 냉장고에 보관하게 되면 결정화될 것이다. (그럴 경우) 꿀은 알갱이가 생기게 되고 사실상 굳게 되는데, 그렇게 되면 불편할 뿐만 아니라 사용하기가 거의 불가능하다.

06 ①

장관이 이념적 측면에서 일관적이라고 했으므로, 정책을 추진함에 있어서도 일관된 행동을 보여주었다고 해야 한다. 그런데 빈칸 앞에 not이 있으므로 일관되는 것과 반대되는 의미의 ①이 빈칸에 적절하다.

minister n. 성직자, 목사; 장관 consistent a. 일치하는, 조화된; 시종일관된 commitment n. 약속; 전념, 헌신 reform n. 개혁, 개량 indicative of ~을 나타내는 fickleness n. 변하기 쉬움; 변덕 foresight n. 선견, 예측 acumen n. 예민, 총명 uprightness n. 강직함

그 장관은 널리 알려져 있는 것보다 이념면에서 일관적이다. 예를 들면, 교육 개혁에 대한 그녀의 오랫동안의 헌신은 변덕스러움을 보여주지 않는다.

07 ③

완곡한 표현을 피해야 하는 것은 직접적인 의사소통을 '촉진하기' 위한 것으로 봐야 한다.

dictate v. 구술하다; 명령하다, 지시하다 circumlocution n. 에둘러 말함, 완곡한 표현 impede v. 지연시키다, 방해하다 obviate v. 회피하다, 미연에 방지하다 facilitate v. 손쉽게 하다; (행위 따위를) 돕다; 촉진[조장]하다 exclude v. 제외[배제]하다

현대 영어의 문체는 "유감스러운 점이 많이 남아 있다"와 같은 완곡 표현들은 직접적인 의사소통을 촉진하기 위해 피하도록 하고 있다.

08 ⑤

빈칸 앞에 even이 있으므로 '루머를 쉽게 믿지 않는 사람들조차도 루머를 사실로 믿게 된다'는 흐름이 되는 것이 자연스럽다.

embroider v. 꾸미다; (이야기 따위를) 윤색하다 deny v. 부인하다 confirm v. 확정하다; 확인하다 insight n. 통찰력 obstinacy n. 완고함 introspection n. 자기반성 tolerance n. 참을성, 인내, 관용 credulity n. (남을) 쉽사리 믿음

구체적인 내용으로 윤색된 루머는 부인되지도 않고 확인되지도 않은 채 수년간 살아남아 결국에는 그런 것을 쉽게 믿지 않는 사람들 사이에서도 사실로 받아들여지게 된다.

09 ③

조화를 이루기 위해서는 충돌하는 요소들을 일치시키거나 화해시켜야 할 것이다.

memoir n. 회고록, 자서전 wholeness n. 전체, 일체, 완전, 흠 없음 conflicting a. 충돌하는, 일치하지 않는 element n. 요소, 성분 attest v. 증명하다, 증언하다, 입증하다 feature v. 특색 짓다; 두드러지게 하다 reconcile v. 화해시키다, 조화시키다 sequester v. 격리하다, 분리하다, 따로 떼놓다

이디스 워튼(Edith Wharton)은 그녀의 회고록에서 삶 속의 충돌하는 요소들을 화해시키는 것을 통해 조화로운 일체를 성취한 존재로서 자신을 묘사했다.

10 ④

소설 같은 이야기가 아니라는 것은 실제로 일어난다는 것인데, 빈칸 앞에 강조를 나타내는 even이 있으므로 '자주 나타난다'는 의미가 되는 것이 자연스럽다.

notion n. 관념, 생각 parasite n. 기생충 alter v. 바꾸다, 변화시키다 host n. 주인, 숙주 phenomenon n. 현상 observable a. 관찰할 수 있는, 눈에 띄는 comprehend v. 이해하다 rare a. 드문

기생충이 숙주가 되는 생물의 행동을 바꿀 수 있다는 생각은 그저 소설 같은 이야기만은 아니다. 사실, 그러한 현상은 그리 드물지도 않다.

11 ①

'the 비교급 ~ the 비교급 …'은 순접의 표현에 속한다. 따라서 빈칸에는 앞에 쓰인 convoluted와 유사한 의미의 표현이 와야 한다.

misconception n. 오해, 그릇된 생각 novice n. 신참자, 초심자 mirror v. 비추다, 반영시키다 convoluted a. 복잡한, 뒤얽힌 complicated a. 복잡한 inconsequential a. 중요하지 않은 elementary a. 기본의, 초보의 fanciful a. 공상에 잠기는, 비현실적인

초보 작가들이 흔히 갖는 잘못된 생각은 문장 구조가 생각을 반영한다는 것이다. 구조가 복잡할수록 사상도 더 복잡하다고 생각하는 것이다.

12 ②

양보의 접속사 Though가 이끄는 종속절의 내용과 주절의 내용이 대조를 이루어야 한다. 종속절은 미국이 시리아에 대해서 부정적인 조치를 취했다는 것이므로, 주절은 미국이 시리아에 대해 긍정적인 조치를 취했다는 내용이 되어야 한다. 그러므로 ②가 정답으로 적절하다.

militant n. 투사; 전투원 border n. 국경 reprimand v. 꾸짖다, 질책하다; 견책[징계]하다 credit v. 믿다, 신용하다, 인정하다 specify v. 명확하게 설명하다; 일일이 열거하다, 명세서에 기입하다 acquiesce v. (마지못해) 동의하다, 묵인하다, <제안 등에> 묵종(默從)하다

미 국무부 보고서는 테러지원 국가 명단에 또다시 시리아를 포함시키긴 했지만, 외국인 과격분자들이 시리아 국경을 넘어 이라크에 밀입국하는 것을 막기 위해 시리아 정부가 노력하고 있다는 점을 인정했다.

13 ④

부메랑 효과는 어떤 행위가 행위자의 의도를 벗어나 불리한 결과로 되돌아오는 것이므로 빈칸에는 부정적인 의미의 표현이 필요한데, 빈칸 뒤에 '예감'이라는 의미의 명사가 주어져 있으므로 '불길한'이란 뜻의 ④가 가장 자연스럽게 호응한다.

boomerang effect 부메랑 효과(어떤 행위가 행위자의 의도를 벗어나 불리한 결과로 되돌아오는 것) foreboding n. 육감, 예감; 전조 placid a. 평온한, 조용한 belligerent a. 호전적인; 교전 중인 salacious a. 호색의, 음란한 ominous a. 불길한, 나쁜 징조의

친구의 친절한 조언이 부메랑 효과를 가져왔다. 그것은 내 마음을 더 불길한 예감으로 채우는 역할밖에 하지 못했다.

14 ①

양보의 접속사 while이 이끄는 종속절이 앞에 있으므로 주절은 '자신감이 있다'와 상반되는 내용이 되어야 한다.

brim with ~으로 차다 self-confidence n. 자신감 tentative a. 시험적인; 주저하는 sanguine a. 쾌활한, 자신만만한; 다혈질의 arbitrary a. 임의의; 독단적인 gullible a. 속기 쉬운

어떤 학생들은 자신감으로 충만한 상태인 반면, 다른 학생들은 주저하고 자신들의 의견에 대한 가치에 대해 확신하지 못한다.

15 ③

두 번째 문장이 첫 번째 문장의 내용을 부연하고 있다. 물이 필수적인 역할을 한다는 말은 물 없이는 지낼 수 없다는 것이므로, ③이 정답으로 적절하다.

observance n. (법률·규칙·관습 따위의) 준수, 지킴; (지켜야 할) 습관, 관례; (관례대로의) 의식(거행) virtually ad. 사실상, 실질적으로 account for 설명하다 meddle with 간섭하다, 참견하다 dispense with ~없이 지내다 assimilate to ~에 동화하다, 순응하다

물 없이는 지낼 수 없는 종교가 있다. 물이 종교 의식에서 필수적인 역할을 한다. 물 없이는 이슬람에서 매일 하는 의식이 사실상 불가능하다고까지 말할 수 있을 것이다.

16 ②

양보의 접속사 Although가 이끄는 종속절의 내용과 주절의 내용이 대조를 이루어야 한다. 종속절에서 항생제의 발견이 갖는 긍정적인 의미를 언급하고 있으므로 주절은 부정적인 측면이나 한계에 대한 내용이어야 하겠는데, 빈칸 앞에 부정어 not이 있으므로 첫 번째 빈칸에는 breakthrough in과 panacea for가 가능하다. 한편, for 이하는 앞 문장의 이유를 설명해야 하므로 '항생제를 써도 효과적으로 치료되지 않는 박테리아가 일부 있다'는 의미가 되는 것이 적절하다. 그러므로 두 번째 빈칸에는 effectively와 efficiently가 가능하다. 따라서 상기 언급한 두 조건을 모두 만족시키는 ②가 정답이 된다.

antibiotic n. 항생제, 항생 물질 clinical a. 임상의, 병상의 represent v. 표시하다, 상징하다, 의미하다 breakthrough n. 돌파구, 약진, 타개 inconsistently ad. 일관되지 않게 panacea n. 만병통치약 effectively ad. 효과적으로 neglect n. 태만, 부주의; 무시 efficiently ad. 능률적으로 reexamination n. 재시험, 재검사 conventionally ad. 인습적으로, 진부하게

항생제의 발견이 임상에서 커다란 진전으로 이어지긴 했지만, 박테리아성 질병에 대한 만병통치약은 아니었다. 왜냐하면 항생제를 써도 효과적으로 치료되지 않는 박테리아가 일부 있기 때문이다.

17 ③

두 번째 문장과 세 번째 문장은 모두 첫 번째 문장의 내용을 부연 설명하는 역할을 하고 있다. 첫 번째 문장에서 친교를 지향하지 않는다고 했으므로, 이와 맥을 같이 하는 문장을 만드는 ③이 빈칸에 적절하다.

tendency n. 경향, 풍조, 추세 stateliness n. 위엄, 당당함 excess n. 과다, 과잉 fellowship n. 친교 metaphysical a. 형이상학적인 isolation n. 고립 aloof a. 쌀쌀한, 무관심한, 냉담한 acquainted a. 안면이 있는, 정통한, 사귀게 된

나는 과도한 친교보다는 위엄을 지향한다. 소통 불가능한 자연물들과 각 인간의 형이상학적 고립이 우리에게 독립을 가르치도록 내버려 두라. 지나치게 서로 알고 지내지 말자(과도한 친교를 버리자).

18 ②

투자자들이 현금의 수혈을 통해 기대하는 것은 확실한 해결책 혹은 장기적인 해결책일 것이다.

inefficiency n. 비능률, 무능 conclude v. 결론 내리다 infusion n. 주입; 수혈 woe n. 어려움, 비애 temporary a. 일시의, 임시적인 genuine a. 진짜의, 순수한

투자자들은 수십 년간의 경영부실과 비효율을 무시함으로써만, 새로운 현금 수혈로 그 회사의 재정 문제에 대해 잠정적 해결책 이상의 것을 제공할 수 있다는 결론을 내릴 수 있었다.

19 ④

소송의 당사자가 자신의 입장을 말로 풀어서 해야 했다면, 전문적으로 말을 잘 하는 법을 가르치는 사람들의 수요는 매우 컸을 것이라 추론할 수 있다.

orator n. 연설자, 연사, 변사, 강연자; 웅변가 legal suit 법정소송 plead v. 변론하다; 변명하다, 항변하다; 간청하다 hypocrite n. 위선자, 겉으로 착한 체하는 사람

고대 그리스에서는 연사가 되는 법을 배우는 것이 중요했다. 법적 소송의 양 당사자(피고와 원고측)들은 대개 자신의 입장을 변론했다. 전문적으로 연설을 가르치는 소피스트들이 수요가 많았던 건 당연하다.

20 ①

빈칸 앞에서 이기적인 생물이라고 하였으므로, 자신의 친족 또는 미래의 자신에게 이익이 있을 때에만 이타적으로 행동할 것이라고 유추할 수 있다.

evolutionary biologist 진화생물학자 primate n. 영장류 selfish a. 이기적인 kin n. 친족, 친척 benefit v. ~에게 이롭다 altruistically ad. 이타적으로 waveringly ad. 동요[주저]하며 obstinately ad. 완고하게 thetically ad. 단언적으로, 자의적으로

지난 50년 동안 많은 진화 생물학자들은 우리가 다른 영장류와 다를 바가 없다고 우리에게 말해왔는데, 우리 인간은 이기적 생물이며 오직 친족 또는 미래의 자신에게 이익이 있을 때만 이타적으로 행동을 할 수 있다는 것이다.

21 ①

양보의 전치사 despite가 왔으므로 '캄프라드가 엄청난 재산을 가지고 있음에도 불구하고 이와 반대되는 생활을 했다'는 흐름이 되어야 한다.

preach v. 설교하다, 전하다 executive n. 간부, 경영진, 임원 frugal a. 검약한, 소박한 radical a. 급진적인, 과격한 reclusive a. 세상을 버린; 은둔한 arrogant a. 거만한, 오만한

엄청난 재산을 가지고 있음에도 불구하고, 캄프라드(Kamprad)는 자신의 회사를 위해 그가 설교한 생활방식대로 살았던 검소한 사업가로 일반적으로 알려져 있는데, 그의 회사의 임원들은 저가항공사를 이용하고, 저렴한 호텔에서 묵는다.

22 ②

첫 문장의 빈칸 이하는 모두 'perpetuate his memory'와 관련 있는 행위이므로, 이것과 유사한 의미를 갖는 표현이 빈칸에 들어가야 한다. 따라서 ②가 정답으로 가장 적절하다.

statue n. 동상 bear v. (이름·칭호 등을) 지니다 endow v. ~에게 주다; (학교·병원 등에) 기금을 기부하다 perpetuate v. 영속시키다 fountain n. 분수 celebrity n. 명성 immortality n. 불멸 popularity n. 인기, 인망 longevity n. 장수

어떤 사람들은 수수한 동상이나 자신의 이름이 새겨진 공원 벤치를 통해서, 혹은 대학에 석좌 교수 기부금을 내서 자신을 영원히 기억시키려 한다. 그러나 George T. Delacorte는 다르다. 그는 보다 특이한 방식으로 자신에 대한 기억을 영원하게 만들려 하고 있다. (다시 말해) 일련의 (세상에서) 가장 큰 분수대를 만들어 사람들이 자신을 기억하게 하려 하고 있다.

23 ③

첫 번째 문장의 예를 두 번째 문장에서 들고 있는데, 다윈에게 있어 자연의 아름다움의 예인 난초는 장식에 불과한 것이 아니었다고 했으므로, 빈칸에는 ornamental의 개념적 유의어인 ③이 적절하다.

adaptation n. <생물> 적응; 적응 형태 orchid n. <식물> 난초 ornamental a. 장식용의, 장식의 bouquet n. 부케, 꽃다발 contrivance n. 고안물, 발명품, 장치 impartial a. 공평한 observant a. 관찰력 있는 aesthetic a. 심미적인, 미적인 coherent a. 일관성 있는, 논리 정연한

다윈에게 있어 자연의 아름다움이란 단지 미적인 것이 아니었으며, 기능을 항상 반영했다. 난초는 정원이나 꽃다발에서 전시될 장식에 불과한 것이 아니라, 자연선택이라는 자연의 상상력의 예가 되는 훌륭한 장치였다.

24 ②

합리적인 선택이론이 많은 사회학자들과 심리학자들에 의해서 심하게 공격을 받아 왔다고 했는데, 뒤에 역접의 의미를 가진 yet이 왔으므로, 그 이하는 '그럼에도 불구하고 경제학자들은 그것을 대체할 수 있는 이론이 없어서 그 접근법을 변함없이 고수한다'는 흐름으로 이어지는 것이 적절하다.

rational a. 이성적인, 합리적인 steadfastly ad. 확고부동하게 alienate v. 소외감을 느끼게 하다 dedicated a. 전념하는, 헌신적인 hostile a. 적대적인 apprehensive a. 걱정되는, 불안한

합리적인 선택이론은 많은 사회학자들과 심리학자들에 의해서 심한 공격을 받아 왔다. 그러나 경제학자들은 구매하기 전에 비용과 편익을 가늠하는 인간의 행동을 다른 이론이 더 잘 설명할 수 없기 때문에 변함없이 그 접근법을 고수하고 있다.

25 ③

on the other hand 전후의 내용이 대조를 이루어야 한다. 따라서 '예술품의 경우에는 대중들이 이해하지 못하는 경우에 작품성을 탓하지만 과학이론의 경우에는 이해하지 못하는 경우에 자신을 탓한다'는 흐름이 되어야 한다.

conclude v. 결론을 내리다 theory of relativity 상대성 이론 consequently ad. 따라서; 그런 까닭에 starve v. 굶주리다, 굶어 죽다 garret n. 다락 inaccurate a. 부정확한 insufficient a. 불충분한

대중이 그림이나 시를 이해할 수 없을 때 그들은 그것이 서투른 그림이나 시라고 결론을 내린다. 반면에, 그들이 상대성 이론을 이해할 수 없을 때는 자신들의 교육이 부족한 것이라고 결론을 내린다. 그런 까닭에, 훌륭한 화가들이 다락방에서 굶어죽게 내버려지는 반면, 아인슈타인(Einstein)은 존경을 받는다.

TEST 16

01 ④	**02** ②	**03** ②	**04** ①	**05** ③	**06** ②	**07** ①	**08** ③	**09** ③	**10** ②
11 ②	**12** ④	**13** ②	**14** ③	**15** ④	**16** ②	**17** ③	**18** ②	**19** ③	**20** ④
21 ③	**22** ③	**23** ①	**24** ②	**25** ②					

01 ④

'경험에 의하면', '어림잡아'의 의미를 갖는 관용표현은 as a rule of thumb이다.

어림잡아, 100달러를 빌릴 때마다 한 달에 10달러를 내야할 것입니다.

02 ②

순찰대원이 안심하고 곰에게 접근했다고 하였으므로, 그 주사는 곰을 '움직이지 못하게 하는' 성분을 가지고 있는 주사라고 추론할 수 있다.

injection n. 주사, 주사액 ranger n. 순찰대원, 순찰 경비대원 irritate v. 초조하게 하다, 노하게 하다 immobilize v. 움직이지 않게 하다, 고정하다 cure v. 낫게 하다 hallucinate v. 환각을 일으키게 하다

그 주사는 곰을 완전히 움직이지 못하게 만들었고 순찰대원이 안심하고 곰에게 접근할 수 있게 해주었다.

03 ②

휴대용 USB 드라이브가 나쁜 영향을 줄까봐 금지시킨 것으로 볼 수 있다. 따라서 빈칸에는 '바이러스를 퍼트린다'는 의미를 만드는 ②가 들어가는 것이 자연스럽다.

ban v. 금지하다 portable a. 들고 다닐 수 있는; 휴대용의 safeguard v. 보호하다, 호위하다 propagate v. 번식시키다; 전파하다 confine v. 제한하다 ameliorate v. 개선하다

미 국방부는 바이러스를 퍼트리기 위해 사용되고 있다는 염려 끝에 휴대용 USB 드라이브의 이용을 금지했다

04 ①

they는 many shoppers를 가리키는데, 주절에서 이들이 높은 사회적 신분의 상징으로 고가의 핸드백을 구매한다고 했으므로, though가 이끄는 부사절은 이와 반대되는 의미가 되어야 한다. 빈칸 앞에 '거의 ~아

니다'라는 의미의 부사 hardly가 있으므로, 구매할 여력이 없는데도 불구하고 고가의 핸드백을 구입한다는 의미가 되도록 빈칸에는 ①이 적절하다.

purchase v. 사다, 구입하다 exclusive a. 특권층의, 고급의, 고가의 status n. 지위; 자격 afford v. ~의 여유가 있다, ~을 살 돈이 있다 hesitate v. 주저하다, 망설이다 endeavor v. 노력하다

고가의 핸드백을 살 여유가 없음에도 불구하고, 많은 쇼핑객들이 높은 사회적 신분의 상징으로 핸드백을 구입한다.

05 ③

화장품, 특히 립스틱의 구입이 불경기에 늘어난다면, 이런 품목의 구입은 경제의 건전성과 반비례하는 경향을 가진다고 할 수 있다.

cosmetic n. 화장품 in particular 특히; 그 중에서도 correlate v. 서로 관련시키다 fervently ad. 강렬하게; 열심히 deliberately ad. 신중히; 고의로 inversely ad. 반대로, 역으로 equally ad. 같게, 동등하게

화장품의 구입, 그 중에서도 특히 립스틱의 구입은 경제의 건전성과 서로 반비례하는 경향이 있다. 불경기에는 화장품 구입이 늘어난다.

06 ②

고용주들이 불평을 할 수 없었던 것은 그가 자신의 직무를 수행하는 데 아무런 문제가 없었기 때문일 것이므로, 그러한 흐름의 문장을 만드는 ②가 빈칸에 들어가는 것이 적절하다.

employer n. 고용주 complain v. 불평하다, 투덜거리다; 하소연하다 lackluster a. 열의 없는 assiduous a. 부지런한, 근면한 diversified a. 변화가 많은, 여러 가지의 derelict a. 유기된, 포기된; 의무태만의, 무책임한

그가 자신의 직무를 수행하는 데 있어서 열심이었기 때문에 그의 고용주들은 그의 일에 대해 불평할 수가 없었다.

07　　　①

진리에 대한 사랑을 철학의 핵심으로 가지고 있는 사람이 자신의 견해를 수정하는 경우는 자신의 견해가 진리가 아님이 드러나는 경우일 것이다. 이것은 '타당성의 부족'이라는 말로 바꿔 표현할 수 있을 것이므로 ①이 정답으로 적절하다.

core n. 응어리; 고갱이; 핵심, 골자 philosophy n. 철학, 형이상학 revise v. 교정하다, 수정하다; 바꾸다, 변경하다 view n. 의견, 견해, 생각 present v. 증정하다, 주다, 바치다 adequate a. 부족하지 않은, 충분한; 알맞은 evidence n. 증거, 물증 lack n. 부족, 결핍, 결여 validity n. 정당함, 타당성 popularity n. 인기, 인망

진리에 대한 사랑이 이 사람이 가지고 있는 철학의 핵심이다. 그는 항상 자신의 견해가 타당성이 부족하다는 것에 대한 충분한 증거가 제시되면 그의 견해를 수정할 준비가 되어 있다.

08　　　③

논쟁을 주먹으로 해결하려는 성향은 호전적이라는 말로 달리 나타낼 수 있다.

settle v. (문제 등을) 해결하다 argument n. 논의, 주장, 논증 fist n. 주먹 childish a. 어린애 같은, 유치한 fragrant a. 향기로운, 향긋한; 유쾌한 resistant a. 저항하는; 방해하는 belligerent a. 호전적인 recalcitrant a. 완강하게 반항하는, 휘어잡을 수 없는, 고집이 센

버트(Bert)는 여전히 논쟁을 주먹으로 해결하려 한다. 언제가 돼야 그는 그토록 호전적인 것이 유치하다는 것을 알게 될까?

09　　　③

쌀이 자라려면 매우 많은 물을 필요로 한다고 했다. 따라서 만약 강우만으로는 충분하지 못한 경우에는 논에 인위적으로 물을 공급해주어야 할 것이다. 그러므로 빈칸에는 '관개(灌漑)하다'라는 의미의 ③이 적절하다.

region n. 지역; 지대 rainfall n. 강우; 강수량, 강우량 sufficient a. 충분한, 흡족한, 족한 moisture n. 습기, 수분 crop n. 농작물, 수확물 elevate v. (사물을) 올리다, 들어 올리다 dig v. 파다, 파헤치다; 채굴하다 irrigate v. (토지에) 물을 끌어넣다, 관개하다 cultivate v. 경작하다; 재배하다; 양성하다

쌀은 자라는 데 엄청나게 많은 물을 필요로 한다. 쌀이 자라고 있는 대부분의 지역에서 강우(降雨)만으로는 그 작물에 충분한 수분을 공급하지 못한다. 그러한 논에는 반드시 물을 대주어야 한다.

10　　　②

'so ~ that …' 구문은 인과관계를 나타낸다. 공동 활동에서 우리를 함께 결속시키고 있는 유대관계가 언제든지 사라져버릴 수 있는 것은 그 결속력이 매우 약하기 때문일 것이므로, ②가 정답으로 적절하다.

tie n. 매듭, 끈; 인연, 연줄, 유대, 기반 bind v. 묶다, 동이다, 매다; 결박하다 diverse a. 다양한, 가지각색의, 여러 가지의 tenuous a. 얇은, 가는; (공기 등이) 희박한; 박약한, 빈약한 restrictive a. 제한하는, 한정하는, 구속하는 consistent a. 일관된, 모순이 없는; 언행이 일치된

공동 활동에서 우리를 함께 결속시키고 있는 유대관계는 너무나도 미약해서 그것들은 언제든지 사라져버릴 수 있다.

11　　　②

not A but B 구문에서 A와 B의 자리에는 서로 상반되는 의미의 표현이 온다. 독창적인 아이디어와 반대되는 것은 다른 사람의 의견을 도용하거나 그대로 반복하는 것이 해당될 것이므로, ②가 정답으로 적절하다.

playwright n. 극작가 original a. 독창적인 propound v. 제출하다, 제의하다; (유언장을) 제출하다 invention n. 발명, 창안; 발명품 reiteration n. 반복; 중언부언 consideration n. 고려, 숙고; 고찰 enlightenment n. 계몽, 교화

그 극작가는 자신의 독창적인 아이디어가 아니라 다른 사람들이 제출한 아이디어들을 반복하는 것으로 유명했다.

12　　　④

타협이 정치에서 매우 중요한 것이라면, 공직 생활에서 주된 역할을 하지 못하는 사람은 타협을 하지 못하는 사람일 것이다. 타협을 하지 못한다는 것은 자신의 의견을 굽히지 않는 것으로 달리 표현할 수 있으므로 ④가 정답이 된다.

insist v. 주장하다, 고집하다 compromise n. 타협, 화해 sentimental a. (이성을 떠나) 감정적인 pragmatic a. 활동적인; 실제적인 irrefutable a. 반박할 수 없는 inflexible a. 구부러지지 않는; 불굴의

굽히지 않을 것을 고집하는 선출된 공직자 치고 공직생활에서 주된 역할을 계속할 수 있는 사람은 없다. 왜냐하면 타협은 정치에 있어서 생명과 같은 것이기 때문이다.

13　　　②

수많은 대상을 특색 없이 같게 표현해선 안 된다는 내용이다. 이것은 각각의 대상에 대해 '단어'를 선택해서 사용하라는 의미이므로, 빈칸에는 ②가 들어가야 한다.

express v. 표현하다 describe v. 묘사하다, 기술하다 make distinction 구별하다 grammar n. 문법 object n. 물건, 사물

많은 사람들이 자신의 생각을 잘 표현하지 못한다. 백만 개나 되는 사물을 그저 '좋다'라고, 그리고 백만 개나 되는 대상을 '그것들'이라고 기술한다. 그들은 너무나도 게을러서 주의 깊게 단어를 선택해서 구별하여 표현하지 못한다.

14 ③

빈칸 앞에 not이 있으므로 빈칸에는 and 앞의 '징후(symptom)'와 상반되는 의미 혹은 속성과 관련된 표현이 들어가야 한다. '징후'는 겉으로 드러나는 특징이나 낌새를 의미하므로, 빈칸에는 '기저에 있는', '근원적인'이라는 의미의 ③이 들어가야 한다.

address v. 다루다; 언급하다 symptom n. 징후, 조짐; 증상 unimpeachable a. 나무랄 데 없는, 더할 나위 없는 ephemeral a. 하루밖에 못 가는; 단명한, 덧없는 underlying a. 기저에 있는, 근원적인 incipient a. 시초의, 발단의, 초기의 superficial a. 표면(상)의, 외면의; 피상적인

그 위원회의 보고서는 그 문제의 (겉으로 드러난) 징후만 언급했지 기저(基底)에 있는 원인을 언급하지 않았기 때문에 생각만큼 가치 있는 것은 아니다.

15 ④

적도는 위도의 기준이 되는 선으로, '지리적인' 특징에 해당한다.

unmatched a. (아무도) 필적할 수 없는, 타의 추종을 불허하는 equator n. (지구의) 적도 feature n. 특징, 특색 subterranean a. 지하의 exotic a. 외국의; 이국적인 secluded a. 한적한, 외딴 geographical a. 지리학의; 지리적인

에콰도르(Ecuador)는 산봉우리, 화산, 해변, 섬의 모습에서 실제로 비길 데 없는 자연의 아름다움을 지니고 있다. 에콰도르는 그 나라를 통과하는 적도에서 이름을 따서 지어졌으며 세계에서 지리적인 특징을 따서 이름이 지어진 유일한 국가이다.

16 ②

이유의 접속사 since가 쓰였으므로 종속절과 주절은 인과관계를 이루어야 한다. 실험결과가 기존의 것과 일치하면 당연한 것으로 여겼을 것이고 불일치한다면 예외적인 것으로 보았을 것이므로, ②가 적절한 인과관계의 문장을 만든다.

experiment n. 실험 similar a. 유사한, 비슷한 speculative a. 사색적인, 명상적인; 투기적인 inconsistent a. 일치하지 않는, 조화되지 않는 anomalous a. 변칙의, 파격의; 이상한 compound v. 합성하다, 혼합하다; (분쟁을) 가라앉히다 heretical a. 이교(異敎)의, 이단의 dispel v. 일소하다, 쫓아버리다; 없애다 convincing a. 설득력 있는, 수긍이 가게 하는 contradict v. 부정하다, 반박하다; ~와 모순되다 redundant a. 여분의, 과다한

그 실험의 결과들이 기존의 연구들과 일치하지 않았기 때문에 위원들은 그 결과를 예외적이라고 생각했다.

17 ③

if possible은 '되도록이면', '가능하면'이라는 의미이므로 이 표현의 뒤에는 앞에서 언급한 것보다 실현 가능성이 다소 떨어지는 희망사항에 대한 내용이 와야 한다. 따라서 빈칸에는 앞에서 언급한 reduction보

다 정도가 강한 의미를 가진 표현이 들어가야 할 것이므로, '제거', '배제'라는 뜻의 ③이 정답으로 적절하다.

be convinced that ~을 확신하다 foremost a. 맨 처음의, 으뜸가는 reduction n. 감소; 환원 redemption n. 상환; 구출; 보상 retaliation n. 앙갚음; 복수 elimination n. 배제, 제거 retrogression n. 후퇴, 퇴보, 역행

폭력을 싫어하면서 자신들의 가장 중요하면서도 가장 희망적인 일 중의 하나가 폭력을 줄이고 가능하다면 인간의 생활로부터 폭력을 없애는 것이라고 확신하는 사람들이 많이 있다.

18 ②

두 번째 문장은 첫 번째 문장에 대한 구체적인 예에 해당한다. 일본의 경우 매우 많은 사람들이 매우 좁은 땅에 모여 있음을 이야기해야 하므로, '미국의 절반 정도의 인구가 캘리포니아와 같은 크기에 모여 있고, 게다가 그 땅마저도 사람이 살 수 있는 땅은 얼마 안 된다'는 흐름이 되어야 적절하다.

pack v. 꽉 채우다[메우다], 채워 넣다 edible a. 식용에 적합한, 식용의 habitable a. 거주할 수 있는, 거주에 적당한 adaptable a. 적응할 수 있는; 융통성 있는 culpable a. 비난할 만한, 과실 있는

공간 부족의 결과가 도처에서 나타나고 있다. 일본의 경우, 미국의 절반 정도 되는 인구가 캘리포니아와 같은 크기의 땅에 모여 있으며, 그리고 그 땅의 16%만 사람이 거주할 수 있다.

19 ③

우승을 쟁취한 것은 그 동안의 노력이 보상을 받는 것이라 할 수 있다.

the ball game 구기 (종목); <미국> 야구 underdog n. (생존 경쟁 따위의) 패배자, 낙오자; (사회적 부정·박해 등에 의한) 희생자, 약자 match v. 필적하다, 호적수가 되다; 경쟁시키다; 어울리다 applaud v. 박수갈채하다, 성원하다 reward v. 보답하다 score v. 득점하다

야구를 보기 위해 모인 관중들은 그 약팀이 승리했을 때 즐거워했다. 그 팀은 우승을 하기 위해 수없이 노력했는데, 마침내 그 선수들의 노력이 보상을 받는 모습을 보았을 때 경기장의 관중들도 기뻐했던 것이다.

20 ④

두 번째 문장에서 whereas가 대조의 접속사이므로 주절과 종속절의 내용이 대비를 이루어야 한다. 그러므로 빈칸에는 종속절에 쓰인 undisputed와 의미상 반대되는 표현이 들어가야 한다.

remarkable a. 현저한, 남다른 undisputed a. 의심할 수 없는, 이의 없는, 확실한 premature a. 조숙한; 시기상조의 notorious a. (보통 나쁜 의미로) 소문난, 유명한, 이름난 functional a. 기능의 titular a. 이름뿐인, 유명무실한

가정 안에서의 부모의 역할에 주목할 만한 변화가 있었다. 이전에는 아버지가 논란의 여지가 없는 가장이었지만, 오늘날에는 그저 이름뿐인 가장의 위치에 있다.

21
③

소련 사람들을 얼마큼 믿을 수 있는지 혹은 그들을 얼마큼 밀어낼 수 있을 지를 아무도 확신하지 못했다면, 고르바초프의 제안이 기쁜 것만은 아니었을 것이다. 그러므로 ③이 적절하다. ②는 빈칸에 들어가기엔 다소 과한 의미다.

scrap v. 해체하다; 폐기하다 entity n. 실재, 존재; 통일체 astonishment n. 놀람, 경악 hostility n. 적개심 worry n. 걱정, 근심 rapture n. 환희, 황홀

동유럽 사람들은 군사적 통일체로서의 바르샤바 조약(Warsaw Pact)을 폐기하자는 미하일 고르바초프의 제안을 환영했다. 그러나 그들의 기쁨은 우려감이 뒤섞여 있었다. 소련 사람들을 얼마큼 믿을 수 있는지 혹은 그들은 얼마큼 밀어낼 수 있을 지를 아무도 확신하지 못했다.

22
③

접속사 while이 양보의 의미로 쓰였으므로, while이 이끄는 절과 주절의 내용은 대조를 이루어야 한다. 주절은 '기존 권력의 퇴조'에 관한 내용이므로 while절은 '새로운 인물의 등장 혹은 부상(浮上)'에 관한 내용이 되어야 한다. 그러므로 ③이 정답이 된다.

emergence n. 출현, 발생 undermine v. (명성 따위를) 음험한 수단으로 훼손하다, 몰래 손상시키다 authority n. 권위, 권력 figure n. 숫자; 인물 influence n. 영향, 영향력 vanish v. 사라지다, 자취를 감추다 soar v. 높이 날다, 날아오르다 emerge v. 나타나다, 등장하다 retreat v. 물러가다, 후퇴하다 dissipate v. 사라지다, 흩어져 없어지다

오늘날 우리는 급변하는 세계에서 살아가고 있다. 새로운 기술의 등장으로 인해 기존의 권위와 권력의 중심은 약화되고 있는 반면, 영향력 있는 새로운 조직과 인물들이 부상(浮上)하고 있다.

23
①

습관을 바꾸는 것이 삶의 본질에 영향을 미친다는 말에는 습관이 삶에서 큰 비중을 차지한다는 의미가 내포돼 있다. 그러므로 이러한 흐름을 문장을 완성시키는 ①이 정답으로 적절하다.

precept n. 교훈 affect v. ~에 영향을 미치다, 작용하다; 악영향을 미치다 essence n. (사물의) 본질, 정수(精髓), 진수 govern v. (나라, 국민을) 다스리다, 통치하다; 제어하다

살아가는 동안 교훈은 습관만큼 중요하지 않다. 습관은 살아있는 교훈이다. 사람의 교훈을 바꾸는 것은 책의 제목을 바꾸는 것에 불과하다. 습관을 바꾸는 것은 삶의 본질에 영향을 미치는데, 왜냐하면, 삶이란 일련의 습관들이기 때문이다.

24
②

바로 앞에서 '근육 대신에 점점 기계에 의존하게 되었다'고 했는데, 그렇게 되면 근육을 덜 사용하게 될 것이고 결국 근육의 활동이 줄어들게 될 것이다.

automation n. 자동화 a flight of stairs 한 줄로 이어진 계단 muscle n. 근육 inefficient a. 비효율적인, 비능률적인 inactive a. 움직이지 않는; 게으른; 한가한 complementary a. 보충하는; 상보적인 artificial a. 인공적인

이 자동화의 시대에 기계는 우리의 육체노동을 많이 대신해주고 있다. 오늘날 기계는 우리의 차를 세차해주며, 계단을 오르게 해주고, 심지어는 우리를 대신해서 양치질까지 해준다. 우리는 우리의 근육 대신에 점점 기계에 의존하게 되었다. 그 결과 사용하지 않는 (인간의) 근육은 점점 부드러워지고, 약해지고, 비능률적이게 되었다.

25
②

'오늘날의 과학은 상식을 앞서나가고 있으며, 오래된 사실들과 상식적인 이론을 가지고서 얼토당토 않은 사색을 하는 것에 이의를 제기하지 못한다'는 것은 결국 일반적으로 받아들여지고 있는 '진리'나 '상식'이 뒤바뀔 여지가 존재한다는 것을 의미한다.

secure a. 안전한, 위험이 없는; 안정된 measure v. 재다, 측정하다; (인물을) 평가하다 generalize v. 개괄하다, 종합하다, 일반화하다 obvious a. 명백한, 분명한 outrun v. ~보다 빨리 달리다; 달려서 이기다 (앞서다) oppose v. 반대하다, 이의를 제기하다 speculation n. 사색, 심사숙고, 성찰; 투기 blame v. 나무라다, 비난하다; (죄과를) ~의 탓으로 돌리다 defeat v. 쳐부수다, 패배시키다

뉴턴과 맥스웰이 살았던 시대의 과학은 명백한 사실들을 판단하고 종합했던 그 어떤 확실한 것이었다. 그러나 오늘날에는 그렇지 않다. 오늘날의 과학은 상식을 앞서나가고 있다. 그것은 오래된 사실들과 상식적인 이론을 가지고서 얼토당토 않은 사색을 하는 것에 이의를 제기하지 못한다. 오늘날에는, 어리석은 생각으로 보이는 것이 진실로 입증될 수도 있다.

01 ④	02 ①	03 ①	04 ④	05 ②	06 ③	07 ②	08 ②	09 ①	10 ①
11 ②	12 ①	13 ③	14 ④	15 ①	16 ④	17 ②	18 ③	19 ①	20 ②
21 ③	22 ③	23 ③	24 ②	25 ④					

01   ④

어떤 묘사가 듣는 사람으로 하여금 마치 현장에 있었던 것처럼 느끼게 만들었다면, 그것은 매우 사실적이거나 생생한 묘사라고 할 수 있을 것이다.

description n. 기술(記述), 서술; 서술적 묘사 scene n. 장면; 무대; 현장 operatic a. 가극의, 가극조의 aromatic a. 향긋한, 향기로운 diplomatic a. 외교상의; 외교적 수완이 있는 graphic a. 그림의, 눈앞에 보는 것 같은, 생생한; 묘사적인

그 기자의 생생한 묘사는 우리로 하여금 그 현장에 있었다고 느끼게끔 만들었다.

02   ①

바람이 불면 압력과 마찰력으로 인해 잔잔한 해수면이 출렁거리게 될 것인데, 이것은 수면의 평형상태가 깨지는 것으로 달리 표현할 수 있을 것이다.

friction n. 마찰; 불화 equilibrium n. 평형상태, 균형 agitate v. 흔들어대다; 동요시키다 bother v. 괴롭히다 placate v. 달래다; 화해시키다 fascinate v. 매혹시키다

바람이 불면, 압력과 마찰력이 해수면의 평형을 깨트린다.

03   ①

빈칸은 순접의 접속사 and를 통해 '주된 문제점'과 연결되고 있으므로 부정적인 의미의 단어가 빈칸에 들어가야 한다.

illiteracy n. 문맹, 무식 impediment n. 방해물, 장애 estate n. 재산; 토지 prerogative n. 특권, 특전 enigma n. 수수께끼; 불가해한 인물

문맹은 주된 문제점이자 경제 및 사회 발전에 있어 큰 걸림돌로 남아있다.

04   ④

경기를 벌이고 있는 팀들이 서로 비슷한 실력을 갖추고 있으면 경기의 결과를 끝까지 알 수 없다. 그러므로 '불명확한'이라는 의미의 ④가 정답으로 적절하다.

spectator n. 관객 predictable a. 예상할 수 있는 garnish v. 장식하다 foresee v. 예견하다, 미리 알다 indeterminate a. 불확실한, 불명확한

어떤 관중들은 시합에서 상대팀들이 비슷한 능력을 갖고 있어서 경기 결과를 불확실하게 만들 때에만 축구 경기가 흥미 있다고 느낀다.

05   ②

빈칸 앞의 대명사 it은 kilometer를 가리킨다. 그러므로 '1km가 0.62마일이다' '1km가 0.62마일에 해당한다'라는 의미를 만드는 ②가 빈칸에 들어가기에 가장 적절하다.

unit n. 단위 adjacent a. 인접한 equivalent a. ~에 상당하는(to); 동등한, 같은 peculiar a. 독특한, 특유한 average a. 평균의; 보통의

킬로미터(km)는 유럽, 캐나다 및 다른 나라들에서 사용되는 길이의 단위로 그것은 0.62마일에 상당한다.

06   ③

'심지어 정신 이상의 징조로 여겨졌다' 것은 매우 부당한 것으로 간주되었다는 의미다. 그러므로 '받아들여지지 않았다'는 뜻을 내포하고 있는 ③이 정답으로 적절하다.

flout v. 조롱하다, 모욕하다 values n. (이상·습관·제도 따위) 가치관, 가치 기준 adventurous a. 대담한, 저돌적인; 용기 있는 frivolous a. 경솔한; 사소한, 하찮은 impermissible a. 허용되지 않는, 허용할 수 없는 sensible a. 분별 있는, 현명한

17세기에는 널리 수용된 가치관 체계를 직접적으로 모욕하는 것은 허용될 수 없는 것으로 여겨졌다. 심지어 정신 이상의 징조로 여겨졌다.

07   ②

'~대신에'라는 의미의 Instead of가 쓰였으므로, 빈칸에는 그 뒤에 언급되는 내용과 반대되는 내용이 들어가야 한다. 빈칸 뒤에서 이태리의 시장이 독점 기업에게 맡겨졌다고 했으므로, 빈칸에는 monopolist의 개념적 반의어에 해당하는 competitive가 오는 것이 적절하다.

land v. (~에게 부담·문제 등을) 지우다 monopolist n. 독점 기업 charge v. (세금·요금 등 또는 일정액을) 부담시키다, 청구하다 liberal a. 자유주의의 competitive a. 경쟁의 shrinking a. 줄어드는 dwindling a. 작아지는

경쟁 시장을 만드는 대신, 이태리는 소비자 가격을 유럽의 평균을 훨씬 웃돌게 매기는 강력하고 부분적으로 민영화돼 있는 독점기업을 두었다.

08 ②

빈칸은 and 뒤의 digestible(소화가 잘 되는)과 함께 날고기를 조리해서 먹는 이유에 해당한다. 요리와 어울리는 단어가 보다 적절할 것이므로 palatable이 정답이 된다.

universally ad. 보편적으로, 일반적으로 digestible a. 소화할 수 있는 prepromethean a. 프로메테우스 이전의 flexible a. 유순한, 융통성 있는 palatable a. (음식 등이) 맛좋은, 입에 맞는 palatial a. 궁전의, 대궐 같은, 호화로운 detectable a. 발견할 수 있는, 탐지할 수 있는

맛을 좋게 하고 소화가 잘 되도록 하기 위해 거의 보편적으로 생고기가 조리되고 있다는 사실은 프로메테우스 이전의 사람들이 생고기를 많이 먹지 않았다는 것을 시사한다.

09 ①

공포가 희망보다 전염성이 더 강하다는 단서로부터 정답을 추론할 수 있다. 두려움이 사람들의 마음속에 있다면 비록 시장상황이 좋더라도 사람들이 투자를 주저할 것이므로, 주가는 더디게 올라갈 것이다.

contagious a. 전염성의 inflation n. 인플레이션, 물가상승 briefly ad. 짧게, 일시적으로

공포는 희망보다 더 급작스럽게 전염되기 때문에 주가는 시장 상황이 나쁠 때는 빨리 떨어지고 좋을 때는 늦게 올라가는 경향이 있다.

10 ①

영구 동토층이라는 말 자체에 '얼어 있다'는 의미가 내포돼 있음에 착안한다.

freeze v. (freeze-froze-frozen) 얼다, 결빙하다, 응고하다 be saturated with ~으로 흠뻑 젖다; ~으로 가득 차 있다 soil n. 토양 permafrost n. (북극 지방의) 영구 동토층 thaw v. 녹다 melt v. (melt-melted-molten) 녹다, 용해하다 dissolve v. 녹다, 용해하다; 약해지다

여름 기온이 어는 점보다 높고 토양의 상층부가 수분으로 가득한 때에도, 그 밑의 흙은 바위처럼 단단하게 영구 동토층으로 얼어 있는 상태였다.

11 ②

소화는 음식 혹은 음식 속의 영양분을 '흡수'하는 과정이다.

digestive a. 소화의, 소화력이 있는; 소화를 촉진하는 enzyme n. 효소 digestive system 소화 기관 digress v. 벗어나다; 빗나가다, 탈선하다 assimilate v. (음식 따위) 소화하다, 흡수하다 isolate v. 격리시키다, 떼어놓다; 고립시키다 separate v. 분리하다, 가르다; 분류하다

음식을 흡수하는 데 있어서 소화기관에 도움을 주려면 매끼 식사 때 2개의 소화 효소를 복용해야 한다. 이러한 효소는 건강을 향상시키는 데 도움을 줄 것이다.

12 ①

confessional은 '고백', '고해'의 의미가 있으므로 autobiographical이 가장 자연스럽게 호응한다.

so-called a. 소위; 이른바 confessional a. 자백의, 참회의, 고백의 critically ad. 비평적으로; 결정적으로 recognize v. 알아보다; 인지하다; 인정하다 intense a. 강렬한, 열정적인 autobiographical a. 자서전의 conceal v. 숨기다, 감추다; 비밀로 하다

자신의 자서전적인 자료들을 터놓고 사용해서 소위 현대 고해 작가로 불리는 실비아 플라스(Sylvia Plath)는 그녀 자신의 예술 작품에서 감정에 밀도 높게 집중한 것으로 인해 비평적으로 인식되어 왔다.

13 ③

모든 가능한 구문적인 관계를 표현할 수 있다는 단서로부터 정답을 추론할 수 있다.

linguist n. 언어학자 confirm v. 확인하다, 확증하다 sign language 수화 implicitly ad. 절대적[무조건적]으로; 은연중으로 grammatically ad. 문법적으로 syntactic a. 구문론의; 구문론적인 wholesome a. 유익한, 건전한 feasible a. 실행할 수 있는, 성취할 수 있는; 가능성이 있는 complete a. 완전한, 완벽한 inherent a. 고유의, 본래의

언어학자들은 미국 수화를 많이 써 본 사용자들이 이미 암묵적으로 알고 있던 바를 지금 확인하였다. 미국 수화는 모든 가능한 구문 관계를 표현할 수 있다는 점에서 문법적으로 완전한 언어라는 것이다.

14 ④

서로 다른 분자를 끝없이 형성할 수 있다는 것이 초래할 수 있는 결과에 해당하는 것은 ④의 '다양성'이다.

compound n. 화합물, 합성물 molecule n. 분자 deviation n. 탈선, 일탈 reproduction n. 재생산 invigoration n. 고무, 격려 variety n. 변화, 다양성 correspondence n. 서신 왕래; 일치, 적합; 유사

일부 과학자들은 탄소화합물이 지구상의 생명에 있어서 중심적인 역할을 한다고 주장한다. 그것은 탄소 원자가 서로 다른 분자를 끝없이 형성할 수 있다는 데서 기인하는 다양성의 가능성 때문이다.

15 ①

두 번째 문장의 '늘어나는 인구를 배불리 먹일 수 있는 충분한 식량을 재배하는 문제 앞에서는 속수무책이었다'는 내용을 통해 '기아', '굶주림' 등을 떠올릴 수 있다.

exception n. 예외, 제외 helpless a. 스스로 어떻게도 할 수 없는, 무력한 expand v. 팽창하다, 발전하다 well-fed a. 영양이 풍부한, 살찐 hunger n. 굶주림, 기아; 배고픔 beast n. 짐승 calamity n. 재난, 불행, 참화 climate n. 기후

단 하나의 예외인 죽음을 제외하고, 인간의 가장 오래된 적은 배고픔이다. 우리의 훌륭한 사상가들도 늘어나는 인구를 배불리 먹일 수 있는 충분한 식량을 재배하는 문제 앞에서는 속수무책이었다.

16 ④

개혁이 반드시 개선(改善)이 아니라 개악(改惡)이 될 수도 있다고 보는 사람들은 개혁을 미덥지 않게 생각할 것이다.

characteristic a. 특색을 이루는, 특질의 disorganization n. 해체, 분해, 분열 inevitable a. 피할 수 없는 inevitable a. 피할 수 없는, 면할 수 없는 desirable a. 바람직한; 탐나는 complacency n. 자기만족 suspicion n. 의심

개혁에 저항하는 것이 많은 집단의 특징인데, 왜냐하면 그들은 개혁이 반드시 개선(改善)이 아니라 개악(改惡)이 될 수도 있다고 주장하기 때문이다. (이런 점에서) 개혁은 혼란을 의미하며 많은 사람들은 개혁을 회의적으로 본다.

17 ②

콜론 이하에도 '규제 완화'에 해당하는 내용이 와야 하겠는데, lifting이 '완화'하는 행위에 해당하므로, 빈칸에는 '규제'의 성격을 가진 단어가 와야 하겠다. 따라서 ②가 정답이다.

bipartisan a. 두 정당(연립)의; 양당 제휴의, 초당파(超黨派)의 back v. 후원하다 ease v. 완화하다 restriction n. 제한, 한정; 구속 prologue n. 머리말; 서막 lift v. (금령(禁令) 따위를) 해제하다 acquiescence n. 묵인; 묵종(默從) embargo n. 출항[입항] 금지, 통상 제한, 금지 seizure n. 발작; 몰수 mitigation n. 완화; 진정; 경감

미국 재계 이익단체들의 후원 하에 양당의 국회의원들은 여행 규제를 완화할 입법을 추진 중이다. 이는 주요 사건의 서막이 될 것이다. 그것은 바로 쿠바에 대한 통상 금지의 해제다.

18 ③

돈을 낼 수 있는 학생들만 대학에 다닐 수 있게 했다면, 돈이 없는 학생은 자격이 되더라도 대학 교육을 받지 못하게 될 것이다.

chide v. 꾸짖다, ~에게 잔소리하다 legislature n. 입법부 charge v. 비난하다, 고발하다 be entitled to ~할 자격(권리)이 있다 strive for ~을 얻으려고 노력하다, 애쓰다 deprive A of B A에서 B를 빼앗다, 강탈하다 incompetent a. 무능한

위원회는 입법부에 대해 대학교육이 돈을 낼 수 있는지 여부에 좌우되도록 만들었다고 꾸짖었고, 그로 인해 수백 명의 자격 있는 젊은이들이 교육을 계속할 수 없게 될 것이라고 비난했다.

19 ①

서로 혼합되었을 때 폭발할 수 있어 분리 보관되어야 한다고 하였으므로 첫 번째 빈칸에는 두 화학물질이 맞지 않는다는 뜻의 형용사가 필요하며, 첫 글자가 동일한 화학물질이라고 하였으므로 알파벳순으로 저장하게 되면 분리되지 않고 서로 가까이에 있게 되어 폭발할 수도 있다.

explode v. 폭발하다 chemical n. 화학제품, 화학물질 store v. 저장하다, 비축하다 laboratory n. 실험실 incompatible a. 양립할 수 없는; <약학> (약제 등이) 배합 금기의 organic a. 유기체의, 유기물의 toxic a. 독성의, 유독한 verbally ad. 말로, 구두(口頭)로 synthetic a. 종합적인

서로 섞이는 경우에 폭발할 수 있기 때문에 카드뮴 염산염과 황산동과 같이 첫 철자가 같으면서 절대 배합해선 안 되는 화학물질은 서로 멀리 떨어지게 두어야 한다. 그것들은 실험실에서 알파벳순으로 저장해선 안 된다.

20 ②

'명확한 차이(clear distinction)'가 있다고 하였으므로 빈칸에는 pious와 반대되는 의미의 단어가 들어가야 한다.

vie for ~을 위해 겨루다 distinction n. 구별, 차별; 대조, 대비 pious a. 신앙심이 깊은; 경건한 didactic a. 가르치기 쉬운; 교훈적인 profane a. 신성을 더럽히는, 불경스러운 spiritual a. 정신적인 invaluable a. 매우 귀중한

여러 이탈리아 국가들이 권력을 놓고 겨루었던 것처럼 교회 또한 그렇게 했다. 예술에 관한 한, 교회는 많은 작품에 자금을 제공했으며, 신성한 예술작품과 불경스런 예술작품을 확연히 구별하였다.

21 ③

인간의 행복에 기여한 바에 있어서는 불분명하다고 했으므로, 빈칸에는 부정적인 단어가 들어가야 한다. 정치적 측면에서 사악한 용도로 사용했다는 흐름을 만드는 ③이 정답으로 적절하다.

highlight v. 강조하다, 눈에 띄게 하다 harness v. 이용하다 contribution n.

기여, 공헌 undeniable a. 부인[부정]할 수 없는 auspicious a. 길조의, 경사스런 extraneous a. 외부로부터의; 무관계한 sinister a. 불길한, 재난의; 사악한 wholesome a. 건강에 좋은; 건전한, 유익한

새로 나온 책에서 데니스 스웰(Dennis Sewell)은 얼마나 자주 — 그리고 얼마나 손쉽게 — 다윈의 위대한 이론이 사악한 정치적 목적을 위해 이용되어 왔는지를 강조한다. 스웰에 따르면, 진화론은 과학적으로는 부정할 수 없지만 인간의 행복에 기여한 바에 있어서는 불분명하다.

22 ③

자살이 많이 일어나는 것에 대한 원인은 부정적인 것이어야 하며, 특정 계층의 문제가 아니라 사회 전반을 아우르는 것이어야 한다.

suicide n. 자살 sensitivity n. 민감성 fuel v. (감정 등을) 부채질하다 polarization n. 대립, 양극화 have nothing to do ~와 아무런 관계가 없다 reflect v. 반영하다, (나쁜) 영향을 미치다

"올해 들어 지금까지, 지하철에서 발생하는 자살이 평소보다 더 많이 일어났으며, 저는 이것이 우울한 사회 분위기를 반영하는 것이라고 생각합니다."라고 한 관계자가 말했는데, 그는 사안의 민감성 때문에 이름은 밝히지 말아 달라고 요청했다.

23 ③

수년간 시장을 지배해왔던 LG전자가 그 회사의 주장을 터무니없다고 일축한 것은 그 회사가 'LG전자를 제치고 국내 세탁기 시장에서 1위가 될 것'이라 말했기 때문일 것이다.

domestic a. 가정의, 국내의 claim n. 요구, 청구; 주장 refute v. 반박하다 dominance n. 우세, 우월; 지배 dismiss v. (고려할 가치가 없다고) 묵살[일축]하다 roseate a. 낙관적인 prospect n. 예상, 기대, 전망 ascertain v. 확인하다 miserable a. 불쌍한, 비참한 emerge v. 나타나다 second-to-none a. 1위의 confront v. 직면하다, 마주 대하다 mishap n. 재난, 불운 inauspicious a. 불길한

그 회사는 또한 국내 세탁기 시장에서 곧 선두를 차지할 것이라고 말했는데, 이러한 주장에 대해 지난 수년 동안 시장을 지배해 온 LG전자는 고려할 가치가 없는 말이라고 일축했다.

24 ②

단지 존재 그 자체에 만족하는 것이 동물과 다를 바 없다는 내용으로부터 정답을 추론할 수 있다.

as a rule 일반적으로 sheer a. 아주 얇고 투명한; 순수한; 완전한 sedentary a. 앉아 있는; 앉아 일하는 dull a. 둔감한, 우둔한 obtuse a. 무딘; 둔감한, 우둔한

식물은 존재만으로도 완전히 만족한다. 하등동물도 거의 그렇다. 인간은 대개 삶에서 존재 이상의 것을 엄청나게 많이 요구한다. 사실, 사람의 경우에는 존재만으로 만족한다고 하는 그 만큼 우둔하고 둔감한 존재라고 할 수도 있을 것이다.

25 ④

균형을 잡는다는 것은 이미 나와 있으므로, 카누에 타고 있는 사람이 그 다음에 할 일은 속도를 높이는 일이다.

narrow a. 좁은 float n. 뜨는 물건, 부유물(浮遊物); 뗏목(=raft) outrigger n. 아우트리거(안정성 확보를 위해 카누·보트 등의 측면에 부착된 부재(浮材) fasten v. 고정시키다 paddler n. 물을 젓는 사람[것, 장치]; 카누 선수 tip v. 기울이다 lift v. 들어올리다

태평양 섬의 원주민들이 쓰는 카누는 매우 길고 좁다. 카누의 균형을 맞추는 것은 아웃트리거라 불리는 물에 뜨는 물건으로, 이것은 카누의 한쪽과 연결돼 있는 막대기 한 벌에 고정돼 있다. 카누를 젓는 사람들은 카누를 약간 옆으로 기울여 이 플로트를 물 표면 위로 들어 올려 카누의 속도를 높인다.

01 ④	02 ②	03 ①	04 ④	05 ①	06 ④	07 ⑤	08 ①	09 ③	10 ②
11 ①	12 ①	13 ②	14 ②	15 ⑤	16 ②	17 ④	18 ①	19 ③	20 ④
21 ②	22 ④	23 ③	24 ④	25 ②					

01 ④

'말다툼과 논쟁으로 가득했다'고 했으므로 '평화롭지 못했다'는 의미가 되도록 빈칸에는 ④가 들어가는 것이 적절하다.

fraught a. 충만한 bitter a. 쓴, 쓰라린, 고통스러운 argument n. 논의, 주장; 논쟁 imminent a. 절박한, 촉박한, 박두한 cogent a. 사람을 납득시키는, 설득력 있는 obvious a. 명백한, 분명한, 알기 쉬운 tranquil a. 조용한, 고요한; 평화로운

종종 지독한 말다툼과 논쟁으로 가득했기 때문에 그들의 결혼생활은 평화롭지 못했다.

02 ②

환불을 요구한 것은 제품에 하자가 있었기 때문일 것이므로 이에 해당하는 ②가 정답으로 적절하다.

demand v. 요구하다 refund n. 환불, 변상 detain v. 못 가게 붙들다, 기다리게 하다; 유치[구류]하다 mar v. 손상시키다, 훼손시키다 impeccable a. 결함이 없는 compelling a. 강제적인; 강한 흥미를 돋우는, 감탄하지 않을 수 없는

고객들은 지난주에 구입했던 손상된 제품에 대해 전액 환불을 요구했다.

03 ①

사람들이 카풀을 하고 대중교통을 이용하고 있다는 단서로부터 정답을 추론할 수 있다.

transportation n. 운송, 수송; 교통기관 scarcity n. 부족, 결핍 plethora n. 과다; 과잉 smuggle v. 밀수입하다 malfunction n. 기능 부전, 고장; 기능 불량

휘발유 부족난 때문에, 모든 사람들은 어쩔 수 없이 카풀을 하거나 대중교통 수단을 이용해야 했다.

04 ④

양보의 접속사 although가 이끄는 종속절과 주절의 의미는 대조를 이루어야 한다. '의료계 전체에 대해 비판적이지만, 자신의 의사에게는 그런 태도를 보이지 않는다'는 흐름이 되어야 하겠는데, 빈칸 앞에 부정어가 있으므로 extremely critical과 유사한 의미를 갖는 표현이 정답이된다.

critical a. 비평의, 비판적인 profession n. 직업 impetuosity n. 격렬, 열렬; 성급; 성급한 행동 sarcasm n. 비꼼, 빈정거림 mockery n. 조롱, 놀림 contempt n. 경멸, 모욕

사람들은 종종 의료계 전체에 대해 극도로 비판적이기도 하지만 자신들을 봐 주는 의사들에 대해서는 그와 같은 경멸을 내보이려 하는 경우가 매우 드물다.

05 ①

functions autonomously이라는 표현으로부터 independent를 추론할 수 있다.

evolve v. 서서히 발전하다, 진화하다 discipline n. 학문; 훈련 autonomously ad. 자주적으로, 독립적으로 privilege n. 특권 independent a. 독립한, 자주적인; 독자적인 unusual a. 유별난, 색다른 outmoded a. 유행에 뒤떨어진, 구식의 uncontrolled a. 통제되지 않은, 방치된

심리학은 자주적인 과학적 학문으로 발전하여 지금은 다른 과학 분야와 똑같은 특권과 책임을 지니고 독립적으로 기능한다.

06 ④

접속사 but 전후가 대조를 이루어야 하므로, 빈칸에는 but 이하의 'can tell us much'와 상반되는 의미를 내포하고 있는 표현이 와야 한다.

uninteresting a. 재미없는, 시시한, 지루한 startling a. 기겁하게 하는, 놀라서 펄쩍 뛰게 하는 isolated a. 고립된, 외딴; 고독한, 외로운 uninformative a. 정보가치가 없는; 유익하지 않은 incoherent a. 일관되지 않은

꿈은 그 자체로는 아무런 정보가 없다. 그러나 다른 정보와 합쳐지면 그 꿈을 꾼 사람에 대해 많은 것을 알려준다.

07 ⑤

빈칸에 들어갈 표현과 the conventionality가 동격 관계에 있으므로 conventionality의 개념적 동의어에 해당하는 ⑤가 정답으로 적절하다.

remove v. 옮기다; 제거하다; 떼어놓다 conventionality n. 인습(성), 관례, 상투성 academe n. 학구적인 세계, 학자의 생활 ethos n. 기풍, 민족[사회] 정신, 사조; (개인의 지속적인) 기질, 성품 paragon n. 모범, 전형 pathos n. 애절, 비애감 orthodoxy n. 정설(正說), 정통파적 관행 commonplace n. 평범함, 진부함

세속적으로 보이지 않는 윌리엄 제임스는 사회적 진부함, 즉 학계의 인습으로부터 완전히 떨어져 있는 듯 보였다.

08　　　　　　　　　　　　　　　　①

사람마다 지문이 다르다면 지문은 확실한 신원확인의 수단이 될 수 있을 것이다.

fingerprint n. 지문 tip n. (뾰족한) 끝 foolproof a. 실패할[잘못 될] 염려가 없는, 누구나 이용할 수 있는 exquisite a. 훌륭한; 예민한, 날카로운; 정교한 striking a. 눈에 띄는, 눈을 끄는, 관심을 끄는 intricate a. 얽힌, 복잡한; 난해한

지문은 손가락 끝에 있는 가느다란 문양의 선이다. 사람마다 지문이 다르기 때문에 지문은 그 사람이 누구인지를 알아내는 확실한 방법이다.

09　　　　　　　　　　　　　　　　③

쌍방에게 과실이 있는 상황이므로 비록 속도위반을 하긴 했어도 전적으로 책임을 지진 않았을 것이다.

liable a. 책임을 져야 할 culpable a. 비난할 만한, 과실[허물] 있는 partial a. 부분적인, 일부분의; 불공평한 recalcitrant a. 완강하게 반항하는, 고집 센

베이커 씨는 사고에 대한 책임이 일부에 그쳤다. 그가 비록 속도위반을 하긴 했지만, 상대편 운전자는 적신호를 무시하고 달렸기 때문이다.

10　　　　　　　　　　　　　　　　②

대부분의 사람들이 진실에 대해 완고하게 굴며 잘못됐다는 것을 인정하지 않으려고 한다고 했으므로, 자신들이 믿는 사이비 종교에 대해 '확고한' 태도를 취하고 있음을 알 수 있다.

false religion 사이비 종교 decisive a. 단호한, 확고한 stubborn a. 완고한, 고집센 vulnerable a. 상처를 입기 쉬운 apathetic a. 냉담한; 무관심한 fickle a. 마음이 잘 변하는, 변덕스러운

문제는 대부분의 사람들이 자신들의 사이비 종교에 대해 확고한 태도를 취하고 있고 진실에 대해 완고하게 굴며 자신들이 잘못됐다는 것을 인정하고 싶어 하지 않는다는 데 있다.

11　　　　　　　　　　　　　　　　①

주변 환경과 유사하게 보이려 하는 것은 결국 주변 환경을 '모방'하려는 노력이다.

when it comes to ~라면, ~에 대해서[관해서]라면 mimicry n. 흉내, 모방 camouflage v. 위장 blend in with ~와 조화를 이루다 dominance n. 우세; 우성 trait n. 특색, 특성 heredity n. 유전; 유전형질

생물학에서 모방은 어디에나 존재한다. 사자는 대초원에 섞여들기 위해 위장을 사용한다. 가장 유명한 카멜레온은 배경에 섞여들기 위해 심지어 몸의 색을 바꾸기도 한다.

12　　　　　　　　　　　　　　　　①

편견과 미신이 우리를 잘못된 방향으로 이끄는 부정적인 요소인 것에 착안한다.

favoritism n. 편애, 편파 fanaticism n. 열광, 극단주의 prejudice n. 편견, 선입관 superstition n. 미신 disentangle oneself from ~와 인연을 끊다 keep abreast of ~에 뒤떨어지지 않다 at the mercy of ~의 마음대로 되어, ~에 좌우되어 be engrossed with ~에 몰두해 있다

과학은 우리들에게 편견과 미신을 제거해 버리면 미래를 우리 손 안에 가질 수 있다고 가르쳐 주고 있다.

13　　　　　　　　　　　　　　　　②

성서에 여러 견해가 제시돼 있고 글에서 최초의 사건을 구별해내는 것이 불가능하다고 했는데, 이는 여러 세대에 걸쳐 많은 편집자들이 수정을 가했기 때문일 것이다.

multilayered a. 여러 가지 견해를[해결책을] 제시하는 represent v. 묘사하다; 대표하다; ~의 표본[일례]이다 disentangle v. (혼란스러운 주장·생각 등을) 구분하다; (얽매고 있는 것에서) 풀어 주다 retain v. 유지하다 modify v. 수정[변경]하다 impose v. 부과하다 admire v. 감복[찬탄]하다

구약 또는 신약 성서에는 여러 가지 견해가 제시되어 있다. 성서는 여러 세대에 걸친 편집자들에 의해 수정된 원본에 해당하며, 따라서 그 글에서 최초의 사건을 구분해내는 것은 불가능하다.

14　　　　　　　　　　　　　　　　②

다음 문장에서 더위로 인한 사망에 대한 언급이 이어지므로 빈칸에는 '치명적인'이라는 의미의 ②가 적절하다.

heat wave 열파(熱波, 장기간의 무더위) attribute A to B A를 B의 탓으로 돌리다 recurrent a. 재발하는, 정기적으로 되풀이되는 lethal a. 치명적인 contagious a. 전염성의 enervating a. 기력을 빼앗는

장기간에 걸친 무더위가 아시아 전역에서 점점 더 빈번하게 일어나고 있지만, 많은 사람들은 장기간에 걸친 무더위가 얼마나 치명적인지를 깨닫지 못하고 있다. 날씨가 직접적인 원인이 되어 사망한 사람이 750명을 넘었으며 더위가 날씨와 관련 사망의 주된 원인이었다.

15 ⑤

만약 비용 문제가 포함됐더라면 그것은 '부담' 혹은 '부정적인 요소'에 속했을 것이므로 첫 번째 빈칸에는 disadvantages, defects가 들어갈 수 있다. 한편, 단점 혹은 결함에 비용문제가 포함되어 있지 않다고 했으므로, 이로부터 그 프로젝트가 비용 면에서 효율적이라는 사실을 추론할 수 있다. 따라서 두 번째 빈칸에는 efficiency, savings, economy가 가능하다. 상기 언급한 두 조건을 모두 만족시키는 ⑤가 정답으로 적절하다.

expense n. 지출, 비용 number v. 세다; 열거하다 구성원으로[요소로] 간주하다 impressive a. 인상에 남는, 인상적인 efficiency n. 능률, 유능 feature n. 특징, 모습 disadvantage n. 불리, 불이익 innovation n. 기술혁신, 쇄신 defect n. 결점, 약점 economy n. 경제성

그 프로젝트의 많은 단점 중에 비용 문제는 포함되지 않는다. 그 프로젝트를 추진한 이들의 목표는 상당히 경제적으로 이루어질 수 있다.

16 ②

두 번째 문장과 세 번째 문장이 however로 연결되고 있으므로 두 문장의 내용이 상반되어야 하겠는데, 세 번째 문장에서 코끼리를 혹사시킨다고 했으므로 이와 반대되는 긍정적인 의미의 revered가 첫 번째 빈칸에 적절하다. 한편, 관계부사 where는 logging industry를 받는데, 코끼리가 벌목산업에서 혹사된다고 했으므로 두 번째 빈칸에는 학대당한다는 의미가 되도록 abused가 적절하다.

contradictory a. 모순되는 revere v. 숭배하다, 존경하다 abound v. 많이 있다 mistreatment n. 학대, 혹사 logging n. 벌목 patient a. 인내심이 강한 spoiled a. 응석받이로 키운 abuse v. 학대하다, 혹사하다 poach v. 밀렵하다 migratory a. 이주하는 negligible a. 무시해도 좋은, 하찮은

태국은 코끼리와 모순적인 관계를 맺고 있는 것처럼 보인다. 코끼리들은 대개 숭배된다. 그러나 코끼리의 학대에 대한 이야기도 많은데, 특히 벌목업계에서 코끼리를 혹사시키는 것에 대한 이야기들이 많이 있다.

17 ④

마지막 문장의 as는 이유의 접속사로 쓰였다. 바다가재의 개체수가 급증한 것은 경쟁 종의 수가 줄어들었기 때문일 것이므로, '몰살시키다'라는 의미의 ④가 정답으로 적절하다.

every cloud has a silver lining proverb n. 속담, 격언 apply v. 적용되다 in reverse 거꾸로, 반대로 reckless a. 분별없는, 무모한 exploitation n. 개발, 개척; 착취 species n. 종(種), 종류 cod n. <어류> 대구 diversify v. 다양화하다, 다채롭게 하다 distribute v. 분배하다, 퍼뜨리다 propagate v. 번식시키다 exterminate v. 근절하다, 몰살하다

좋은 일이 있으면 궂은일도 있다고들 한다. 그러나 이 속담은 종종 반대로도 적용된다. 뉴잉글랜드 주의 해안에 서식하는 바다가재의 경우가 확실히 그래 보인다. 무분별한 남획이 대구와 같은 경쟁 종(種)을 몰살시킴에 따라 지난 수십 년 동안 바다가재의 수는 급증했다.

18 ①

'숲에서 부상당한 사실'을 지칭할 수 있는 표현이 필요하므로 빈칸에는 '시련'이라는 의미의 ①이 적절하다.

injure v. 상처를 입히다, 다치게 하다 hold on to ~를 붙잡고 있다, ~에 의지하다 reunite v. 재회하다, 재회시키다 beloved a. 사랑하는, 귀여운 impressive a. 인상적인, 감명 깊은 ordeal n. 호된 시련, 고된 체험 valor n. 용기 resignation n. 사직, 사임; 단념, 체념 meed n. 보수; 포상

숲에서 그녀는 부상을 당했음에도 불구하고 사랑하는 사람들과 재회한다는 생각을 놓치지 않았고 그것 때문에 그녀는 용기를 잃지 않았다. 그러한 시련에도 그녀는 여전히 자연으로 돌아가기를 원했다는 사실도 또한 인상 깊었다.

19 ③

제약사들이 희귀병의 치료제 개발에 늦장을 부렸다고 했는데, 이는 희귀병과 달리 심장병과 같이 많은 사람들을 사망하게 하는 수익성이 높은 약물에 개발 비용이 투자될 것이기 때문으로 볼 수 있다.

pharmaceutical a. 제약의 benefit v. ~에게 이롭다 stimulant a. 자극성의 hallucinatory a. 환각의 lucrative a. 수익성이 좋은 narcotic a. 최면성의; 마약의

제약 회사들은 역사적으로 희귀병의 치료제 개발에 늦장을 부려 왔다. (치료제 개발에 투자되는) 돈은 수백 명의 환자들에게만 혜택이 있을지도 모르는 치료제들이 아니라 심장병과 같이 많은 사람들을 사망하게 하는 수익성이 높은 약물 (개발)에 들어간다.

20 ④

첫 문장에서 작가들이 항의하고 있는 대상이 the voice silencers(국민의 목소리를 죽이는 자들, 언론 탄압자들)라고 했으므로, 빈칸에는 억압받는 것으로 ④(자유 언론)가 적절하다.

protest v. 항의하다 prestigious a. 명성 있는, 유명한 bestow v. 수여하다 curb v. 억제하다 urgently ad. 긴급히 attention n. 주의, 배려 mobility n. 이동성, 변동성

인도의 많은 작가들은 정부가 그들에게 수여한 권위 있는 상을 반납함으로써 국민의 목소리를 죽이는 자들(언론 탄압자들)에 대해 지금 항의하고 있다. 인도에서 일어난 자유언론 억압의 그 많은 사례들에 대한 국제적 관심이 시급히 요청된다.

21 ②

두 번째 문장의 주어인 'this form of 빈칸'은 앞 문장의 perjuries(위증)와 conspiracy theories(음모론)를 가리키므로, 빈칸에는 ②의 '허위'가 적절하다.

prevalence n. 보급, 우세, 만연 unchecked a. 저지되지 않은, 억제되지 않은 perjury n. 위증, 거짓 맹세 conspiracy n. 음모, 공모 stamp out 진압하다, 박멸하다 vigorously ad. 활발하게, 왕성하게 censure v. 비난하다 vanity n. 덧없음; 허무; 무익 falsehood n. 허위 boredom n. 권태 commonness n. 평범함

세기가 바뀐 이후로 소셜 미디어가 전반적으로 보급된 것에 힘입어 위증과 음모론이 걷잡을 수 없이 급속히 확산되었다. 이런 형태의 허위(거짓)가 소셜 미디어를 맹렬히 비난한다고 해서 퇴치될 수 있을까?

---

22   ④

빈칸 앞 문장에서 "대부분의 음성메일이 영영 없어졌다고 생각했다."라고 했는데, 마지막 문장에서는 음성메일을 들으며 웃고 운다고 했으므로 빈칸에는 ④(복원했다)가 적절하다.

save v. 저장하다 deleted a. 삭제된 repeal v. 무효로 하다, 폐지하다 resign v. 단념하다 relegate v. 격하시키다; 좌천시키다 retrieve v. 회수하다, 복원하다

최근까지도 나는 내 휴대폰로 삭제된 음성메일을 저장하고 있다는 것을 몰랐다. 올해 나는 절친한 친구를 잃었다. 그는 종종 나에게 음성메일을 남기곤 했다. 나는 대부분의 음성메일이 영영 없어졌다고 생각했다. 그러나 나는 세 개의 음성메일을 복원했고 그것들이 나에게 웃음과 울음을 선사했다.

---

23   ③

and 앞에서 '남자아이들이 우리 딸애가 나와서 축구하기를 원하는지 물어보려고 우리 집 초인종을 누르지 않았다'고 한 것은 독일에서는 남자아이들의 활동과 여자아이들의 활동이 구분되어 있다는 성 고정관념이 형성되어 있다는 말이므로, 같은 취지의 ③(한쪽 성(性)의 아이들로만 국한되었다)이 정답으로 적절하다.

gender n. 성(性) stereotype n. 고정관념 partake in ~에 참가하다 vice versa 그 반대도 또한 같다 indicator n. 지표 equality n. 평등 restrict v. 제한하다, 한정하다 tolerant a. 관대한, 아량 있는 blur v. 희미하게 하다; 더럽히다

스웨덴에서는 성(性) 고정관념이 조장되지 않아서 여자아이들이 종종 남자아이들의 활동에 참여하도록 초대받고 남자아이들도 또한 그랬다. 이 모든 것은 우리가 독일로 이사 갔을 때 달라졌다. 남자아이들이 우리 딸애가 나와서 축구하기를 원하는지 물어보려고 우리 집 초인종을 누르는 일은 더 이상 일어나지 않았고 생일 파티도 한쪽 성(性)의 아이들로만 국한되었다.

---

24   ④

예전에 유명했던 작가들을 기억하기 어렵다고 했으므로 대부분의 소설은 잊혀진다고 볼 수 있다.

glance at 언뜻 보다 ring a bell 들어본 적이 있는 것 같다, 마음에 떠오르다 enigmatic a. 수수께끼 같은 reflect v. 반영하다, 나타내다 poke fun at ~을 조롱하다[웃음거리로 삼다] masterpiece n. 명작 transcend v. 초월하다; 능가

하다 oblivion n. 망각; 잊혀짐

대부분의 소설은 세상에서 잊혀진다. 19세기의 유명했던 작가들 또는 20세기 초에 노벨상을 수상했던 사람들 또는 불과 몇십 년 전에 베스트셀러 목록에 올랐던 사람들의 이름을 살펴보면 아마도 그들 중 대부분은 기억이 나지 않을 것이다.

---

25   ②

건강 보조식품과 처방약은 같은 규제를 받지 않는다고 했는데, 처방약의 경우 엄격한 실험을 통해 안정성이 입증되어야 한다고 했다. 그리고 마지막 문장이 On the other hand로 이어져 처방약과 다른 차이점이 설명되어야 하므로 건강 보조식품은 '처방약에 요구되는 조건들을 피할 수 있다'고 해야 문맥상 적절하다.

supplement n. 보충; 보충제 classification n. 분류, 유형, 범주 be subject to ~의 지배를 받는, 종속되는 regulation n. 규정, 법규 prescription drug 의사의 처방전이 필요한 약 go through 통과되다 strict a. 엄격한 laboratory n. 실험실 clinical a. 진료소의; 임상의 demonstrate v. 증명하다, 밖으로 드러내다 consumer n. 소비자 vital a. 절대로 필요한, 지극히 중요한 nutrient n. 영양소 requirement n. 요구; 필요요건 potency n. 능력, 잠재력; 효능 chronic disease 만성 질환

건강 보조식품을 음식으로 분류하는 것은 처방약과 같은 규제를 받지 않는다는 것을 의미한다. 시장 출시를 위해서 처방약은 엄격한 실험실과 임상실험을 통과해야 한다. 수행된 실험에서는 그 상품들이 소비자들에게 안전하다는 것이 증명되어야 한다. 이와 달리, 건강 보조식품은 이런 요구조건들을 피할 수 있다.

TEST 19

01 ①	02 ③	03 ④	04 ③	05 ①	06 ①	07 ②	08 ②	09 ③	10 ③
11 ④	12 ③	13 ④	14 ②	15 ①	16 ①	17 ①	18 ②	19 ③	20 ④
21 ④	22 ④	23 ④	24 ④	25 ①					

01 ①

대개 하나 혹은 둘씩 발견된다는 것은 떼를 지어 사는 정도가 덜하다는 것인데, 빈칸 앞에 부정어가 있으므로 빈칸에는 ①이 적절하다.

species 종(種), 종류 gregarious a. 떼 지어 사는, 군거성의; 사교적인 relative n. 친척, 친족, 인척 solitary a. 고독한; 쓸쓸한 congenial a. 같은 성질의, 마음이 맞는; 쾌적한 demure a. 점잔빼는; 진지한; 침착한

이 종(種)은 군거성이 친척뻘 되는 종들보다 덜해서 보통 하나 혹은 둘씩 발견된다.

02 ③

치켜세우기만 하는 게 아니라면 좋지 않은 점에 대해서도 솔직하게 말한다는 것이다. 그러므로 부정적인 의미를 가진 ③이 빈칸에 적절하다.

flatter v. 아첨하다, 치켜세우다 brilliance n. 훌륭함; 명민 brutality n. 잔인함 blessing n. 축복; 신의 은총 beatitude n. 더없는 행복

우리나라를 사랑한다는 것은 우리나라를 치켜세우기만 하는 것을 의미하지 않고 우리나라의 아름다움 뿐 아니라 잔인함에 대해서도 진실을 말하는 것을 의미한다.

03 ④

comrades-in-arms는 '전우'라는 뜻으로, 전투를 함께하는 동료를 다룬 영화라면 서로의 목숨을 '구하는' 내용의 영화일 것이므로 빈칸에는 ④가 적절하다.

comrades-in-arms n. 전우(戰友) rescue v. 구하다 escape v. 달아나다 wrestle v. 맞붙어 싸우다, 격투하다 exploit v. 이용하다, 착취하다

2차 세계대전의 전우를 다룬 영화들은 종종 전우들이 서로를 구하기 위해 자신들의 목숨을 거는 것을 보여준다.

04 ③

젊은 구입자들이 대출 자격을 갖추는 것이 힘들어지고 있다고 했으므

로, 신용도가 낮거나 부족하다는 뜻이 되게 하는 ③이 빈칸에 와야 한다.

credit n. 신용 income n. 소득 be hard pressed to ~하는 것을 몹시 힘들어하다 commercial a. 상업의 mutual a. 서로의, 상호 관계가 있는 scant a. 불충분한, 모자라는 disposable a. 사용 후 버리게 되어 있는, 일회용의

주택 가격이 오르면서, 신용도가 부족하거나 소득이 낮은 젊은 구입자들은 대출 자격을 갖추는 것이 몹시 힘들어지고 있다.

05 ①

범죄를 자백했다고 한 다음 역접의 but이 나왔는데, 이들이 강요에 의해 자백을 했다고 했으므로 앞서 했던 자백을 '철회'했을 것이다.

confess v. 자백하다 confession n. 자백 coerce v. (협박하여) 강압하다[강제하다] retract v. (철회[취소]하다 affirm v. 확언하다 substantiate v. 입증하다 confide v. 비밀을 털어놓다

다섯 명 중 네 명이 범죄를 자백했지만, 나중에 (자백을) 강요받았다고 말하면서 그들의 자백을 철회했다.

06 ①

혼자서 무언가를 할 수 없는 상황이라면 다른 국가들과 힘을 합쳐야 할 것이다.

accumulate v. 모으다, 축적하다 dominate v. 지배하다, 위압하다; 통치하다 ally n. 동맹국 resource n. 자원; 능력 sovereignty n. 주권; 통치권, 자치권 emancipation n. 해방 self-determination n. 자기결정

국가가 모든 다른 국가들을 위압할 수 있는 충분한 물리적 힘을 스스로 키울 수 없는 한, 동맹국들에 의지해야 한다.

07 ②

HIV에 걸린 남자가 친구들에게 자신의 병에 대해 말하지 않은 것은 그 병에 대한 사회적 인식이 좋지 않기 때문일 것이다. 따라서 이와 같은 흐름을 문장을 완성시키는 ②가 정답으로 적절하다.

attach v. 붙이다, 달다; 부여하다 prejudice n. 편견, 선입관 responsibility n. 책임, 책무 participation n. 관여, 참여, 관계

HIV(에이즈)가 상당히 진행된 상태에 있는 한 환자는 그 병에 고착돼 있는 사회적 편견 때문에 자신의 상태에 대해서 친구들에게 말하지 않았다.

---

08 ②

콧구멍이 교대로 숨을 들이쉰다고 했으므로 한 콧구멍으로 숨을 쉰 다음에 다른 콧구멍으로 바꿀 것이다.

nostril n. 콧구멍 take turns 교대로 하다 inhale v. 숨을 들이쉬다, 흡입하다 interact v. 상호 작용하다, 서로 영향을 주다 switch v. 바꾸다, 전환하다 transmit v. 보내다, 전하다

콧구멍은 숨을 교대로 들이쉰다. 한 콧구멍이 3시간에서 4시간 동안 숨을 쉰 뒤, 다른 쪽 콧구멍으로 바꾸어 숨을 쉰다.

---

09 ③

because절에서 내부 갈등이 외부의 공격보다 위험하다고 했으므로, 주절은 내부 갈등을 멈춰야 한다는 내용이 되어야 하겠다. 서로를 비방하는 것이 내부 갈등에 해당될 수 있을 것이므로 ③이 정답으로 적절하다.

conflict n. 충돌, 대립, 갈등 aggression n. 공격, 침략 vindicate v. ~의 정당함 [진실임]을 입증하다 assist v. 원조하다, 돕다 malign v. 중상[비방]하다 imitate v. 모방하다

내부 갈등이 외부의 공격보다 더 위험하기 때문에 우리는 서로를 비방하는 것을 그만두어야 한다.

---

10 ③

오랫동안 척수 치료법을 연구해 왔다고 했으므로 끈기 있는 과학자들일 것이다.

enthusiastically ad. 열성적으로, 열렬하게 applaud v. 박수갈채하다, 성원하다 talented a. 재주 있는, 재능 있는 spinal cord 척수 eloquent a. 웅변의, 설득력 있는 exhausted a. 소모된, 고갈된; 지친 tenacious a. 고집하는, 끈기 있는 indecisive a. 우유부단한

나는 척수 손상의 치료법을 찾으면서 오랜 세월을 보낸 모든 재능 있고 끈기 있는 과학자들의 노력을 열렬히 성원한다.

---

11 ④

민주당원인 예술가가 공화당 정치인들에 대한 우둔함을 폭로하기 위해 만화를 사용한 것이므로 그 만화는 풍자적임을 알 수 있다.

expose v. 폭로하다 folly n. 어리석음, 우둔 scrupulous a. 빈틈없는, 면밀한 exalted a. 고귀한, 지위가[신분이] 높은 conservative a. 보수적인, 보수주의의 satirical a. 풍자적인, 잘 비꼬는

의심할 여지없이 민주당원인 그 예술가는 공화당 정치인들의 우둔함을 폭로하기 위해 풍자적인 만화를 사용한다.

---

12 ③

인간의 본성이 고귀하다면 그에 걸맞은 대우는 그것을 존중하는 것이라 할 수 있다.

noble a. 고귀한, 고상한 be subject to ~의 지배를 받는, 종속된 discrimination n. 구별, 식별; 차별대우 contempt n. 경멸, 멸시 reverence n. 경외하는 마음, 숭배, 존경 reliance n. 믿음, 의지, 신뢰

공자는 "자기가 하기 싫은 일을 남에게도 하게 해서는 안 된다"고 했다. 이 가르침에 따르면 인간 본성은 고귀하고 존중을 받아야 한다.

---

13 ④

빈칸 뒤에 by comparison with가 와서 회의실의 장식과 식당의 장식을 비교하고 있다. 회의실이 저명한 예술가의 작품들로 멋지게 장식되어 있다고 했으므로 회의실과 비교해서 식당의 장식은 수수하다고 하는 것이 자연스럽다.

dining hall (대학 등에서 정찬 때 쓰는) 큰 식당 by comparison with ~와 비교하면 prominently ad. 두드러지게, 현저히 exquisite a. 정교한; 세련된 extravagant a. 낭비하는, 낭비벽이 있는; 사치스러운 fancy a. 공상의, 상상의 modest a. 수수한

저명한 예술가의 작품들로 멋지게 장식된 회의실에 비해 식당의 실내 장식은 수수했다.

---

14 ②

빈칸 앞의 this는 앞 문장에서 언급한 '미국교육에서의 가장 큰 문제점은 의견이 일치하지 않는다는 점'을 지칭한다. 빈칸 앞에 '부족'이라는 의미의 표현이 있으므로, 빈칸에는 의견일치와 관련된 단어가 필요하다.

be faced with ~에 직면하다 policy maker 정책 입안자 solution n. 해결, 해법 consensus n. 합의; 일치

미국교육에서 가장 큰 문제는 아무도 왜 우리가 교육해야 하는지에 관해 의견이 일치하지 않는다는 점이다. 이렇게 합의가 결여된 상태에서, 정책입안자들은 훌륭한 교육을 높은 시험점수로 정의해버린다.

15 ①

어릴 때는 경멸했지만 나이가 들면서 감사하고 기꺼이 받아들였던 strict discipline과 유사한 의미의 표현을 찾으면 된다. 가장 적절한 것은 ①의 '엄중한 가정교육'이다.

appreciate v. 평가하다; 진가를 인정하다; 감사하다 embrace v. (기꺼이) 맞이하다, 환영하다; 받아들이다 strict a.엄격한 discipline n. 훈련, 훈육 stringent a. 엄중한 upbringing n. 양육, 교육, 가정교육 liberal a. 관대한, 개방적인 precarious a. 불확실한, 불안정한 rearing n. 양육 idyllic a. 목가적인

어렸을 때, 에밀리 브론테는 그녀가 받은 엄중한 가정교육을 경멸했다. 하지만 그녀는 회고록에서, 나이가 들면서 할머니의 엄격한 훈육에 감사하고 기꺼이 받아들이기 시작했다고 쓰고 있다.

16 ①

최초의 유선형 자동차에 대한 설명으로는 첫 번째 빈칸에는 ①, ②, ③이 모두 가능하다. 두 번째 빈칸의 경우 양보의 접속사 although로부터 immense influence와 연결될 수 있는 것은 ①뿐이다.

streamlined a. 유선형의 immense a. 거대한, 막대한 influence n. 영향 milestone n. 이정표 disappointing a. 실망시키는, 기대에 어긋나는 breakthrough n. 돌파, 약진 pivotal a. 중요한, 중추적인 relapse n. 되돌아감, 이전 상태로의 복귀; 재발 considerable a. 꽤 많은, 상당한 niche n. (시장의) 틈새 calculable a. 계산할 수 있는, 신뢰할 수 있는 revolution n. 혁명 tolerable a. 참을 수 있는

최초의 유선형 자동차 에어플로우(the Airflow)는 자동차 발전에 있어서 하나의 이정표를 세웠고, 비록 판매는 실망스러웠지만 자동차 디자인에 엄청난 영향을 끼쳤다.

17 ①

첫 문장에서 약물복용이 큰 사회적 부담이라고 언급한 후에 Thus(그래서)로 연결되므로, 약물(부정적인 것)을 합법화(긍정)하는 것은 부정적인 결과를 낳을 것임을 알 수 있다. 따라서 빈칸에는 ①이 적절하다

burden n. 짐, 부담 legalize v. 합법화하다 gateway n. 관문, 입구 gateway drug (마약중독의 초기단계에 빠지게 되는) 순한 약물 make matters worse 문제를 악화시키다 turn things around 상황을 호전시키다 shed light on ~을 비추다; 밝히다, 해명하다

건강문제와 의료비용과 관련하여 모든 사회에 가장 큰 부담이 되는 두 가지는 약물복용과 흡연이다. 그래서 모든 약물, 특히 더 심각한 약물로 가는 관문인 순한 약물을 합법화하는 것은 문제를 악화시킬 것 같다.

18 ②

자기주장이 반영된 주장, 즉 주관적인 비평을 우선한다는 것은 '객관적인 서술'을 멀리한다는 것을 의미한다.

critic n. 비평가 objective a. 객관적인; 편견이 없는 in favor of ~을 찬성하여, ~을 위해 opinionated a. 자기주장을 고집하는 commentary n. 주석, 논평, 비평 present v. 주다, 제시하다 sound a. 건전한; 확실한, 견고한 objective a. 객관적인 description n. 기술, 묘사, 서술 biased a. 치우친; 편견을 가진 mainstream a. 주류의, 정통파의

비평가들은 자기의 주장이 확고한 논평(비평)을 위해 객관적인 서술을 하지 않음으로써 독자들로부터 존경을 얻을 수 있다고 믿지만, 최고의 저널리스트는 그저 사실들을 알려주고 독자들이 스스로 그 의미를 판단하도록 한다.

19 ③

글의 흐름상 빈칸에는 바로 앞의 명사 freedom과 반대 의미를 가진 표현이 들어가야 할 것이므로 ③이 정답으로 적절하다.

promote v. 조장하다, 장려하다 conflict n. 투쟁, 전투; 대립, 불일치 obstacle n. 장애, 장애물, 방해 nurture v. 양육하다; 교육하다, 가르쳐 길들이다 bound n. 경계, 경계선 bandage n. 붕대, 안대 bondage n. 노예의 신분; 속박; 굴종 boundary n. 경계

국제연합은 문제를 만들어 내기 위해서가 아니라 문제를 해결하기 위해서, 분쟁을 심화시키기 위해서가 아니라 평화를 증진하기 위해서, 발전에 장애를 만들어내기 위해서가 아니라 발전을 고무시키기 위해서, 그리고 속박에 이바지하기 위해서가 아니라 자유를 조성하기 위해 창설되었다.

20 ④

대시 이하에서 소셜 미디어에 공개되는 스토리가 24시간 후에 만료된다고 했으므로, 이는 소셜 미디어의 '단기적인', '일시적인' 특징에 해당한다.

advocate n. 옹호자; 주창자 expire v. 만료되다 ostentatious a. 과시하는 interactive a. 상호적인 peripheral a. 주위의, 주변의 ephemeral a. 순식간의, 덧없는

열린 정부를 옹호하는 사람들은 정책 입안자들이 인스타그램, 스냅챗, 심지어 페이스북에서 24시간 후에 만료되는 "스토리(사진이나 동영상을 공유)"를 포함하여 소셜 미디어의 일시적인 특징 중 일부를 어떻게 사용하고 있는지에 대해 새로운 우려를 제기하고 있다.

21 ④

소련 정부의 공식적인 양식인 사회주의적 사실주의를 따르지 않았다고 했고, 어려움을 겪은 후에 미국으로 이주했다는 점을 미루어 코마와 멜라미드는 소련의 체제에 '반대하는' 선택을 했을 것임을 미루어 짐작할 수 있다.

dictate n. (따라야 하는) 명령[요구, 규칙] endorse v. (어음 따위에) 배서(背書)하다; 승인[확인, 시인]하다, 찬성하다 pompous a. 거만한, 건방진 preeminent a. 우수한, 발군의 hypocritical a. 위선적인 dissident a. 의견을 달리하는, 반체제의

소련 정부가 공식적으로 승인한 양식인 사회주의적 사실주의의 명령을 따르기보다 코마와 멜라미드(Komar and Melamid)는 체제에 반대하는 역할을 선택했다. 많은 어려움을 겪은 후에, 그들은 1978년 미국으로 이주했다.

---

22   ④

and 앞에 '많은 것이 필요한 곳에서는 절대적으로 노동이 필요하다'는 것과 관련된 내용이므로 그 뒤는 '아무 것도 필요한 것이 없는 곳에서는 열심히 일할 필요가 없다'와 관련된 내용이어야 한다. 그러므로 ④가 정답으로 적절하다.

absolutely ad. 절대적으로, 무조건으로 essential a. 필수의, 불가결한 despise v. 경멸하다, 멸시하다 dweller n. 거주자, 주민

아무 것도 필요한 것이 없는 곳에서는 열심히 일할 필요가 없지만, 많은 것이 필요한 곳에서는 절대적으로 노동이 필요하다. 추운 지방에서 사는 사람들이 노예처럼 일한다고 비난하는 것은 잘못이며 마찬가지로 온화한 지방 사람들이 자연이 그들에게 준 여가를 즐긴다고 비난하는 것도 잘못이다.

---

23   ④

글 뒷 부분에서 '좋은 철학 교수는 단순히 학생들에게 대가들의 가르침을 외우는 것만을 원하지 않고, 그것에 대해 질문하고 어디에서 잘못되었는지 의문을 갖기를 원한다'고 명시하고 있다. 그러므로 '권위의 근원이 항상 옳고 당연하다고 믿어선 안 된다'는 내용이 되어야 적절하다.

authority n. 권위, 권력 memorize v. 기억하다, 암기하다 invincible a. 무적의 impermeable a. 스며들지 못하는 imperious a. 전제적인, 오만한 infallible a. 전혀 틀림이 없는

철학이 학생들에게 주는 가장 중요한 가르침 중의 하나는 권위의 근원이 전혀 틀림이 없는 것으로 여겨서는 안 된다는 것이다. 좋은 철학 교수는 단순히 자신의 학생들에게 대가들의 가르침을 외우는 것만을 기대하지 않고, 또한 그것에 대해 질문하고 어디에서 잘못되었는지 의문을 갖기를 원한다.

---

24   ④

'오랫동안 생명체가 무생물로부터 생겨날 수 있다고 믿었던 사람들이 있었다.'라고 한 후에 역접의 의미를 가진 접속사 But이 왔으므로, But 이하에서 언급하고 있는 이들은 생명체가 무생물로부터 생겨날 수 없다고 생각했던 사람일 것이다.

spring v. 조금씩 나타나다, 태어나다 matter n. 물질 demonstrate v. 증명하다, 논증하다 organism n. 유기체 nutrient solution 배양액 contamination n. 오염 spontaneous generation 자연 발생 subsequently ad. 그 후

오랫동안 생명체가 무생물로부터 생겨날 수 있다고 믿었던 사람들이 있었다. 그러나 파스퇴르(Pasteur)와 틴들(Tyndall)은 배양액 속에 있는 모든 유기체가 파괴되고 그 후에 그 배양액이 외부와 단절된다면 그 어떤 생명체도 결과적으로 나타나지 않는다는 사실을 입증했다.

---

25   ①

우리 인간이 경제체제의 비천한 종이 아니라는 단서로부터 책임이 인간에게 있다는 것을 추론할 수 있다.

state v. 주장하다, 말하다 depression n. 우울함; 저하, 강하; 경제적인 침체 unavoidable a. 어쩔 수 없는, 피할 수 없는 bid v. 입찰하다, 명령하다 conclude v. 결론 내리다 alleviation n. 경감, 완화; 덜기 immutable a. 불변의, 변경되지 않는

그 연사의 말에 의하면 우리 시대의 경기 불황과 인플레이션은 불가피한 것이 아니다. 경제 체제는 주인의 역할을 하고, 우리는 그 비천한 종으로서 주인이 시키는 대로 하는 것이 아니다. 따라서 결론적으로, 만일 우리의 경제적 삶이 인플레이션과 불황으로 지속된다면(경기 불황은 불가피한 것이 아니므로, 우리가 바꿀 수 있는 것이므로) 비난은 당연히 우리 자신에게 돌려야 한다.

TEST 20

01 ①	02 ④	03 ④	04 ②	05 ④	06 ③	07 ③	08 ②	09 ③	10 ②
11 ④	12 ③	13 ①	14 ③	15 ②	16 ①	17 ③	18 ①	19 ②	20 ②
21 ④	22 ③	23 ③	24 ③	25 ③					

01   ①

수사관을 나쁘게 보이게 하고 배심원의 마음을 가지고 노는 것의 결과
는 부정적인 것이어야 하므로 ①이 정답으로 적절하다.

evidence n. 증거, 증언 investigator n. 수사관 juror n. 배심원 obscure
v. 흐리게 하다, 덮어 감추다 preserve v. 보전하다; 보존하다 intensify v. 격렬
[강렬]하게 하다 complement v. 보충[보완]하다

돈은 수사관을 나쁘게 보이게 만들고 배심원의 마음을 가지고 놀아서 증거
를 흐리게 한다.

02   ④

주어인 angry debate와 doctor-assisted suicide에 단서가 있다. 윤리
적인 관점에서 이런 행위는 반인륜적 행위로 지탄의 대상인데도 그것
을 합법화시키려고 하니까 격론이 벌어지는 것이다.

debate n. 토론, 논쟁 suicide n. 자살 rage v.(특히 고함을 지르며) 몹시[격렬히]
화를 내다; 맹렬히 계속되다, (계속) 맹위를 떨치다 statehouse n. 주의회 의사당
distinguish v. 구별하다, 분별하다 degenerate v. 퇴보하다; 타락하다 refute
v. 논박하다, 반박하다 decriminalize v. (법을 개정하여) 기소[처벌] 대상에서
제외시키다, 비범죄화하다

의사가 자살을 도와주는 행위를 비범죄화하는 것에 대한 격한 논쟁이 주의
회 의사당 안에서 하루 종일 격렬히 전개되었다.

03   ④

찬성도 아니고 반대도 아니라면, 기권을 한 것으로 볼 수 있다.

consent v. 동의하다, 찬성하다 brainstorm v. 묘안을 구상하다, 착상하다, 브레
인스토밍하다 subsist v. 살아가다 abstain v. 그만두다, 삼가다; 기권하다

20명의 위원들 가운데, 15명이 그 제안에 찬성했고, 3명은 반대했으며, 나
머지 2명은 기권했다.

04   ②

저축과 투자가 경제 성장과 갖는 관계에 관한 문제이다. 저축과 투자는
경제성장의 기본적인 동인(動因)이므로 긍정적인 결과를 가져올 것이
다. 그러므로 '유례없는 성장(unprecedented growth)'이라는 의미를
완성시키는 ②가 정답으로 적절하다.

investment n. 투자, 출자 inevitable a. 불가피한 unprecedented a.전례
없는, 미증유의 innocuous a.무해한; 악의가 없는 tardy a. 느린, 완만한, 더딘
recurrent a. 재발하는; 정기적으로 되풀이되는

수십 년 동안 많은 저축과 투자를 한 후에 한국 경제는 전례 없는 성장을 이
룩하게 되었다.

05   ④

비행기 날개에서 검은 연기가 새어나오는 것을 봤다면, 사고나 위험이
'멀지 않았음'을 알게 됐을 것이다.

disaster n. 재해, 재난, 참사 unlikely a. 있음직하지 않은, 가망 없는 avoidable
a. 피할 수 있는 catastrophic a. 비극의, 파국의 imminent a. 금방이라도 닥칠
듯한, 목전의, 임박한

비행기 날개에서 검은 연기가 새어나오는 것을 보았을 때, 우리는 참사가 임
박했음을 확신했다.

06   ③

시험에 거듭 불합격했다면 향후에도 합격한다고 장담할 수 없을 것이
다. 빈칸 앞에 부정어가 있으므로 '낙관적인'이라는 의미의 ③이 정답으
로 적절하다.

afford v. ~을 할 수 있다, 할 여유가 있다 term n. 기간; 임기; 학기 courteous
a. 예의바른, 정중한 relevant a. 관련된, 적절한 sanguine a. 쾌활한, 낙천적인,
자신만만한 passive a. 수동적인

지난 4번의 시험 가운데 3개를 떨어졌기 때문에, 당신이 학기를 통과할 수
있을 것이라고는 낙관할 수 없다.

07 ③

앞에서 '바그너가 편협한 성격의 소유자였다'고 했으므로 빈칸에는 부정적인 뜻의 동사가 들어갈 수 있다. ①과 ③ 가운데 문의 흐름상 ③이 보다 자연스럽다.

composer n. 작곡가 intolerant a. 참을 수 없는; 옹졸한, 편협한 acquaintance n. 아는 사람, 아는 사이; 면식 contradict v. 부정하다, 부인하다 tolerate v. 허용하다, 관대하게 다루다; 참다 shun v. 피하다, 멀리하다 revere v. 숭배하다, 존경하다

유명 오페라 작곡가인 리차드 바그너(Richard Wagner)는 종종 성격이 편협했다. 게다가, 그의 기이한 행동 때문에 그를 아는 사람들은 가능하면 언제나 그를 피하려고 했다.

08 ②

숙주의 살점을 뜯어먹는다는 것은 그 유충이 기생생물임을 말해주는 것이다.

hatch v. 부화하다 larva n. 애벌레, 유충 host n. (기생 동식물의) 숙주(宿主) symbiotic a. 공생의 parasitic a. 기생의, 기생 동물의 carnivorous a. 육식의; 육식류의 herbivorous a. 초식성의 metabolic a. 신진대사의

이 생물 종(種)의 암컷은 온혈 동물의 드러난 상처에 알을 낳는다. 부화하는 유충은 숙주의 살점을 뜯어먹는 기생생활을 한다.

09 ③

음원이 자신에게 가까이 오면서 소리의 높이가 높아졌다면, 음원이 자신으로부터 '멀어지는' 경우에 소리의 높이가 낮아질 것이다.

confirm v. 확증하다, 확인하다 solicit v. 간청하다 overtake v. 따라잡다; 압도하다 recede v. 멀어지다; 물러나다 proffer v. 내밀다; 제의하다

그는 음원이 자신에게 가까이 오면 소리의 높이가 높아지고, 음원이 자신으로부터 멀어지면 소리의 높이가 낮아짐을 확인했다.

10 ②

두 번째 문장은 첫 번째 문장의 내용을 부연해서 설명하는 역할을 하고 있다. 자연이 폐기물을 자원으로 변화시키는 것보다 인간이 자원을 쓰레기로 변화시키는 것이 더 빠르다고 했으므로, 지구의 재생 능력은 인간의 수요를 따라잡기 어려울 것이다.

regenerative a. 재생시키는 capacity n. 수용량, 용량; 능력 demand n. 수요 resource n. 자원 waste n. 폐기물 keep up with (사람·시대 흐름 등에) 뒤떨어지지 않다, 따라잡다 stand out 두드러지다, 눈에 띄다 be based on ~에 기초를 두고 있다 do away with 폐지하다

지구의 재생 능력은 더 이상 인간의 수요를 따라잡을 수 없다. 사람들은 자연이 폐기물을 다시 자원으로 변환시킬 수 있는 것보다 더 빠르게 자원을 폐기물로 만들고 있기 때문이다.

11 ④

concentration, decisiveness 등은 정찰병이 되기 위해 필요한 능력이나 자질로 볼 수 있다.

cavalry n. 기병대 scout n. 정찰병, 척후병 concentration n. 집중; 전념 decisiveness n. 결단력 passion n. 열정 essential a. 필수적인

기갑부대의 정찰병으로 채용된 디트리히(Dietrich)는 그 일을 하기 위해서는 반드시 필요한 자질, 즉 집중력과 결단력, 눈에 띄지 않고 움직일 수 있는 능력 등이 부족한 것처럼 보였다.

12 ③

유언장도 없었고 가까운 인척도 없었던 상황이라면, 먼 친척들 사이에 재산을 서로 많이 차지하려는 다툼이 있었으리라고 미루어 짐작할 수 있다. 따라서 재산의 분배와 관련된 내용을 완성시키는 ③이 정답으로 적절하다.

will n. 유언; 유언장 relative n. 친척, 일가, 인척 divide v. 나누다, 분할하다 hoard v. 저장하다, 축적하다

죽은 그 여인은 유언을 남기지도 않았고 가까운 인척도 없었기 때문에, 먼 친척들 사이에 그녀의 엄청난 재산을 분배하는 방법에 있어서 다툼이 일어났다.

13 ①

두 번째 문장은 가정법 과거완료의 형태를 취하고 있다. 사냥감이 함부로 돌아다닌 것은 자신이 잡힐 것을 알지 못했기 때문일 것이므로 빈칸에는 ①이 적절하다.

conceal v. 숨기다 bush n. 관목; 수풀, 덤불 prey n. 먹이, 사냥감 pit n. 구덩이 dig v. 파다, 파헤치다 saunter v. 산책하다, 어슬렁거리다 capture v. 붙잡다, 생포하다

덤불 뒤에서 우리는 사냥감이 우리가 파서 위에 나뭇잎과 가벼운 나뭇가지를 덮어 둔 함정 쪽으로 접근해오는 것을 보았다. 자기가 잡힌다는 것을 알았더라면 그 짐승이 그렇게 함부로 돌아다니지 않았을 것임은 분명하다.

14 ③

점차 특정 장르의 소설을 좋아하게 되었다는 말 속에는 그 전에는 장르를 가리지 않고 읽었다 혹은 다른 장르를 주로 읽었다는 의미가 내포돼 있다. 그런데 집에 있는 모든 것을 읽었다는 말과 호응해야 하므로 전

자의 의미가 되는 것이 적절하다. 그러므로 ③이 정답이다.

gradually ad. 잠차, 서서히 reading matter 읽을거리 critical a. 비평의; 위기의 taciturn a. 말 없는; 입이 무거운 indiscriminate a. 무차별; 닥치는 대로의 capricious a. 변덕스러운; 일시적인

처음에 나는 기본적으로 집에 있는 모든 것을 다 읽고 지역 도서관에서 집으로 가져갈 수 있을 만큼을 닥치는 대로 다 읽는 독서가였다. 점차 공상과학소설이 내가 제일 좋아하는 읽을거리가 되었다.

15   ②

예술잡지들이 도난당한 고고학적 보물들의 사진을 싣는 이유를 생각해 볼 때, 도둑맞은 예술품들을 '발굴', '전시'를 용이하게 하기 위한 것이라고는 보기 힘들므로 두 번째 빈칸에는 ②와 ④만이 가능하다. 첫 번째 빈칸에는 '박물관과 합법적인 투자자들을 보호하기 위해'라는 뜻이 되도록 protect가 들어가는 것이 가장 자연스럽다.

legitimate a. 합법적인 facilitate v. (일을) 용이하게 하다; 쉽게 하다; 촉진하다 pilfer v. 좀도둑질하다, 훔치다 artifact n. 인공물, 공예품; 예술품 publish v. 발표하다, 공표하다, (서적, 잡지 등을) 출판하다 archaeological a. 고고학의 perpetuate v. 영속시키다 excavation n. 굴 파기; 발굴 retrieve v. 되찾다, 회수하다; 회복하다, 만회하다 confuse v. 혼란시키다; 어리둥절하게 하다 redemption n. 도로 찾아냄; 상환, 회수

박물관과 합법적인 투자자들을 보호하고 도둑맞은 예술품들의 회수를 용이하게 하기 위해 예술잡지들은 종종 도난당한 고고학적 보물들의 사진을 싣는다.

16   ①

rather than은 '~보다는, 대신에'라는 뜻이므로, 성희롱 고소건을 공개했다는 의미가 되도록 첫 번째 빈칸에는 disclosed가 적절하다. 마지막 문장은 성희롱으로 고소를 당한 상사가 아니라 피해자의 입장을 밝히고 있으므로, 그 사건이 공개되어 피해를 입게 됐다는 뜻이 되도록 두 번째 빈칸에는 publicity가 적절하다.

sexual-harassment n. 성희롱 complaint n. 불평; 고소 attribute A to B A를 B의 탓으로 보다 blackmail v. 갈취하다, 협박하다 disclose v. 밝히다, 드러내다 publicity n. 공표, 공개 uphold v. 지지하다, 변호하다 volatility n. 휘발성; 변덕 conceal v. 숨기다 anonymity n. 익명성 equivocate v. 얼버무리다 confidentiality n. 비밀

상사는 성희롱 고소 건을 비밀로 하지 않고 그것을 뉴스 기자에게 공개했고, 또한 그 사건을 그를 협박하려고 했던 문제 직원 탓으로 돌렸다. 한편, 그 사건의 피해자는 이로 인해 그 사건이 널리 알려져서 (자신의 삶이) 무너졌다고 말한다.

17   ③

'뛰어난 음향 시설과 최대 8만 명까지 수용할 수 있는 능력을 갖추고 있는' 특성의 건축물로는 amphitheater(원형극장)가 가장 근접한다.

acoustic a. 청각의, 음파의 property n. 성질, 특성 capacity n. 수용량, 수용능력; 능력, 재능 accommodate v. 편의를 도모하다; (시설·탈것 따위가) 수용하다, ~의 수용력이 있다 velodrome n. 벨로드롬(경사진 트랙이 있는 자전거 경주장) amphitheater n. (현대의) 원형 경기장[극장]; (극장의) 계단식 관람석 acropolis n. 아크로폴리스

아일랜드의 슬레인(Slane)성은 뛰어난 음향 상태와 최대 8만 명 인원까지 수용할 수 있는 능력을 갖춘 자연적인 원형극장 안에 위치하고 있어서 종종 록 밴드들의 주최지 역할을 담당해왔다.

18   ①

잃고 나서야 법과 질서의 중요성을 알 수 있다고 했으므로, 가지고 있는 동안에는 그 존재를 당연시 여기고 그 중요성을 깨닫지 못할 것이다.

lament v. 슬퍼하다, 비탄하다; 애도하다 remove v. 제거하다 defect n. 결점, 결함 take ~ for granted ~를 당연한 것으로 여기다 strictly ad. 엄격하게 observe v. (법률·풍습·규정·시간 따위를) 지키다, 준수하다 burden n. 무거운 짐; 부담 indifferent a. 무관심한; 대수롭지 않은

우리가 법과 질서를 향유하고 있는 동안은 그것이 존재하고 있는 사실을 거의 깨닫지 못한다. 그것들이 없어지고 나서야 비로소 우리는 법과 질서에 우리가 얼마나 의존하고 있었던가를 깨닫게 된다. 법과 질서를 잃고서 우리는 슬퍼한다. 그것을 얻는 것을 우리는 당연하게 여긴다. 법과 질서가 있을 때, 우리는 안타깝게도 그것의 부족한 점만을 너무 찾으려 든다.

19   ②

rather than 전후에는 상반되거나 대조를 이루는 표현이 오므로 빈칸에는 앞에 쓰인 reduce와 반대되는 의미를 가진 표현이 들어가야 한다.

tension n. 긴장, 절박 enterprise n. 기획; 기업(체) abate v. 줄이다; 낮추다 amplify v. 확대하다; 부연하다 placate v. 달래다; 화해시키다 eliminate v. 제거하다

아시아는 긴장이 늘어나는 지역이 될 가능성이 있다. 아시아 시장에서 거래를 하길 원하는 외국 기업체들은 폭넓은 선택권 가질 것이다. 성공적인 기업은 긴장이 늘고 있는 시점에서 위험을 증가시키기보다는 위험을 줄이면서 이겨 낼 방법을 찾을 것이다.

20   ②

"당신 일에나 신경 쓰시죠", "내 일에 참견하지 마세요."는 모두 다른 사람들의 일에 간섭하는 사람들에게 쓸 수 있는 말들이다.

intermeddle v. 간섭하다, 주제넘게 나서다 affable a. 친절한, 상냥한 officious a. (쓸데없이) 참견하는, 간섭하는 deferential a. 경의를 표하는, 공경하는 apathetic a. 냉담한; 무관심한

때때로 그 문구는 쓸데없이 참견하거나 다른 사람의 일에 주제넘게 나서는 것으로 보이는 사람들에게 사용된다. "당신 일에나 신경 쓰시죠", "내 일에 참견하지 마세요."라는 말과 비슷하다.

21 ④

순접의 접속사 and로 연결되고 있는 subtlety와 유사한 의미를 가진 표현이 빈칸에 적절하다. 따라서 ④가 정답이 된다.

majority n. 대부분, 대다수 involve v. 연루시키다; 수반하다 complicated a. 복잡한, 까다로운 appreciation n. 평가, 판단, 이해; 인식 subtlety n. 파악하기 어려움, (뜻 등의) 섬세, 미묘; 섬세[미묘]한 것 temper n. 기질, 천성 hedonism n. 쾌락주의 renown n. 명성 nuance n. 미묘한 차이

어떤 상황들은 정말 흑백같이 이분법적이지만, 정치적 문제의 대부분은 그렇지 않다. 대신, 완전히 이해하기 위해서는 세부적 요소와 미묘한 차이의 감지를 필요로 하는 복잡한 위치를 수반하고 있다.

22 ③

'that they will risk jail to avoid'은 빈칸에 들어갈 단어를 부연해서 설명하는 절이다. 소득세율은 납세자가 세금을 납부하지 않고 차라리 감옥행을 택할 정도로 높아서는 안 된다고 강조하고 있는 만큼, 감옥을 택할 만큼 부담스러워서는 안 된다는 의미를 완성시키는 표현이 필요함을 짐작할 수 있다.

figure out (문제를) 풀다, 해결하다; 계산하다 income tax 소득세 tricky a. 교활한; 다루기 힘든 proposition n. 제안; 명제; 일, 문제 significant a. 상당한 revenue n. 소득, 수익 ignoble a. 비열한, 천한 endeavor n. 노력 munificent a. 인색하지 않은, 아낌없이 주는 offer n. 제안, 제공 onerous a. 번거로운, 성가신; 아주 힘든, 부담되는 burden n. 짐, 부담 confounding a. 혼란스럽게 하는 labyrinth n. 미로

소득세를 결정하는 적정 수치를 계산하는 것은 복잡한 과제다. 과세를 피하기 위해 감옥의 위험을 무릅쓰게 하는 버거운 부담으로 여길 정도로 세금 비율이 너무 높지 않으면서 정부에게는 상당한 수익을 제공할 만큼 충분히 높아야 한다.

23 ③

인간은 본능적으로 변화를 싫어하기 때문에 새로운 좋은 정책이 나와도 예전의 정책을 고집하는 사람들이 있다는 내용이므로 ③이 정답이다.

inherently ad. 본질적으로; 선천적으로 resistant a. 저항하는, 반항하는 implement v. 이행하다, 실행하다 replace v. 대신하다, 대체하다 insist v. 주장하다; 고집하다 parlay v. 증대하다, 확대하다 adhere to 고수하다 petition v. 탄원하다

많은 사람들은 변화하려는 생각에 대해 선천적으로 저항하려 한다. 정부가 그들이 대체하려고 하는 것보다 분명히 더 나은 새로운 정책을 시행하려 할 때조차도 예전 방식을 고수해야 한다고 주장하는 사람들이 있을 것이다.

24 ③

다른 형태의 그림들은 따라오기 힘든 방식으로 상상력을 화폭에 담을 수 있다는 것은 매우 자유롭다는 것이고 이는 곧 제약이 없다는 것을 의미한다.

at once A and B A이기도 하고 동시에 B이기도 한 compelling a. 강제적인; 강한 흥미를 돋우는, 감탄하지 않을 수 없는 respectable a. 존경할만한 match v. ~에 필적하다 rebuke n. 비난, 질책 apparel n. 의복, 의상 constraint n. 제약 invitation n. 초대

추상화는 가장 강렬하면서도 동시에 가장 존중 받지 못하는 예술 형태 중의 하나다. 추상화는 그 어떤 공식적인 제약에 의해서도 제한을 받지 않기 때문에 다른 형태의 그림들은 따라오기 힘든 방식으로 상상력을 화폭에 담을 수 있다. 그러나 바로 그러한 이유 때문에 그리기 위한 약간의 소질과 훈련만 필요한 것처럼 비춰진다.

25 ③

많은 종교가 함께 어우러져 있다고 하였는데, 이것은 다른 종교나 문화를 배척하지 않고 받아들였다는 의미다.

shamanism n. 샤머니즘 Confucianism n. 유교 coexist v. 공존하다 overlap v. 부분적으로 덮다; 일부분이 일치하다 compromise n. 타협, 화해 contribute v. 기부하다; 기여하다 uniformity n. 한결같음; 획일 banish v. 추방하다, 내쫓다 contemporary a. 동시대의; 현대의 reject v. 거절하다; 무시하다 embrace v. 포용하다; 받아들이다 diversity n. 다양성 restrain n. 억누르다, 억제하다

한국의 샤머니즘은 그 무엇도 배척하지 않고 모든 것을 포용하였다. 이것은 다른 종교 및 사회적 변화와 끊임없이 타협하며 한국이 불교 및 유교 그리고 기독교가 평화롭게 공존하고 종종 부분적으로 겹쳐지는 곳이 되게 하였다. 이러한 이유로 한국의 샤머니즘은 수천 년 동안 이어져 온 것이다.

01 ②	**02** ③	**03** ②	**04** ②	**05** ④	**06** ④	**07** ②	**08** ①	**09** ①	**10** ②
11 ④	**12** ④	**13** ③	**14** ①	**15** ①	**16** ②	**17** ①	**18** ③	**19** ②	**20** ③
21 ①	**22** ①	**23** ③	**24** ③	**25** ②					

01 ②

손쉬운 승리를 기대해서는 안 되는 이유가 되기에 적절한 단어를 찾으면 된다. '무서운', '만만치 않은'이라는 의미의 ②가 정답으로 적절하다.

foe n. 적, 원수 legendary a. 전설상의, 전설적인; 믿기 어려운 formidable a. 무서운, 만만치 않은, 얕잡아볼 수 없는 grandiose a. 웅장한, 숭고한, 당당한 sedentary a. 앉아 있는; 잘 앉는

만만치 않은 적과 맞서고 있기 때문에 우리는 손쉬운 승리를 기대해서는 안된다.

02 ③

'어떤 지식이 미래에 가장 필요할 것인지 우리는 알 수 없다'고 했으므로 지식을 미리 가르치려고 하는 것은 현명한 일이 아닐 것이다.

in advance 미리, 사전에 reasonable a. 분별 있는 gallant a. 용감한, 훌륭한 senseless a. 무분별한, 어리석은 circumspect a. 신중한, 주의 깊은

미래에 어떤 지식이 가장 필요할 것인지 우리가 알 수 없기 때문에, 지식을 미리 가르치려고 하는 것은 어리석은 짓이다.

03 ②

빈칸은 '고수하다'라는 동사를 수식하는 부사가 들어갈 자리이므로, '고집스럽게', '완강하게'라는 의미의 ②가 들어가는 것이 자연스럽다.

reprimand v. 견책[징계]하다; 호되게 꾸짖다 abandon v. 버리다; 단념하다, 그만두다 conviction n. 신념, 확신 stick to 고수하다 principle n. 원리, 원칙 accursedly ad. 저주스럽게, 가증스럽게 obstinately ad. 완강하게, 끈질기게 reluctantly ad. 마지못해 timidly ad. 소심하게

그는 당국으로부터 심한 질책을 받았다. 그러나 그는 그의 신념을 버리는 대신 그의 원칙을 완강히 고수했다.

04 ②

양보의 접속사 Although가 이끄는 종속절에서 순차적으로 일어남을 언급했는데, 이것은 고정된 질서와 같은 것이다. 따라서 이와 대조를 이루어야 하는 주절에서는 정해지지 않은 속성에 대해 이야기해야 할 것이다. 그러므로 ②가 정답으로 적절하다.

adolescent a. 청년기의 maturational a. 성숙의 orderly a. 순서 바른, 정돈된 sequence n. 연속, 연쇄; 순서, 차례 onset n. 시작, 출발 duration n. 지속, 계속 last v. 계속하다, 지속하다 vary v. 변하다; 가지각색이다, 다르다 falter v. 비틀거리다; 말을 더듬다

청소년기의 성숙 및 발달은 순차적으로 일어나지만 그 시기는 시작시점과 지속기간에 따라 다양하다.

05 ④

질보다 양을 중시한다는 단서로부터 정답을 추론할 수 있다.

staunch a. (사람·주장 따위가) 신조에 철두철미한, 완고한, 충실한 quantity n. 양(量) quality n. 질(質) prompt a. 신속한 appetizing a. 식욕을 돋우는 gorgeous a. 화려한, 훌륭한 generous a. 관대한; 풍요로운

그린(Green) 씨는 질보다 양이 중요하다고 강하게 믿고 있다. 그는 대접이 후하다면 만찬에 대해 불평하는 법이 없다.

06 ④

so ~ that … 구문은 '너무 ~해서, 그 결과 …하다'라는 원인과 결과의 문장을 만든다. 콜먼의 음악이 너무 많은 논란을 불러일으켰다고 했으므로, 그에 대한 결과로는 그가 비평가들과 음악가들에게 '좋지 않은 평가를 받은 것'이 적절하다.

controversial a. 논란이 많은, 논쟁의 대상인 praise v. 칭찬하다 denounce v. 비난하다; 고발하다 share v. 함께 쓰다, 공유하다 recognize v. 인정하다; 승인하다

그의 음악은 당시에 너무 많은 논란을 불러일으켜서, 콜먼(Coleman)은 많은 비평가들과 음악가들에게 비난을 받았다.

07 ②

that 이하에서 많은 산업들이 심각한 상태에 빠지게 된 원인을 설명해야 하므로, '세계 경제의 상당 부분을 정지시켰다'라는 의미를 완성시키는 ②가 빈칸에 들어가기에 적절하다. 'bring ~ to a standstill'은 '~을 정지시키다' '~을 멈추게 하다'라는 의미의 관용표현이다.

retailer n. 소매상인 dire a. 대단히 심각한, 엄청난, 지독한; 몹시 나쁜, 끔찍한 lockdown n. (움직임·행동에 대한) 제재; 대규모 사회통제, 봉쇄, 락다운 bring something to a standstill ~을 정지시키다, 멈추다 standstill n. 정지, 멈춤 trajectory n. 궤적, 궤도 equilibrium n. 평형, 균형 monopoly n. 독점, 전매

전 세계 경제의 많은 부분을 정지시킨 봉쇄 조치 이후 항공사, 소매업체, 그리고 다른 많은 산업들이 매우 심각한 상태에 놓여있다.

08 ①

야생동물을 먹이로 하게 된다고 했는데, 이것은 풀어놓은 애완동물이 '침입종'이 된다는 것을 의미한다.

release v. 풀어놓다; 해방하다 pet n. 애완동물 species n. 종(種), 종류 ferret n. 흰족제비 hedgehog n. 고슴도치 prey on ~을 잡아먹다, 먹이로 하다 wildlife n. 야생동물 invasive a. 침입하는, 침략적인 endangered a. 멸종 위기에 처한 rare a. 드문, 진귀한 exotic a. 외국의, 이국적인

절대로 애완동물을 야생에 풀어주지 마라. 그것은 침입종이 될 수 있다. 고양이, 개, 뱀, 흰족제비, 심지어 고슴도치도 그 지역의 야생동물을 잡아먹게 된다.

09 ①

양보의 전치사 despite가 왔으므로, 시의 예산이 '넉넉하지 않은' 상황임에도 불구하고 신규 도서관이 문을 연다고 해야 자연스러운 흐름이 된다.

budget n. 예산 precarious a. 불안정한; 위태로운 phenomenal a. 경이적인 exceptional a. 이례적일 정도로 우수한; 극히 예외적인 prosperous a. 번영한, 번창한

시의 예산이 불안정한 시기임에도 불구하고, 4곳의 신규 도서관이 연말까지 시카고에 문을 열 것이다.

10 ②

'무시무시한 사건의 재발을 막기 위해'라는 표현을 통해, 음식 속에 나쁜 것이 들어 있어서 모종의 사건이 발생했음을 추론할 수 있다.

prevent v. 막다, 방해하다; 예방하다 repetition n. 되풀이, 반복; 재주장 dreadful a. 무서운, 두려운, 무시무시한 occurrence n. (사건 등의) 발생; 사건, 일어난 일 element n. 원소, 요소, 성분 unknown a. 미지의, 알려지지 않은; 알 수 없는 toxic a. 유독한, 중독성의 benign a. 인자한, 친절한; (기후·풍토가) 건강에 좋은, 온화한 tawdry a. 번지르르한, 야한; 천박한

이 무시무시한 사건의 재발을 방지하기 위해, 우리는 차려진 음식 속에 있는 유독(有毒) 요소를 찾아내야만 한다.

11 ④

환자가 왜 아픈지를 알아내는 것은 '진단'과 관련이 있다.

treatment n. 치료 medicine man 치료 주술사 prognosis n. 예지, 예측; <의학> 예후 hospitalization n. 입원; 입원기간 diagnosis n. 진단 quarantine n. 격리; 검역소

물론, 어떤 치료든 그 첫 단계는 진단이다. 의사든 치료 주술사든, 환자가 왜 아픈지를 알아내고 나서 어떤 치료를 할 것인지를 결정해야 한다.

12 ④

자신이 태어난 도시에서 살지 않고 다른 곳으로 이주해서 살고 있다는 것은 '이동하는' 경향을 이야기하고 있는 것이다.

gregarious a. 군거하는, 군집하는; 사교적인 energetic a. 원기왕성한, 정력적인 conservative a. 보수적인 mobile a. 이동성이 있는, 이동하는

미국의 주민은 종종 이동성이 있는 것으로 묘사된다. 이 점을 증명하자면, 미국 시민의 3분의 2가 자신이 태어난 도시에서 살지 않는다.

13 ③

사회에서 필요로 하는 것들을 충족시키는 역할을 하는 것은 정부의 '세입(稅入)' 혹은 '세수(稅收)'이므로 ③이 정답이 된다.

law-abiding a. 법을 준수하는 deplore v. 한탄[개탄]하다, 애도하다; 유감으로 여기다 deprive v. ~에게서 빼앗다, 박탈하다 meet v. (의무·조건 따위를) 채우다, 충족시키다 bankruptcy n. 파산, 도산; 파탄 commodity n. 필수품; 물자 revenue n. 소득, 수익; 수입원; 세입 productivity n. 생산성

법을 지키는 사람들은 지하경제를 개탄해야 한다. 탈법적으로 물품이나 서비스를 판매하는 사람들은 사회에서 필요로 하는 것들을 충족시킬 정부의 세입(稅入)을 박탈함으로서 동료 납세자들을 속이고 있는 것이다.

14 ①

여성족장이 탄생한 것은 남성만이 족장이 될 수 있다는 통념을 깨뜨린 것이다.

tribe n. 부족, 종족 myth n. 신화; 전설; (근거가 없는) 사회적 통념, 미신 shatter v. 산산이 부수다, 분쇄하다; 파괴하다 venerate v. 존경하다, 숭배하다 exaggerate v. 과장하다, 지나치게 강조하다 perpetuate v. 영속시키다; (명성을) 불후하게 하다

점점 인기를 더해가고 있는 지도자로 미국에서 두 번째로 큰 부족인 체로키족의 여성 족장 윌마 맨킬러(Wilma Mankiller)는 아메리카 인디언 정치 조직에서 오직 남성만이 족장이 될 수 있다는 그릇된 통념을 깨뜨렸다.

15 ①

두 번째 빈칸에는 become like little dependent children와 순접으로 호응하는 표현이 와야 하므로 regress가 적절하며, while이 양보의 의미로 쓰였음을 고려하면 첫 번째 빈칸에는 regress와 대조를 이룰 수 있는 militant가 적절하다.

threat n. 위협, 협박 rejection n. 거절, 기각; <생리> 거부, 거부반응 militant a. 호전적인 regress v. 역행하다; 퇴보하다 concise a. 간결한, 간명한 objectify v. 객관화하다, 구체화하다 indignant a. 분개한, 성난 revive v. 소생하다; 되살아나다 amiable a. 호감을 주는; 붙임성 있는; 상냥한 procrastinate v. 지연하다, 꾸물거리다 ingenuous a. 솔직한; 순진한, 천진난만한 hesitate v. 주저하다, 망설이다.

어떤 사람들은 거부라는 위협에 호전적으로 반응하는 반면, 어떤 사람들은 물러서서 의존하려고 하지 않는 아이처럼 된다.

16 ②

두 빈칸 공히 긍정적인 의미의 표현이 필요한데, 특히 물건의 '가격이 적당하다'고 말할 때에는 reasonable, moderate 등을 쓴다는 점을 고려하면 ②가 정답으로 적절하다.

firm n. 회사, 상사 quote v. (남의 말·문장 따위를) 인용하다; (가격·시세를) 부르다 quality n. 품질 account n. 계정; 예금 계좌; 거래 payable a. 지불할 수 있는 considerable a. 꽤 많은, 상당한 reasonable a. 온당한, 적당한 receivable a. 믿을 만한 attractive a. 사람의 마음을 끄는, 매력적인 valuable a. 귀중한 competitive a. 경쟁의, 경쟁적인 satisfactory a. 만족스러운

우리는 우리와 사업 관계를 시작할 수 있는 믿을만한 회사를 찾고 있습니다. 귀사가 제시한 가격이 합당하고 품질이 믿을만하다면 당신과 거래를 할 것입니다.

17 ①

현실 생활과 관련이 없고 일상에서 벗어나 있는 것은 일과 중의 근심 걱정으로부터 벗어나게 해 줄 것이다.

on one's own terms 자기 생각대로, 자기 방식으로 have little to do with ~와 거의 관련이 없다 effectively ad. 효과적으로 concentrate on ~에 집중하다, 전념하다 resolve v. 결심하다; 풀다, 해결하다

모든 예술 중에서도 음악이 가장 자유롭다. 대부분의 음악은 나름의 세계나 나름의 방식을 통한 것을 제외하면 그 어떤 것도 "의미하지" 않는다. 그러나 음악이 소위 현실 생활과 거의 관련이 없기 때문에, 일상에서 벗어난 것이기 때문에, 그것은 일과 중의 근심 걱정에서 벗어날 수 있도록 해준다.

18 ③

첫 문장에서 현재를 지나칠 정도로 혐오한다고 했으므로 ③이 빈칸에 들어가야 한다.

utopian n. 몽상가 characterize v. ~의 특색을 이루다, ~의 성격을 나타내다 excessive a. 과도한, 지나친 inspire v. 고무하다, 영감을 주다 reformer n. 개혁가 idealize v. 이상화하다 accentuate v. 강조하다 contemporary a. 동시대의; 현대의

유토피아를 갈망하는 이들의 특징은 현재를 지나칠 정도로 혐오한다는 점이다. 이들 열의에 찬 개혁가들은 지금을 최악의 시대로, 현대 문명을 역사상 최악의 문명으로 그리고 있다. 그들은 현재의 잘못을 강조하면서 과거와 미래를 이상화시키는 경향이 있다.

19 ②

결국 1854년에 문호를 개방했다는 것이 되므로 그 이전에는 외국과 교류를 하지 않는 고립적 정책을 견지해왔음을 알 수 있다.

establish v. (국가, 학교, 기업 등을) 설립하다; (제도, 법률을) 제정하다 influence n. 영향, 작용 commodore n. 제독 treaty n. 조약 determined n. 결연한, 단호한; 굳게 결심한 insularity n. 섬나라 근성, 편협 bellicosity n. 호전성 open-door policy 문호 개방 정책

네덜란드인들은 1960년대에 도착하여 무역기지를 건설했다. 그러나, 1854년 매튜 페리(Matthew Perry) 제독이 가나가와(Kanagawa) 조약에 서명하여 일본의 문호를 개방시킬 때까지는 외부의 그 어떤 세력도 일본의 단호한 섬나라 근성을 바꾸지 못했다.

20 ③

바지의 뒷주머니가 가장 손쉬운 목표고 다음이 옆 주머니라고 했으므로, '자켓 안주머니가 가장 안전하다'는 뜻의 문장이 되어야 하겠다. 앞에 부정어 least가 있으므로 빈칸에는 '공격받기 쉬운, 상처받기 쉬운'의 의미를 가진 ③이 들어가는 것이 적절하다.

pickpocket n. 소매치기 extract v. 뽑아내다; (정수 등을) 추출해내다; (정보, 돈 등을) 억지로 받아내다 wallet n. 지갑 plausible a. (말, 진술 등이) 그럴 듯한, 정말 같은; 말주변이 좋은 muffled a. 소리를 죽인 vulnerable a. 상처받기 쉬운, 공격받기 쉬운; 비난받기 쉬운 decorative a. 장식의 pecuniary a. 금전의

소매치기들은 자신들을 볼 수 없는 뒤에서 지갑을 훔치는 것을 선호한다. 따라서 가장 손쉬운 목표는 바지의 뒷주머니이며 그 다음은 옆 주머니이다. 자켓의 안주머니가 가장 덜 취약하다.

21 ①

바로 뒤의 burned what they couldn't steal에 쓰인 steal과 유사한 성격의 혹은 의미의 표현이 필요하므로 ①이 가장 적절하다.

denounce v. (공공연히) 비난하다, 매도하다 auction n. 경매 insult n. 모욕, 모욕 행위 humiliation n. 굴욕, 수치 imperial a. 제국의; 황제의 palace n. 궁전, 왕궁 outskirts n. (도시의) 변두리[교외] loot v. 약탈하다, 훔치고 파괴하다 cherish v. 소중히 여기다; 아끼다, (마음속에) 간직하다 disdain v. 업신여기다; 무시하다 forge v. 위조[모조]하다; 날조하다

중국인 시위대는 그 경매에 대해 국가적 모욕인 동시에 유럽인들이 베이징 외곽의 황궁에서 문화재를 약탈하고 훔쳐 갈 수 없는 물건은 불태워 버렸던 140년 전에 시작된 굴욕이라며 비난했다.

22　　　　　　　　　　　　　　　　①

모든 사람이 똑같이 행복하지 않으면 행복을 받아들이지 않겠다는 것은 모든 사람이 행복해야만 한다는 것인데, 이는 현실적으로 불가능한 것이므로 결국 모든 사람을 행복하지 않게 만드는 것이다.

debater n. 토론자 argue v. 주장하다 refuse v. 거부하다 accept v. 받아들이다, 수락하다 secure v. 확고히 하다; 확보하다 universal a. 보편적인 outlawed a. 금지된; 법적 권리가 박탈된; 법률 밖의 alleviated a. 경감된, 완화된 deliberate a. 신중한; 고의의, 의도된

그 논객은 모든 사람이 똑같이 행복하지 않으면 행복을 받아들이지 않겠다는 것은 모든 사람에게 행복을 주는 방법이 아니라 오히려 불행이 보편적이게 만드는 방법일 뿐이라고 주장했다.

23　　　　　　　　　　　　　　　　③

학자금을 지원한다는 것은 대상 학생들에게 수업료를 부과하지 않는다는 것이다.

prominent a. 두드러진, 저명한 expand v. 확장하다, 확대하다 pecuniary backing 재정적 후원 monetary a. 화폐의, 통화의, 금전의 charge v. (세금·요금 등 또는 일정액을) 부담시키다, 청구하다 tuition n. 수업료 withstand v. 저항하다; 견디다, 버티다 impecunious a. 돈이 없는, 빈곤한

스탠포드 대학은 수요일에 미국 일류 대학들 중에서 중산층까지 학자금 지원 대상자에 포함시키기로 한 또 하나의 대학이 되었다. 이 대학은 1년 수입이 10만 달러 미만인 가정에 속한 학생들은 수업료를 면제해주기로 했다고 발표했다.

24　　　　　　　　　　　　　　　　③

똑같은 단어를 사용하는 용인되는 방법이 다수 있다고 했으므로, 지역마다 단어를 다르게 사용할 수는 있지만 그 단어가 사용되는 지역에서만큼은 그 용법이 통용될 것이다.

variation n. 변화, 변형 acceptable a. 받아들일 수 있는; 용인되는 obvious a. 명백한, 명료한 geographical a. 지리학의; 지리적인 locality n. 위치, 장소; 현장 respectful a. 경의를 표하는, 공손한 disapprove of 찬성하지 않다 approve v. 시인하다, 찬성하다; 허가하다 respectable a. 존경할 만한, 훌륭한

표준 영어는 상당한 정도의 변형을 허용한다. 다시 말해, 똑같은 단어를 사용하는 용인되는 방법이 종종 둘 이상 있다는 것이다. 가장 분명한 변형은 지리적인 것과 관련돼 있다. 일부 단어는 국가의 다른 지역에서는 서로 다르게 사용되지만 각각의 용법은 그 지역에서는 통용된다.

25　　　　　　　　　　　　　　　　②

두 번째 문장부터 네 번째 문장에 걸쳐 언급한 부족들은 모두 사물에 영혼이 있다고 믿은 민족들의 예로서 언급된 것들이다. 영혼이 있다는 것은 살아 있다는 것이므로 빈칸에는 ②가 들어가야 한다.

immediate a. 직접적인; 인접한 seemingly ad. 보기엔, 외관상; 겉으로는 mana n. 마나(자연계에 내재(內在)하며 그곳에서 발현하여 우주의 질서를 유지하는 초자연력) eerie a. 섬뜩한, 무시무시한 deadly a. 죽음의, 생명에 관계되는, 치명적인 superstitious a. 미신적인, 미신에 사로잡힌

세계의 여러 민족들은 — 일부 민족은 여전히 그러하다 — 사물의 직접적인 물질적 실체 이면에는 영혼이 있다고 믿었으며, 심지어는 겉보기에 죽어 있는 사물이나 바위, 땅 등에도 그 안에 생명력 즉 마나(mana)가 있다고 믿었다. Sioux족 인디언은 이것을 wackan이라고 불렀고, Algonkian족은 manitou이라 불렀고, Iroquois족은 orenda라고 불렀다. 이런 사람들에게 주변 세계는 모두 살아있는 것이다.

TEST 22

01 ③	02 ②	03 ④	04 ③	05 ②	06 ③	07 ④	08 ①	09 ①	10 ④
11 ④	12 ①	13 ②	14 ②	15 ②	16 ③	17 ③	18 ②	19 ⑤	20 ③
21 ③	22 ③	23 ③	24 ①	25 ④					

01 ③

목적어로 a change가 주어져 있으므로 '(변화 등을) 초래하다'라는 의미의 ③이 들어가는 것이 적절하다.

affect v. ~에게 영향을 주다 inflict v. (타격·상처 따위를) 주다, 입히다 effect v. (변화 등을) 초래하다 rupture v. 터뜨리다, 찢다

환경의 변화는 필시 그 사람의 일하는 습관에 변화를 초래할 것이다.

02 ②

두 번째 문장은 첫 번째 문장의 내용을 부연하는 역할을 하고 있다. 앞 문장의 빈칸에도 뒷 문장에 쓰인 belittle과 유사한 의미를 가진 단어가 들어가야 할 것이므로 ②가 정답으로 적절하다.

belittle v. 얕보다, 흠잡다 inadequate a. 부적절한; 불충분한 disparaging a. 얕보는; 험담하는, 비난하는 unassailable a. 공격할 수 없는, 난공불락의; (주장이) 논쟁의 여지가 없는 shortsighted a. 근시의; 근시안적인

내 말이 비난하는 것처럼 보여서 유감이다. 나는 결코 너를 얕보려고 한 게 아니었다.

03 ④

대공황에 대한 기억이 희미해지고 있다고 한 다음에 역접의 접속사 but이 왔으므로, but 이하는 '이 역사 기록은 희미해지지 않고 남아있다'라는 의미가 되는 것이 자연스럽다.

annihilate v. 전멸[절멸, 멸망]시키다 faint a. 희미한, 어렴풋한 dim a. 흐릿한, 어렴풋한 skewed a. 왜곡된, 편향된 counterfeit a. 위조의, 모조의 indelible a. 잊을[지울] 수 없는, 지워지지 않는

파멸적인 대공황의 생생한 기억이 점점 희미해지고 있지만, 기록된 역사는 지워지지 않는다.

04 ③

'그가 정직하다는 것을 단언할 수 있다'고 했으므로 빈칸에는 그와 유사한

의미를 가지고 있는 단어가 와야겠다. 따라서 ③이 정답으로 적절하다.

vouch v. (사실, 진술 등을) 보증(보장)하다; 단언하다(for) observant a. 주의 깊은; 방심 않는; 엄수하는 capricious a. 변덕스러운; 급변하는 plausible a. (말, 진술 등이) 그럴 듯한, 정말 같은 veracious a. (사람이) 진실을 말하는, 정직한 innocuous a. 독(해)이 없는

나는 그가 정직하다고 단언할 수 있다. 나는 항상 그가 진실을 말하며 신중하게 진리를 엄수해왔음을 알고 있기 때문이다.

05 ②

처음에는 매우 거만했지만 시간이 지남에 따라 그렇지 않게 변했다는 흐름이 되어야 한다. 그런데 빈칸 앞에 부정어 less가 있으므로 빈칸에는 앞의 '거만한(domineering)'과 유사한 뜻을 지닌 ②가 들어가야 한다.

sergeant n. 부사관, 병장 domineering a. 거만한 overconfident a. 너무 믿는, 자부심이 강한 overbearing a. 건방진, 거만한; 고압적인 overcast a. (하늘이) 흐린, 우중충한; 음울한 overgenerous a. 지나치게 후한, 너무 관대한

처음에 그 부사관은 매우 거만했지만, 부하 사병들을 알게 되면서 덜 위압적이게 되었다.

06 ③

(공식적인) 정책들이 부재하여 비공식 규제들만 존재한다면 (공식적으로) 협상된 무역 자유화 정책들로부터 기대할 수 있는 혜택들이 '무효화 되거나 수포로 돌아가게' 될 것이다.

restraint n. 규제, 억제 negotiate v. 협상하다, 교섭하여 결정하다 augment v. 늘리다, 증대시키다 utilize v. 활용하다, 소용되게 하다 nullify v. 무효로 하다, 수포로 돌리다 deprecate v. 비난하다

효율적인 경쟁 정책이 부재할 경우, 무역의 비공식적 규제들이 협상된 무역 자유화 정책들의 혜택을 수포로 돌아가게 할 수 있다.

07 ④

두 번째 문장의 'so ~ that …' 구문은 인과관계를 나타낸다. 통치자들만

이 자주색 직물을 살 수 있었던 것은 그것의 가격이 매우 비쌌던 것이 이유가 될 수 있을 것이므로, 빈칸에는 가격이 비쌌던 정도를 나타내줄 부사로 ④의 '엄청나게'가 가장 자연스럽다.

stem from ~에서 생기다 rarity n. 진귀함 dye n. 물감, 염료 deliberately ad. 신중히; 고의로 passably ad. 그런 대로, 적당하게 outrageously ad. 엄청나게 approximately ad. 대략, 대강

자주색이 갖는 최상의 지위는 그것을 생산해내기 위해 최초로 사용되었던 염료의 진귀함과 가격에서 비롯된다. 자주색 직물은 너무나 엄청나게 비싸서 오직 통치자들만이 그것을 구매할 여력이 있었다.

08 ①

구조적으로 or의 앞뒤 내용이 대비가 되어야 하므로 도시 생활의 북적거림과는 반대되는 시골의 '고요함, 평온함'이 빈칸에 오는 것이 자연스럽다.

bustle n. 부산함, 북적거림 serenity n. 고요함, 평온함 idleness n. 게으름, 나태; 놀고 지냄 frugality n. 절약, 검소 vigour n. 활기, 활력

도시 생활의 활발한 북적거림이나 시골의 평화로운 고요함에 당신이 어떻게 반응하는가는 정말로 당신이 어디서 자랐느냐에 달려있다.

09 ①

사소한 소송에 많은 돈을 지출해야 하는 상황에 대한 반응으로는 불만을 갖게 되거나 불평을 하는 것이 적절하다.

frivolous a. 시시한, 하찮은; 경솔한 lawsuit n. 소송, 고소 complain v. 불평을 하다 praise v. 칭찬하다, 찬미하다 mumble v. 중얼거리다 celebrate v. 축하하다; 찬양하다, 기리다

구글(Google)의 수석 변호사들 중 한명인 켄트 워커(Kent Walker)는 경쟁업체들에 의한 시시한 소송들로부터 회사를 보호하는 데 엄청난 돈을 지출하도록 강요받는 점에 대해 불평을 한다.

10 ④

차관을 제공하는 단체 입장에서는 주민들과의 분쟁이 있는 사업이나 개발에는 비협조적인 입장을 보일 것이다. 이런 경우에 차관 지급의 전제 조건은 그러한 분쟁을 먼저 '해결하는 것'이 될 것이다.

dispute n. 논쟁, 싸움 displace v. 쫓아내다 arouse v. (자는 사람을) 깨우다; (아무를) 자극하다, 분기시키다 unsettle v. 불안하게 하다 complicate v. 복잡하게 하다 resolve v. (문제·곤란 따위를) 풀다, 해결하다

세계은행은 캄보디아 정부가 호반 개발로 인해 쫓겨난 주민들과의 분쟁을 해결하기 전에는 캄보디아에 그 어떤 신규 차관도 발행하지 않을 것이라고 말했다.

11 ④

사람들은 작가의 재능이 아니라 책에 쓰인 종이의 질이나 활자를 더 중요시 여긴다고 했으므로, 빈칸에는 후자를 가리키는 '인쇄인의 기술'이 들어가야 한다.

confusion n. 혼동; 혼란 own v. 소유하다 reverence n. 숭배; 존경; 경의 binding n. 묶음; 제본, 장정(裝幀), 표지 type n. 활자 craft n. 기술

책을 소유하는 것이 무엇을 의미하는지 혼동하기 때문에 사람들은 책에 쓰인 종이의 질과 장정(裝幀) 및 활자를 중요시 여기는 오류를 범한다. 즉 저자의 천재성보다 인쇄공의 기술을 더 중히 여기고 있는 것이다.

12 ①

상반되는 두 유형의 부모가 대비되고 있다. 주어진 문장에서 역경을 상쇄한다는 것은 역경으로부터 받는 피해를 줄인다는 의미로 해석할 수 있으며, 따라서 빈칸에는 이와 반대되는 의미, 즉 피해를 더 '악화시킬 수 있다'는 맥락을 만드는 ①이 들어가는 경우에 두 유형의 부모가 대조를 이루게 된다.

nurture v. (잘 자라도록) 양육하다[보살피다] compensate for 보상하다; 보충[벌충]하다, 상쇄하다 adversity n. 역경, 불운 inconsistent a. 일치하지 않는, 조화하지 않는 exacerbate v. 악화시키다; 격분시키다 neutralize v. 중립화하다; 무효하게 하다 eradicate v. 근절하다, 뿌리째 뽑다 refurbish v. 개선하다, 개량하다 defer v. 늦추다, 연기하다; 경의를 표하다

잘 자라도록 보살피는 부모들은 역경을 상쇄할 수 있는 반면, 냉담하거나 일관성이 없는 부모들은 역경을 악화시킬 수도 있다.

13 ②

단서라는 것은 본래 밖으로 드러나는 것이 아니라 이야기 속에 은밀하게 감춰져 있는 것이다. 빈칸 앞에 부정어 far from이 주어져 있음에 유의하면, 빈칸에는 '눈에 띄는'이라는 의미의 ②가 들어가는 것이 적절하다.

characteristic n. detective n. 탐정 clue n. 실마리 solution n. 해결, 해답, 해법 imperceptible a. 감지할 수 없는 conspicuous a. 눈에 띄는, 똑똑히 보이는 modest a. 겸손한; 알맞은 fragmentary a. 파편의, 단편의

하나의 중요한 실마리가 수수께끼 같은 사건에 대한 해결책을 내보여주어야 하지만, 그 실마리와 그 중요성이 겉으로 드러나지 않아야 하는 것이 훌륭한 탐정 소설의 특징이다.

14 ②

이민자 부모들이 미숙한 영어 실력으로 인해 자녀가 받아오는 성적표를 혹여나 잘못 해석하게 되지 않을까를 걱정하는 내용이다.

immigrant n. 이주자, 이민 fledgling a. 풋내기의, 미숙한 report card (학교

의) 성적표, 통지표 interpret v. 해석하다; 이해하다, 판단하다 benchmark n. 기준, 표준 hamper v. 방해하다, 제한하다 accelerate v. 촉진하다, 가속하다 dilate v. 넓히다, 팽창시키다

다른 이민자 부모들처럼, 마르티네즈(Martinez)는 그녀의 미숙한 영어 실력으로 인해 아들의 학교에서의 향상의 기준인 성적표를 올바르게 해석하지 못할까봐 걱정했다.

15 ②

주어진 글은 우주 '진화'에 관한 것인데, 진화는 변화와 관련 있으므로 두 번째 빈칸에는 '변화'의 의미를 내포한 differentiated, metamorphosed, developed가 가능하다. 한편, 첫 번째 빈칸의 경우, 빈칸 앞의 simplicity와 유사한 의미를 내포하고 있는 단어가 들어가야 하므로 homogeneity가 적절하다. 따라서 ②가 정답이 된다.

cosmic evolution 우주 진화 in a state of ~의 상태에서 simplicity n. 단일(성), 단순 variety n. 변화, 다양성 equilibrium n. 평형상태, 균형 modulate v. 조정하다 homogeneity n. 동종, 동질성 differentiate v. 달라지다, 분화하다 contrast n. 대조, 대비 metamorphose v. 변형하다 intelligibility n. 알기 쉬움, 명료함

우주 진화론은 단일성과 동질성의 상태에서 시작한 우주가 커다란 다양성으로 분화된 것이라고 명시한다.

16 ③

두 번째 문장에서 유럽에서의 전쟁을 막으려는 노력이 가치 있다고 했으므로, 이 전쟁은 부정적인 것이고 이 전쟁으로 인한 유럽시장의 붕괴도 미국에 부정적인 영향을 미칠 것이다. 따라서 첫 번째 빈칸에는 undermine과 injure가 적절하다. 한편, 시장 붕괴와 교역 저해는 경제적인 측면이므로 두 번째 빈칸에는 industrial과 economic이 적절하다. 그러므로 두 조건을 모두 만족시키는 ③이 정답이다.

breakdown n. 붕괴, 와해 in the event of ~의 경우에 prosperity n. 번영 standpoint n. 입장; 견지, 관점 undermine v. 손상시키다, 해치다 ethnic a. 인종의, 민족의 stimulate v. 자극하다; 격려하다, 고무하다 industrial a. 공업의, 산업의 injure v. 해치다, 손상시키다 economic a. 경제의 boost v. 끌어올리다 ideological a. 이념적인

유럽에서 전쟁이 일어날 경우에 찾아올 유럽시장의 완전한 붕괴는 미국의 교역과 번영을 심각하게 저해할 것이다. 유럽에서 전쟁이 일어나지 않도록 하려는 미국의 노력은 인간적인 관점에서 가치 있을 뿐 아니라 경제적인 관점에서도 가치 있다.

17 ③

성공 가능성이 희박한 계획을 추진하려는 것은 자신감이 지나쳐서 뻔뻔스러울 정도로 대담하게 하는 행동이라 할 수 있다.

fanciful a. 공상적인, 가상의 beat v. 이기다 battle n. 전투, 경쟁 conquer v. 정복하다 outer space 우주, 외계 solemnly ad. 엄숙하게, 근엄하게 circumspectly ad. 신중하게, 용의주도하게 audaciously ad. 대담하게, 넉살좋게 bitterly ad. 통렬히, 가차 없이

"우리는 화성으로 간다!"라고 1964년에 잠비아의 한 학교교사는 자기나라가 우주 정복의 경쟁에서 미국과 소련을 물리치도록 만들 자신의 공상적인 계획을 세상에 드러내며 대담무쌍하게 선언했다.

18 ②

인권침해 행위가 자행되고 있다면 그에 대한 항의의 표현으로 일부 국가는 그 국가에서 열리는 회담에 불참하려 할 것이다.

host v. 개최하다 the Commonwealth 영(英) 연방 abuse n. 남용, 학대, 침해 탄압 summit n. 정상, 정상회담 preside v. 사회하다 boycott v. 불참하다 occupy v. 점거하다 abrogate v. 취소하다; (법률·습관 따위를) 폐지하다

100명 이상의 타밀 사람들이 영연방 회의 개최를 준비하고 있는 스리랑카의 수도에 들어가지 못했다. 스리랑카에서의 인권 침해 행위가 몇몇 영연방 국가 지도자들로 하여금 그 정상회담에 불참하게 만들었다.

19 ⑤

동일한 주어에 대해 앞에서 부인한 것과 대조적인 내용을 제시할 때 쓰이는 접속부사는 Instead이다.

physics n. 물리학; 물리적 현상 chemistry n. 화학 experiment n. 실험, 시도 guess n. 추측

옛날에, 물리학과 화학을 연구하는 사람들은 자연철학자로 알려져 있었다. 당시에 물리학은 지금과 같이 자연에 대한 연구였다. 초기 물리학은 실험에 기초하지 않았다. 대신에, 그것은 왜 사건이 발생하는지에 대한 추측을 바탕으로 했다. 때때로 그 추측은 놀라울 정도로 정확했다.

20 ③

학생들이 이해하는 것을 쉽게 하려면 복잡한 주제들이 명쾌하게 서술돼 있어야 할 것이므로 빈칸에는 ③이 적절하다.

immunology n. 면역학(免疫學) distinguish v. 구별하다, 분별하다 facilitate v. (손)쉽게 하다; (행위 따위를) 돕다; 촉진[조장]하다 prescriptive a. 지시하는; 권위적인 clandestine a. 비밀의, 은밀한 ostentatious a. 과시하는 explicit a. (진술·글이) 분명한, 명쾌한

면역학에 관한 그 신간 도서는 서술 방식에 있어서 기존의 책들과 구별되는데, 심지어 매우 복잡한 주제들도 매우 명쾌한 방식으로 기술되어 있어서 학생들이 이해하기가 쉬울 것이다.

21 ③

ranging from 이하의 내용은 '다양성'을 부연 설명하기 위한 것으로 이해할 수 있다.

interchange n. 교환 confront v. 직면하다, 마주 대하다 remarkably ad.현저하게, 매우, 대단히 motivation n. 동기 부여; 열의, 욕구 chitchat n. 수다, 잡담 significant a. 중대한, 중요한 exalted a. 고귀한, 지위가 높은; 의기양양한 diverse a. 다양한, 가지각색의 unnoticed a. 주의를 끌지 않는, 남의 눈에 띄지 않는

화자와 청자가 마주 대하면서 하는 직접적인 접촉에는 여러 가지 유형이 있는데, 칵테일 파티의 한담(閑談)에서부터 심각한 정치적인 토론에 이르기까지 목적이나 성격에서 그 범위가 다양하다.

22 ③

빈칸 이하의 '기꺼이 도와주려 하지 않는다'는 것은 무관심이나 냉담함과 관련이 있다. 그러므로 ③이 정답으로 적절하다.

plight n. 곤경 miserable a. 비참한, 불쌍한 add to 증가시키다 sympathy n. 동정; 호의, 찬성 charity n. 자애, 자비 dignity n. 존엄, 위엄 apathy n. 냉담 affection n. 애정

정신질환 환자들의 곤경이 충분히 비참하지만, 그 고통을 더욱 크게 하는 것은 그들이 존엄과 명예를 지니고 살아가도록 기꺼이 도와주려 하지 않는 정신적으로 건강한 사람들의 냉담함이다.

23 ③

첫 번째 문장에서 죽기 전에 우리에게 남은 시간이 얼마나 있는지 모른다고 했고, 두 번째 문장에서 이 불확실성이 역사가 될 수도 있다고 했으므로, 혈액 검사를 만든 사람들이 주장하는 것은 개인이 앞으로 얼마나 오래 살 수 있는지와 관련된 '기대수명'이라고 볼 수 있다.

shuffle off this mortal coil 죽다 shuffle off ~을 (벗어) 던지다, 없애다 this mortal coil 속세의 번뇌 anyone's guess (결과 따위가) 예측할 수 없는 것 consign v. 놓다, 처하게 만들다 blood pressure 혈압 life expectancy 기대수명

속담에 이르듯이, 인생은 짧고 우리가 죽기 전에 정확히 얼마나 많은 시간이 남아 있는지는 예측할 수 없는 것이다. 그러나 한 혈액검사를 만든 사람들에 따르면 이런 불확실한 상황은 역사(과거의 이야기)가 될 수도 있다. 그들은 이 혈액검사가 한 사람의 기대수명을 예측할 수 있다고 주장한다.

24 ①

신기술이 최적화되기 전까지는 생산 단가가 높다고 했으며, 뒤에 전기차 회사인 테슬라의 예를 들고 있으므로, 전기차 회사도 이와 같다는 표현이 되기 위해서는 '역시', '마찬가지로'라는 뜻의 ①이 적절하다.

optimize v. ~을 가장 효과적으로 하다, 최대한 활용하다 premium n. 할증 가격 by no means 결코 ~이 아닌

거의 모든 신기술은 최적화되기 전까지 초기에 생산 단가가 높으며, 전기차도 예외일 수 없다. 테슬라의 전략은 고객들이 웃돈을 지불할 준비가 되어있는 고가품 시장에 진출한 다음, 생산량은 더 늘리고 가격을 더 내린 연속적인 모델을 통해 가능한 한 빠르게 대중 시장으로 이동하는 것이다.

25 ④

'얼룩다람쥐들은 포식 동물과 마주치면 자신의 위치를 노출하고 생명을 위태롭게 하는데도 불구하고, 큰 소리를 내고, 그렇게 하여 그들의 DNA가 존속하도록 보장한다'고 했는데, Thus는 앞에서 언급한 것의 결과를 나타내는 부사이므로, 이러한 행동(다른 다람쥐를 돕는 '이타적인' 행동)으로 종(種)이 계속 유지될 수 있다는 뜻이 되도록 빈칸에는 ④가 들어가는 것이 적절하다.

predator n. 포식자, 포식 동물 ground squirrel n. 얼룩다람쥐 emit v. 내다, 방출하다 high-pitched a. 높고 날카로운 shriek n. 날카로운[새된] 소리 v. 소리를 지르다 betray v. (비밀을) 누설하다 endanger v. 위태롭게 하다 offspring n. 자식, 후손 kin n. (pl.) 친족, 친척 altruism n. 이타주의

포식 동물을 마주치면 얼룩다람쥐들은 높고 날카로운 소리를 내서 근처에 있는 다람쥐들이 도망칠 수 있게 한다. 이런 행동은 그들에게 즉각 이득이 되지는 않는데, 그 신호는 (포식 동물에게) 그들이 있는 곳의 위치를 드러낼 수 있으며 그들의 생명을 위태롭게 할 수 있기 때문이다. 그러나 궁극적으로 그들의 행동은 실제로 자손과 다른 친족을 포함한 동료 다람쥐들이 안전하게 지낼 수 있도록 도움으로써 그들의 유전자의 존립을 보장한다. 그런 까닭에 그들의 이타적인 행동은 그 종(種)이 계속 살아남을 수 있게 하는 것으로 밝혀진다.

01 ②	02 ②	03 ①	04 ③	05 ①	06 ④	07 ①	08 ②	09 ③	10 ③
11 ①	12 ②	13 ④	14 ④	15 ②	16 ①	17 ④	18 ③	19 ③	20 ④
21 ②	22 ③	23 ②	24 ③	25 ④					

01 ②

제인의 주장에 근거가 충분하다면 그녀의 주장을 '반박'할 수 없을 것이다.

contention n. 싸움, 투쟁; 주장, 취지 well-founded a. 근거가 충분한, 충분한 이유가 있는 espouse v. 지지하다 refute v. 논파하다, 반박하다 champion v. 옹호하다 simulate v. 흉내 내다, 모의실험하다

내 생각에 이 문제에 있어서 제인의 주장을 반박할 수 없을 것 같다. 왜냐하면 그녀의 주장은 근거가 충분하기 때문이다.

02 ②

관계대명사절의 동사로 contrast가 왔으므로 주절과 관계대명사절의 내용은 대조를 이루어야 한다. 그 소녀들의 활기찬 에너지와 달리 그 소녀들의 앨범은 어두운 분위기라고 했으므로, 빈칸에는 dark와 호응 하는 ②가 적절하다.

exude v. 발산시키다 upbeat a. 긍정적인, 낙관적인 pensive a. 시름에 잠긴 듯한; 구슬픈 affable a. 상냥한, 붙임성 있는 bouncy a. 활기 있는, 기운 좋은

전화상에서 그 소녀들은 활기 넘치고 발랄한 에너지를 발산하는데, 이는 그 앨범의 어둡고, 구슬픈 분위기와 대조를 이룬다.

03 ①

3살에 앨범을 발표했고 고등학교를 졸업하기 전에 찬사를 받았다고 했 으므로, 빈칸에는 '영재', 신동'을 뜻하는 ①이 적절하다.

accolade n. 칭찬, 영예 prodigy n. 비범한 사람; 영재 footnote n. 각주(脚註) mediocrity n. 평범; 평범한 사람 amateur n. 비전문가

또한 현재 34살인 오버스트(Oberst)씨는 어린 나이에 시작해서 자신의 고 향인 오마하에서 13살에 테이프에 녹음된 음반을 발표했고, 고등학교를 졸 업하기 전에 음악 신동으로 칭찬을 받았다.

04 ③

'otherwise 가정법'이 사용된 문장이다. '그렇지 않으면 다른 남자가 그 를 때리려고 하는 것을 눈치 채지 못한다'는 말에는 '실제로는 남자들은 다른 사람의 얼굴에 대해 주의를 기울인다'는 의미가 내포돼 있다고 볼 수 있다.

evolutionarily ad. 진화론적으로 grudging a. 인색한, 마지못해 하는 laudable a. 칭찬할 만한 vigilant a. 방심하지 않는, 주의 깊은 disguised a. 변장한, 속임수의

진화론적인 관점에서 남자가 (다른) 남자의 얼굴에 대해 끊임없이 주의를 기 울인다는 것은 이치에 맞는 말이다. 그렇지 않다면 다른 남자가 그를 주먹으 로 가격하는 첫 전조를 놓칠 것이다.

05 ①

that 이하에서 프라이버시를 보호하기 위해서 메시지가 몇 초 후에 사 라진다고 했으므로 스냅챗의 모바일 메시지를 수식하는 형용사로는 '일시적인'이라는 의미의 ①이 적절하다.

value proposition n. 가치제안(자사의 제품이나 서비스가 소비자에게 제공하는 모든 가치(혜택과 가격 등)를 명확하게 표현한 것) transient a. 일시적인 ubiquitous a. (동시에) 도처에 있는 tailored a. (특정한 개인·목적을 위한) 맞춤 의 bilateral a. 쌍방의, 양측의

스냅챗의 주된 가치제안은 메시지의 프라이버시를 보호하기 위해 몇 초 후 에 사라지는 일시적인 모바일 메시지이다.

06 ④

부사 now와 현재완료시제를 쓴 것을 통해 medical research가 최신 의 연구임을 짐작할 수 있다. 이것이 지금까지의 잘못된 생각을 바로잡 았으므로, 계란의 영양에 대한 옛 법칙은 효력을 잃게 될 것이다. 따라 서 빈칸에는 ④가 적절하다.

unscramble v. (흐트러진 것을) 제대로 해놓다, 정돈하다 misconception n. 오해 load A with B A에 B를 짐 지우다[넣다, 싣다] nutrient n. 영양분 up-to-date a. 최신의 cloak v. (사상·목적 등을) 가리다, 숨기다 verify v. 진실임 을 입증[증명]하다 bolster v. 지지하다, 후원하다; 보강하다 nullify v. 무효로 하다, 무가치하게 만들다

이제 의학연구가 계란이 콜레스테롤 수치를 높인다는 오해를 바로잡았으며 오히려 계란에는 중요한 영양소들이 들어있다고 보고한다. 최신 연구가 옛 법칙을 무효화한다.

07 ①

that은 주격관계대명사로 쓰였으며 빈칸이 선행사가 된다. that 이하에서 이란을 경제적으로 고립시켰다고 했으므로 이를 설명할 수 있는 명사로는 ①이 적절하다.

put a curb on ~을 제한[억제]하다 in exchange for ~대신에, 교환으로 isolate v. 고립시키다, 분리하다 sanction n. 인가; 시인, 찬성; (보통 pl.) (보통 수개국 공동의 국제법 위반국에 대한) 제재 immunity n. 면제; 면역 appeal n. 항소, 상소; 간청 hierarchy n. 계급(제도)

이란은 자국을 경제적으로 고립시켰던 제재 조치를 풀어주는 대가로 핵무기 개발 계획을 제한하는 것에 동의했다.

08 ②

상대방에게 말할 기회를 주지 않고 자기 말만 하는 여성을 수식하는 형용사로는 ②가 적절하다.

shun v. 피하다, 비키다 get a word in edgewise 끼어들다, 말할 기회를 얻다 pensive a. 생각에 잠긴 unilateral a. 단독적인, 일방적인 hospitable a. 환대하는, 친절한 coherent a. 일관성 있는, 논리[조리] 정연한

예의 바르게 행동하려고 많은 노력을 했음에도 불구하고, 그는 그에게 말할 기회를 주지 않은 일방적인 그 여자를 피하기 시작했다.

09 ③

세미콜론 이하는 회사에 도움이 되지 않는 직원에 대한 내용이 되어야 하므로 빈칸에는 ③이 적절하다.

engaged a. 바쁜, 열심인 mark time 시간을 보내다 austerely ad. 준엄하게; 검소하게 gingerly ad. 주의 깊게, 신중히 grudgingly ad. 마지못해, 억지로 strenuously ad. 활기차게; 열심히

현명한 관리자가 업무에 만족하면서 최선을 다하는 직원들을 좋아하는 것은 당연하다. 마지못해 시간을 보내는 직원은 아마 회사에 좋지 않을 것이다.

10 ③

정치인들이 연루된 뇌물 스캔들이 수없이 많았다면, 사람들은 부패가 정치에 만연해있다고 생각했을 것이다.

countless a. 무수한, 셀 수 없이 많은 bribery n. 뇌물 corruption n. 부패(행위) perfunctory a. 형식적인, 피상적인 optional a. 선택의 rampant a. 만연하는

temporary a. 일시의, 잠깐 동안의

정치인들이 연루된 셀 수 없이 많은 뇌물 스캔들 이후에 대중들은 부패행위가 나라의 정치에 만연해있다고 믿게 되었다.

11 ①

약물이 처음 얼마 동안에는 효과가 있지만 일정 시간 후에는 증상을 억제하지 못하게 되는 것은 그 약물에 대해 '내성'이 생겼기 때문일 것이다.

symptom n. 징후; 증상 tolerance n. 관용; 인내; 내성(耐性) ingredient n. 성분, 재료 curiosity n. 호기심 relief n. 경감, 제거

때때로 환자들은 한 약물이 몇 년 동안은 잘 듣지만 그 이후에는 환자의 체내에 내성이 쌓이는 것 같으며 또한 그 약물이 더 이상 증상을 억제하지 못한다는 것을 알게 될 것이다.

12 ②

땅콩이 알레르기를 일으키는 주된 원인이라고 한 다음에 역접의 접속사 but이 왔으므로, 의사의 관리 아래 땅콩을 조절해가면서 먹는다면 땅콩 알레르기를 사라지게 할 수 있을 것이라는 흐름으로 이어지는 것이 자연스럽다.

trigger n. (생리 현상·일련의 사건 등을 유발하는) 유인(誘因), 계기 under somebody's supervision ~의 관리 아래, ~의 감독 밑에 intensify v. 심해지다, 강렬하게 되다 fade v. 사라지다, 없어지다 proceed v. 나아가다; 진행되다 manifest v. 명백히 하다, 나타나다

땅콩은 음식 알레르기를 일으키는 주요 원인 중 하나이다. 하지만 의사의 관리 아래 소량의 땅콩을 매일 그리고 조금씩 양을 늘려가며 먹는 것은 알레르기가 사라지게 할 수 있다.

13 ④

첫 문장에서 아랍인들에게 명예가 중요하다고 했으므로, 빈칸에는 이와 관련된 ④가 들어가는 것이 적절하다.

theft n. 절도; 절도죄 rape n. 강간 assault n. 공격, 폭행 support v. 부양하다; 원조하다 abandon v. 포기하다 join v. ~와 함께 하다 shame v. 망신시키다, 모욕하다

자부심과 명예는 아랍인들에게 대단히 중요하다. 아랍 사회에서는 전통적으로 서구 사회에서보다 절도, 강간, 폭행의 발생률이 더 낮은데, 이는 부분적으로는 엄한 처벌 때문이지만 또한 아무도 자기 가문의 명예를 더럽히기를 원하지 않기 때문이기도 하다.

14   ④

체중을 줄여야 하는 상황에서 초콜릿을 선택하는 것은 감정적인 선택이고 걷는 것을 택하는 것은 이성적인 선택이라 할 수 있는데, 결국 초콜릿을 선택한다는 것은 감정이 먼저 발달되었고 이성이 나중에 발달되었다는 말이므로 ④가 빈칸에 들어가기에 적절하다.

bracing a. 기운을 돋우는, 상쾌한 end up with 결국 ~로 끝나다

뇌의 이성적인 부위는 훨씬 나중에 발달되었다. 그래서 초콜릿과 활기찬 걷기 중에 선택하는 것이 문제가 될 때 당신은 체중을 줄여야 하는데도 결국 초콜릿을 선택하고 말 가능성이 더 높다.

15   ②

미국의 민족주의가 드러나는 다양한 방식을 from erudite claims ~ 이하에서 설명하고 있는데, 미국의 시민들은 성조기에 대해 '경의' 또는 '애국심'을 표할 것이므로 두 번째 빈칸에는 reverence와 patriotism이 적절하고, myriad ways 이하가 미국의 민족주의를 '분명히 보여주는' 것이므로 첫 번째 빈칸에는 manifests가 적절하다.

nationalism n. 민족주의 myriad a. 무수한, 무수히 많은 erudite a. 학식이 있는, 박식한 claim n. 요구, 청구; 주장 exceptionalism n. 예외주의 the Stars and Stripes 성조기 adjust v. 조정하다, 조절하다 patriotism n. 애국심 manifest v. ~을 명백히 하다, 분명하게 보여주다 reverence n. 숭배, 존경 examine v. 조사하다 apathy n. 무관심 resolve v. (문제 따위를) 해결하다 contempt n. 경멸

미국의 민족주의는 자국의 '예외주의'에 대한 박식한 주장에서부터 국기인 성조기에 시민들이 보여주는 경의에 이르기까지 계속해서 무수히 많은 방식으로 나타난다.

16   ①

북한이 세계에서 가장 고립된 나라라고 했으며 해외여행의 규제가 심하다고 했으므로 자국 내에서의 이동 또한 드물 것이다. 따라서 첫 번째 빈칸에는 scarce가 적절하며, 국제 제재와 항공 여행에 대한 수요 부족은 이러한 상황에 '부정적인' 영향을 미쳤을 것이므로 두 번째 빈칸에는 adverse가 적절하다.

isolated a. 고립된, 격리된 regulate v. 통제하다, 단속하다 demand n. 요구; 청구; 수요 sanction n. 제재; 인가, 찬성 scarce a. 부족한; 드문 adverse a. 부정적인; 불리한 sporadic a. 산발적인 beneficial a. 유익한 mediocre a. 평범한, 보통의 temporary a. 일시적인 admissible a. 인정되는 banal a. 진부한

북한은 세계에서 가장 고립된 나라 중 하나인데, 해외여행이 강하게 규제되며 국경 내에서의 자유로운 이동 또한 거의 없다. 국제 제재와 함께 항공 여행에 대한 수요 부족이 악영향을 미쳤다.

17   ④

무언가가 끊임없이 인쇄돼 나온다는 것은 글을 읽거나 쓰는 것을 사람들이 좋아한다는 것이며, 자신에 대한 글과 관련 있는 것은 일기 혹은 비망록이다.

press n. 인쇄기 capacity n. 능력 abhorrence n. 혐오 handbill n. 전단지 fondness n. 좋아함, 맹목적인 사랑 memoir n. 회고록

미국인들은 자신에 대한 글을 쓰고 읽는 것을 특별히 좋아하는 것 같다. 그렇지 않다면, 인쇄기에서 계속 쏟아져 나오는 그 많은 회고록을 어떻게 설명할 수 있겠는가?

18   ③

첫 번째 문장에서 윈스턴 처칠의 연설문들은 영국을 항복하지 않게 할 만큼 힘과 영향력이 있었음을 이야기하고 있다. 이를 부연하는 두 번째 문장은 각각의 연설문이 결의를 다지고 청중의 마음에 용기를 불어넣는 힘이 있었다는 흐름으로 이어져야 할 것이므로 빈칸에는 ③이 들어가는 것이 적절하다.

be credited with ~가 …한 것에 대한 공적을 인정받다 surrender v. 항복하다, 굴복하다 strengthen v. 강화하다 resolve n. 결심, 결의 be resigned to ~에 따르다 be defeated by ~에 굴복하다 be infused with ~이 배어 있다 be acceptable for ~을 위해 허용되다

윈스턴 처칠의 연설들은 2차 세계대전 동안 영국이 굴복하지 않도록 하는 데 기여한 것으로 종종 여겨지고 있다. 각각의 연설은 청중의 결의를 다지고 그들의 마음에 용기를 불어넣어주는 힘이 배어있었다.

19   ③

'공적인 생활을 회피하고 선거에 참여하는 것을 꺼리는 것'의 기저에 있는 심리를 요약할 수 있는 단어는 '무관심'이다.

specter n. 유령, 망령; 공포의 원인 disengaged a. 풀린, 떨어진 can't be bothered to ~하는 것이 너무 귀찮다, 굳이 ~하고 싶어 하지 않다 show up 나타나다, 모습을 드러내다 municipal a. 시(市)의, 도시의, 자치 도시의, 시정(市政)의 artifice n. 교묘한 솜씨, 책략 protocol n. 의례, 의전 apathy n. 냉담, 무관심 disparity n. 불균형, 불일치

오늘날 서구 민주주의가 직면하고 있는 가장 심각한 문제 중 하나는 대중의 무관심이라는 망령이다. 너무나도 많은 시민들이 공적인 생활을 회피하고 있다. 점점 더 많은 수가 주 의회나 시의원 선거는 말할 것도 없고, 연방 선거에서도 투표에 참여하려고 하지 않는다.

20   ④

너무 편하게 입는 것(dressing too casually)과 너무 형식적으로 입는

것(dressing more formally)에 대해 나오므로, 면접할 때의 복장 (attire)에 관한 이야기임을 알 수 있다.

proper a. 적당한, 타당한; 예의 바른 casually ad. (의복 따위를) 약식으로, 캐주얼하게, 평상복으로 slovenly a. (옷차림이) 단정치 못한; 꾀죄죄한 formally ad. 격식을 차려 poise n. 평형, 균형; 평정 tack n. 압정 replica n. 복사, 모사, 복제 attire n. 옷차림새, 복장

면접을 준비할 때 적절한 복장을 갖추는 것은 중요하다. 당신은 너무 편하게 입는 것 또는 더 나쁘게는 지저분하게 보이는 것을 피하길 원하지만, 그것과 동시에, 당신은 당신을 면접할 사람보다 더 격식을 차려 입는 것을 피하길 원하기도 한다.

21 ②

통계 자료가 유익하지만 속이기 위한 목적으로도 사용될 수 있다는 전제를 언급한 것으로 보아, 오해의 소지를 만들기 위해 하찮은 오류라도 찾으려 뒤진다는 내용이 되어야 한다.

statistics n. 통계학; 통계 자료 informative a. 정보의, 지식[정보, 소식]을 주는; 유익한 deceive v. 속이다, 기만하다 specific a. 일정한, 특정한; 구체적인 agenda n. 안건, 의제 comb through (…을 찾으려고) 샅샅이 뒤지다[조사하다] misleading a. 오해하게 하는 significant deviation 상당한 편차 inconsequential anomaly 하찮은 오류 ridiculous desecration 바보 같은 신성모독 inadvertent prelude 의도하지 않은 전주곡

통계 정보는 유익한 도구가 될 수 있지만 속이기 위해서도 사용될 수 있다. 구체적인 의도를 추구하는 통계 정보들은 오해를 일으킬 소지를 만들기 위해 이용할 만한 하찮은 오류를 찾으려고 빈번히 정보를 구석구석 뒤진다.

22 ③

다른 코끼리의 고통 또는 문제를 인식하고 반응하며 종종 다른 코끼리를 돕는다고 했으므로, 코끼리의 이러한 행동을 수식하는 부사로 적절한 것은 ③이다.

apparently ad. 명백히; 언뜻 보기에 behave v. 행동하다 recognize v. 알아보다, 인식하다, 인지하다 respond v. 반응하다, 응답하다 erratically ad. 변덕스럽게, 불안하게 suspiciously ad. 수상쩍다는 듯이 empathically ad. 감정이입으로, 공감하여 impatiently ad. 성급하게, 조바심하며

코끼리에 대한 연구는 분명히 감정을 이입하여 행동하는 — 다른 코끼리의 고통 또는 문제를 인식하고 반응하는 — 그 동물(코끼리)의 예들로 가득하다. 종종 코끼리는 심지어 다른 코끼리를 돕는 용감한 행동을 하기까지 한다.

23 ②

앞에서 피카소가 "가짜"라고 말했다고 했으므로, 빈칸에는 피카소 자신도 가끔씩 모조품을 만든다고 말했다는 흐름이 되도록 ②가 들어가는 것이 적절하다.

verify v. (증거·증언 등으로) ~이 진실임을 증명[입증, 확증]하다 crossly ad. 심술궂게; 지르퉁하여 fake n. 위조품, 가짜 exclaim v. 외치다, 큰소리로 말하다 shrug n. 어깨를 으쓱하기 revere v. 존경하다 forge v. 위조하다 modify v. 수정하다 wreck v. 난파시키다; 파괴하다

어느 날 한 남자가 피카소 그림 한 점을 팔려고 나에게 찾아왔다. 내가 그 그림을 피카소에게 가져가 진품임을 입증해달라고 부탁하자 피카소는 "가짜야"라고 짜증스럽게 말했다. 너무하다 싶어 "하지만 자네가 그 그림을 그리는 걸 내가 봤단 말이야!"라고 나는 외쳤다. 그러자 그는 "아, 글쎄 뭐, 나 자신도 때로는 피카소 작품을 위조하거든."이라고 어깨를 으쓱해 보이며 말했다.

24 ③

첫 문장의 '콜로라도 강이 그랜드 케년을 현재의 어마어마한 깊이만큼 파낸 것'을 재진술하는 ③이 정답으로 적절하다.

carve v. 베다; 새기다, 조각하다 awesome a. 두려움을 일으키게 하는, 장엄한 coral n. 산호 fossil n. 화석 reptile n. 파충류 동물 fern n. 양치(養齒)류 testify v. 증명하다, 입증하다 mortality n. 죽음을 면할 수 없는 운명 topography n. 지형학 erosion n. 부식; 침식

콜로라도 강이 그랜드 케년을 현재의 어마어마한 깊이만큼 파내는 데는 1백만 년 이상이 걸렸다. 원시시대의 곤충과 태고의 파충류, 양치류, 그리고 상어의 이빨들이 바위 속에서 발견되었다. 그 화석들은 강의 침식 작용을 입증하고 있다.

25 ④

'힘을 북돋워주는 대중들의 외침과 유명인사들의 화려한 의상을 스스로 포기하는 것', '평생에 걸쳐 이룩한 것에서 떠나는 것'은 모두 은퇴를 가리키는 표현들이다.

invigorating a. 기운을 돋우는 roar n. 고함소리 trappings n. 장식, 액세서리 celebrity n. 유명인사 relinquish v. 포기하다; 단념하다 voluntarily ad. 자발적으로 perform v. 수행하다 advertise v. 광고하다 deplore v. 한탄하다, 슬퍼하다 quit v. 그만두다

유명한 연기자가 반드시 내려야 하는 가장 어려운 결심은 은퇴할 때를 아는 것이다. 힘을 북돋워주는 대중들의 외침과 유명인사들의 화려한 의상을 스스로 포기하는 것은 힘든 일이다. 훨씬 더 어려운 일은 평생에 걸쳐 이룩한 것에서 떠나는 것이다.

TEST 24

01 ③	**02** ③	**03** ③	**04** ③	**05** ④	**06** ③	**07** ④	**08** ④	**09** ②	**10** ④
11 ②	**12** ③	**13** ④	**14** ④	**15** ①	**16** ①	**17** ②	**18** ④	**19** ④	**20** ③
21 ③	**22** ③	**23** ①	**24** ③	**25** ①					

01 ③

주제를 잊게 만든 원인으로는 책에 '본론을 벗어나거나 지엽적인 내용이 많았던 것'이 한 이유가 될 수 있을 것이다.

mar v. ~을 흠가게 하다, 훼손하다, 망쳐놓다, 못쓰게 만들다 remark n. 의견, 말, 비평 theme n. 주제, 테마 appropriate a. 부적절한, 온당치 못한 humorous a. 유머러스한, 익살스러운, 해학적인 digressive a. 본론을 떠난, 지엽적인 opinionated a. 자기 설(說)을 주장하는, 완고한

그의 책은 본론을 벗어난 말들이 많아서 못쓰게 되었는데, 그것들은 우리들로 하여금 그의 주제를 잊어버리게끔 만들었다.

02 ③

along the way는 제약회사에서 환자에게 약이 전달되는 경로인데, 그 과정 중에 많은 브로커들이 수수료를 받는다고 했으므로, 약이 제조되어 환자에게 전달되는 과정은 여러 단계를 거치는 '우회적인' 경로라고 볼 수 있다.

path n. 진행방향, 경로 circuitous a. 에두르는, 직접적이 아닌 middleman n. 중간 상인, 브로커 plausible a. 이치에 맞는, 그럴듯한 streamlined a. 능률적인; 간결한 expeditious a. 신속한, 효율적인

제약회사에서 환자에게 약이 전달되는 경로는 우회적이다. 그리고 많은 브로커들은 그 중간에 수수료를 받는다.

03 ③

비교급이 쓰였으므로 비교의 대상을 찾아야 하겠는데, 당연히 그 대상은 앞에 쓰인 farmhouse이다. 이 farmhouse의 상태가 'in ruins'이고 헛간 근처의 상태는 더 심각하게 in ruins라는 흐름이므로, 빈칸에는 in ruins의 의미를 가진 표현이 들어가야 할 것이다. 따라서 ③이 정답이다.

abandoned a. 버림받은; 자포자기한 farmhouse n. 농장; 농가 partially ad. 부분적으로, 일부분은 ruin n. (종종 pl.) 폐허; 파멸, 멸망 opposed a. 반대된, 대항하는; 대립된 splendid a. 빛나는, 훌륭한; 화려한 dilapidated a. 황폐한, 무너져 가는 liberal a. 자유주의의; 관대한; 개방적인

도로 위에는 버려진 농가가 하나 있었는데, 부분적으로 폐허가 돼 있었으며, 그 농가의 헛간 근처는 더 황폐해져 있었다.

04 ③

빈칸을 포함한 문장은 앞 문장과 순접의 접속사 and로 연결돼 있으므로, 빈칸에는 앞 문장에 쓰인 vehement와 유사한 의미를 가진 단어가 들어가야 한다. ③이 정답으로 적절하다.

debate n. 토론, 논쟁, 토의 vehement a. 격렬한, 맹렬한; 열렬한 remark n. 의견, 말, 비평 pertinent a. 적절한, 타당한, 꼭 들어맞는 prolonged a. 연장한; 오래 끄는 acrimonious a. (태도, 말 등이) 신랄한, 통렬한 ravenous a. 게걸스럽게 먹는; 굶주린

논쟁이 계속되자, 연설자들은 더욱 격렬해졌고 그들의 말은 더욱 신랄해졌다.

05 ④

despite는 양보의 전치사이므로 '경제 예측가들의 예측이 형편없었음에도 불구하고 그들의 예측에 대한 수요는 여전히 많다'는 흐름으로 글이 이어져야 한다.

infamous a. 불명예스러운; 악명 높은, 평판이 나쁜 forecaster n. 예측가, 예상가 compile v. 수집하다, 편집하다 realize v. 실현하다; 실감하다 decline v. 쇠하다, 감퇴하다 flourish v. 융성하다

최근 몇 년간 다수의 경제 예측가들이 만들어 놓은 형편없는 기록에도 불구하고 그러한 예측에 대한 수요는 계속해서 융성하고 있다.

06 ③

순접의 접속사 and로 연결된 reclusive와 유사한 의미를 가진 표현이 빈칸에 들어가야 할 것이므로 ③이 정답으로 적절하다.

wear[pin] one's heart (up)on one's sleeve 감정을 감추지 않고 드러내다, 생각하는 바를 숨김없이 말하다 reclusive a. 은둔한, 고독하게 사는 haughty a. 거만한, 오만한, 건방진 quick-tempered a. 화를 잘 내는 introverted a. 내성[내향]적인 fickle-minded a. 변덕스러운

해리와 윌리엄은 매우 다른 성격을 가지고 있다. "정서적으로 그들은 서로 다른데, 해리는 자신의 감정을 감추지 않고 드러내는데 반해, 윌리엄은 내성적이고 은둔형이다."라고 왕실의 내부 소식통은 전한다.

07 ④

'인권문제를 현명하게 다루지 않으면 미국의 고립주의의 새로운 요인으로 부각될 것'이라는 것은 나쁜 전망이라고 할 수 있는데, 부가적인 설명이 없는 한, 근시안적이라고 볼 근거는 부족하다. 그러므로 빈칸에는 '불길한'이라는 의미의 ④가 들어가는 것이 가장 적절하다.

prospect n. 전망, 예상, 기대 unleash v. 속박을[제어를] 풀다; (분노 따위를) ~에게 폭발하다 isolationism n. 고립, 격리 nearsighted a. 근시의, 근시안적인 ominous a. 불길한

인권문제를 현명하게 다루지 않으면 미국의 고립주의의 새로운 요인으로 부각될 것이라는 불길한 전망이 있다.

08 ④

두 번째 문장에서 언론이 변덕스러운 뉴스 보도로 '응수했다'고 했으므로, 대통령도 그와 같은 면모를 갖고 있었다고 볼 수 있다. 따라서 변덕스러움을 뜻하는 형용사인 ④가 빈칸에 적절하다.

predict v. 예언하다, 예보하다 come off as ~처럼 보이다 sentient a. 감각[지각력]이 있는 astute a. 기민한, 빈틈없는 thorough a. 충분한, 완벽한 mercurial a. 쾌활한; 변덕스러운

대통령은 예상했던 것만큼이나 변덕스러운 것으로 드러났다. 이번에는, 언론이 종종 변덕스러운 것처럼 보이는 뉴스 보도로 응수했다.

09 ②

동맹국의 지원은 적국의 영향력을 억제하거나 약화시키는 쪽으로 작용할 것이므로 빈칸에는 ②가 적절하다.

strategy n. 병법, 전략, 작전 enlist v. 협력을 구하다, 도움을 얻다 ally n. 동맹국 influence n. 영향, 영향력 potential a. 잠재적인 assess v. 평가하다 contain v. 포함하다; 억제하다 boost v. 증대시키다 sustain v. 지속하다

미국의 장기 전략은 미국의 잠재적 적국인 중국의 점증하는 영향력을 억제하는 데 도움을 줄 유럽과 아시아 동맹국들의 지원을 구하는 것일 것이다.

10 ④

남녀 모두 몸에 꼭 맞는 옷이나 불경스러운 말이나 그림이 그려진 옷을 피해야 한다고 했는데, 이는 '수수한' 복장을 요구하는 것이라고 볼 수 있다.

profane a. 모독적인, 불경스러운 capriciously ad. 변덕스럽게 lavishly ad. 아낌없이, 낭비적으로 liberally ad. 자유로이, 후하게 modestly ad. 수수하게, 간소하게

남녀 모두가 공공장소에서는 수수한 복장을 하고 현지 문화를 존중하기 위해 몸에 꼭 맞는 옷이나 불경스러운 말이나 그림이 그려진 옷을 피해야 한다.

11 ②

학교에서 다른 인종을 분리하는 것을 끝내기를 주장한 것은 인종차별[인종격리] 교육에 반대 혹은 대항한 것이라고 볼 수 있다.

segregated a. 분리[격리]된; 인종차별의, 인종차별을 하는 separation n. 분리, 구분 invoke v. 호소하다 defy v. ~에 반항하다 discriminate v. 구별하다, 차별대우하다 administer v. 집행하다

그는 공립학교에서 서로 다른 인종 집단의 분리를 끝내길 주장함으로써 그 주(州)의 인종 차별 교육에 반항했다.

12 ③

but 이하에서 명상의 유익함에 대해 마음의 문을 열기 시작했다고 했으므로, 이전에는 그것을 거부했었다는 흐름을 만드는 ③이 빈칸에 들어가기에 적절하다.

meditation n. 명상 reduce v. 줄이다, 감소시키다 anxiety n. 걱정, 근심, 불안 irrational a. 비이성적인, 불합리한 cognizant a. 인식하고 있는 inquisitive a. 호기심 많은 sceptical a. 의심 많은, 회의적인 forbearing a. 참을성 있는, 관대한

나는 명상에 대해 회의적이었지만 한번 시도해보고 난 후에 그것의 유익함에 대해 열린 자세를 갖기 시작했다. 그것이 나의 불안과 터무니없는 공포를 줄이는 데 도움이 되었다고 말하게 되어 기쁘다.

13 ④

두 번째 문장의 마지막 부분에서 일련의 화재들이 결국 합쳐지게 됐다 (fires that eventually joined together)는 사실을 알 수 있다. 작은 화재들이 더해져서 큰 화재가 됐음을 짐작할 수 있으므로 빈칸에 적절한 말은 massive conflagration, 즉 '대규모 화재'다.

tremor n. 전율, 진동 aftermath n. (전쟁·재해 따위의) 결과, 여파, 영향 interminable performance 지루한 공연 intermittent defect 간헐적 결함 virulent contagion 악성 전염병 massive conflagration 대규모 화재

1906년에 일어난 샌프란시스코 지진은 거의 완전히 도시를 파괴했다. 진동 자체가 상당한 피해를 주기도 했지만, 지진의 여파로 발생하여 결국 대규모 화재로 합쳐진 일련의 화재들의 결과로 훨씬 더 많은 피해가 발생했다.

14 ④

앞에 쓰인 from the serious to the lighthearted가 단서가 된다. 이

표현에서처럼 각각의 빈칸에는 objective와 innocuous에 대해 상반되는 뜻의 단어가 들어가야 할 것이므로 ④가 정답으로 적절하다.

article n. (신문, 잡지의) 기사; (계약 등의) 조항 gamut n. 모든 음역; 모든 범위 run the gamut of ~에 대해 갖은 표현을 다하다 lighthearted a. 근심걱정 없는, 마음 편한; 쾌활한 innocuous a. 해를 입히지 않는, 무해한 casual a. 우연의; 무심결의, 즉석의 realistic a. 현실주의의, 현실적인, 실재적인 ridiculous a. 웃기는, 우스꽝스러운; 터무니없는 remote a. (거리가) 먼, 멀리 떨어진; (가망, 가능성이) 희박한 argumentative a. (발언 등이) 논쟁적인; (사람이) 논쟁을 좋아하는, 따지기 좋아하는

그가 쓴 기사는 진지한 것에서부터 편한 것까지, 객관적인 것에서부터 논쟁적인 것까지, 해를 입히지 않는 것에서 악의를 품은 것까지의 갖은 표현을 다했다.

15 ①

첫 번째 빈칸에는 '주장, 제안, 규정'의 의미를 가진 동사가 쓰일 수 있다. 따라서 ①, ②, ③이 가능하다. 그런데, 양보의 의미를 가진 yet이 쓰였으므로 뒷 문장은 앞 문장과 의미상 반대가 되어야 한다. 곧, '형벌은 범죄와 부합해야 하지만, 그럼에도 불구하고 실제로는 동일한 범죄 유형에 있어서도 판결이 크게 다르다'라는 문장이 되어야 한다. 따라서 ①이 정답으로 적절하다.

punishment n. 형벌, 처벌; 징벌 judicial a. 사법의, 재판의; 법관의, 재판에 의한 criminal a. 범죄의; 형사상의 dictate v. 구술하다; 명령하다; 규정하다, 요구하다 vary v. 가지각색이다, 다르다 assume v. (증거는 없으나) 사실이라고 생각하다; 추정하다 coincide v. 동시에 일어나다; (둘 이상의 일이) 일치하다 relegate v. (중요하지 않은 자리 등에) 좌천시키다 deviate v. 빗나가다, 벗어나다 insist v. 주장하다, 역설하다, 고집하다; 우기다, 강요하다 compromise v. 타협하다, 화해하다

공명정대 의식은 형벌이 범죄와 부합할 것을 규정하고 있다. 그럼에도 불구하고 실제에서는 재판관의 판결이 동일한 범죄 유형에 있어서도 크게 다르다.

16 ①

트레킹이 등산하는 사람에게 새로운 힘과 긍정적인 마음가짐, 그리고 사용하지 않아서 위축된 근육들에 활력을 준다고 언급하고 있으므로, 등산은 건강을 회복시키는 기능이 있다고 할 수 있다.

summit n. 정상, 꼭대기 optimism n. 낙천주의, 낙관론 atrophy v. 위축시키다 disuse n. 쓰이지 않음 rehabilitative a. 복원하는, 회복시키는 retentive a. 보유하는, 보유력이 있는 tenacious a. 완고한, 집요한 debilitating a. 쇠약하게 만드는

등산은 때로 건강을 회복시키는 효과가 있다. 매달 서너 번 정상까지 올라갔다가 다시 내려오는 트래킹은 등산을 하는 사람에게 새로운 힘과 긍정적인 마음가짐을 주고, 사용하지 않아서 위축된 근육들에 다시 활력을 준다.

17 ②

앞 부분에 나열되고 있는 사실들은 모두 역사적으로 대량으로 인명살상을 가져왔던 것들이므로 빈칸에는 ②가 쓰여야 한다.

lurk v. 숨다, 숨어 기다리다; 잠복하다 collectivization n. 집산주의화; 집단농장화; 공영화 Holocaust n. 나치에 의한 유태인 대학살 Cultural Revolution (중국의) 문화혁명 rampage n. 난폭한(감정이 격한, 미처 날뛰는) 행동, 야단법석 patricidal a. 아버지 살해의 genocidal a. 집단[대량]학살의 authentic a. 믿을만한, 확실한; 진정한, 진짜의 anti-spiritual a. 반(反) 정신적인 communitarian a. 공산사회의

20세기의 번영의 한복판에는 사상 최악의 참사가 숨어 있다. 즉, 스탈린의 집단농장화 정책, 히틀러의 유태인 대학살, 모택동의 문화혁명, 폴 포트의 킬링필드, 이디 아민의 난폭한 행동 등이 그것이다. 20세기는 대량학살의 세기였다.

18 ④

첫 문장은 아폴로 탐험의 성공으로 흥분의 도가니였던 예전의 모습을 이야기하고 있는데, 역접의 의미를 가진 however가 왔으므로 뒷 문장은 '지금은 그러한 흥분이 많이 가라앉은 상태'임을 이야기해야 한다. 따라서 그러한 흐름을 완성시키는 ④가 정답으로 적절하다.

be suffused with ~이 가득히 퍼져 있다 exploration n. 실지 답사; 탐험 launch n. 진수; 발진, 발사 opposition n. 반대 ripple n. 잔물결; 파문

1969년 아폴로 11호가 성공적으로 인간을 달에 착륙시켰을 때 온 나라가 흥분으로 가득 차 있었다. 하지만 우주 탐사가 이루어진지 30년이 넘게 지난 오늘날에는 우주선 발사가 나라 안에서 그 어떤 파문도 불러일으키지 않는다.

19 ④

하나의 문장으로 표현할 수 있는 것을 하나의 단락을 사용해서 한다고 했는데, 이것은 글을 쓸데없이 장황하게 쓴다는 것이다.

convey v. 나르다, 운반하다 concise a. 간결한, 간명한 baffling a. 저해하는; 당황케 하는; 이해할 수 없는 offensive a. 불쾌한; 무례한 vague a. 막연한, 애매한 prolix a. 지루한, 장황한

신인 작가들은 종종 작품에서 너무 장황해지는 실수를 저지른다. 그들은 하나의 간결한 문장으로 쉽게 전달할 수 있는 것을 말하기 위해 한 단락을 사용하며 불필요한 단어와 구문을 너무 많이 사용한다.

20 ③

정부가 선거 공약과 여론에 반대되는 행동을 한다면 정부가 내세운 정책은 대중의 눈에 타당성(legitimacy)이 떨어지는 것이 될 것이다.

implement v. 이행하다, 실행하다 campaign promise 선거 공약 forbearance n. 자제; 인내, 참음 jubilation n. 환희, 환호 legitimacy n. 합법성, 타당성 indignity n. 모욕, 경멸

다수당 정부는 원하는 어떤 정책이든 시행할 수 있는 반면, 다수당 정부가 그 당이 내세웠던 선거 공약에 반대되고 명확한 여론의 물결에 반대되는 행동을 한다면, 그 정책들은 대중의 눈에 타당성이 떨어지는 것이 될 것이다.

21 ③

문장 첫머리에서 '비종교적인 사람들'이라는 언급을 했고 '늙어감에 따라 죽음의 섭리와 이성적 물음을 통해 쉽게 답을 얻을 수 없는 질문에 대해 깊게 생각하기 시작하면서'라고 묘사하고 있다. 이러한 비종교적인 사람들로부터 예상할 수 있는 행동은 기존의 종교에 관심을 갖게 되거나 그것에 귀의하게 되는 것이라 할 수 있으므로 ③이 정답으로 적절하다.

established a. 확립된, 제정된 reflect v. 반영하다, 반성하다; 곰곰이 생각하다 mortality n. 죽어야 할 운명; 죽음 rationality n. 합리성 allocate v. 할당하다, 배분하다 relocate v. 다시 배치하다; 이전시키다 convert v. 전환하다; 개심하다, 전향하다 digress v. (이야기·의제 따위가) 옆길로 빗나가다

비종교적인 사람들이 늙어감에 따라 죽어야 할 운명이라는 섭리와 순수하게 합리성이나 이성적 물음을 통해 쉽게 답을 얻을 수 없는 질문에 대해 깊게 생각하기 시작하면서 기성 종교로 전향하는 일은 특이하지 않다.

22 ③

일본이 애니메이션의 trendsetter가 되었음을 언급했으므로, 과거에 고급 전자제품과 자동차에 기초했던 것과는 달리 미래에는 애니메이션과 관련 된 것이 일본에게 중요하다는 흐름으로 글이 전개되어야 한다.

influential n. 영향을 미치는; 세력 있는 trendsetter n. 새 유행을 선도하는[만드는] 사람 boast v. 자랑하다, 자랑하며 말하다 pop culture 대중문화, 팝 컬쳐

일본은 애니메이션계에서 유행을 선도하는 영향력 있는 국가가 되었다. 일본은 고급 전자제품과 자동차에 기초한 강한 경제력을 자랑하곤 했지만 지금 일본의 미래는 대중문화에 달려있다.

23 ①

약의 흡수를 방해한다고 했으므로 약의 유익한 효능에 부정적인 영향을 줄 것이다.

substantially ad. 사실상; 충분히 absorption n. 흡수 (작용) potentially ad. 잠재적으로 wipe out 파괴[분쇄]하다; 죽이다 stir up ~을 잘 뒤섞다; ~을 분발시키다 dwell on ~을 깊이 생각하다, 숙고하다 settle for 불만스럽지만 받아들이다, 참다

포도 주스, 그리고 자몽, 오렌지, 사과를 비롯한 다른 일반적인 과일 주스는 약의 흡수를 사실상 감소시켜 역효과를 줄 수 있으며 잠재적으로 약의 유익한 효능을 없앨 수도 있다.

24 ③

신경증을 앓고 있는 사람들이 스스로를 경멸하고 나쁘게 생각한다고 한 다음 역접의 부사 however가 왔으므로, '대다수의 사람들의 경우에는 스스로를 좋게 평가하는 경향이 있다'는 내용이 이어져야 할 것이다.

neurotic a. 신경의 despise v. 경멸하다, 멸시하다 justify v. (행위·주장 따위를) 옳다고 하다, 정당화하다, ~의 정당함을 증명하다 objectively ad. 객관적으로 subjectively ad. 주관적으로 leniently ad. 관대하게 cruelly ad. 참혹히, 박정하게; 몹시

심각한 신경증을 앓고 있는 사람들은 자기 자신을 혐오하고 경멸하며 객관적인 사실보다 자신을 더 나쁘게 생각한다. 그러나 대다수의 사람들은 다른 사람들을 평가할 때보다 자신을 더 너그럽게 평가한다.

25 ①

과거의 개념들이 현재의 긴급 사항들에 의해 끊임없이 수정된다면 그 개념들은 확정돼 있거나 변할 수 없는 것이 아니라고 볼 수 있으므로 ①이 빈칸에 적절하다. ①에 쓰인 far from에 부정의 의미가 있음에 유의한다.

perennially ad. 지속되어, 영속적으로 urgency n. 긴급한 일 spotlight n. 세상의 주시, 주목 throw into relief 눈에 띄게 하다, 선명하게 하다 excise v. 문장이나 문구를 삭제하다 stable a. 안정된 indelibly ad. 지워지지 않게, 영원히 invariably ad. 변함없이; 항상 intact a. 본래대로의, 손대지 않은, 완전한

과거에 대한 개념들은 안정과는 거리가 멀다. 그 개념들은 끊임없이 현재의 긴급한 일들에 의해 수정된다. 현재 우리 삶에 새로운 긴급 사안이 생기면 역사학자들의 관심은 변화하여, 항상 존재했지만 앞서 역사학자들이 집단기억에서 부주의하게 삭제했던 것들을 명확히 부각시킨다. 새로운 의견들이 역사적 암흑에서 울려나오며 경청해줄 것을 요구한다.

01 ①	02 ②	03 ①	04 ②	05 ④	06 ③	07 ②	08 ③	09 ②	10 ⑤
11 ⑤	12 ④	13 ①	14 ②	15 ③	16 ④	17 ⑤	18 ④	19 ②	20 ②
21 ④	22 ②	23 ①	24 ④	25 ②					

01 ①

분쟁 지역은 두 나라의 이해나 주장이 상충되는 경우에 발생한다는 점에 착안한다.

deposit n. 퇴적물, 침전물; (광석·석유·천연 가스 등의) 매장물 nautical a. 해상의, 항해의 overlap v. 겹치다, 포개지다; 중복되다 flinch v. 겁내어 피하다, 겁먹고 움찔하다 withhold v. 억누르다, 억제하다 estrange v. 적대시 하다, 소원하게 하다

그 매장물은 분쟁지역에 놓여 있다. 그 분쟁지역은 두 나라의 경제 구역의 해상 경계가 겹치는 곳이다.

02 ②

빈칸에는 앞에서 언급한 '영토를 빼앗는 행위'와 가장 관련이 깊은 단어가 들어가야 할 것이므로 ②가 정답으로 적절하다.

territory n. 영토 reticent a. 과묵한, 말이 적은; 억제된, 삼가는 predatory a. 약탈하는, 욕심 많은; 포식성의, 육식의 benedictory a. 축복의 credulous a. 쉽사리 믿는, 속아 넘어가기 쉬운

유럽인들이 아메리카 대륙의 영토를 빼앗으려는 시도를 억제하는 데 목적을 두었던 먼로주의는 약탈을 일삼는 외세에 대한 경고였다.

03 ①

intuiter는 'intuition(직관)'을 가지고 있는 사람을 나타내고 있으므로, 빈칸에는 intuition과 유사한 성격 혹은 의미의 단어가 들어가야 한다. 그러므로 ①이 정답으로 적절하다.

laborious a. 공들인; 힘 드는 conclusion n. 결말; 결론 insight n. 통찰력 industry n. 근면 amazement n. 깜짝 놀람, 경악

융(Jung)은 인간을 고되고 조직적인 연구에 종사하는 '사색가'와 번쩍하는 섬광과 같은 통찰력을 통해 결론에 이르는 '직관가'로 나누었다.

04 ②

동일한 두 개의 전자부품 중 하나가 망가지면, 여벌로서 마련해 둔 나머지 하나가 작동하게 될 것이다.

identical a. 일치하는, 동일한 component n. 구성요소; 부품 divergence n. 일탈; 상이; 발산 duplicate n. (동일물의) 2통 중 하나; 등본; 복사, 복제(물) similarity n. 유사점, 닮은 점 mutuality n. 상호관계

그 우주선에는 완전히 똑같은 두 개의 전자 부품이 있다. 만약 하나가 작동하지 않으면, 그것과 똑같이 생긴 다른 부품이 계속해서 작동하게 될 것이다.

05 ④

많은 판사들이 범죄자들에게 처벌을 약하게 하고 있다는 것은 사법체계가 범죄자들에게 관대하다는 것을 의미한다.

criminal n. 범인, 범죄자 a slap on the wrist 경고, 가벼운 꾸지람 strained a. 긴장한, 껄끄러운 intricate a. 뒤얽힌, 복잡한 punitive a. 형벌의, 징벌의 lenient a. 관대한; (벌 따위가) 가벼운

이 나라의 사법제도는 범죄자들에 대해 지나치게 관대하다. 많은 판사들이 수많은 범죄자들에게 약한 처벌을 하고 있다.

06 ③

사람들을 무지에서 벗어나게 해야 한다고 했으므로, 빈칸에는 '지적인'이란 뜻의 단어가 가장 적절하다.

despot n. 독재자 gradually ad. 차차, 서서히 illiterate a. 무식한, 문맹의 passionate a. 열정적인 intelligent a. 지적인, 영리한 foolish a. 미련한, 어리석은

독재자들에게는 사람들을 무지한 상태로 두는 것이 이득이지만 우리에게는 그들이 지성을 갖추도록 하는 것이 이득이다. 우리는 그들 모두가 점차적으로 무지에서 벗어나도록 이끌어야 한다.

07
②

등위 접속사 and로 연결된 빈칸 앞의 '공포'와 '고통' 그리고 둘째 문장의 '폭력'이라는 단어를 통해 빈칸에는 이와 관련된 '야만적 잔인성'이 들어가는 것이 가장 자연스러움을 알 수 있다.

replete with ~로 충만한 torture n. 고문; 심한 고통 numb v. 감각이 없게 만들다 dose n. (약의) 1회분, (1회의) 복용량, 한 첩 mete out (벌·가혹 행위 등을) 가하다 barbaric a. 야만적인 brutality n. 잔인, 무자비

역사는 전쟁의 공포, 극심한 고통, 야만적 잔인성으로 가득하다. 그리고 종종 우리는 매일같이 전해지는 약자에게 가해지는 폭력에 관한 이야기들로 인해 무감각해지고 있다.

08
③

대학 교육의 목표가 학생들을 훌륭한 사회 구성원으로 만드는 것이라는 단서로부터 정답을 추론할 수 있다.

instruction n. 훈련, 교육 emphasis n. 강조; 주안점 specific a. 일정한, 특정한 fitness n. 적합성, 타당성 inspiration n. 영감; 고취, 고무

대학의 교육의 주된 목표는 학생들을 더 훌륭한 사회의 구성원으로 만드는 것이다. 주안점은 세상에 대한 적합성에 바탕을 두어야 한다.

09
②

콜론 다음에서 생각을 조직화하는 데(조직적으로 생각하는 데) 도움이 될 수 있다고 했으므로 빈칸에는 이와 관련된 ②가 적절하다.

siesta n. 시에스타(점심식사 후의 낮잠) snooze n. 꾸벅꾸벅 조는 잠 demonstrate v. 증명하다, 논증하다 alertness n. 정신 바짝 차림, 정신적 민첩성 emotional a. 감정의, 정서의 cognitive a. 인식의, 인식력이 있는 aesthetic a. 미학적인 physical a. 육체의; 물질의

시에스타, 즉 오후의 낮잠은 정신적 민첩성, 기억력, 인지적 수행을 향상시키는 것으로 과학적으로 입증되었다. 그것이 생각을 조직화하는 데 도움이 될 수 있다는 말이다.

10
⑤

도움이 필요한 사람들을 언제나 기꺼이 도왔다는 내용으로 보아, 그녀에게는 '긍정적인 의미에서의 인색함'이라는 면모가 있었다고 할 수 있다. 이에 해당하는 것으로는 ⑤가 적절하다.

miserliness n. 인색함, 쩨쩨함 intemperance n. 음주벽, 폭음, 무절제 intolerance n. 불관용, 편협 apprehension n. 우려, 염려 diffidence n. 자신 없음 frugality n. 절약, 검소

그녀의 검소함을 인색함과 혼동해서는 안 된다. 내가 아는 한, 그녀는 도움이 필요한 사람들을 언제나 기꺼이 도왔다.

11
⑤

distinct와 상반되는 내용을 찾는다. simultaneous로 생각할 수 있으나 서로 다른 두 감정이 동시에 존재하는 것보다는 유사성을 갖는 한 감정이 다른 감정으로 전이된다는 설명이 보다 타당하다.

aggression n. 공격, 침략 distinct a. 별개의, 다른 physiologically ad. 생리적으로 physiologically ad. 생리적으로 simultaneous a. 동시의 exceptional a. 예외적인; 빼어난, 비범한 partial a. 부분적인; 편파적인 transitional a. 전이의, 이동의, 변화의

현재의 자료에 따르면, 공포와 공격성 간에 전이의 상태가 존재하긴 하지만 공포와 공격성은 심리적으로 뚜렷이 구분되는 것만큼이나 생리적으로도 뚜렷이 구분된다.

12
④

두 번째 문장의 the currency는 Bitcoin을 뜻하며, 1월에 13달러였던 것이 1,200달러까지 치솟았다가 921달러에 거래됐다고 했으므로 비트코인의 가격은 변동이 심하다고 볼 수 있다. 따라서 '가격 변동성'을 뜻하는 ④가 빈칸에 적절하다.

soar v. 급등하다, 치솟다 roughly ad. 대략, 거의 peak n. 절정, 최고점 currency n. 통화, 화폐 allowance n. 수당, 급여 collusion n. 공모 superiority n. 우월, 우위, 탁월 volatility n. 변동성, 변덕, 휘발성

비트코인은 올해 가격이 급등했는데, — 1월에 약 13달러였던 것이 1,200 달러를 넘어 최고점까지 치솟았다 — 금요일에 Mt. Gox 거래소에서는 921 달러에 거래됐다. 이 통화는 가격변동성이 매우 심한 경향이 있다.

13
①

첫 문장의 주절에서 니체와 밀의 유사한 면모를 이야기했으므로, Although가 이끄는 종속절에서는 이 두 사람의 서로 다르거나 대립되는 점에 대해 이야기해야 한다. 그러므로 '철학적인 면에서는 서로 앙숙이었다'는 내용을 만드는 ①이 정답으로 적절하다.

commonality n. 평민, 일반 시민 forward v. 촉진시키다, 나아가다; 주장하다 foe n. 적, 원수 colleague n. 동료, 동업자 sage n. 현인, 철인(哲人); 경험이 풍부한 현자 accomplice n. 공범

프리드리히 니체와 존 스튜어트 밀은 철학 면에서는 서로 적(敵)이었지만 평민에 대한 생각은 매우 유사했다. 존 스튜어트 밀은 민주적인 이상을 주장했다.

14
②

'…때문에 너그러이 다루어졌다'는 표현으로 보아, 그 원인이 되는 첫 번째 빈칸에는 부정적인 단어가 들어가야 한다. 반면 접속사 but으로 연결되고 있는 문장이므로 두 번째 빈칸에는 긍정적인 의미의 단어가 들어간다. 상기 두 조건을 만족시키는 것으로 적절한 것은 ②이다.

outstanding a. 현저한, 눈에 띄는; 걸출한 publisher n. 출판업자 tolerate v. 허용하다, 너그럽게 보아주다; 관대하게 다루다 tremendous a. 무서운, 무시무시한; 중대한 in view of ~을 고려하여, ~때문에 appearance n. 출현, 출두; 외관, 외양 remark n. 의견, 말, 비평 audacity n. 용감, 뻔뻔스러움

저명 출판업자 알프레드 크노프(Alfred Knopf)는 이따금씩 실수를 했지만, 그에 대한 나쁜 평가는 그의 엄청난 성공 때문에 관대하게 다루어졌다.

15 ③

첫 번째 빈칸에는 ②, ③, ④ 모두 가능하다. '흑인들에 대한 부당한 대우'라는 표현으로 보아 이 책이 노예제도 반대운동을 '강화시켰을 것'이라고 볼 수 있으므로 두 번째 빈칸에는 strengthening이 들어가는 것이 자연스럽다.

effectively ad. 효과적으로, 유효하게; 실제로 unfairness n. 불공평; 부당함 influence n. 영향 glamorize v. (사람, 물건을) 매력적으로 만들다, 돋보이게 하다 launch v. (계획 등에) 착수하다; 개시하다 appraise v. 견적하다; (사람, 능력을) 평가하다 portray v. (인물, 풍경 등을) 그리다; (글이나 말로) 묘사하다 strengthen v. 강화하다 pacify v. 진정시키다, 달래다

흑인들에 대한 부당한 대우를 효과적으로 묘사했던 소설 <톰 아저씨의 오두막집>은 노예제도 반대운동을 강화하는 데 있어 큰 영향을 끼친 책이었다.

16 ④

양보의 접속사 Although가 쓰였으므로 주절과 종속절의 내용은 서로 대조를 이루어야 한다. 그러므로 '챔피언의 자질에 대해서는 의견이 서로 달랐지만, 역대 최고의 선수를 선택하는 데는 이견이 전혀 없었다'는 흐름을 만드는 ④가 정답으로 적절하다.

considerable a. 중요한; 고려해야 할; 상당히 큰 panel n. (토론회, 좌담회에 예정된) 패널; 심사원단 quality n. 질, 소질, 자질; 특성 essential a. 본질적인; 없어서는 안 될, 필수적인 suspicion n. 혐의, 의심 irrelevantly ad. 부적절하게; 무의미하게 incidentally ad. 부수적으로, 우연히 disagreement n. 불일치, 의견 차이 overwhelmingly ad. 압도적으로

챔피언의 필수적인 자질에 대해서는 심사위원단의 위원들 사이에 상당한 의견 차이가 있었지만, 슈거 레이 로빈슨(sugar Ray Robinson)이 압도적으로 역대 최고의 권투선수로 뽑혔다.

17 ⑤

벌금을 부과하는 것을 통해 직장 내에서 노동자의 부상을 방지할 수 있다는 내용으로부터 정답을 추론할 수 있다.

impose v. 부과하다, 강요하다 steep a. (세금 등이)엄청난; 가파른 fine n. 벌금, 과료 on-the-job a. 근무[작업] 중에 일어나는 antidote n. 해독제, 해결 방법 alternative n. 대안 appendage n. 부가물, 부속물 deterrent n. 방해물 incentive n. 인센티브, 유인책, 자극

근무 중에 일어나는 직원의 부상에 대해 고용주들에게 높은 벌금을 부과하는 것은 보다 안전한 작업장을 만드는 데 있어서, 특히 안전 관련 기록이 좋지 않은 회사의 경우 효과적인 유인책이 될 수 있다.

18 ④

진정한 힘이 지식을 이용하는 능력에 달려 있다는 단서로부터 정답을 추론할 수 있다.

utilize v. 이용하다 contain v. (속에) 담고 있다, 포함하다 consist in ~에 있다 retain v. 유지하다 exercise v. (체력·능력을) 발휘하다, 쓰다; (권력을) 발동하다, 행사하다

사람들은 아는 것이 힘이라고 얘기해 왔지만, 그러나 위대한 힘은 아는 것을 이용할 수 있는 능력에 있다. 훈련을 받은 강력한 두뇌에 무엇인가 들어있는 것은 확실하지만, 그것의 주된 가치는 그것이 무엇을 할 수 있느냐에 있다.

19 ②

전자책 단말기가 방대한 디지털 출판물의 장점을 내세우기 시작하면, 사람들은 향후에 종이로 된 두꺼운 책이 과연 살아남을 수 있을지에 대해 궁금하게 여기게 될 것이다. 빈칸에는 이러한 의미를 완성시키는 ②가 적절하다.

tout v. 장점을 내세우다, 광고[홍보]하다 bookworm n. 독서광, 책벌레 tome n. (내용이 방대한 책의) 한 권; 큰 책 quaint a. 기묘한, 예스런 멋이[아취가] 있는 relic n. (pl.) 유적, 유물 predominant a. 뛰어난, 탁월한; 현저한, 눈에 띄는

애플의 새 아이패드와 같은 전자책 단말기가 방대한 디지털 출판물 라이브러리를 선전하면서, 일부 독서광들은 종이로 된 크고 묵직한 책들이 언젠가는 예스런 유품이 되고 말 것인지에 관해 궁금해 할 것이다.

20 ②

모든 바이러스 감염을 치료하는 약을 얻게 될 것이라고 말하고 있는 점으로 미뤄보아, 빈칸에는 '만병통치약'이라는 의미의 ②가 들어가는 것이 적절하다.

viral a. 바이러스성(性)의, 바이러스가 원인인 veritable a. 진실의, 틀림없는, 참된 infection n. 전염, 감염; 전염병 prejudice n. 편견, 선입관 panacea n. 만병통치약 pestilence n. 페스트, 유행병 polemic n. 논쟁

연구자들은 바이러스성 질병을 싸우는 새로운 방법에 대해 노력하고 있는데, 이것은 진정한 만병통치약인 것으로 입증될 수 있을 것이다. 성공하는 경우, 그들은 하나의 질병뿐만 아니라 모든 바이러스성 전염병을 치료하는 약을 갖게 될 것이다.

21 ④

첫 문장에서 정치인들이 항상 말을 조심해야 함을 언급했음을 감안하

면, 출마를 완전히 좌절시키는 것'은 '잘못된 발언'을 저질렀을 경우에 일어날 수 있는 일임을 추론할 수 있다.

in private 다른 사람이 없는 데서 overhear v. 귓결에[어쩌다] 듣다; (몰래) 엿듣다, 도청하다   derail v. (계획을) 틀어지게 하다; (기차 따위를) 탈선시키다 candidacy n. 입후보, 출마 necessary evil 필요악 inopportune a. 시기가 나쁜 unexpected a. 예치지 않은, 의외의

정치인들은 항상 자신의 말을 조심해야 하는데, 다른 사람이 없는 데서 말한다고 생각할 때도 더더욱 그러하다. 출마가 완전히 좌절되는 것은 잘못된 순간에 엉뚱한 사람이 듣는 부적절한 발언 하나로도 충분하다.

---

22 ②

콤마 이하는 앞 문장에 대한 부연설명이다. 성공했다는 말에는 이전에는 불가능했던 것을 가능하게 만들었다는 의미가 내포돼 있으므로 빈칸에는 ②가 들어가야 한다.

frenetic a. 발광한; 열광적인 feasible a. 실행할 수 있는, 가능한; 적당한; 그럴듯한 fantastic a. 환상적인, 몽환[공상]적인; 굉장한, 멋진 controversial a. 논쟁을 즐기는; 논의의 여지가 있는

해양생물학자인 Sylvia M. Earle은 심해 활동의 한계를 넓히는 데 성공했는데, 그녀의 회사가 고안해 낸 새로운 기술로 지금까지 불가능했던 일을 가능하게 했기 때문이다.

---

23 ①

빈칸 다음에서 모든 사람이 동일한 자유를 누릴 때만 that freedom(종교의 자유)이 안전하다고 했는데, 빈칸 앞에서 '어떤 사람이 종교의 자유가 박탈당하면'이라 했으므로, 빈칸에는 종교의 자유가 안전하게 지켜지지 못하여 아무도 종교의 자유를 갖지 못하게 될 것이라는 내용의 ①이 적절하다.

interfere with 간섭하다, 방해하다 reverence n. 존중, 존경

우리는 모두 다른 사람의 종교를 존중해야할 책임이 있다. 그 누구의 개인적인 종교적 신앙도 간섭해서는 안 된다. 누구에게서라도 종교의 자유를 박탈하면 오래지 않아 곧 종교의 자유를 가진 사람이 아무도 없게 될 것인데, 이는 모든 사람이 동일한 자유를 누리는 나라에서만 그(종교의) 자유가 안전하기 때문이다.

---

24 ②

앞에서 '실패자'라고 했으므로 그 이유를 설명하는 부분은 부정적인 내용이 되어야 한다. 그러므로 ②가 정답이 된다.

riches n. 부(富), 재산 at the cost of~ ~를 희생한 대가로 conscience n. 양심 steady a. 고정된, 확고한

성공한다는 것이 부와 영예와 권력을 갖는 것을 항상 의미하지는 않는다. 가장 부유하고 가장 많은 칭송을 받고 가장 많은 권력을 가진 자들 중에는 깨

끗한 양심을 희생한 대가로 원하는 것을 얻었기 때문에 어쩌면 가장 큰 실패자인 그런 사람들이 더러 있다.

---

25 ②

앞 문장에서의 warmth와 cold, love와 hate의 관계를 고려하면, 빈칸에는 meanness와 반대되는 의미를 가진 표현이 들어가야 함을 알 수 있으며 따라서 ②가 정답으로 적절하다.

appreciate v. 높이 평가하다 mean a. 비열한, 인색한 meanness n. 비열함, 인색함 superiority n. generosity n. 관대함 ingenuity n. 발명의 재주, 독창력

우리는 추위를 경험했기 때문에 따뜻함을 높이 평가하듯이, 증오의 감정을 갖는다는 것이 어떠한 것인지를 알기 때문에 사랑의 의미를 더더욱 높이 평가한다. 우리는 다른 사람들로부터 인색함을 경험했고 다른 사람들에 대해 인색한 감정을 갖는다는 것이 어떤 것인지를 알게 되었기 때문에 관대함을 더더욱 높이 평가하는 것이다.

01 ②	02 ③	03 ③	04 ④	05 ④	06 ①	07 ④	08 ④	09 ①	10 ②
11 ③	12 ④	13 ②	14 ③	15 ③	16 ①	17 ②	18 ④	19 ④	20 ①
21 ②	22 ③	23 ③	24 ③	25 ④					

01 ②

그가 자신이 한 말에 대해 진심으로 미안해한다고 했으므로 그는 '뉘우치는' 표정을 지었을 것이라고 볼 수 있다.

stiff a. 경직된, 굳은; 완강한 contrite a. 죄를 깊이 뉘우치고 있는; 회개한 doubtful a. 의심스러운, 모호한 fragile a. (체질이) 허약한

그가 너무나도 깊이 뉘우치는 듯이 보였기 때문에 그녀는 그가 자신이 한 말에 대해 진심으로 미안해한다고 생각했다.

02 ③

All cucumbers are vegetable과 All vegetables are cucumbers의 관계는 앞 문장에서 주어와 보어의 위치를 바꾼 것이므로, 어순을 바꾼다는 뜻의 ③이 빈칸에 적절하다.

logic n. 논리; 논리학 cucumber n. 오이 absurd a. 불합리한, 터무니없는 exactitude n. 정확 abundance n. 풍부, 많음 inversion n. (위치·순서 등의) 도치[전도] subjectivity n. 주관성

논리학에서는 "모든 오이가 야채다"와 같은 문장의 도치를 허용하지 않는데, "모든 야채가 오이다"는 터무니없는 말이기 때문이다.

03 ③

대시 앞에서 모든 것이 서로 '목적-수단' 관계에 있고 균형 관계에 있음을 말하고 있다. 마지막 문장은 이러한 내용을 요약 혹은 재진술하는 역할을 하고 있는데, 빈칸 앞에 부정어가 있으므로 빈칸에는 ③이 적절하다.

economy n. 경제; 절약 quark n. 쿼크(초미립자) serve v. ~에 이바지하다, 쓰이다 fit into ~에 맞다 consequent a. 결과적인, 모순 없는 germane a. 관계있는, 적절한 extraneous a. 외부로부터의; 무관계한 ineluctable a. 불가피한

우주의 기본법칙은 경제성(절약)이다. 우주는 단 한 개의 쿼크입자도 낭비하지 않는다. 모든 것은 목적(소용)에 쓰이고 균형에 맞다. 그래서 관계없는 사건은 하나도 없다.

04 ④

문장의 주어는 foreign media outlets인데, 이들이 예상했던 것이 기쁨에 가득 차고 기록적인 관중들에 의해 틀린 것으로 판명되었다고 했으므로, 외환위기에 있는 동안 카니발이 조용하게 진행될 것이라고 예상했다고 볼 수 있다. 따라서 ④가 정답이다.

outlet n. 방송국, 매체 jubilant a. 매우 기뻐하는 boisterous a. 시끄러운, 떠들썩한, 활기찬 vibrant a. 활기찬, 생기가 넘치는 legitimate a. 합법적인, 진정한 subdued a. 낮아진, 차분해진

외환위기 동안, 리우데자네이루에서 열리는 카니발이 차분하게 진행될 것으로 예상했던 외국 언론 매체들은 기쁨에 가득 차고 기록적인 군중에 의해 틀렸다고 판명되었다.

05 ④

빈칸에는 릭 오웬스가 발표하는 패션의 특징을 설명하는 표현이 들어가야 하겠는데, 대시(—) 이하에서 그의 디자인이 '공개될 때는 이상한 것처럼 보이지만 그 디자인에 대한 유행이 서서히 퍼져나간다'고 했으므로 그는 앞으로 유행할 패션에 대한 '선견지명'이 있다고 볼 수 있다.

outlandish a. 이상한, 기이한 seep v. 서서히 확산하다, 퍼지다 retrogressive a. 퇴보[후퇴]하는 mediocre a. 보통의, 평범한 ephemeral a. 수명이 짧은, 단명하는 prescient a. 선견지명[예지력]이 있는

미국의 디자이너인 릭 오웬스(Rick Owens)의 패션은 종종 선견지명이 있는 것으로 보인다. 그가 디자인한 것들이 (처음) 공개될 때는 이상한 것처럼 보이지만 점차 유행이 서서히 퍼진다.

06 ①

that절에서 소수의 사람들만이 브렉시트의 과정을 이해한다고 했으므로 브렉시트 과정의 요소들은 '난해하다'고 볼 수 있다.

trigger v. 일으키다, 유발하다 discord n. 불화, 다툼 abstruse a. 심원한, 난해한 foreseeable a. 예측[예견]할 수 있는 plausible a. 타당한 것 같은, 이치에 맞는 transparent a. 명백한, 투명한

현재 큰 갈등을 유발하고 있는 브렉시트 과정의 요소들은 너무나도 난해해서 그것들을 실제로 이해하는 사람들은 소수에 불과하다.

07 ④

살인을 하게 하는 원인이 될 수도 있다고 사람들이 염려하고 있으므로, 살인을 막기 위해서는 엄격한 '기준' 또는 '예방책'이 있어야 할 것이다.

put forward ~을 제안[주장]하다 give rise to ~을 일으키다, ~의 근원이다 murder n. 살인 efficacy n. 효능, 효험; 유효 medication n. 약물 치료; 약물 remuneration n. 보수, 급여 safeguard n. 보호; 안전장치; 보장조항[규약]

여러 해에 걸쳐 안락사를 합법화하기 위한 많은 주장들이 제기되어왔지만, 사람들은 매우 엄격한 안전장치(기준)들이 없다면 이것이 살인의 원인이 될 수도 있을 것을 염려하고 있다.

08 ④

똑똑한 사람은 평이하고 단순한 일을 손쉽게 해낼 자격 혹은 능력을 갖고 있을 것이므로 빈칸에는 ④가 들어가야 한다.

officer n. 장교, 사관 plain a. 평이한, 간단한 assign v. 할당하다, 매당하다 addict v. 몰두시키다, 탐닉시키다 refrain v. 그만두다, 삼가다 qualify v. ~에게 자격[권한]을 주다; 적임으로 하다, 적합하게 하다

모든 공직자가 하는 일은 너무나도 평이하고 단순한 것이어서 영리한 사람이라면 그 일을 수행할 수 있는 자격을 쉽게 갖출 수 있다.

09 ①

'짐을 무리하게 꾸미는 것'과 의미가 상통하면서 '지치게 만드는' 원인이 되는 것은 '무거운' 가방을 들고 다니는 것이다.

hefty a. 무거운, 중량 있는 puny a. 자그마한; 미약한 paltry a. 하찮은, 무가치한 fragile a. 깨지기 쉬운

그러나 짐을 무리하게 많이 꾸리지는 않도록 해라. 왜냐하면 공항에서 무거운 가방을 들고 다니는 것은 당신을 지치게 만들 수 있고, 여행하는 동안 좋아 보이지 않을 수도 있기 때문이다.

10 ②

자신만의 주관적인 견해로 다른 사람들의 답변을 막는 성향과 가장 관련 깊은 것은 '자기도취적인'이란 의미의 ②이다.

statesman n. 정치가 celebrity n. 유명인, 명사(名士) demonstrate v. 증명하다, 논증하다 amenable a. (충고 등에) 순종하는, 쾌히 받아들이는 narcissistic a. 자기도취적인 adroit a. 교묘한, 솜씨 좋은 malleable a. 순응성이 있는, 유순한

여러 정치인, 유명인사, 뉴스메이커들과의 인터뷰에서 자신만의 견해로 그들의 답변을 방해하는 러셀 브랜드의 경향은 그의 자아도취적인 성격을 보여준다.

11 ③

콜론 이하는 빈칸에 들어갈 내용을 부연설명하고 있다. 콜론 이하는 '무질서'라는 말로 요약할 수 있으므로 ③이 정답이다.

rhyme n. 압운(押韻), 각운(脚韻) meter n. 운율 fragment v. 파편이 되게 하다 uniform a. 동일한; 획일적인 harmonized a. 조화된 disarrayed a. 무질서한 touted v. 성가시게 졸라댄

린샤웬의 시들은 무질서하다. 운율이 맞지 않고, 여러 부분으로 나뉘어 있고, 긴 템포의 침묵으로 구분되어 있다.

12 ④

첫 번째 빈칸에는 유기체의 몸의 형태에 해당되는 표현이 와야 하고, 두 번째 빈칸에는 기능에 해당되는 표현이 와야 한다.

perennial a. 장기간[여러 해] 계속하는; 영구한 zoology n. 동물학 infer v. 추론하다; 추측하다; 의미하다, 암시하다 relate v. 관계시키다, 관련시키다 organism n. 유기체 cellular a. 세포의; 세포로 되어 있는 ancestry n. 조상, 선조 classification n. 분류, 등급 매기기 appearance n. 출현; 외관, 겉보기 habitat n. 서식지

동물학의 영원한 목표는 유기체의 행동을 몸의 형태 및 세포 조직과 연관시킴으로써 구조에서 기능을 유추해내는 것이다.

13 ②

순접의 접속사 and 앞에 poverty가 나왔으므로 그 뒤에도 비슷한 부정의 의미를 가진 단어가 이어져야하고, and so는 앞 내용에 대한 결과를 보여 주므로 두 번째 빈칸에는 가난과 역경을 이겨낸 긍정의 결과물이 들어가야 한다.

poverty n. 가난, 빈곤 critic n. 비평가, 평론가 security n. hail v. 환호하여 맞이하다, 환영하다 adversity n. 불행, 역경, 불운; 고통 acclaim v. 갈채하다, 환호하다 celebrity n. 명성; 유명인 publicize v. 선전하다, 공표하다 undermine v. 밑을 파다; 손상시키다

시인 보를레르(Baudelaire)는 오랜 가난과 역경을 이겨내고 오늘날 많은 문학 비평가들이 격찬하는 많은 작품들을 만들어냈다.

14 ③

but 다음의 they는 화산을 가리킨다. 이것이 생명의 피난처가 될 수 있다고 했으므로 두 번째 빈칸에는 havens에 해당하는 refuges가 적절하다. 그리고 앞 문장은 뒤 문장과 반대의 의미가 되어야 하므로 생명의 피난처와 달리 화산의 해로운 면을 뜻하는 destructive가 첫 번째 빈칸에 적절하다.

haven n. 안식처 blazing a. 불타는 듯한 obstacle n. 장애, 방해; 방해물

proficient a. 숙달된, 능숙한 heritage n. 유산; 전통 destructive a. 파괴적인, 파괴주의적인 refuge n. 피난처, 은신처 beneficial a. 유익한, 이익을 가져오는 charm n. 매력

로마의 불의 신(神), 불카누스(Vulcan)에서 이름을 따온 화산은 파괴적인 힘으로 잘 알려져 있다. 그러나 화산은 또한 빙하기 동안에는 동식물의 은신처인 생명의 피난처일 수 있다.

15 ③

친밀화 과정이 치료법으로 사용될 수 있다는 단서는 세미콜론 뒤의 내용에서 효과적인 해결책이 틀림없다는 진술에서 추론 가능하고, '친밀화' 과정이라는 단서에서 소심하고 수줍음에 대한 치료임을 추론할 수 있다.

familiarization n. 친하게 함, 익숙하게 함, 정통케 함 employ v. 쓰다, 사용하다 antidote n. 해독제, 해결수단 procrastination n. 미루는 버릇, 지연, 연기 celibacy n. 독신 (생활), 독신주의, 금욕 therapy n. 치료, 치료법 diffidence n. 자신이 없음, 기가 죽음, 수줍음 insomnia n. 불면증

친밀화 과정은 강력한 치료방법으로 사용될 수 있다. 친밀화 과정은 기가 죽어있는 환자에게 효과적인 해결책이다.

16 ①

amiable은 사람의 성격이 '온화한' 것을 가리키며, amicable은 사람 사이의 관계가 '우호적인' 것을 가리킨다고 했으므로, 첫 번째 빈칸에는 성격을 뜻하는 amiable, 두 번째 빈칸에는 두 사람 사이의 관계를 뜻하는 amicable이 적절하다.

amiable a. 상냥한, 온화한 amicable a. (행위·태도·관계 따위가) 우호적인, 사이 좋은 divorce n. 이혼

'amiable'은 친절한 사람들을 가리키지만, 'amicable'은 두 사람 사이의 우호적인 관계를 가리킨다. 더 이상 서로 결혼생활을 원치 않는 두 온화한 사람들이 원만한 이혼을 할지도 모른다.

17 ②

devoting a lifetime to a work이 긍정적인 개념이므로 첫 번째 빈칸에는 긍정의 의미를 가진 표현이 들어가야 하며, 여러 세대가 오가는 것을 목도할 수 있는 작품이란 결국 작가 자신보다 오래 살아있을 작품을 뜻하므로 두 번째 빈칸에는 outlive가 들어가야 한다.

devote v. 헌신하다, 바치다 boring a. 따분한 exhaust v. 지치게 하다 rewarding a. 보람 있는 outlive v. ~ 보다 오래 살다, ~ 후에도 살아있다 hypocritical a. 위선적인 burden v. 짐 지우다 ambitious a. 포부가 큰 enlighten v. 계몽하다

그 무엇이, 자신이 죽고 난 후에도 오래 살아있을 작품, 즉 앞으로 여러 세대가 지나도록 남아있을 작품에 일생을 바치는 것보다 더 보람 있는 일일 수 있겠는가?

18 ④

장미향이 새로운 것을 학습하는 것과 관련된 두뇌의 일부인 해마를 활성화 했다고 했으므로 첫 번째 빈칸에는 냄새와 관련된 말이 와야 하고, 두 번째 빈칸에는 이런 냄새가 자는 동안 새로운 기억을 강화한다는 말이 필요하다.

hippocampus n. 해마(海馬), 해마, 해마상(狀) 융기 aromatherapy n. 방향(芳香)요법 impede v. 방해하다 slumber n. 잠, (특히) 선잠, 겉잠 strengthen v. 강화하다 odor n. 냄새, 향기 reinforce v. 강화하다, 보강하다

냄새는 우리가 자는 동안 새로운 기억을 강화하는 데 사용될 수 있다. 한 연구는 수면을 취하고 있는 사람들을 장미향으로 둘러쌌는데, 장미향은 해마를 활성화했고 그 해마는 새로운 것을 학습하는 것과 관련된 뇌의 일부분이다.

19 ④

두 번째 문장에서 '휴대폰은 개도국에서 더더욱 유용하게 쓰일 수 있다'고 말하는 것으로 유추해 봤을 때, '부유한 나라에서도 휴대폰이 유용하고 필수적'이라는 내용이 되어야 한다.

availability n. 이용도, 유효성 postal systems 우편제도 fixed-line phones 유선전화 rarity n. 아주 드묾, 진기 indispensable a. 없어서는 안 될, 절대 필요한

휴대폰은 이제 부유한 나라에서는 필수불가결한 것이 되었다. 그러나 다른 형태의 커뮤니케이션 매체라 할 수 있는 도로나 우편체계 또는 유선 전화의 가용성이 제약을 받는 개도국들에서 사실 휴대폰은 더욱 유용할 수 있다.

20 ①

ISIS가 증거를 감추기 위해 유물이 나오는 사원과 건축물을 폭파한다고 했다. 이는 그들의 잘못된 행동을 감추기 위한 것이므로 유물의 '약탈'과 관련된 증거라고 볼 수 있다.

statue n. 상(像) hand over ~을 넘겨주다, 양도하다 relic n. (pl.) 유적, 유물 blow up ~을 폭파하다[날려 버리다] conceal v. 숨기다, 비밀로 하다 loot v. 훔치다, 약탈하다 bribe v. 매수하다, 뇌물로 꾀다 venerate v. 존경하다; 공경하다 subdue v. 정복하다, 복종하다

ISIS(이슬람 국가)는 국제 딜러들이 필요로 하는 조각상(像), 얼굴 조각품, 프레스코 벽화를 팔고 있다. ISIS는 돈을 받고 유물을 넘겨준다. 그리고 약탈한 유물의 증거를 없애기 위해 그 유물들이 나오는 사원과 건축물들을 폭파한다.

21 ②

범죄자가 초조해 하느냐와 침착함을 유지하냐에 따라 결과가 나오므로 거짓말 탐지기는 믿을 수 없다는 내용이다.

lie detector 거짓말 탐지기 positive a. 긍정적인 nervous a. 신경질적인, 신경과

민한 suspect n. 용의자 criminal n. 범인, 범죄자 deceit n. 사기 undetected a. 발견되지 않은, 들키지 않은 lamentably ad. 비참하게 suppressible a. 억압할 수 있는, 억누를 수 있는 notoriously ad. 악명 높게 unreliable a. 신뢰할 수 없는, 의지할 수 없는 refreshingly ad. 상쾌하게; 참신하게 original a. 독창적인 reputedly ad. 평판으로, 세평에 의하면 mythical a. 신화의, 신화적인, 가공의

거짓말 탐지기는 믿을 수 없기로 악명이 높다. 거짓말 탐지기는 초조해 하는 용의자에게 긍정적인 판단을 너무 많이 내놓고 냉정하고 침착함을 유지하는 범죄자는 종종 그 기계를 통제해서 그의 속임수가 완전히 알려지지 않게끔 할 수 있다.

22
③

특파원의 역할은 지구상 곳곳에서 벌어지는 잔학한 행위에 대해 경종을 울리고 관심을 촉구하는 것이라 할 수 있는데, 빈칸 앞에 부정어 never가 있으므로 빈칸에는 ③이 적절하다.

siege n. 포위공격 genocide n. 대량학살 correspondent n. 특파원, 통신원 clarion n. 클라리온(옛날 전쟁에서의 나팔) indefensible a. 변호할 여지가 없는, 옹호할 수 없는 wicked a. 사악한 bigoted a. 편협한 mutinous a. 폭동의; 반항적인 indifferent a. 무관심한 averse a. 싫어하는, 반대하는

크림 전쟁에서 사이공 함락까지 그리고 사라예보 공격에서 르완다 대학살까지, 해외특파원이 하는 일은 변호할 여지가 없는 사악하고 잔인한 행위에 결코 무관심해지지 말라고 나팔을 울려대는(분명한 메시지를 전달하는) 것이다.

23
③

only to 이하는 앞에서 언급한 '인간의 무기력함'에 대한 내용이 되어야 하겠는데, 생필품을 많이 생산했더라도 분배가 잘 이루어지지 않는다면 늘어난 생산량의 수혜를 입지 못할 것이므로, 빈칸에는 이런 흐름을 완성시키는 ③이 들어가야 한다.

generosity n. 관대, 관용, 아량 greed n. 탐욕 asylum n. 보호 시설(수용소); 정신병원; 피난처 ingenuity n. 발명의 재주, 독창성; 재간 impotence n. 무력, 무기력, 허약, 노쇠 multiply v. 증가시키다, 증식시키다 unclothe v. ~의 옷을 벗다, 옷을 빼앗다 efficient a. 능률적인, 효과가 있는; 유능한 shelter n. 피난처, 은신처; 방공호

관용과 탐욕이 어색하게 결합되어, 인간은 피난처에서는 약한 자들을 보호하고 전쟁에서는 강한 자들을 죽인다. 재간(才幹)과 무력함이 어색하게 결합되어, 인간은 필요 이상의 기본적인 생필품을 증가시키지만, 효율적인 분배를 하지 못해서 수백만 명을 굶주리고 헐벗게 내버려두고 있다.

24
③

비타민C가 건강에 이로운 점이 많지만 하루 섭취량을 초과해서 복용하면 건강에 해로울 수 있다고 했으므로, 하루 섭취 한도를 초과하지 않도록 해야 한다는 내용을 만드는 ③이 빈칸에 들어가기에 적절하다.

immune system 면역 체계 excess n. 초과, 여분 harmful a. 해로운 intake n. 흡입량, 섭취량

모든 사람은 비타민C가 면역 체계를 강화하는 등 건강에 이로운 점이 많다는 것을 알고 있다. 그러나 좋은 것도 너무 과하면 해가 될 수 있으며, 하루 섭취량이 2,000밀리그램을 넘으면 실제로 건강에 해로울 수 있다. 그러므로 비타민C가 건강에 필수적이기는 하지만, 일일 섭취 한도 미만으로 유지하는 것이 중요하다.

25
④

빈칸에는 사람들이 자전거를 타는 이유에 대한 설명이 적절한데, 이들은 자전거가 대안이 되는데도 자동차를 사용함으로써 탄소 배출량을 늘리는 것은 무책임하다고 주장한다고 했다. 그리고 증거가 그들의 주장을 뒷받침한다고 했으므로 이는 환경과 관련된 '생태학적인' 이유에 해당한다. 따라서 빈칸에는 ④가 적절하다.

ground n. 근거; 이유, 동기 irresponsible a. 무책임한 carbon emission 탄소 배출 alternative n. 대안 claim n. 요구, 청구; 주장 estimate v. 어림잡다, 견적하다 hazardous a. 위험한 pollutant n. 오염물질 sociological a. 사회학적인 geological a. 지질학의 archeological a. 고고학의 ecological a. 생태계[학]의

어떤 사람들은 건강상의 이유로 자전거를 타지만, 많은 사람들은 생태학적인 이유로 자전거를 타는 선택을 한다. 그들은 자전거가 대안이 되는데도 자동차를 사용함으로써 탄소 배출량을 늘리는 것은 무책임하다고 주장한다. 그리고 증거는 그들의 주장을 뒷받침하는데, 연구자들은 유해 대기 오염물질의 약 40%가 자동차에서 나온다고 추정한다.

01 ①	02 ④	03 ③	04 ①	05 ②	06 ①	07 ⑤	08 ②	09 ③	10 ③
11 ④	12 ③	13 ①	14 ②	15 ②	16 ②	17 ④	18 ②	19 ④	20 ④
21 ②	22 ②	23 ③	24 ③	25 ③					

01   ①

과거에 유명한 배우였음을 이야기한 후에 but이 왔으므로 현재는 그런 상태에 있지 않음을 의미하게 되는 ①이 빈칸에 들어가기에 적절하다.

eclipse n. 일식, 월식; (영예, 명성 등의) 그늘짐, 떨어짐, 실추(失墜) eclectic a. 취사선택하는, 절충주의의, 절충학파의 zenith n. 천정; (명성, 성공, 권세 등의) 정점, 극도, 절정

그녀는 한때 유명한 배우였지만, 지금은 쇠락했다. 그녀는 지금 결코 무대에 모습을 드러내지 않는다.

02   ④

and 이하에서 피고가 의심받을 수 있는 질문에 답하는 것을 거부할 수도 있다고 했으므로, 피고가 가지고 있는 이러한 권리는 자신에게 혐의가 씌워지는 불리한 진술을 하지 않을 권리라고 볼 수 있다. 따라서 빈칸에는 ④가 적절하다.

judicial a. 사법의; 재판소의 defendant n. 피고 compromising a. 명예[체면]를 손상시키는; 의심을 받음직한 adjourn v. 중단하다, 연기하다 abdicate v. (권리 등을) 버리다, 포기하다; 퇴위하다, 사임하다 exert v. 열심히 노력하다, 분투하다 incriminate v. 죄를 씌우다; 유죄로 만들다

미국의 사법 제도에서는 피고들이 자신들을 유죄로 만들 수 있는 진술을 하지 않을 권리가 있기 때문에 의심 받을 수 있는 질문에 답하는 것을 거부할 수 있다.

03   ③

부당한 법을 지키지 않으려 한 태도를 통해 로자 파크스가 '도전적인' 인물이었음을 알 수 있다.

dictate v. 구술하다; 명령하다, 지시하다 well-disciplined a. 잘 훈련된; 규율 바른 segregative a. 인종[성별] 차별적인 defiant a. 반항적인, 도전적인, 대담한 ill-mannered a. 예의 없는, 무례한

그 당시의 법이 백인들이 자리가 필요한 경우에 흑인들은 서 있을 것을 명령하고 있었음에도 불구하고, 로자 파크스(Rosa Parks)는 버스에서 자신의 자리를 포기하는 것을 거부한 도전적인 인물이었다.

04   ①

정신적인 외상이 발생했을 때 적절한 개입을 한다면 충격적인 경험을 힘을 주는 경험으로 바꿀 수 있다고 했으므로, 불행한 경험에서 회복할 수 있는 '탄력성', '회복력'을 뜻하는 ①이 빈칸에 적절하다.

intervention n. 조정, 중재; 개입 trauma n. 정신적 외상(外傷), 마음의 상처 transform v. 변형시키다, 바꾸다 empower v. 능력을 주다 elasticity n. 탄력성, 융통성, 적응성, 회복력 humility n. 겸손 latency n. 잠복, 잠재 intuition n. 직관

아이들의 두뇌는 높은 적응성을 가지고 있다. 정신적인 외상(外傷)이 발생했을 때 당신이 적절한 개입을 한다면, 충격적인 경험을 힘을 실어주는 경험으로 바꿔줄 수 있다.

05   ②

that 이하는 살충제의 규제 완화를 지지하는 사람들의 주장이다. 그런데 현재 살충제를 승인받기 위한 과정이 너무 복잡하다고 했으므로 농작물의 생산을 증가시키기 위해서는 승인 과정을 간소화해야 한다고 주장할 것이다. 따라서 빈칸에는 ②가 적절하다.

proponent n. 지지자 pesticide n. 살충제 deregulation n. 규제 완화[철폐] approval n. 승인; 인가 cumbersome a. 성가신, 귀찮은 crop n. 농작물; 수확 impose v. (의무·세금·벌 따위를) 부과하다; 강요[강제]하다 streamline v. 간소화[능률화]하다 sanction v. 재가하다, 인가하다 withstand v. 견뎌내다

살충제의 규제 완화를 지지하는 사람들은 살충제를 승인받기 위한 현재의 과정이 너무나도 번거로워서 그 과정을 간소화하는 것이 농작물의 생산을 늘릴 것이라고 말하고 있다.

06   ①

even이 들어간 문장은 양보의 의미를 가진다. 그러므로 빈칸에는 composure와 문맥상 상반되는 의미를 내포하고 있는 표현이 들어가야 하며, 따라서 ①이 정답으로 적절하다.

renowned a. 유명한, 명성이 있는 composure n. 침착, 냉정, 평정 improvise v. (연주·연설 등을) 즉흥적으로 하다 inauguration n. 취임(식) quiver v. 떨다,

전율하다 haggle v. 흥정하다; 끈질기게 논쟁하다 saunter v. 산책하다; 어슬렁거리다 assent v. 동의하다, 인정하다

평정심을 잃지 않았던 것으로 유명한 조지 워싱턴(George Washington) 조차 자신의 첫 취임식에서 긴장을 한 채 즉흥적으로 대처한 후에 상원에서 연설을 하는 동안 떨었다.

07 ⑤

반대자들조차 카르멘의 표현을 비난하지 않았다는 단서로부터 정답을 추론할 수 있다.

fault v. ~의 흠을 찾다; 비난하다 controversial a. 논쟁의, 논쟁을 좋아하는, 논쟁적인 complicated a. 복잡한 political a. 정치의, 정치에 관한 subjective a. 주관적인 commonplace a. 평범한, 일상적인, 진부한 thoughtful a. 사려 깊은, 신중한

카르멘의 생각에 동의하지 않았던 사람들도 카르멘이 그런 생각을 표현하는 것을 흠잡은 경우는 매우 드물다. 왜냐하면 그녀가 취한 입장은 논란을 불러일으키는 만큼이나 신중하기도 했기 때문이다.

08 ②

평소에 입는 옷보다 한 치수 큰 옷을 고르도록 권하는 것은 그 옷이 수축하는 소재로 만들어졌기 때문일 것이다.

fade v. 시들다, 쇠퇴하다; 퇴색하다 shrink v. 줄다, 오그라들다 recede v. 물러나다, 후퇴하다 decrease v. 감소하다, 저하되다

이 소재는 빨면 줄어들기 때문에 당신이 평소 입는 셔츠보다 한 치수 큰 것을 고르도록 하십시오.

09 ③

intelligence와 함께 컴퓨터 과학과 관련 있는 표현을 완성시키는 단어가 정답이 된다. 그러므로 빈칸에는 '인공지능'의 의미를 만드는 ③이 들어가야 한다.

fuzzy logic 퍼지 이론 application n. 응용, 적용 be linked to ~에 연계[관련]되다 intelligence n. 지능, 지력; 지성, 총명 artificial a. 인공적인, 인조의 universal a. 보편적인

퍼지 이론은 1970년대 초 산업에서 여러모로 응용되기 시작하였는데, 그 시기에 그 이론은 고등 컴퓨터 과학 및 인공지능 연구와 연계되었다.

10 ③

철학자들에 의해 논의된 그것은 무언의 전제가 파악되고 반박되면 훨씬 덜 신비스러워진다고 설명한 것으로 미뤄보아, 그것이 원래는 '신비스럽고 풀기 힘든 것'임을 짐작할 수 있다. 따라서 빈칸에 들어갈 적절

한 표현은 '해결할 수 없는 모순'이라는 의미의 ③이다.

seemingly ad. 겉보기에, 외관상으로는 premise n. 전제 identify v. (본인·동일임을) 확인하다, 동일시하다 refute v. 논박하다, 반박하다 unyielding a. 굽히지 않는, 단호한 zealot n. 열광자, 광신자 taciturn a. 말없는, 무언의 nonentity n. 존재[실재]하지 않음, 허무; 하잘것없는 사람[것] irresolvable a. 해결할 수 없는 paradox n. 역설; 앞뒤고 맞지 않는 일 infamous a. 악명 높은 pinnacle n. 정점, 절정

11 ④

석유 수출 단체가 석유의 생산을 줄이는 것의 목적은 유가의 하락을 '막기' 위한 것으로 보는 것이 타당하다.

urgent a. 긴급한, 매우 절박한 spiral n. 나선 강하, (물가·임금 등이) 연쇄적 변동, 악순환 further v. 조장하다, 진전시키다 contrive v. 연구하다, 고안하다 circulate v. 순환시키다 arrest v. 체포하다; 막다, 저지하다

석유수출국기구(OPEC) 이사들은 배럴당 유가를 50불 이하로 떨어트린 유가 하락세를 막기 위한 긴급회의를 위해 이번 주말 카이로에서 만나 큰 폭의 석유 감산에 대해 논의할 것이다.

12 ③

기포 안에 유용한 정보가 들어 있다고 했으므로 칭찬 혹은 긍정의 표현으로 수식해야 한다. '진정한'이라는 의미의 ③이 정답으로 적절하다.

Antarctic a. 남극의 atmosphere n. 대기, 분위기 inconsequential a. 하찮은; 이치에 맞지 않는 veritable a. 진정한, 참된; 실제의 impenetrable a. 꿰뚫을 수 없는, 헤아릴 수 없는

수천 년 전에 남극의 얼음 속에 갇혔다가 최근에 발견된 기포들은 대기의 역사를 추적하는 과학자들에게 유용한 정보로 가득 찬 진정한 타임캡슐이다.

13 ②

정부가 행사할 수 있는 것은 '규제'에 관한 것이며, 이 경우에 제조업체들은 식품의 생산에 더 신경을 쓰게 될 것이다.

legal a. 법률(상)의, 법률에 관한; 합법의 initiate v. 시작하다, 일으키다, 창시하다 necessitate v. ~을 필요로 하다, 요하다 manufacturer n. 제조업자(회사), 공장주 additive n. (식품, 휘발유 등의) 첨가제[물] entanglement n. 얽히게 함; (사태의) 분규 restraint n. 억제, 제지; 억제력; 구속, 속박 caution n. 조심, 신중, 경계; 주의 talent n. 재능, 수완 decoration n. 장식 proclivity n. 성향, 기질, 경향 moderation n. (정도에) 알맞음, 중용; 온건; 절제

정부에 의해 시작된 법적 억제력이 제조업자들로 하여금 식품 첨가물을 선택하여 사용하는 데 신중을 기하도록 하고 있다.

14 ②

여성 권투선수에 대한 뿌리 깊은 편견은 비록 사람의 마음을 끌 수 있을 만큼의 수입을 올릴 수 있더라도 그들을 좋게 보이지 않도록 만들 것이다.

prejudice n. 편견, 선입관 income n. 수입, 소득 tempting a. 유혹하는, 부추기는 unappealing a. 매력이 없는, 유쾌하지 못한 attractive a. 사람의 마음을 끄는, 매력적인 uninviting a. 마음을 끌지 못하는, 매력 없는 slender a. 적은, 빈약한

마음을 끌 수 있을 정도의 수입을 올릴 수 있음에도 불구하고, 여성 권투선수에 대한 뿌리 깊은 편견은 그들을 매력적으로 보이지 않게 만든다.

15 ②

지금까지는 잘못된 것으로 드러난 예측이 몇 년 후에는 세계의 가장 큰 걱정거리 중 하나가 될지도 모른다는 것인데, '잘못된 것으로 드러난 예상된 문제'와 나중에 '큰 문제가 될지도 모르는 문제'는 동일한 문제를 말하고 있다. 인구 과잉을 가리키는 global overcrowding과 population growth가 타당하다.

prediction n. 예언 starvation n. 굶주림; 기아 overcrowding n. 대혼잡, 초만원 density n. 밀집 상태, 조밀도

지금까지 세계 인구 과잉이 대규모의 기아를 일으킬 것이라는 예측은 잘못된 것으로 드러났다. 하지만 향후 인구 증가가 세계의 가장 큰 문제 중 하나가 될지도 모른다.

16 ②

섭취량과 건강 효과를 연결시키기 어렵다고 했으므로 사람에 따라서 '내성'이 다르다는 사실을 유추할 수 있다. 또한 소량으로도 불면증과 과민성을 일으키는 사람이 있다고 했으므로 그런 사람들을 카페인에 '민감하다'고 말할 수 있다.

intake n. 섭취량) insomnia n. 불면증 irritability n. 과민성 addiction n. 탐닉; 중독 invulnerable a. 상처입지 않는, 공격에 견디는 tolerance n. 관용; 내성(耐性) sensitive a. 민감한 resistance n. 저항, 반항 fatal a. 치명적인 extraction n. 추출; 채취 susceptible a. 느끼기 쉬운, 민감한

카페인에 대한 내성은 사람에 따라 크게 다르기 때문에 카페인의 정확한 섭취량과 특정한 건강 효과를 연결시키기는 것은 어려운 일이다. 예를 들면, 어떤 사람들은 카페인에 좀 더 민감하다. 그런 사람들에게는 소량일지라도 불면증과 과민성을 불러일으킬 수 있다.

17 ④

빈칸 뒤에서 많은 다른 사람들은 근본적으로 자기중심적인 이유로 자선을 베푼다(many others do so for essentially self-centered reasons)고 했다. 그러므로 while이 접속사로 있는 절에는 그와 상반되는 내용이 들어가야 한다. 선택지 중에서는 '진심 어린 이타심'이라는 의미의 ④가 가장 적절하다.

charity n. 자비, 자선, 자선행위 self-centered a. 자기중심적인 reputation n. 평판, 세평 write-off n. 탕감, 결손처리 uncouth a. 세련되지 않은 egoism n. 이기주의 profound a. 뜻깊은, 심오한 depression n. 침울, 우울 enforced a. 강요된 obligation n. 의무 genuine a. 진짜의; 진심에서 우러난 altruism n. 이타주의

어떤 사람들은 진심 어린 이타심에서 자선을 베풀지만, 많은 다른 사람들은 근본적으로 자기중심적인 이유로 그렇게 한다. 예를 들면, 지역 사회에서 좋은 평판을 얻기 위해서나 면세 혜택을 이용하기 위해서이다.

18 ②

순접의 접속사 and로 연결돼 있는 less efficient처럼 부정적인 의미의 형용사 필요한데, 앞에 even이 있으므로 보다 더 부정적인 뉘앙스의 것이어야 한다. ②가 이 조건에 부합한다.

suspension n. 중단, 중지 feature n. 특징 significantly ad. 상당히, 뚜렷하게 efficient a. 능률적인, 효과적인 adhesive a. 집착하는 cumbersome a. 성가신 optimal a. 최선의, 최상의 arresting a. 흥미 있는, 사람의 눈을 끄는

구글의 해외검색과 자동 키워드 서비스가 중단됨에 따라, 중국의 사용자들은 구글을 통한 인터넷 검색을 현저히 덜 효율적이고 심지어는 성가신 것으로 생각하게 될 것이다.

19 ④

첫 문장은 마리아나 해구를 한마디로 표현하는 말이다. 그리고 이하 문장에서는 그 해구에 대해 보다 상세한 설명을 하고 있다. 첫 문장 뒤의 the long, narrow gap at the bottom of the sea bed가 바로 마리아나 해구를 다시 설명하는 말이며, 이러한 정의에 맞는 단어는 abyss(심연)이다.

trench n. 도랑, 해자; 해구 veritable a. 참된, 진정한 narrow a. 좁은 gap n. 틈새, 간격 caprice n. 변덕 icon n. 초상; 우상; 아이콘 matrix n. 모체, 기반 abyss n. 심연(深淵), 심해

마리아나(Mariana) 해구는 진정한 심연(深淵)이다. 해저에 있는 그 길고 좁은 틈은 아래로 너무나도 멀리까지 내려가서, 그 정확한 깊이는 아직도 알 수 없지만 단지 여러 차례의 시도에 의해 10킬로미터에서 11킬로미터 사이라고 파악하는 정도이다.

20 ④

다른 사람과 함께 소설을 쓰는 것(Writing a novel with another person)이라는 말이 나오므로 참여를 하는 일이 공동 작업(collaboration)이라는

것을 알 수 있다.

rewarding a. 득이 되는, 할 보람이 있는 determine v. 결정하다 in advance 미리 resolve v. (문제·곤란 따위를) 풀다, 해결하다 conflict n. 다툼, 충돌, 대립 colloquialism. n. 구어체, 회화체 contradiction n. 부인, 부정; 모순 controversy n. 논쟁, 논의 collaboration n. 협력, 합작

다른 사람과 함께 소설을 쓰는 것은 큰 보람을 느끼는 경험이 될 수 있다. 하지만 그러한 공동 작업에 참여를 할 때는 당신과 당신의 파트너 사이에 일어날지도 모르는 갈등을 어떻게 해결할 것인가를 미리 정해놓도록 주의해야 한다.

---

21 ②

'음식에 대한 무한한 식욕과 먹기 위해 산다고 할 정도로 음식을 탐닉하는 것'은 '탐식(gluttony)'이다.

appetite n. 식욕, 욕구 overindulgence n. 제멋대로 함; 탐닉 lust n. 정욕 gluttony n. 폭식, 탐식 greed n. 탐욕 sloth n. 나태

일곱 개의 대죄(大罪) 중의 하나로 불리는 탐식은 음식에 대한 무한한 식욕과 더 이상 살기 위해 먹는 것이 아니라 먹기 위해 사는 정도로 탐닉하는 것을 특징으로 한다.

---

22 ②

국가 간에 서로 필요한 것들을 사고파는 행위는 국제 무역이다.

raw material 원료 supply v. 공급하다 tariff n. 관세 invest v. 투자하다

매일 우리는 수입된 원료로 우리나라에서 만든 많은 것들을 사용한다. 다른 나라는 우리가 갖지 못한 광물이나 채소와 같은 생산물을 갖고 있고, 우리는 그 나라들이 자급자족하지 못하는 것을 가지고 있다. 만약 우리가 국제 무역을 하지 못하게 된다면 우리나라의 공장들 중 일부는 문을 닫아야 할 것이다.

---

23 ③

특수한 목욕용 책이라고 했으므로 (물에 젖지 않게) 플라스틱 페이지로 되어 있다고 한 ③이 가장 적절하다.

bath n. 목욕; 욕조 relax v. (긴장, 힘, 추위가) 풀리다; (사람이 정신적 긴장을) 풀다 bathtub n. 목욕통 cartoon n. (시사) 만화

일본 사람들에게 있어 목욕은 그저 몸을 씻는 과정만이 아니다. 그것은 또한 정신적 긴장을 풀고 하루의 스트레스가 많은 하루의 일과로부터 (기력을) 회복하는 과정이기도 하다. 일본에서는, 사람들이 뜨거운 물에서 오랫동안 목욕하는 것을 좋아한다. 목욕통에 몸을 담그고 있는 동안 그들은 음악을 듣거나 책을 읽는다. 이런 이유로 인해, 일본의 어떤 회사는 특수 '목욕'용 책을 팔기 시작했다. 이들 책은 페이지가 플라스틱으로 되어 있다.

---

24 ③

such people은 유기농 식품에 함유된 열량이 비유기농 식품에 비해 적을 것이라고 생각하는 사람들인데, 유기농 식품의 열량이 낮다고 믿고 안심하고 식사량을 늘이는 쪽으로 식단을 조정하게 되면 이는 '체중 증가'를 불러올 것이므로 ③이 빈칸에 적절하다.

organic food 유기농 식품 uncontaminated a. 오염되지 않은, 깨끗한 pesticide n. 농약 assume v. 당연한 것으로 여기다; 추정하다 alternative n. 대안, 선택 가능한 것 adjust v. 맞추다, 조정하다 depressed a. 우울한, 의기소침한

많은 사람들이 유기농 식품을 선택하는 것은 살충제에 오염되지 않은 음식을 원해서가 아니라 유기농 식품이 비유기농 식품에 비해 열량이 더 적다고 생각하기 때문이다. 연구는 그런 사람들은 유기농 식품이 열량이 낮다는 믿음을 반영해서 자신들의 식단을 조정하기 때문에 체중이 증가할 가능성이 많다는 것을 보여주었다.

---

25 ③

지구의 바다의 약 95%가 탐험되지 않았으며 일부 지역은 지도에도 표시되어 있지 않다고 했으므로, 지구의 많은 부분이 아직 발견되지 않았다는 ③이 이것이 의미하는 것이라고 할 수 있다.

unexplored a. 탐험[탐사]되지 않은 uncharted a. 미지의; 지도에 표시되어 있지 않은 extinct a. 멸종된 thrive v. 번성하다 barren a. 불모의, 메마른

지구의 바다(이 행성의 70%이상을 차지한다)의 약 95%는 여전히 탐험되지 않은 지역으로 남아있다. 과학자들은 거의 백만에 이르는 발견되지 않은 종이 이런 보이지 않는 바다에 살고 있다고 추정한다. 뉴기니의 일부 우림과 같이 몇몇 지역은 지도에도 표시되어 있지 않다. 이것은 지구상의 많은 것들이 아직 발견되지 않았다는 것을 의미한다.

01 ⑤	02 ①	03 ③	04 ①	05 ①	06 ①	07 ④	08 ①	09 ③	10 ③
11 ①	12 ④	13 ②	14 ①	15 ②	16 ②	17 ④	18 ②	19 ②	20 ③
21 ①	22 ④	23 ③	24 ③	25 ③					

01 ⑤

'나쁜 소식을 전해왔음을 알았다'는 표현을 통해 빈칸에는 부정적인 의미의 단어가 들어갈 수 있음을 알 수 있다. 그런데 얼굴의 표정에 관한 것이므로 '비탄에 잠긴(stricken)'이 가장 적절하다.

sterile a. 불임(不姙)의; (땅이) 불모의, 메마른 stubborn a. 완고한, 고집 센 sturdy a. (몸이) 억센, 튼튼한; 힘센, 기운찬 strict a. 엄격한, 꼼꼼한 stricken a. (탄환 등에) 맞은, 상처받은; 비탄에 잠긴

나는 아버지의 비탄에 잠긴 얼굴 표정을 통해 그 편지가 뭔가 나쁜 소식을 전해왔음을 알게 됐다.

02 ①

not only(simply) A but also B는 'A뿐만 아니라 B도 …하다'의 뜻이다. 주어진 문장에서 A의 자리에 ignore라는 부정적인 의미의 단어가 쓰였으므로 B에 해당하는 빈칸에도 부정적인 의미의 단어가 들어가야 한다. 따라서 ①이 정답으로 적절하다.

principal n. 학장, 교장 declare v. 선언하다; 선고하다 ignore v. 무시하다, 모르는 체 하다 openly ad. 공공연하게; 터놓고, 숨김없이 flout v. 모욕하다, 업신여기다 redress v. (부정 등을) 바로잡다, 교정하다 review v. 다시 조사하다; 관찰하다; 복습하다

교장은 그 학생들이 교칙을 무시하고 있었을 뿐만 아니라 공개적으로 업신여기고 있었다고 공표했다.

03 ③

독자들이 데카르트의 작품을 이해하는 데 어려움을 겪는 이유가 되기에 적절한 단어를 찾으면 된다. '난해한'이라는 의미의 ③이 적절하다.

complex a. 복잡한, 착잡한 intricately ad. 복잡하게, 난해하게 woven a. 짜여진, 짜 맞추어진 argument n. 논의, 주장, 논증 generic a. 일반적인, 포괄적인 bland a. 온화한; 지루한, 재미없는 abstruse a. 난해한, 심오한 concrete a. 구체적인

위대한 철학자 르네 데카르트(Descartes)의 작품은 난해하다. 그래서 많은 독자들은 그의 어렵고 난해하게 얽힌 주장을 이해하는 데 어려움을 겪는다.

04 ①

가뭄과 농작물과의 관계를 생각하면 빈칸에는 '시든'이라는 의미의 ①이 들어가야 함을 알 수 있다.

drought n. 가뭄 crop n. 농작물, 수확물 wilted a. 시든 deluged a. 쇄도한, 몰려든 copious a. 풍부한, 막대한; 내용이 풍부한 diversified a. 변화가 많은, 여러 가지의, 다각적인

가뭄의 심각성은 들판의 시든 농작물을 본 적이 있는 사람들만이 이해할 수 있었다.

05 ①

and 앞의 '당시의 널리 퍼진 사상과 일치하지 않았다'와 유사한 의미를 가진 표현이 필요하므로, ①의 '급진적인'이 정답으로 적절하다.

prevalent a. 일반적으로 행하여지는, 널리 퍼진 radical a. 근본적인; 과격한, 급진적인 tenable a. 공격에 견딜 수 있는; (학술 등이)지지[주장]할 수 있는 orthodox a. 정통파의 rational a. 이성적인

소크라테스의 가르침 중 상당수가 오늘날에는 일반적으로 받아들여지고 있지만, 그가 살던 시대에는 그것들은 당시의 널리 퍼진 사상과 일치하지 않았으며 매우 급진적인 것으로 여겨졌다.

06 ①

언론 자유의 철폐가 민주적인 개혁과 대립하는 개념임을 감안하면 ①이 정답으로 적절함을 알 수 있다.

abrogate v. 공식적으로 취소하다, 무효로 하다; 폐기하다 retard v. 속력을 늦추다, (성장, 발달을) 저해하다 precipitate v. 거꾸로 떨어뜨리다, 재촉하다 illuminate v. 비추다; 설명하다, 명백히 하다 force v. 강제하다

정부는 언론의 자유를 폐지함으로써 민주적인 개혁의 속도를 늦추는 기미를 보였다.

07 ④

모든 사람이 각자의 관점을 가졌다는 것이 의미하는 바는 어떤 공동선 (共同善)이 존재하지 않는다는 것이다.

presume v. 생각·가정하다 cynical a. 냉소적인, 비꼬는 conviction n. 확신; 유죄 선고 angle n. 각도, 관점 rationality n. 합리성 diffidence n. 자신 없음, 기가 죽음 disinterestedness n. 공평무사함, 이해관계 없음 insincerity n. 불성실, 무성의; 위선

지금까지 얼마간, 공평무사함은 존재하지 않는다고 생각됐다. 모든 사람이 각자의 관점을 가졌다는 냉소적인 확신이 지혜로 간주된다.

08 ①

and 이하는 바로 앞의 '의심을 키워왔었다'와 의미적으로 호응해야 하므로 빈칸에는 ①이 들어가는 것이 적절하다.

original a. 독창적인 reject v. 거절하다 outworn a. 낡은; 구식의 cultivate v. 경작하다; (재능·품성·습관 따위를) 신장하다, 계발하다; (학예 따위를) 장려하다, 촉진하다 far-reaching a. (효과·영향 따위가) 멀리까지 미치는, 광범위한; (계획 따위가) 원대한 discard v. 버리다, 없애다 hypothesis n. 가설, 가정 dispassionate a. 감정적이 아닌, 냉정한; 공평한 curiosity n. 호기심

저 무리의 시인들이 창의적일 수 있었던 이유는 낡은 권위를 완전히 거부했기 때문이다. 그들은 광범위한 의심을 키워왔고 맹목적인 믿음을 버렸었다.

09 ③

빈칸 뒤에서 '예술의 얼굴에 침을 뱉는 것'이라고 했는데, 이것은 모독 혹은 모욕과 관련 있으므로 빈칸에는 ③이 적절하다.

prolonged a. 오래 끄는, 장기적인 gob n. 덩어리 spit n. 침, 침을 뱉기 kick in the teeth[pants] 모진 짓을 하다; 가차 없이 비난하다, 낙담시키다 injury n. 상처, 손상 inspection n. 검사, 조사 insult n. 모욕 inspiration n. 영감

이것은 일반적인 단어의 뜻으로 볼 때는 책이 아니다. 아니, 이것은 지속적인 모욕이며, 예술의 얼굴에 침을 뱉는 것이며 신, 사람, 운명, 시간, 사랑, 미에 대한 잔인한 짓이다.

10 ③

우리가 낡아빠진 눈으로 세계를 바라본다면 새로운 것이 새롭게 느껴지지 못할 것이다.

worn-out a. 닳아서 못 쓰게 된; 닳고 닳은, 진부한 profound a. 깊이가 있는, 심오한; 피상적이지 않은 fleeting a. 휙 지나가는, 일시적인

세상은 나날이 새롭게 태어나지만 우리는 일찍부터 닳아빠진 눈으로 세상을 바라보게 된다. 경이로운 느낌은 따라서 오래가지 못한다(일시적이다).

11 ①

어려움 앞에서도 목표를 포기하지 않았다는 데서 엿볼 수 있는 성품은 끈기나 인내다

insurmountable a. 넘을 수 없는, 극복할 수 없는 obstacle n. 장애, 방해; 장애물 outstanding a. 눈에 띄는, 현저한 trait n. 특색, 특성 perseverance n. 인내, 참을성, 끈기 vacillation n. 동요, 흔들림; 망설임, 우유부단 procrastination n. 미루는 버릇; 지연, 연기

넘을 수 없을 것 같은 장애물을 만났을 때도 아시아의 위대한 정복자 타메를란(Tamerlane)은 목표를 버리지 않았다. 그의 가장 두드러진 특징은 포기를 모르는 끈기였다.

12 ④

두 번째 문장은 첫 번째 문장을 부연 설명하는 역할을 하고 있다. 그러므로 빈칸에는 첫 문장의 little problem의 의미를 내포하고 있는 표현이 들어가야 할 것이므로 ④가 정답으로 적절하다.

drawback n. 결점, 약점 potential n. 잠재력, 가능성 ruinous a. 파괴적인, 파멸을 초래하는 pauper n. 빈민, 거지 interval n. 간격, 거리 foreboding n. 예감, 전조 gratification n. 만족, 욕구 충족 nuisance n. 성가심, 귀찮음, 불쾌

빈곤 속에서 사는 것의 가장 큰 결점 중의 하나는 모든 사소한 문제가 파멸을 불러올 잠재성을 가지고 있다는 것이다. 우리에게는 단지 성가신 일인 것들이 극빈자의 전체 가정을 파괴할 수 있다.

13 ②

빈칸에 들어갈 표현의 의미를 빈칸 이하에서 제시하고 있는데, 빈칸 이하는 유럽 시민들의 중국 입국을 허용하면 유럽도 중국인에 대한 입국을 허용할 것이라는 의미이며, 이는 '상호주의'를 뜻한다. 따라서 빈칸에는 ②가 적절하다.

be subject to ~의 대상이다 confirmation n. 확정, 확증; (조약 따위의) 비준 lift v. (제재를) 풀다[해제, 폐지하다] restriction n. 재한, 한정 consignment n. 탁송, 배송 reciprocity n. 상호 관계, 호혜주의 nullity n. 무효 conformity n. 따름, 순응

유럽연합은 중국이 '상호주의 확증의 대상'이라고(상호주의를 확실히 해야 한다고) 말했는데, 이는 유럽 국가들이 중국 시민들의 입국을 다시 허용하기 전에 중국 당국이 중국에 입국하는 유럽 시민들에 대한 모든 제한을 해제해야 한다는 것을 의미한다.

14 ①

첫 번째 빈칸에는 adept를 단서로 거짓말을 잘 한다는 내용이 와야 한다. ①, ②, ③, ④, ⑤ 모두 가능하다. 두 번째 빈칸에는 주절이 although

절의 내용과 대비되도록 하는 표현이 와야 하므로 lacked만이 가능하다.

frustrate v. 좌절시키다, 괴롭게 하다 adept a. 숙달한, 정통한 plausible a. 그럴듯한, 정말 같은 lack v. ~이 부족하다, 결핍하다 convincing a. 설득력 있는 retain v. 보류하다; 보유하다, 유지하다 affect v. 영향을 미치다; ~인 체하다, ~을 가장하다 acquire v. 손에 넣다, 획득하다 logical a. 논리적인 claim v. 주장하다

에릭(Eric)은 거짓말을 그럴듯하게 들리게 하는 데는 능숙했지만 사실을 말할 때는 신뢰가 가도록 하는 힘이 부족했기 때문에 괴로워했다.

15 ②

두 번째 빈칸의 경우, 앞에 긍정적인 어구들이 나열되어 있으므로 빈칸에도 긍정적인 의미인 spectacular, respectable, moderate가 들어갈 수 있다. 한편, although가 이끄는 종속절과 주절의 의미가 대조를 이루어야 하므로 첫 번째 빈칸에는 부정적인 의미의 단어인 tasteless만이 가능하다. 따라서 ②가 정답이 된다.

publicity n. 명성, 평판; 선전, 광고 well-acted a. 연기가 훌륭한 spectacular a. 구경거리의, 장관인, 눈부신 tasteless a. 맛없는, 무미건조한; 멋없는 respectable a. 존경할 만한, 훌륭한 extensive a. 광대한, 넓은; 광범위한, 대규모의 moderate a. 절제 있는, 온건한; 알맞은, 적당한 sophisticated a. 소박한 데가 없는, 닳고 닳은; 지나치게 기교적인, 세련된

그 영화의 평판은 볼품이 없었지만 영화 자체는 지적이고, 연기가 훌륭했고, 멋지게 연출되었고, 그리고 다 합쳐 훌륭했다.

16 ②

두 번째 문장의 주어인 most of these는 앞 문장의 미생물을 일컫는데, Thankfully가 앞에 있으므로 이 미생물들이 다행히도 '해롭지 않다(benign)'는 말이 첫 번째 빈칸에 적절하다. 두 번째 빈칸의 경우, 앞에 even이 있으므로 benign하지 않은 경우에도 쉽게 하수구로 내려 보낼 수 있다는 흐름이 되도록 두 번째 빈칸에는 부정적인 의미의 unsavory가 적절하다.

encounter v. 접하다, 마주치다 micro-organism n. 미생물 drain n. 배수관, 하수구 malicious a. 악의 있는, 심술궂은 inevitable a. 피할 수 없는, 부득이한 benign a. 좋은, 온화한; <병리> 양성(良性)의 unsavory a. 맛없는; 싫은, 불쾌한 pathogenic a. 발병시키는, 병원성(性)의 treatable a. (특히 병 따위가) 치료할 수 있는 temporary a. 일시적인, 순간의 moderate a. 삼가는, 절제하는; 알맞은

일상에서 사람들이 접하는 공기와 물에 온갖 종류의 미생물(세균)들이 가득하다는 것은 오랫동안 알려져 있었다. 다행스럽게도, 이들 미생물 대부분은 해롭지 않으며, 심지어 고약한 미생물도 보통 별다른 해를 주지 않고 하수구로 씻겨 내려질 수 있다.

17 ④

여러 문화집단이 거주하고 있었다는 것은 단일한 문화가 존재했다는 것이 사실이 아님을 나타낸다. 그러므로 빈칸에는 '반증(反證)하다'라는 의미의 ④가 적절하다.

inhabit v. ~에 살다, 거주하다 diversity n. 다양성 complement v. 보충하다, 보완하다 imply v. 함축하다, 암시하다 reiterate v. 되풀이하다, 반복하다 argue against 반대의견을 말하다, 반증하다

1500년 이전에 북아메리카지역에는 각기 고유한 풍습, 신분 질서, 세계관 및 언어를 지닌 300여 이상의 문화집단이 거주하고 있었다. 이런 다양성은 북미 지역에 단일한 문화가 존재하고 있었다는 것을 반증(反證)하고 있다.

18 ②

주어진 문장에서 second는 '부차적인'이라는 의미로 쓰였다. 그러므로 이것과 순접의 접속사로 연결되는 빈칸에도 이와 유사한 의미의 표현이 들어가야 할 것이다.

postscript n. (편지의) 추신 object n. 목적 comparatively ad. 비교적; 상당히 emphasized a. 강조된 unimportant a. 대수롭지 않은, 하찮은

여성들은 편지를 쓸 때 추신에 마음을 둔다고 한다. 즉, 그들이 쓴 편지의 진짜 목적을 부차적인 생각이거나 비교적 중요하지 않은 것처럼 내보이는 것이다.

19 ②

라디오와 신문의 시대에는 정확하고 지적인 답을 하는 것(answers to important questions)이 중요했지만, 텔레비전의 시대에는 외적인 것이 중요해졌다는 흐름이므로 좋은 정장과 매력적인 미소(a good suit and a winsome smile)가 내용상 어울린다.

coverage n. 보도, 취재 debate n. 토론, 논쟁 participant n. 관계자, 참여자 get by (들키지 않고) 용케 해내다; 잘 빠져 나가다 suit n. 정장 exhausted a. 기진맥진한 winsome a. 매력적인 menacing a. 위협적인 itinerant a. 떠돌아다니는

라디오와 신문이 정치적 토론을 보도하는 주요 매체였을 때로 돌아가면, 토론 참가자는 중요한 질문에 정확하고 지적인 답을 하도록 강요받았다. 지금, 텔레비전 시대에서, 많은 정치인들은 좋은 정장과 매력적인 미소로 그럭저럭 해 나간다.

20 ③

빈칸에 대한 의미가 전자(the former)로 설명이 되어 있다. 전자는 일반적으로 상품이 매우 넓은 지역으로 들어가는 것을 막는 것을 포함한다(the former generally involves preventing goods from entering a very wide area)고 했으므로 봉쇄(blockade)가 빈칸에 들어가기에 적절한 단어가 되겠다.

siege n. 포위 공격, 공성(攻城) isolate v. 고립시키다 specific a. 일정한, 특정한 flanking n. 측면 공격 reinforcement n. 보강, 강화, 증원 blockade n. 봉쇄 clearance n. 치워버림, 제거

봉쇄와 포위의 주요 차이점은 전자는 일반적으로 물자가 전체 나라와 같은 매우 넓은 지역으로 들어가는 것을 막는 것을 포함하고, 후자는 주로 특정한 도시나 성에 지나지 않는 것을 고립시키는 것이 목적이라는 것이다.

21 ①

much as라는 단서로부터 디킨즈와 카버가 유사한 처지에 있었다는 것을 추론할 수 있는데, 그 처지란 제대로 대우를 받지 못한 것이므로 빈칸에는 같은 맥락의 흐름을 완성시키는 ①이 적절하다.

precision n. 정확, 정밀 despair n. 절망, 자포자기 ensure v. 보증하다, 보장하다; 확실하게 하다 ignore v. 무시하다 reinforce v. 강화하다 diminish v. 줄이다, 감소시키다 diversify v. 변화시키다, 분산시키다

카버는 절망의 언저리에 있는 사람들의 삶을 정확하게 그려냈는데, 그것은 아이러니하게도 그의 소설을 때때로 매우 소수의 사람들만이 읽을 것이라는 것을 확정짓는다. 그것은 디킨스가 사회개혁가의 역할을 한 것 때문에 한때 그의 넓은 관심사가 주목을 받지 못한 것과 매우 유사하다.

22 ④

권위에 의문을 가져야 한다는 것은 절대적인 것에 대해 무조건적으로 확신을 갖지 말라는 뜻이다. '~한 사람조차도 실수를 할 수 있는 인간'이라고 하였으므로 실수하는 것과 반대되는 의미를 가진 표현이 빈칸에 들어가는 것이 자연스럽다. 그러므로 '대단히 믿을 수 있는'이라는 뜻을 가진 ④가 정답이다.

expert n. 전문가 fallible a. 틀리기 쉬운, 틀리지 않을 수 없는 exhaustion n. 소모, 고갈 layman n. 속인, 평신도 devout a. 독실한, 경건한 incontrovertibly ad. 반박의 여지없이, 명백히 incompetent a. 무능한 eminently ad. 뛰어나게, 현저하게

사람은 언제나 기꺼이 권위에 의문을 가져야 한다. 어떤 특정한 주제에 대해 대단히 믿을 수 있는 전문가조차도 여전히 실수를 할 수 있는 인간이며, 여느 평범한 비전문가처럼 부주의나 피로 때문에 어리석은 오류를 범할 수 있다.

23 ③

A rather than B의 표현에서 A와 B의 자리에는 서로 대조를 이루는 표현이 들어간다. 빈칸에는 pragmatic과 대비를 이룰 수 있는 표현이 들어가야 할 것이므로 '거창한'이라는 의미의 grandiose가 어울린다.

articulate v. 똑똑히 발음하다; 분명히 말하다 pragmatic a. 활동적인; 실제적인, 실용적인 ground v. 기초를 두다, (원칙·신념 따위를) 세우다 versatile a. 다재다

능한, 다방면의 rapacious a. 탐욕스러운 grandiose a. 숭고[장엄]한, 당당한; 과대한 timorous a. 소심한

정치 지도자에게는 자신이 이끌기를 희망하는 나라에 대한 비전을 분명히 표현하는 것이 당연히 필요하거나 적어도 바람직한 일이다. 하지만 이것은 유토피아적인 환상에 근거한 거창하고 비현실적인 비전이 아니라 이상적으로는 정치 현실에 대한 인식에 바탕을 둔 실용적인 비전이 되어야 한다.

24 ③

두 번째 문장은 첫 번째 문장에 대한 부연설명이다. 두 번째 문장에서 급여 수준은 난제에 해당되지 않는다고 했으므로, 첫 번째 문장도 같은 의미의 내용을 이야기해야 한다. 급여는 금전적 보상과 관련 있으므로 ③이 정답으로 적절하다.

disagreement n. 불일치 union n. 조합, 노동조합 negotiation n. 협상, 교섭, 절충 sticking points (논의의 진행을 막는) 난제 implementation n. 이행, 수행; 성취 additional a. 부가적인, 추가의 benefits n. (회사에서 직원에게 제공하는) 복리 후생 급부; 보험금 collective action 집단행동 construction n. 건설 monetary compensation 금전적 보상 extradition n. 망명자 소환, 범죄인 인도

대부분의 노조 협상에서 의견 충돌이 일어나는 가장 중요한 부분은 직접적인 금전적 보상에 대한 문제와 관련이 없을지도 모른다. 종종, 급여 수준보다는 부가적인 복리후생 혜택의 이행이나 수준에 대해 혹은 개선되어야 할 근로 조건에 대한 것이 난제를 이룬다.

25 ③

글자가 발명되기 전에는 지식이 망각되거나 왜곡되었다고 했으므로, 글자가 발명된 후에는 지식이 항구적으로 잊히지 않게 됐을 것이다.

oral transmission 구전 distort v. 왜곡하다 grant v. 수여하다, 부여하다 keenness n. 예민함, 날카로움; 예리함; 영리함 interpretation n. 해석, 설명 permanence n. 영구, 지속; 불변; 내구성

글자의 발명 이전에는 많은 세대들이 지식의 구전(口傳)에 의존했다. 한 세대가 잊거나 왜곡한 정보는 나중에 힘들게 재발견해야 했다. 글자가 쓰이게 되었을 때 지적 업적에 대해 새로운 영속성이 부여되었다.

01 ④	02 ④	03 ②	04 ④	05 ③	06 ③	07 ②	08 ②	09 ②	10 ①
11 ④	12 ③	13 ③	14 ②	15 ③	16 ③	17 ①	18 ②	19 ①	20 ②
21 ②	22 ③	23 ②	24 ④	25 ②					

TEST 29

01 ④

평소보다 말을 장황하게 했다고 했으므로, 일반적인 상황에 해당하는 빈칸에는 '장황한'과 반대되는 의미의 ④가 적절하다.

prolix a. 지루한; 장황한 normally ad. 평소대로; 보통은 stingy a. 인색한; 부족한 optimistic a. 낙관적인, 낙천적인 talkative a. 수다스러운, 말 많은 succinct a. 간결한, 간명한

그 신사는 평소보다 다소 장황하게 말을 했지만 대개 (그의 말은) 굉장히 간결하다.

02 ④

반란을 도모하기 위해 공모자들이 만났다면, 남의 눈에 띄거나 발각되지 않도록 '비밀리에 몰래' 만났을 것이라 추론할 수 있다.

conspirator n. 공모자, 음모자 insurrection n. 폭동, 반란 oppressive a. 포악한, 압제적인 regime n. 제도; 정치 체제, 정권 publicly ad. 공공연히 indigently ad. 가난하게, 궁핍하게 indolently ad. 나태하게, 게으르게 clandestinely ad. 비밀스럽게

압제적인 정권에 대항하는 반란을 계획하기 위해 공모자들이 비밀스럽게 만났다.

03 ②

비교를 나타내는 rather than으로 미루어 빈칸에는 앞의 '실용적인(practical)'과 대조를 이루는 표현이 쓰여야 한다. 사무실용 건물에 대한 내용임을 감안하면 ②의 '미학적인'이 쓰여야 적절한 대조를 이룬다.

tangible a. 만져서 알 수 있는, 실체적인, 유형의 aesthetic a. 미학의, 미적인 endemic a. 풍토병[성]의, 한 지방 특유의 conspicuous a. 뚜렷한, 두드러진

그 사무실용 건물은 미적인 용도보다는 실용적인 용도를 염두에 두고서 설계되었다.

04 ④

'무서운 모습'이라는 표현이 앞에 있으므로, ④의 '겁먹은(dread)'이 학생들이 보일 태도로서 가장 자연스럽다.

stern a. 엄격한, 단호한, 근엄한; (표정·인상 따위가) 엄한, 무서운 appearance n. 외관, 모습, 생김새 headmaster n. (초등학교, 중학교의) 교장 confused a. 혼란스러운 dread a. 무서운; 두려운

그 학교 교장 선생님의 무서운 모습은 앞에 불려온 모든 학생들을 겁먹게 했다.

05 ③

양보의 접속사 Although가 이끄는 종속절과 주절의 내용이 대조를 이루어야 한다. 그러므로 '큰 화를 입을 것을 알고 있었음에도 불구하고 그것을 피하지 않았다'라는 흐름을 완성시키는 ③이 빈칸에 들어가기에 가장 적절하다.

refuse v. 거절하다, 거부하다 statement n. 진술; 성명서 burn ~ at the stake ~을 화형에 처하다 witch n. 마녀 insist v. 주장하다, 고집하다, 단언하다 advocate v. 옹호[변호]하다; 주장하다 renounce v. 포기하다, 단념하다; 부인하다 emphasize v. 강조하다; 역설하다

잔다르크(Joan of Arc)는 마녀로 몰려 화형 당할 것을 알았음에도 불구하고 자신이 한 진술을 부인하길 거부했다.

06 ③

국가보안법은 말 그대로 국가의 안보를 위협하는 사람들을 처벌 혹은 단속의 대상으로 삼을 것이다. 이에 해당하는 것으로는 ③이 가장 적절하다.

tolerate v. 용인하다, 참다 dissident n. 반체제 인사, 반대자 novice n. 신참자 proponent n. 지지자; 제안자 patriot n. 애국자

그 왕국은 강력한 국가보안법을 시행하며 정치적 반체제 인사를 용인하지 않는다.

07 ②

in which 이하에서 그가 전 세계의 고급 호텔에서 살면서 자택을 소유하지 않았다고 했으므로, 그는 이리저리 옮겨 다니며 생활했다고 볼 수 있다.

billionaire n. 억만장자 own v. 소유하다, 소지하다 monasterial a. 수도원의, 수도원적인 itinerant a. 순회하는, 이리저리 떠돌아다니는 enviable a. 부러운, 탐나는 ebullient a. 원기 왕성한, 사기가 충천한

몇 년 동안 그는 전 세계의 고급 호텔에서 살면서 자택을 소유하지 않고 여러 곳을 옮겨 다니는 생활로 인해 '집 없는 억만장자'로 알려졌다.

08 ②

'높은 곳에 대한 강한 공포증'이 있는 형사에 대한 영화를 제작했다고 했는데, intense fear of heights는 '고소공포증'을 뜻하므로 이를 의미하는 명사 ②가 빈칸에 적절하다.

detective n. 탐정; 형사 intense a. 격렬한, 심한 vertigo n. 어지러움, 현기증 catchy a. 사람의 마음을 끄는, 매력 있는 hydrophobia n. 공수병, 광견병 acrophobia n. 고소공포증 xenophobia n. 외국인 혐오(증) agoraphobia n. 광장공포증

전설적인 영화감독인 알프레드 히치콕(Alfred Hitchcock)이 높은 곳에 대한 강렬한 공포증을 가지고 있는 한 형사에 대한 영화를 제작했을 때 그는 그 영화에 '고소공포증(Acrophobia)'이 아니라 '현기증(Vertigo)'이라는 제목을 붙였다. 아마도 그는 '현기증'이라는 제목이 사람들이 더 기억하기 쉽다고 생각했을 것이다.

09 ②

동문 기금의 용처를 명확하게 밝혀야만 그 기금을 필요로 하는 곳을 더 잘 알 수 있게 될 것이고 또한 그것의 중요성을 더 잘 이해할 수 있게 될 것이다.

alumni fund 동문 기금 appreciate v. ~의 진가를 인정하다; ~의 좋음[좋고 나쁨]을 살펴 알다 contribute v. 기부하다, 기증하다 revoke v. 철회하다, 무효로 하다 elucidate v. (문제 등을) 밝히다, 명료하게 하다 ascertain v. 확인하다, 알아내다 prescribe v. 규정하다, 지시하다; 처방하다 entice v. 유혹하다

대학이 동문기금의 용처를 밝혀야만 기금에 기부하도록 요구받는 동문들이 그 기금의 중요성을 보다 잘 이해할 수 있을 것이다.

10 ①

두 번째 문장은 첫 번째 문장에 대한 부연 설명이다. "'어느 정도까지는' 우리의 환경을 통제할 수 있다"는 말에는 우리가 환경을 통제할 수 있는 힘에는 한계가 있다는 것이므로, 이러한 흐름을 완성시키는 ①이 정답으로 적절하다.

rational a. 이성의, 이성이 있는; 도리를 아는 to some extent 어느 정도까지는, 다소 be at the mercy of ~의 마음대로 되어, ~에 좌우되어

이성적 존재로서 우리는 어느 정도까지는 우리의 환경을 통제할 수 있다. 우리는 사회적 혹은 경제적 힘에 의해 좌우될 지도 모르지만, 시민으로서 우리 사회를 변화시키기 위해 노력할 수는 있다.

11 ④

다른 정당의 당원에 대한 대대적인 체포는 정치적, 사회적 불안을 야기할 가능성이 크다.

hardliner n. 강경론자 dismantle v. 부수다, 분해하다, 폐지하다 wholesale a. 도매의; 대규모의, 대대적인 arrest n. 체포, 억류 unrest n. (특히 사회적인) 불안, 불온; 걱정 result from ~로부터 발생하다 depend upon ~에 좌우되다 terminate v. 종결짓다 trigger v. (일련의 사건·반응 등을) 일으키다, 유발하다, ~의 계기가 되다

국민당의 강경론자들은 민주진보당을 해체시키고 싶어 했지만, 그 당원들에 대한 대대적인 체포는 엄청난 불안감을 야기할 수도 있었다.

12 ③

'지구가 자전하는 속도가 봄에는 속도를 늦추는 것처럼 보이고 가을에는 속도를 더하는 것처럼 보인다'는 것은 결국 자전 속도가 '일정하지 않은' 것처럼 보인다는 것이다. 빈칸 앞에 부정어가 있으므로 빈칸에는 ③이 들어가는 것이 적절하다.

puzzling a. 어리둥절하게 하는, 종잡을 수 없는 rotate v. (축을 중심으로 하여) 회전하다; (천체가) 자전하다 rate n. 비율; 요금, 시세; 속도 debate n. 토론, 논쟁 uniform a. 한결같은; 균일한 varied a. 여러 가지의, 잡다한; 다채로운

지구에 관한 한 가지 종잡을 수 없는 사실은 지구가 똑같은 속도로 자전하지 않는다는 것이다. 봄에는 속도를 늦추는 것처럼 보이고 가을에는 속도를 올리는 것처럼 보인다.

13 ③

젊은 사람들만이 충분한 서비스를 제공할 수 있다고 생각하는 것은 '편협하고 단편적인 시각'과 관련이 있다.

elderly a. 나이가 지긋한, 중년이 지난 gainful a. 이익이 되는, 수지가 맞는, 벌이가 되는 employer n. 고용주, 사용자 adequate a. (어떤 목적에) 족한, 부족하지 않은 philosophy n. 철학, 형이상학 conviction n. 유죄의 판결; 신념, 확신 short-sightedness n. 근시(近視); 근시안적인 태도 tendency n. 경향, 풍조, 추세

많은 노인들도 일을 할 수 있지만, 젊은 사람들만이 충분한 서비스를 제공할 수 있다고 믿고 있는 고용주들의 근시안적인 태도 때문에 돈벌이가 괜찮은 직업과는 거리가 먼 형편이다.

14 ②

첫 번째 빈칸에는 right and obligations를 수식하는 형용사가 들어가야 한다. impeccable은 right나 obligation 모두 수식할 수 없고 inherent는 right와 결합하여 생득권이라는 뜻으로 쓰여 문장의 해석상 어색하다. ethical이 적절하다, 한편, 두 번째 빈칸의 경우, 과학적 발견의 결과를 어떻게 이용하는가에 대해 영향을 미칠 수 있는 존재여야 하므로 humanists가 가장 적절하다.

obligation n. 의무, 책임 impeccable a. 결점이 없는, 나무랄 데 없는 ethical a. 윤리적인 inherent a. 고유의, 타고난 definitive a. 한정적인, 결정적인

과학자들은 어떤 영역을 탐구할 것인지에 대해 선택권을 가져야 하며, 그들의 발견을 어떻게 이용할 것인가에 대한 인본주의자로서의 윤리적인 의무와 권리도 확실히 가져야 한다.

15 ③

연구보고서가 상업적 목적으로 왜곡되는 것은 산업에 유리한 가설들이 더 많이 연구되고 선택적으로 결과를 발표할 때 일어나는 경우에 발생할 수 있다.

literature n. 보고서; 논문 distort v. 찡그리다; 왜곡하다 commercial a. 상업의; 영리적인 end n. 목적 hypothesis n. 가설; 가정 favorable a. 호의를 보내는; 유리한 publish v. 발표하다; 출판하다 adversely ad. 반대로; 불리하게 selectively ad. 선택적으로 timely ad. 적시에, 때마침

산업에 유리한 특정한 가설을 다른 부분보다 더 자주 연구하고 과학자들이 그 결과를 선택적으로만 발표할 때 과학 연구 보고서는 상업적 목적을 위해 총체적으로 왜곡되어질 수 있다.

16 ③

두 번째 문장의 주어인 they는 사업가를 가리키는 대명사이며, 빈칸 뒤에서 money-hungry, overcharging이 등위접속사 and에 의해 연결되어 있으므로 돈이나 재산에 대한 대한 집착을 의미할 수 있는 greedy와 insatiable이 첫 번째 빈칸에 적절하다. 두 번째 빈칸은 관계대명사 who의 선행사인데, 자신의 재산을 지역 사회 발전을 위해 사용하는 사람들은 '자선사업가'에 해당하므로 philanthropists가 빈칸에 적절하다.

mobster n. 조직폭력배, 폭도 outlaw n. 무법자 portray v. (풍경 따위를) 그리다, (문장에서 인물을) 묘사하다 money-hungry a. 돈에 허기진, 악착같이 돈을 벌려는 overcharging a. 바가지를 씌우는 depict v. (그림·글·영상으로) 그리다; 묘사[서술, 표현]하다 bold a. 대담한, 담력 있는 beneficiary n. 수익자, 수혜자 insatiable a. 만족할 줄 모르는 novice n. 신참자, 초심자 greedy a. 탐욕스러운 philanthropist n. 박애주의자, 자선가 indecisive a. 우유부단한 fraud n. 사기; 사기꾼

조직폭력배와 무법자는 종종 영화 속의 주인공이지만, 사업가들은 그런 경우가 드물다. 대신에 그들은 탐욕스럽고, 돈에 욕심이 많으며, 바가지를 씌우

는 인물처럼 그려진다. 많은 사업가들이 자신의 재산을 지역 사회 발전을 위해 사용하는 자선사업가들임에도 불구하고, 이런 점이 영화에서 묘사되는 일은 거의 없다.

17 ①

두 번째 문장은 첫 번째 문장에 대한 부연 설명이다. 첫 문장에 담겨진 뜻은 사회적 정치적 상황이나 배경에 따라 특정 인물이 시대별로 상반된 평가를 받을 수 있다는 것이므로, 빈칸에는 앞에 쓰인 acceptable, praiseworthy와 반대되는 의미의 표현이 적절하다.

figure n. 인물 bear ~ in mind 명심하다, 염두에 두다 context n. 전후관계, 문맥; 상황, 배경 acceptable a. 받아들일 만한 praiseworthy a. 칭찬할 만한, 갸륵한 reprehensible a. 비난할 만한, 괘씸한 tangible a. 만져서 알 수 있는; 실체적인; 확실한, 명백한 counterfeit a. 모조의, 가짜의 blithe a. 즐거운, 유쾌한; 쾌활한

역사적 인물을 판단할 때는 그들이 속해있던 사회적, 정치적 배경을 염두에 두는 것이 반드시 필요하다. 오늘날 우리들에게 비난 받을만한 행위 또는 연설이 그 당시에는 완벽하게 용인되거나 칭찬할 만한 것이었을 수도 있다.

18 ②

빈칸에 들어갈 표현은 and를 통해 to menial, soul-destroying tasks와 연결돼 있으므로 and 앞도 이와 유사한 의미여야 한다. 따라서 drudgery가 정답으로 적절하다.

consist of ~로 구성돼 있다 condemn v. 비난하다, 나무라다; 운명지우다 perpetual a. 영구적인; 부단한 repetitive a. 되풀이하는 disgusting a. 구역질나는, 정말 싫은 homage n. 존경, 경의 drudgery n. 단조롭고 고된 일 somnolence n. 졸림, 비몽사몽 impiety n. 불신앙, 경건하지 않음

흔히 노동자 계층에서 가장 낮은 사람들은, 끊임없이 계속되는 단조롭고 고된 일 그리고 위험하고 빈번히 역겨운 환경 속에서 수행되는 반복적인 육체노동으로 이루어져 있는 천하고 영혼을 파괴하는 일을 하도록 하는 직업에 매여 있는 사람들로 주로 구성돼 있다.

19 ①

역접의 전치사 despite가 쓰였으므로 '보충제에 장점이 있지만, 대량으로 섭취하게 하는 경우에는 문제가 될 수도 있다'는 흐름이 되어야 한다. 그러므로 '역효과를 낳는'이란 의미의 counterproductive가 정답으로 적절하다.

supplement n. 추가, 보충; 보충제 domesticated a. 길들여진 dose n. (약의) 1회분, (1회의) 복용량 counterproductive a. 의도한 것과는 반대의, 역효과의 puissant a. 힘센 efficacious a. 의도된 효과가 있는, 효험 있는 cogent a. 설득력 있는, 적절한

뉴질랜드의 수의사 협회 회장 스티븐 롱 박사는 비타민 보충제의 예상되는 장점에도 불구하고 집에서 기르는 동물들에게 높은 함량의 그와 같은 제품

들을 먹이는 것이 사실상 역효과를 낳을지도 모른다고 애완동물 주인들에게 경고했다.

---

20 ②

'회의가 거의 수포로 돌아갔고 의미 있는 결과는 아무 것도 산출해내지 못할 것이라고까지 말하지는 않았다'는 말은 어쨌거나 대표가 부정적인 말을 하긴 했다는 것이다. 그러므로 빈칸에는 낙관론의 기세를 꺾으려 했다는 흐름을 만드는 ②가 적절하다.

delegate n. 대표, 사절 stop short of ~의 바로 앞에서 멈추다; (~하는) 데까지는 가지 않다 significance n. 의의, 의미; 중요성 collapse n. 붕괴, 와해 substantiate v. 구체화하다, 실체화하다 dampen v. 풀이 죽게 하다, 기를 꺾다 elucidate v. 해명하다, 밝히다 rekindle v. 다시 기운을 돋우다, 다시 불붙이다

대표는 최근에 출현한 낙관론의 기세를 꺾고자 하는 것이 분명했지만, 회의가 거의 수포로 돌아갔고 의미 있는 결과는 아무 것도 산출해내지 못할 것이라고까지 말하지는 않았다.

---

21 ②

두 번째 문장은 첫 번째 문장에 대한 부연설명이다. 사업 전망이 어두웠다는 내용과 호응해야 하므로 빈칸에는 '미온적인', '냉담한'이라는 의미의 ②가 적절하다.

bleak a. 황량한, 차가운 apparently ad. 명백히; 언뜻 보기에 launch n. 개업, (판매 따위의) 개시 supportive a. 지지하는, 받치는; 지탱하는 lukewarm a. 미온적인, 열의가 없는, 냉담한 animated a. 힘찬, 활기찬 humble a. 겸손한, 겸허한

아시아 시장에 싼 윈도우(Windows)를 들여오려는 Microsoft사의 새로운 임무의 전망이 매우 어두워 보인다. 태국, 말레이시아, 그리고 인도네시아에서 윈도우 XP Starter Edition을 시장에 내놓는 것에 대한 반응은 분명히 냉담했다.

---

22 ③

호모포니가 하나의 목소리나 악기가 주요 멜로디를 이끌고 나머지는 부차적인 다시 말해 종속적인 역할을 한다고 한 후에 폴리포니는 이와 반대라고 했으므로, 결국 폴리포니는 모든 파트가 다 독립적이고 중요하다고 할 수 있다.

homophony n. 단성음악, 호모포니(어떤 한 성부가 주선율을 담당하고 다른 성부는 그것을 화성적으로 반주하는 형태의 음악양식) term n. 용어 instrument n. 악기 polyphony n. 폴리포니(몇 개의 성부가 독립성을 갖는 선율로 흘러가는 동시에 전체적인 조화를 유지하는 음악) opposite n. 정반대의 것 composition n. 구성, 구성물; 작곡된 것 independent a. 독립한

호모포니란 하나의 목소리나 악기가 주요 멜로디 선율을 이끌고 나가는 한편 다른 모든 목소리나 악기들은 하모니를 제공하는 것을 의미하는 음악 용어다. 폴리포니란 호모포니의 반대인데, 그 이유는 폴리포니는 모든 파트가 다 독립적이고 모두 중요하기 때문이다.

---

23 ②

자연이 당신의 삶을 돕지도 방해하지도 않는다면 그 성격은 어느 쪽에도 치우치지 않은 '냉정함'과 관련이 있을 것이다.

enormous a. 거대한, 막대한 refuse v. 거부하다 hinder v. 방해하다 resentment n. 분개 mercy n. 연민; 자비; 너그러움 abdication n. 포기, 기권 impassivity n. 무감각, 냉정 nemesis n. 응당 받아야 할[피할 수 없는] 벌, 천벌 foreboding n. 육감, 예언; 전조

물론 살아남는다는 것은, 당신의 길을 돕지도, 방해하지도 않는 자연의 엄청난 냉정함을 감안한다고 하더라도 영웅주의는 아니다. 특히 자비로운 행위라고 하더라도 한쪽이 다른 쪽을 죽인 후라면, 두 등장인물 어느 쪽도 영웅은 아니다.

---

24 ④

'시간의 흐름을 의식하도록 교육받는다', '매 순간 중요하다'는 내용으로 미루어 빈칸에도 '시간의 중요성'을 뜻하는 ④가 쓰여야 적절하다.

conscious a. 의식하고 있는, 자각하고 있는 constantly ad. 항상 remind v. 생각나게 하다, 깨닫게 하다 count v. 중요하다

우리는 시간의 흐름에 대해 매우 의식하도록 가르침을 받고 있다. 이를테면 우리는 종종 '시간이 곧 돈이다'와 같은 슬로건들이 우리 공장의 많은 벽에 걸려 있는 것을 볼 수 있다. 노동자들은 시간 당 급여를 받고 있으며, 그들은 끊임없이 '매 순간 중요하다'고 생각하게 한다.

---

25 ②

첫 문장에서 빈칸까지 오는 과정에서 역접의 표현이 두 번 쓰였다. 결국 빈칸에서는 첫 문장에서 이야기한 바를 그대로 이야기해야 할 것이므로, 첫 문장과 같은 맥락의 ②가 들어가는 것이 적절하다.

odd a. 기묘한, 이상한 stumble upon 마주치다, 우연히 만나다 perceive v. 지각하다, 감지하다, 인식하다 inclination n. 경향, 성향 revelation n. 폭로; 폭로된 것 deliberately ad. 신중히; 고의로 calculate v. 계산하다; 추정하다 leisurely ad. 천천히, 유유히 be bound up with ~와 밀접한 관계가 있다 inextricably ad. 뗄 수 없게, 불가분하게 discipline n. 훈련, 단련; 훈육

실제로 묘하게도 많은 위대한 발견들은 사실상 우연히 이루어져 왔다. 그러나 그것을 지각한 사람들은 항상 마음의 준비가 되어 있었고 훈련과 취향을 통해 올바른 방향을 잡고 있었다. 그러나 발견의 순간이 냉정하게 계산된 경우는 드물며 예술의 경우는 전혀 없다.

01 ②	**02** ①	**03** ④	**04** ①	**05** ②	**06** ⑤	**07** ②	**08** ①	**09** ②	**10** ④
11 ②	**12** ①	**13** ②	**14** ④	**15** ③	**16** ①	**17** ②	**18** ②	**19** ②	**20** ②
21 ①	**22** ④	**23** ③	**24** ④	**25** ②					

01 ②

여성혐오는 평등에 대한 헌신이 '거짓임을 보여주는' 것이므로 빈칸에는 ②가 적절하다.

dismiss v. (고려할 가치가 없다고) 묵살[일축]하다 virulent a. 매서운, 맹렬한 misogyny n. 여성 혐오 commitment n. 약속; 책무 affirm v. 단언하다 belie v. (약속·기대 등을) 어기다; 거짓임을 나타내다 consolidate v. 굳히다, 강화하다 exhort v. 촉구하다

그녀는 그의 생각이 비현실적이라고 일축했다. 그의 지지자들은 그들의 평등에 대한 헌신이 거짓임을 드러내는 맹렬한 여성혐오로 그녀를 공격했다.

02 ①

두 문장이 역접의 접속사 but으로 연결되어 있다. 세상의 모든 것이 변한다고 한 다음 but이 왔으므로 신데렐라의 영향력은 변하지 않는다 말이 되어야 의미상 적절하다.

weirdly ad. 불가사의하게 impervious a. 무감각한, 둔감한, 영향을 받지 않는 (to) proportionate a. 비례를 이룬; 적응하는 subordinate a. 부수[종속]적인 permeable a. 침투할[스며들] 수 있는

가치, 문화, 기술, 패션 등 세상의 모든 것은 변하지만, 신데렐라의 영향력은 이상하게도 시간에 영향을 받지 않는 것처럼 보인다.

03 ④

빈칸에 들어갈 표현은 어쨌거나 가석방을 얻기 위해 필요한 전제조건과 관련된 것이어야 한다. 따라서 '참회하는'이라는 의미의 ④가 정답이다.

parole n. 가석방; 집행유예 applicant n. 지원자 genuinely ad. 진정으로, 진심으로 secure v. 확보하다, 획득하다 release n. 해방, 석방 pestilent a. 치명적인, 전염성의 protestant a. 이의를 제기하는, 항의하는 pertinent a. 타당한, 적절한 penitent a. 죄를 뉘우치는, 참회하는

가석방 위원의 사람들은 가석방 지원자가 언제 진정으로 참회하고 언제 조기 석방을 얻기 위해 단순히 참회하는 척하는지를 말하기가 어려울 수 있다.

04 ①

위조화폐를 대량으로 유통시키면 해당 국가의 경제는 혼란스러워지거나 불안정해질 것이다.

come up with ~을 내놓다, 제안하다 flood v. 넘치게 하다, 범람시키다 fake currency 위조화폐 destabilize v. 불안정하게 하다, 동요시키다 justify v. 정당화하다 liberate v. 해방하다, 자유롭게 하다 escalate v. 단계적으로 확대[증대, 강화]하다

나치는 영국과 미국에 대량으로 위조화폐를 유통시킴으로써 그 두 나라의 경제를 불안정하게 하려는 음모를 꾸몄다.

05 ②

두 그룹을 위한 요가 강의가 있다고 했는데, 하나가 숙련된 유경험자 과정이라면 나머지 하나는 초보자를 위한 과정일 것이다.

expert n. 숙달자, 전문가 novice n. 신참자, 초심자, 풋내기 civilian n. 일반인, 민간인 immigrant n. 이주자, 이민

학교의 요가 교육과정은 두 그룹을 위해 개설되어 있다. 하나는 숙련자 과정이고 다른 하나는 초보자를 위한 것이다.

06 ⑤

사람을 직접 실험에서 쓸 수 없기 때문에 사람 대신 동물을 썼다는 맥락이므로, 빈칸에는 ⑤가 들어가는 것이 적절하다.

assess v. (사람·사물 따위의 성질을[가치를]) 평가[판단]하다 therapeutic a. 치료의, 치료법의 benefactor n. 은인, 후원자 subordinate n. 하위의 사람, 부하 prototype n. 원형(原型), 기본형 precedent n. 선례, 전례 surrogate n. 대리, 대리인

나중에 사람에게 사용할 치료제 및 기타 약제의 효과를 측정하기 위한 실험에서 수세기 동안 동물이 사람 대신 이용돼 왔다.

07 ②

but을 전후로 두 가지 방법의 연구가 대조를 이루어야 한다. 이를 통해 빈칸에는 definite direction과 상반되는 표현이 와야 함을 추론할 수 있다.

investigation n. 조사, 연구 yield v. 산출하다; 양보하다 notable a. 주목할 만한, 현저한; 두드러진 typically ad. 전형적으로 definite a. (윤곽·한계가) 뚜렷한, 확실한; 한정된, 일정한 roundabout a. 완곡한, 에움길의 unguided a. 방향성이 없는; 안내가 없는 inconsistent a. 일치하지 않는, 조화하지 않는 involved a. 뒤얽힌, 복잡한

방향성이 없는 조사에서도 간혹 새로운 사실, 심지어는 주목할 만한 사실이 나오기도 한다. 그러나 일반적으로 그러한 사실이 나오는 것은 분명한 방향이 있는 탐색의 결과이다.

08 ①

빈칸 이하는 앞에서 언급한 '거짓말을 하고 있는 사람을 알아챈다'와 유사한 의미를 가져야 하므로, '모순', '불일치'라는 의미의 ①이 정답으로 적절하다.

dogged a. 완고한, 끈덕진 persistence n. 끈기, 고집, 버팀 uncover v. 폭로하다, 밝히다 suspect n. 용의자, 요주의 인물 discrepancy n. 모순, 불일치, 어긋남 truthfulness n. 성실함, 정직함 uniformity n. 한결같음

그는 끈덕진 끈기를 발휘하면 거짓말을 하는 사람을 알아채거나 용의자의 이야기 속에서 모순을 찾아낼 수 있다고 믿는다.

09 ②

집에 영어 이름을 붙이는 게 유행인 상황에서, 자신의 집에 영어 이름을 선택한 사람들은 그 유행을 따르는 사람들이었을 것이다.

vogue n. 유행, 성행 fashionable a. 유행의, 유행을 따르는 neglectful a. 게으른; 부주의한 honest a. 정직한 passionate a. 열렬한, 열의에 찬

그 당시에는 도시 주택에 영어 이름을 붙이는 것이 유행이었기 때문에 유행을 따르는 모든 사람들이 자신들의 집에 대해 영어 이름을 선택했다.

10 ④

알루미늄의 재료인 보크사이트를 수입하여 알루미늄을 만드는 것보다 오래된 캔을 다시 녹이는 것이 더 낫다는 것인데, 후자는 전자의 과정 즉 원료의 조달과 제품의 생산을 대신하는 것이므로 빈칸에는 ④가 들어가야 한다.

remelt v. 다시 녹이다 bauxite n. 보크사이트 ore n. 원광, 광석 distribution n. 분배, 배분 salvage n. 구조, 구출 storage n. 저장, 보관 procurement n. 획득, 조달

외국에서 수입해 온 보크사이트 원광으로 알루미늄을 만드는 것보다 오래된 금속 캔을 다시 녹이는 것이 생산자들에게는 (원료) 조달과 생산 비용에 있어서 수백만 달러가 덜 든다.

11 ②

첫 번째 문장에서 일부 경범죄는 정치인의 경력을 끝장내는 것이 아니라고 한 다음, 대중들이 관용을 보이는 경우에 해당하는 내용이 두 번째 문장에 이어지고 있다. 이는 정치인들이 실수에 대해 뉘우칠 때라고 볼 수 있으므로 빈칸에는 ②가 적절하다.

contemporary a. 동시대의; 현대의, 당대의 misdemeanor n. 경범죄, 비행 lewd a. 추잡한, 음란한 contrite a. 죄를 깊이 뉘우치는; 회개의 dismissive a. 무시[멸시]하는 lenient a. 관대한

현대 정치에서, 일부 경범죄는 항상 (정치인으로서의) 경력을 끝나게 하는 논란거리는 아니다. 예를 들면, 정치인들이 그들의 사생활에서 저지른 실수에 대해 뉘우친다면 대중들은 종종 관용을 보인다.

12 ①

just as A so B 구문은 '마치 A하듯이 B하다'라는 의미로, 이 때 A와 B의 자리에는 서로 관련 있거나 유사한 의미의 표현이 온다. 따라서 빈칸에는 앞에 쓰인 intricately structured와 가장 잘 호응하는 표현이 들어가야 할 것이므로 ①이 정답으로 적절하다.

apparently ad. 명백히; 외관상으로 clam n. 조개류 intricately ad. 복잡하게, 얽히고설켜 entity n. 존재, 실체 particle n. 미립자, 분자 complicated a. 복잡한 convoluted a. 소용돌이 모양의, 뒤얽힌 distorted a. 왜곡된 amorphous a. 무정형의; 조직이 없는 illusory a. 현혹시키는, 가공의

바위, 구름, 조개 등과 같이 겉으로 보기에 기본적인 사물이 사실은 매우 복잡한 구조를 갖고 있는 것과 마찬가지로, 자아라는 것도 "기본적인 입자"가 아니라 복잡한 구조물이다.

13 ②

첫 번째 빈칸의 경우, '크다'라는 의미를 강조할 수 있는 표현이 필요하므로 tremendously와 infinitely가 가능하다. 한편, 두 번째 빈칸의 경우, 접속사 While이 이끄는 절과 주절의 내용이 대조를 이루어야 하므로, 종속절의 large와 상반된 의미를 가진 표현이 들어가야 한다. minuteness만이 가능하다. 따라서 ②가 정답이 된다.

astronomer n. 천문학자 physicist n. 물리학자 tremendously ad. 엄청나게 infinitely ad. 무한히 minuteness n. 미세함 mysteriously ad. 신비롭게 visibility n. 가시성 imaginatively ad. 상상력 풍부하게 vastness n. 광대함

천문학자들이 우주는 무한히 크다는 생각을 갖고 연구하는 반면, 물리학자들은 미세함에 한계가 있는지 궁금히 여기고 있다.

14 ④

새로운 약학 제도가 이로움을 주도록 의도되었다는 내용을 양보의 접속사가 이끌고 있으므로 주절에 있는 첫 번째 빈칸에는 beneficial과 반대되는 harmful과 detrimental이 적절하다. 한편, 그런 실제 효과에 대해 의학 공동체는 그 결과를 안타까워할 것이므로 두 번째 빈칸에는 lamented가 적절하다.

pharmaceutical a. 제약의, 약학의 regime n. 제도; 체제 beneficial a. 유익한, 이익을 가져오는 fascinate v. 매혹시키다 abundant a. 풍부한, 많은 castigate v. 징계하다; 혹평하다 fortuitous a. 우연의, 예기치 않은 detrimental a. 해로운, 불리한 lament v. (깊이) 후회하다, 애석히 여기다

새로운 약학 제도가 이로움을 주도록 계획되었으나 실제 효과는 해로운 것이었다. 이러한 결과에 대해 의학 공동체는 안타까워했다.

15 ③

사기사건에 연루된 한 젊은이가 자신의 결정이 잘못됐었다고 인정했으므로 자신의 행동에 대해 '후회'하고 있음을 알 수 있다. 따라서 첫 번째 빈칸에는 remorse가 적절하다. 그리고 역접의 접속사 but이 나왔는데, 이 사기사건에 연루된 다른 사람들은 죄를 뉘우치고 있지 않다고 했으므로 결국 자신들의 행동을 '합리화'하려 했을 것이다. 따라서 두 번째 빈칸에는 rationalizing이 적절하다.

fraud n. 사기, 협잡 scheme n. 계획, 기획; 책략, 음모 contrite a. 죄를 깊이 뉘우치고 있는; 회개하는 resilience n. 탄성, 쾌활성, 회복력 apologize v. 사과하다 transparency n. 투명도; 명료 deprecate v. 비난하다, 반대하다 remorse n. 후회, 양심의 가책 rationalize v. 합리화하다 defiance n. 도전, 저항 confess v. 고백[자백]하다

자신을 '젊고 미숙하다'고 말한 그는 후회의 말투로 말했다. "이 사기사건에 연루됐을 때 저는 잘못된 결정을 내렸다는 것을 알고 있습니다."라고 그는 말했다. 하지만 인터뷰에서 이번 사건에 연루된 다른 사람들은 죄를 뉘우치지 않았으며 자신들의 행동을 합리화했다.

16 ①

우정을 지키기 위해서는 우리가 가진 생각의 일부를 감추어야 한다고 했으므로, 온갖 것들이 다 알려지는 세계에는 우정이 존재하지 않을 것이다. 그러므로 빈칸에는 '우정'과 반대되는 의미의 ①이 적절하다.

keep ~ to oneself (정보 등을) 자기만 알고 숨겨두다, 남에게 제공하지[알리지] 않다 enmity n. 적의, 증오, 불화, 반목 cooperation n. 협력, 협동 compromise n. 타협

우정을 지키려면 우리가 갖고 있는 일부 생각은 알리지 말아야 한다. 신문은 특정 나라가 다른 나라들에 대해 생각하고 있는 모든 것들을 알리는 듯하다. 따라서 우리는 이 세계가 반목의 세계라고 예측할 수 있다.

17 ②

'물건을 샀다가 이익을 크게 남기기 위해 다시 판다'는 뒤의 내용으로 미루어 빈칸에는 '투기하다'가 쓰여야 한다.

property n. 재산, 소유물 rob v. ~에게서 훔치다, 강탈하다 speculate v. 숙고하다, 사색하다; 투기하다 retain v. 보유하다, 유지하다 discount v. 할인하다

누군가가 재정적으로 투기하면, 그들은 더 높은 가격에 다시 팔고 이익을 낼 수 있기를 바라며 특히 대규모로 혹은 사업으로서 부동산, 주식, 주식 등을 구입한다.

18 ②

식용버섯과 독버섯을 구별하기가 어렵다면, 야생에 있는 버섯을 모두 독버섯으로 간주하는 경우에 피해를 미연에 방지할 수 있을 것이다.

edible a. 먹을 수 있는 mushroom n. 버섯 poisonous a. 독이 있는, 유독한 toadstool n. 독버섯 cultivate v. 재배하다 fungus n. 버섯(복수형은 fungi)

식용버섯과 독버섯이라고 흔히 부르는 독이 있는 버섯을 구별하는 것은 어렵다. 아마도 아마추어 버섯 수집가가 할 수 있는 유일한 안전한 판별법은 야생 버섯들을 모두 독이 있다고 간주하는 것이 될 것이다.

19 ②

도덕성에 대한 과학적인 접근법과 신의 섭리에 대한 필요성은 반대되는 것이라고 볼 수 있다. 두 절이 역접의 접속사로 연결되어 있으므로 신의 섭리에 대한 필요성을 배제함에도 불구하고 이런 과학적인 접근법이 종교적인 관점과 완전히 모순되는 것은 아니라는 흐름으로 이어져야 한다.

morality n. 도덕 incompatible a. 양립하지 않는, 조화하지 않는 divine a. 신성한, 신의 providence n. 섭리; 선견지명 profound a. 뜻깊은, 심원한 cherished. a. 소중히 여기는, 소중히 간직하고 있는 underscore v. 강조하다 obviate v. (위험·곤란 따위를) 배제하다, 제거하다 precipitate v. 촉진시키다 manifest v. 명시하다

도덕에 대한 과학적인 접근법이 우리의 가장 심오하고 소중한 특징들 중 한 가지를 설명하기 위한 신의 섭리의 필요성을 배제함에도 불구하고 그 접근법은 종교적인 관점과 완전히 모순되지는 않는다.

20 ②

전국 무대로 진출하는 정치인은 지역 사회가 아닌 국가 전체의 호응을 얻을 수 있는 입장을 견지할 것이고, 따라서 비록 오랫동안 고수해 온 것이라 할지라도 지역사회에는 호응을 얻을 수 있지만 국민들로부터는 호응을 얻지 못할 견해나 정책이 있다면 그것을 어쩔 수 없이 부인하거나 거리를 두려 할 것이다.

swath n. 베어낸 한 구획, 베어낸 자리 express v. 표현하다 repudiate v. 부인하다, 받아들이지 않다 summarize v. 요약하다 dismantle v. 분해하다, 폐지하다

전국 무대로 진출하는 지역 정치인들은 지역사회에서 호응을 끌어낼 수 있었지만 국가의 더 많은 인구에게 호응을 얻지 못할 것 같은 오래도록 고수해온 입장을 부인해야만 하는 자신을 가끔 발견한다.

21 ①

빈칸 다음에 이어지는 대시(—)에서 당신이 앉아 있는 열의 모든 사람이 꼿꼿이 앉아 있거나, 모두 다 의자에 기대 앉아 있는 상황을 설명하고 있는데, 이는 '균형 상태'를 의미하므로 빈칸에는 ①이 적절하다.

element n. 요소, 성분 recline v. 기대게 하다, (몸을) 눕히다 column n. 세로줄[열] upright a. 똑바로[곧추] 선 disadvantaged a. 불리한 조건에 놓인 equilibrium n. 평형[균형] (상태) ergonomics n. 인체공학 egotism n. 자기중심주의 aeronautics n. 항공학

비행기 좌석을 뒤로 젖히는 것에는 게임 이론의 요소가 있다. 당신이 앉은 세로열의 모든 사람이 꼿꼿이 앉아 있거나 모두 다 의자에 기대 앉아 있는 균형 상태를 이루고 있다면, 어떤 사람도 불이익을 받지 않는다.

22 ④

살균제가 더 풍족한 작물을 재배할 수 있게끔 해주지만, 다른 한편으로는 자연의 균형을 파괴한다면, 풍부한 작물을 재배할 수 있게 된 혜택이 반감되거나 약화될 것이다.

mixed a. 혼합한, 혼성의, 잡다한 blessing n. (하나님의) 은총, 은혜; 축복; 찬성 germicide n. 살균제 enable v. (사물이 사람에게) …을 할 수 있게 하다, 가능하게 하다 abundant a. 풍족한, 많은, 풍부한 crop n. 농작물, 수확물 benefit n. 이익, 이득 balance n. 균형, 평균, 조화 compromise v. (분쟁 등을) 타협하여 해결 짓다, 화해시키다 misplace v. 놓을 장소가 틀리다, 잘못 두다 mollify v. (고통, 감정 등을) 누그러뜨리다, 완화시키다, 달래다 counteract v. ~을 거스르다, 방해하다; 중화시키다

과학의 발견물들은 종종 혼합된 성격의 은총이라고 할 수 있다. 한편으로 그것들은 우리에게 더 풍족한 작물을 재배할 수 있게끔 해주는 살균제를 제공해주며, 다른 한편으로는 자연의 균형을 파괴함으로써 그러한 혜택을 중화시키기 때문이다.

23 ③

마지막 문장은 그 앞 문장의 내용에 대한 재진술이다. 앞에서 '일을 해보려고 전심으로 애쓰는 것이 일에 대한 생생한 흥미를 생기게 하는 유일한 확실한 방법이다.'라고 했으므로, 이것과 호응하는 문장을 완성시키는 ③이 정답으로 적절하다.

languish v. 나른해지다, 괴로워하다 boredom n. 권태 whole-heartedly ad. 전심으로 execute v. 실행하다 vital a. 극히 중요한, 생생한

아무 것에도 흥미가 없어 아무 일도 하지 않으면서 권태로움에 젖어있는 사람은 언제나 따분할 것이다. 일을 해보려고 전심으로 애쓰는 것이 일에 대한 생생한 흥미를 생기게 하는 유일한 확실한 방법이다. 우리는 어떤 일에 흥미가 있어서 그 일을 하는 것이 아니다. 오히려 일을 하는 데서부터 흥미가 생겨나는 것이다.

24 ④

두 번째 문장에서 소규모의 인문대학들이 인문학부의 규모를 축소하고 있다고 했으므로 순수 교양과목 프로그램이 줄어들고 있다고 해야 옳다. 따라서 첫 번째 빈칸에는 scarce가 적절하며, 두 번째 문장의 these institutions는 교양과목을 줄이는 학교들이므로 이런 학교의 관리자들은 그런 결정을 내리게 된 것을 옹호할 것이라고 볼 수 있다. 따라서 두 번째 빈칸에는 favor와 defense가 적절하다.

liberal arts 교양 과목 downsize v. ~을 축소하다 the humanities 인문학, 고전문학 make way for ~에 길을 열어 주다 major n. 전공 institution n. 학회, 협회, 기관 claim v. 공언하다, 주장하다 abundant a. 풍부한 disregard n. 무시, 경시 obvious a. 명백한 favor n. 호의, 찬성 prominent a 현저한, 두드러진 hatred n. 증오 scarce a. 부족한, 적은 in defense of ~을 변호[옹호]하여

이 나라에서 순수 교양과목 프로그램이 점점 부족해지고 있다. 소규모의 인문대학들은 더 많은 직업 중심의 전공들에게 자리를 내주기 위해 인문학부의 규모를 축소하고 있다. 이 추세를 옹호하는 이들 학교의 관리자들은 그러한 결정이 재정적인 압박에 의해 비롯된다고 주장한다.

25 ②

첫 문장의 inertia를 대신할 수 있는 표현이 필요하므로 ②가 정답으로 적절하다.

reflect v. 반사하다; 반성하다; 곰곰이 생각하다 inertia n. 불활동; 불활발 idleness n. 나태; 무위 embark v. 출항하다; 착수하다 boost v. 밀어 올리다; 부양시키다; 올리다 bustle n. 큰 소동; 혼잡

나는 무기력함이라는 강력한 힘에 대해 다시금 생각하고 있다. 에너지의 효율성을 높이고, 오염이 없는 에너지 기술을 발전시켜야할 집중적인 국제적 노력에 착수할 필요성이 전에 없이 점점 커지고 있을 때조차 전반적으로 사람들 사이의 나태함은 여전히 만연하다.

TEST 31

01 ⑤	02 ①	03 ④	04 ①	05 ②	06 ③	07 ②	08 ①	09 ①	10 ②
11 ④	12 ③	13 ②	14 ③	15 ③	16 ①	17 ②	18 ④	19 ①	20 ③
21 ③	22 ②	23 ②	24 ③	25 ①					

01   ⑤

별 문제 없이 번영을 거듭하던 국가에서 일어난 소요로 인해 투자를 경계하게 되었다면, 그 이전에는 '경계하지 않는' 태도를 가지고 있었을 것이다. 그러므로 빈칸에는 '낙관적인'이라는 의미의 ⑤가 들어가는 것이 적절하다.

unprecedented a. 전례 없는, 미증유의 turmoil n. 소란, 소동, 혼란 thrive v. 번창하다, 번영하다 leery a. 의심 많은, 경계하는 pessimistic a. 비관적인, 염세적인 clandestine a. 비밀의, 은밀한, 남모르게 하는 taciturn a. 말없는, 무언의, 입이 무거운 sanguine a. 낙관적인, 혈색 좋은

늘상 번영하고 있던 국가에서 일어난 전례 없던 소요는 이전에 낙관적이었던 투자자들로 하여금 더 이상의 투자를 경계하게 만들었다.

02   ①

언론의 좋지 않은 평가에도 불구하고 열정적인 관객들에 의해 구제되었다는 흐름을 만드는 ①이 정답으로 적절하다.

oblivion n. 망각 enthusiastic a. 열광적인, 열심인, 열렬한 acumen n. 날카로운 통찰력 critic n. 비평가, 평론가 lackluster a. 활기 없는, 열의 없는 distinctive a. 독특한, 특이한 individual a. 개개의, 각개의 lustrous a. 광택이 있는, 빛나는

언론의 맥 빠진 평가에도 불구하고, (사람들의 또는 역사의) 망각 속으로 사라질 것이 거의 확실했던 그녀의 연극 상연은 비평가들의 안목보다 더 큰 안목을 지닌 열정적인 관객들에 의해 구제되었다.

03   ④

긴 내용의 전체 비디오를 게재하는 것이 아니라 간결하게 요약한 비디오를 제공한다고 했으므로 빈칸에는 ④의 condenses가 적절하다.

celebrity n. 유명인사 concise a. 간결한, 간명한 lengthy a. 긴, 말이 많은, 장황한 censor v. 검열하다 decipher v. 해독하다 eject v. 내쫓다; 꺼내다 condense v. 요약하다; (표현을) 간결히 하다

04   ①

그 유명인사 전문 웹사이트는 긴 내용의 전체 비디오를 게재하기보다 그 사이트에 들어오는 방문객들이 더 간결하게 볼 수 있게 하기 위해 일반적으로 비디오를 간결하게 요약한다.

while이 양보의 접속사로 쓰였으므로 주절과 종속절의 내용이 대조를 이루어야 한다. 중국은 전체주의 국가이기 때문에 규정을 쉽게 시행하는 반면에 인도는 이런 규정의 시행이 힘들다는 의미를 완성시키는 동사가 필요하므로 ①이 정답으로 적절하다.

totalitarian a. 전제주의의 enforce v. (법률 등을) 실시[시행]하다 corruption n. 타락; 퇴폐 accountability n. 책임, 책무 plague v. 애태우다, 괴롭히다 sanction v. 재가[인가]하다 promote v. 진전[진척]시키다

중국의 전체주의 정권은 그 나라의 규정을 보다 더 쉽게 시행하는 반면, 규정을 시행하려는 인도의 노력은 부패와 책임감 부족으로 저해 받고 있다.

05   ②

격렬한 반응을 조장할 수 있는 것은 '자극적인' 말이므로 빈칸에는 ②가 적절하다.

incite v. 자극하다; 선동하다 ardent a. 열렬한; 격렬한 nonchalant a. 무관심한 incendiary a. 선동적인 phlegmatic a. 침착한, 냉정한 oblique a. 에두른, 완곡

이민 논쟁에서 양측은 자극적이라고 할 수 밖에 없는 말만을 쓰면서 격렬한 반응을 조장해왔다.

06   ③

가뭄, 인구과잉 등과 굶주리고 있는 아이들의 관계를 가장 잘 설명할 수 있는 단어가 빈칸에 들어갈 수 있다. 양자는 원인과 결과의 관계에 있으므로 빈칸에는 ③이 적절하다.

starve v. 굶주리다; 굶주리다 demonstrate v. 논증[증명]하다; (모형, 실험 등으로) 설명하다 drought n. 가뭄, 한발 overpopulation n. 인구과잉 struggle n. 발버둥질, 몸부림; 악전고투 prejudice n. 편견, 선입관 consequence n. 결과, 귀결, 결말 mortality n. 죽어야 할 운명; (전쟁·병으로 인한) 대량 사망; 사망자 수, 사망률

에티오피아의 굶주리고 있는 아이들의 사진은 가뭄, 열악한 토지 이용, 그리고 인구과잉의 결과를 증명해주고 있다.

07 ②

순접의 접속사 and로 연결된 adaptive와 유사한 성격 혹은 의미를 가진 표현이 빈칸에 들어가야 한다.

commentator n. 논평자, 주석자 observe v. 관찰하다, 관측하다; 준수하다; (소견을) 진술하다 adaptive a. 적응할 수 있는 restricted a. 제한된, 한정된 accommodating a. 남의 말을 잘 듣는, 호의적인, 친절한 exclusive a. 배타적인 compelling a. 강제적인, 어쩔 수 없는

1830년대에 Tocqueville이 방문한 시간부터 오늘날까지, 평론가들은 미국의 종교계가 끊임없이 변하는 환경에 대해 순응적이고 수용적이라고 말해왔다.

08 ①

헐벗은 땅이라 하더라도, 해로운 생명체가 거의 없고 기후도 적합하다면 씨앗은 아무 문제없이 싹을 틔우게 될 것이다.

climate v. 기후; 풍토 germinate v. 싹트다, 발아하다 wither v. 시들다 ignite v. 불이 댕기다, 발화하다 plummet v. 곤두박질치다, 급락하다

해로운 곤충 또는 새들이 살고 있지 않는 거의 헐벗은 땅에서, 기후가 적합하다면 우연히 거기에 떨어진 거의 모든 씨앗은 발아할 것이다.

09 ①

rescue plan이라는 표현으로 미루어 빈칸 이하는 '구제 대상'에 해당되는 것이어야 한다. 은행의 경우 구제 대상이 된다 함은 지불능력이 없는 파산한 상태를 두고 하는 말이다.

forestall v. 미연에 방지하다 confidence n. 신용, 신뢰 restore v. 되찾다, 회복하다 confidence n. 신용, 신뢰 insolvent a. 지급불능의, 파산한 delusive a. 미혹시키는; 기만의 detrimental a. 유해한, 손해되는 apathetic a. 냉담한; 무관심한 prosperous a. 번영하는, 번창하고 있는

금융 공황을 막기 위해서는 정부가 지급 불능 은행들에 대한 믿을 수 있는 구제책을 강구해서 신뢰부터 회복시켜야 한다.

10 ②

한때는 무시되었다는 단서로부터 빈칸에 부정적인 표현이 와야 함을 추론할 수 있는데, 필적학이 사람의 손글씨로 성격이나 심리를 파악하고 더 나아가 다른 신상 정보까지도 유추할 수 있다고 주장하는 학문임을 감안하면 과학적이라고 볼 수 없는 요소를 포함하고 있다고 할 수 있다. 그러므로 빈칸에는 ②가 들어가는 것이 자연스럽다.

graphology n. 필적학 dismiss v. 무시하다, 일축하다 detect v. 발견하다, 간파하다 trait n. 특색, 특성 candidate n. 후보 suited a. 적당한, 적절한 supernatural n. 초자연적인 현상 pseudo-science n. 사이비 과학 earthliness n. 지상의 것으로서의 성질; 세속적임 nonconfidence n. 불신임

필적 분석, 즉 필적학은 오랫동안 사이비 과학으로 무시돼 왔지만 바람직한 성격의 소유자를 가려내고 지원자에게 가장 적합한 직업을 찾아 줄 수 있는 채용 도구로 널리 사용되고 있다.

11 ④

'대상을 최종적으로 유화로 그리기 전에 그 대상에 대해 충분한 지식을 모으는 것'은 사전 답사 혹은 사전 조사에 해당한다.

abstraction n. 추상(작용) enhancement n. 증대, 증강 synthesis n. 종합, 합성 reconnaissance n. 사전답사, 정찰 transcription n. 필사, 모사, 복사

세잔느의 섬세한 수채화 물감 스케치는 종종 한 주제에 대한 사전답사, 즉 그 대상을 최종적으로 유화로 그리기 전에 그 대상에 대해 충분한 지식을 모으기 위한 방법의 역할을 했다.

12 ③

과거를 경멸하는 사람들이 과거와 현재가 완전히 다른 별개의 것이라고 생각한다는 단서로부터 정답을 추론할 수 있다.

scorn v. 경멸하다, 조롱하다; 꾸짖다 assume v. 가정하다, 추정하다; (직책을) 맡다 hence ad. 이런 까닭에; 지금부터; 여기서부터

과거와 과거의 저작물에 대한 연구를 경멸하는 사람들의 일반적인 생각은 과거와 현재와 전혀 다르며, 따라서 우리는 과거로부터 가치 있는 아무 것도 것을 배울 수 없다는 것이다.

13 ②

첫 번째 빈칸은 뒤에 나오는 kept secret를 통해 esoteric이 들어가야 하는 것을 알 수 있고, 외부로 절대로 '누설되지' 않았다는 내용이 뒤에 오는 것이 자연스러우므로 두 번째 빈칸에는 divulged가 와야 한다.

rite n. 의식, 의례 cult n. 예배, 의식; 유사 종교, 사교(邪敎), 밀교(密敎), 이교(異敎); 신흥 종교 commence v. 시작하다, 개시하다 delegate v. 파견하다 esoteric a. 비밀의, 비전의 divulge v. 누설하다 dubious a. 의심스러운, 모호한 malign v. 비방하다 elusive a. 파악하기 어려운 proscribe v. 추방하다, 인권을 박탈하다

Baba 사교(邪敎)의 비밀 의식은 신도들에 의해 비밀로 유지되었고, 그 의례가 처음 시작된 이래로 외부로는 절대 누설되지 않았다.

14 ③

while이 이끄는 종속절과 주절의 내용이 대조를 이루어야 하므로 첫 번째 빈칸에는 patently cruel과 대비될 수 있는 표현이 적절하며, 두 번째 빈칸에는 and 뒤의 ineffectual과 자연스럽게 호응하는 표현이 필요하다.

all told 전부 합해서, 모든 것을 고려할 때, 전체적으로 보아 patently ad. 분명히, 공공연히 cruel a. 잔혹한, 잔인한 ineffectual a. 효과가 없는, 무력한 malice n. 악의, 앙심 animated a. 생기가 있는 calamity n. 큰 재난, 큰 불행 humanity n. 인간애, 자애 insipid a. 무미건조한, 재미없는 severity n. 격렬, 혹독, 엄격 lackluster a. 활기 없는, 열의 없는

전체적으로 볼 때, 여성 등장인물들은 이야기의 인간애를 이끌어가는 반면, 남성 등장인물들은 공공연히 잔인하거나 다소 재미없고, 무능하다.

15 ③

브라질 시인 호세 실바의 정치적 안목이 뛰어나서 브라질 국민들이 무엇을 원하는 지에 대한 그의 논평이 여러 대통령 후보자의 공약에 반영되었다는 내용이다. 따라서 빈칸에 들어갈 단어로는 sagacity가 적절하다.

laud v. 찬양하다, 칭찬하다 shrewd a. 영리한, 통찰력이 있는; 빈틈없는 observation n. 관찰, 주목; 의견, 발언 incorporate v. 통합하다 bigotry n. 편협 stoicism n. 금욕 sagacity n. 총명, 명민 obtuseness n. 우둔함, 둔감함

브라질 시인 호세 실바(Jose Silva)는 그의 정치적 명민함으로 인해 널리 칭송 받았다. 브라질 국민들의 요구사항에 대한 그의 예리한 논평은 다양한 대통령 후보자의 공약(플랫폼)에 널리 포함되었다.

16 ①

연구와 임상 실험을 위해 사용할 수 있는 혈액이 부족한 상황은 기존보다 적은 양으로 분석할 수 있는 방법을 발전시킴으로써 개선시킬 수 있을 것이다.

meet need 필요를 충족시키다 transfusion n. 수혈 spare v. (시간·돈 등을) 할애하다, 내주다; 아끼다 relieve v. (고통·부담 따위를) 경감하다, 덜다, 녹이다 analysis n. 분석 chemical n. 화학물질 laboratory n. 실험실

병원은 수혈이라는 의료상의 수요를 모두 충족시키기 위해 많은 양의 혈액 공급이 필요하다. 연구와 임상 실험을 위해 아껴둘 순수한 혈액은 매우 드물다. 상황이 개선되려면 더 작은 양의 혈액 샘플을 사용해서 할 수 있는 분석 기법의 발달이 필요하다.

17 ②

교환학생 제도로 외국에서 온 학생이 많아지면 학생들의 구성이 다양해질 것이다.

incongruity n. 부조화, 부적합 assortment n. 분류, 각종 구색 enrollment n. 등록; 등록자 수 substitution n. 대리, 대용 faculty n. 능력; 재능; 학부, 교수진

학교들이 교환 학생들을 반기는 것은 자기네 학교 학생들의 다양성을 높이는 방법이기 때문이다. 이러한 교환 프로그램은 말 그대로 교환을 이루게 되는데, 어느 학교에서 한 학생이 1년 동안 외국에 가게 되며, 그 동안 외국 학생 한 명이 미국으로 오게 된다.

18 ④

but을 중심으로 전후의 내용이 반대됨에 착안하여 정답을 찾을 수 있다. but 이하에 인간의 나약함과 잘못 때문에 세속적인 보상을 추구했던 사람들에 대해서 "친절하고 동정심을 보였다"는 내용이 나왔으므로, but 앞에서는 이와 반대되는 성향에 대해 이야기해야 할 것이다. 따라서 ④가 정답으로 적절하다.

sympathetic a. 동정적인, 공감을 나타내는 earthly a. 현세의, 속세의; 속세적인 yielding a. 고분고분한, 영향을 받기 쉬운 obedient a. 순종하는, 고분고분한 generous a. 관대한, 아량이 있는 obdurate a. 완고한, 고집 센

그것은 부정직함에 대한 증오는 완고했지만 인간의 나약함과 잘못으로 속세의 보상을 추구하는 이에게는 언제나 친절하고 동정적이었던 한 인간의 모습이다.

19 ①

start fights와 used force에 단서가 있다. '싸움을 잘 걸고 폭력에 의존하는'에 해당하는 표현이 빈칸에 와야 하므로 ①이 정답이 된다.

habitually ad. 습관적으로, 상습적으로 belligerent a. 호전적인 frustrated a. 실망한; 좌절된 desperate a. 자포자기의; 필사적인 destitute a. 빈곤한, 결핍한

걸핏하면 싸움을 걸고 목적 달성을 위해 습관적으로 폭력을 사용하는 가장 호전적인 아동들이 가장 퇴학당하기 쉬우며, 30세쯤이 되면 범죄 전과 기록이 있게 된다.

20 ③

스페인 독감에 걸린 감염자 중 2% 정도만 사망했다고 헸으므로 스페인 독감의 '사망률'은 높지 않았다고 할 수 있다.

flu n. 독감 victim n. 희생자, 피해자 contagious a. 전염성의 infect v. 감염시키다 peak altitude 최대 고도 statistical confluence 통계적 융합 mortality rate 사망률 idealized quarantine 이상적인 격리

스페인 독감은 실제로는 사망률이 매우 높지 않았다. 감염자 중 약 2 퍼센트만이 그것으로 인해 사망했다. 문제는 이 독감이 매우 전염성이 강해서 그것과 접촉한 거의 모두가 감염되었다는 것이다.

21 ③

두 번째 문장은 첫 번째 문장을 부연 설명하는 역할을 하고 있다. 따라서 빈칸에는 두 번째 문장의 thoroughly investigate와 유사한 의미의 표현이 들어가야 할 것이므로 ③이 정답으로 적절하다.

motif n. 주제, 테마 protagonist n. 주역, (소설·이야기 따위의) 주인공 adopt v. 채용하다, 채택하다 thoroughly ad. 완전히, 충분히, 철저히 thoughtfully ad. 사려 깊게 investigate v. 조사하다, 연구하다 moral n. 도덕, 윤리 eulogize v. 칭찬하다, 칭송하다 slander v. 비방하다 scrutinize v. 세밀하게 살피다 lionize v. 치켜세우다, 떠받들다,

하야오 미즈노의 소설 <Ashes From the Fire>의 핵심 주제는 주인공 카즈히로가 자신이 입양된 고향인 뉴욕시를 세밀하게 살피고 있는 방식이다. 책 속 전반에 걸쳐서 카즈히로는 철저하고 신중하게 뉴욕 시민들의 도덕과 습관을 조사한다.

22 ②

활동이 전염성이 있다는 단서로부터 정답을 추론할 수 있다.

contagious a. 전염성의 converse v. 담화하다, 서로 이야기하다 lure v. 유혹하다 defeat v. (상대를) 패배시키다[물리치다] foe n. 적, 원수

활동은 전염된다. 다른 사람들이 보는 곳을 볼 때, 그리고 같은 것에 대해 대화를 나눌 때, 우리는 그들을 매료시키는 매력을 알게 된다. 나폴레옹은 이렇게 말했다. "한 적과 너무 자주 싸우지 말라. 그렇게 하게 되면 너의 전쟁기술을 적들에게 전파하게 된다."

23 ②

경제 쇠퇴와 테러리즘의 확산을 이끄는 것에 해당하는 것이 빈칸에 들어가야 할 것이므로 '사회의 붕괴'가 정답으로 적절하다.

occurrence n. 사건 meteor n. 유성 relative a. 상대적인 succession n. 연속 decline n. 쇠퇴, 감퇴 breakdown n. 붕괴, 와해 restoration n. 회복; 복구 breakdown n. 붕괴, 몰락; 고장 stability n. 안정, 안정성 improvement n. 개량, 개선

각각의 시나리오는 세계적인 유행병, 전쟁, 지구 온난화와 연관된 사건들, 그리고 운석 충돌과 같은 다양한 사건들로 이루어지는데, 이것들은 비교적 연속적으로 일어나고 경제 쇠퇴와 테러리즘의 확산을 이끄는 사회의 붕괴와 같은 마찬가지로 파괴적인 도미노 효과의 결과를 낳는다.

24 ③

But으로 이어지는 문장에서 리콜이 항상 나쁜 소식인 것만은 아니라고 했으므로, 리콜로 인해 회사가 얻을 수 있는 이점이 이어져야 한다. 리콜을 통해 회사가 이익보다는 소비자를 우선시한다는 것을 보여줌으로써 평판을 높일 수 있다는 점이 회사에 이익이 될 수 있을 것이다.

refund n. 환불, 변상 reputation n. 평판, 세평 defect n. 결점, 결함 lax a. (일·규칙·기준 등에 대해) 느슨한[해이한]

리콜은 회사에 큰 재정적 손실을 끼칠 수 있다. 오래된 제품을 새 것으로 교환해주거나, 문제가 있는 부품을 고쳐주거나, 혹은 소비자들에게 환불을 해주는 것은 비용이 상당히 많이 든다. 그러나 리콜이 항상 나쁜 소식인 것만은 아니다. 리콜은 회사가 이익보다 소비자들을 더 우선시한다는 것을 보여줌으로써 회사의 평판을 높일 수 있다.

25 ①

마지막 문장에서, 공화당원(우파)으로 임명되는 사람들이 수적으로 우세한데도 불구하고 정치적인 논쟁에 있어 중간 지점에 있다고 했는데, 이는 보수적인 판사들이 좌파(진보)로 변하여 대법원이 정치적인 중립을 이룰 수 있기 때문인 것으로 볼 수 있다. 따라서 ①이 정답이다.

apolitical a. 어떤 정파[정당]에 관련되지 않은 appointment n. 임명 partisan a. 편파[당파]적인 midpoint n. 중간점 preponderance n. (수적으로) 우세함 appointee n. 지명[임명]된 사람 fall back on ~에 의지하다 litigation n. 소송

미국의 대법원은 어떤 정파에도 관련되지 않도록 의도되었다. (그러나) 실제로 (법관의) 임명은 매우 당파적이었다. 그러나 새로운 연구에 따르면, 보수적인 판사들은 시간이 지나면서 좌파(진보)로 변하는 경향이 있다. 이것은 공화당원으로 임명되는 사람이 수적으로 우세함에도 불구하고 법원의 판결을 미국 정치 논쟁의 중간 지점에 가깝게 유지시켜왔다.

TEST 32

01 ②	**02** ④	**03** ④	**04** ③	**05** ②	**06** ④	**07** ②	**08** ③	**09** ④	**10** ③
11 ①	**12** ④	**13** ②	**14** ③	**15** ④	**16** ①	**17** ③	**18** ①	**19** ①	**20** ③
21 ④	**22** ②	**23** ①	**24** ②	**25** ②					

01 ②

앞에서 '끝까지 미루는 사람'이라는 특징을 언급했으므로 시험공부를 막판에 가서 '미친 듯이' 한다고 해야 적절하다.

procrastinator n. 지연시키는 사람, 늑장부리는 사람 private a. 개인적인; 비밀의 frantic a. 미친 사람 같은, 허둥지둥 서두르는 innocent a. 천진난만한 easygoing a. 태평스런, 게으른

끝까지 늑장을 부리는 사람인 제임스(James)는 부랴부랴 시험공부를 미친 듯이 했다.

02 ④

'기억해서 한 것'과 반대 의미를 갖는 표현이 필요하므로 ④가 정답으로 적절하다.

memorize v. 기억하다, 암기하다 simultaneous a. 동시의, 동시에 일어나는 impressive a. 인상에 남는, 인상적인 prodigious a. 거창한; 놀라운, 경이적인 extemporaneous a. 당장의, 즉석의; 일시 미봉책의

그 연사는 즉석에서 하는 것처럼 보이려 애썼지만, 그의 연설은 암기된 것이라고 쉽게 말할 수 있을 정도였다.

03 ④

앞에서 언급한 '예리한 인지력'을 대신할 수 있는 표현이 빈칸에 들어가야 할 것이므로 '직관'이라는 의미의 ④가 정답이 된다.

perspective n. 원근법, 전망 frivolity n. 천박, 경솔 penitence n. 후회, 참회 intuition n. 직관

다행히도, 메리는 예리한 인지력이 있다. 그녀의 직관은 그녀로 하여금 다음 발걸음을 멈추게 했는데, 만약 그랬다면 그녀는 앞에 있던 뚜껑이 덮여 있지 않은 맨홀에 빠졌을 것이다.

04 ③

GM은 납세자들의 지원으로 연명하는 회사라서 Government Motors라는 별명이 붙었다는 내용이다. 이 별명은 GM을 '조롱하는' 것으로 볼 수 있다.

tag v. (~에게) 별명을 붙이다 moniker n. 별명 keep away from ~에 가까이 하지 않다 innovative a. 혁신적인 derisive a. 조소[조롱]하는 magnificent a. 장대한; 엄청난 insipid a. 싱거운, 무미건조한

GM은 '정부의 자동차회사(Government Motors)'라는 조롱하는 별명이 붙게 되었고, 납세자들로부터 도움을 받는 것은 일부 자동차 구매자들이 GM 자동차를 멀리하게끔 했다.

05 ②

출근길에 일어난 일련의 사건의 성격을 설명할 수 있는 형용사가 빈칸에 적절한데, 길에서 20유로를 줍고, 라디오에서 (경품으로) 비행기 티켓에 당첨되는 것은 '우연한' 일이므로 ②가 정답으로 적절하다.

encounter v. ~와 우연히 만나다, 조우하다 morbid a. 불건전한, 우울한 fortuitous a. 우연한 simultaneous a. 동시의 baffling a. 당황하게 하는

그 남자는 출근길에 길바닥에서 20유로를 찾는(줍는) 것에서부터 라디오에서 비행기 티켓에 당첨되는 일련의 우연한 일들을 겪었다.

06 ④

스트레스는 신체와 건강에 부정적인 영향을 끼칠 것이므로 빈칸에는 ④가 적절하다.

circumstance n. 상황, 환경 proper a. 적당한, 타당한 ambiguously ad. 애매모호하게 positively ad. 확실히, 절대적으로 fortunately ad. 다행히(도), 운좋게(도) adversely ad. 역으로; 불리하게

스트레스는 신체와 정신의 적절한 작용에 악영향을 미칠 수 있는 모든 상태 혹은 환경이다.

07　　②

운동을 하는 것이 잠을 자기 편하게끔 해준다고 했는데, 결국 '불면증'을 없애기 위한 한 가지 방법으로 운동을 언급한 것이라 할 수 있으므로 빈칸에는 ②가 들어가야 한다.

muscular a. 근육의 relaxation n. 긴장을 풂; 이완 rabies n. 광견병 insomnia n. 불면증 vertigo n. 현기증, 어지러움 corpulence n. 비만, 비대(증)

불면증과 싸우는 또 다른 방법은 매일 운동을 하는 것이다. 근육 이완은 수면의 중요한 부분이기 때문이다. 매일 하는 운동은 근육의 긴장을 즐겁게 풀어주며 잠자기 편하게 해준다.

08　　③

침팬지에게 먹이를 주는 것이 양날의 검이라는 내용이 되는 것이 자연스럽다. 즉, 그들과 친해질 수는 있지만 그들의 습성을 파괴할 수도 있다는 것이다.

provide A with B A에게 B를 제공하다 reinforce v. 강화하다 upset v. 뒤집다, 차질을 빚게 하다 disrupt v. 혼란스럽게 하다, 중단시키다 poised a. 침착한 inhibit v. ~을 못하게 하다; 방해하다 retard v. 저해하다, 더디게 하다

야생 침팬지에게 음식을 주면 수줍음을 덜 타게 되고 연구하기도 쉬워지지만, 이는 또한 그들의 정상적인 사회적 (행동) 양식을 깨트리는 것으로 알려져 있다.

09　　④

만화책의 지위가 상승되었다고 하였으므로 예전에는 만화책이 무시되었지만 이제는 순수 예술로서 받아들여지고 있다고 해야 한다. 따라서 빈칸에는 서로 반대되는 의미의 단어가 들어가야 하므로 ④가 정답이다.

status n. 지위, 자격 fare n. (연극·문예 작품의) 상연물, 오락 graphic a. 사실적인, 생생한 acclaim v. 갈채를 보내다 criticize v. 비평하다, 비판하다 ridicule v. 비웃다, 조롱하다 disregard v. 무시하다, 경시하다 manipulate v. 조종하다; 능숙하게 다루다 dismiss v. 해산시키다; (생각 따위를) 염두에서 지우다 embrace v. 기꺼이 받아들이다

지난 수 년 동안 만화책의 지위는 급격히 상승하였다. 오랫동안 유치한 오락물로서 일축되었던 만화책이나 '만화 소설'은 이제 순수 예술로서 기꺼이 받아들여지고 있다.

10　　③

두 문장이 역접을 나타내는 however에 의해 연결되어 있으므로 전후 문장의 뜻이 반대가 되어야 하는데, however 뒤에서 아버지가 그로 하여금 가업을 물려받기 원했다고 했으므로, 요리사가 되려는 생각을 품었는데 아버지로 인해 좌절되었다는 의미가 되어야 의미상 적절하다.

inherit v. 물려받다 force v. 강제하다 back v. 후원하다, 지지하다 accept v. 수락하다, 받아들이다 encourage v. 격려하다 harbor v. (계획·생각 등을) 품다 frustrate v. 방해하다, 좌절시키다 captivate v. 마음을 사로잡다

그는 어렸을 때 요리사가 될 생각을 품었다. 그러나 그가 가업을 물려받기를 원하는 아버지로 인해 좌절되었다.

11　　①

이중주차는 교통의 흐름을 막거나 방해하며, 이는 결국 법에 저촉되는 것이다.

illegally ad. 불법적으로 vehicle n. 차량 block v. (길 등을) 막다, 봉쇄하다 hydrant n. 소화전, 급수전 crosswalk n. 횡단보도 traffic n. 교통; 교통량 double-park v. 자동차를 다른 자동차와 나란히 주차시키다 stem v. 막다, 저지하다 transgress v. (한도를) 넘다, 벗어나다; (법률, 규칙 등을) 어기다, 위반하다 expedite v. 진척시키다, 촉진시키다 violate v. 위배하다, 위반하다, 범하다, 어기다 reduce v. 줄이다, 감소시키다; 축소하다 resist v. 저항[반항]하다; 방해하다; 반대하다 impede v. 방해하다, 저해하다 flout v. 업신여기다, 모욕하다

불법 주차된 차량들은 소화전과 횡단보도를 가로막고, 이중주차가 되어 있는 경우 교통의 흐름을 막는 것이며, 또한 법을 위반하는 것이다.

12　　④

첫 번째 빈칸 다음의 these seemingly invisible threats는 첫 번째 문장의 주어인 기후 변화와 코로나바이러스감염증을 일컫는데, 외견상 보이지 않는다는 것은 '멀게' 느껴지기 때문이므로 첫 번째 빈칸에는 remote가 적절하다. 두 번째 문장의 this는 사람들이 이런 위협들에 생각하는 태도를 가리키는데, 눈에 안 보이고 멀리 있는 것처럼 느낀다는 것은 잠재적인 위협을 '과소평가하게' 할 것이므로 두 번째 빈칸에는 undervalue가 적절하다.

seemingly ad. 외견상으로, 겉보기에는 invisible a. 보이지 않는, 볼 수 없는 threat n. 위협, 협박 potential a. 잠재적인 ambivalent a. 양면 가치의; 상반되는 감정[태도, 의미]를 가진 overcome v. 극복하다 awkward a. 섣부른, 서투른 mitigate v. 누그러뜨리다, 완화하다 credible a. 신용[신뢰]할 수 있는, 확실한 encounter v. ~와 우연히 만나다, 마주치다, 조우하다 remote a. 먼, 동떨어진 undervalue v. 과소평가하다

많은 사람들에게 기후 변화와 코로나바이러스감염증은 멀리 있는 것처럼 느껴지며, 그래서 이처럼 외견상 보이지 않는 위협들은 심적으로 거리감을 갖게 만든다. 이것은 사람들이 잠재적인 위험을 과소평가하게 할 수 있고 해결책을 문제 자체보다 더 나쁘게 보이도록 할 수 있다.

13　　②

물건을 사라는 점원의 설득에 손님으로서 어떤 느낌을 가질 수 있겠는가를 생각하면, 두 번째 빈칸에는 ②와 ③이 가능하다. 첫 번째 빈칸의 경우, 주어가 사람이므로 ①, ②만이 가능하다. 따라서 정답은 ②가 된다.

garment n. 의복, 옷 convince v. 확신시키다, 납득시키다; 수긍하게 하다 purchase v. 사다, 구입하다 offensive a. 불쾌한, 거슬리는; 무례한, 화나는 considerate a. 이해심이 있는, 신중한, 사려 깊은 persistent a. 고집 센, 완고한; 끊임없는 irritated a. 신경질이 난; 자극 받은 extensive a. 광대한; 넓은 범위에 걸치는 induce v. 권유하다; 설득하여 ~시키다; 일으키다 intriguing a. 흥미를 자아내는, 호기심을 자극하는 evaluate v. 평가하다, 어림하다

저 옷가게의 점원은 너무나 악착같아서 옷을 보기만 해도 언제나 물건을 사도록 설득하려 하는 바람에 짜증이 난다.

14 ③

두 번째 빈칸부터 풀어야 한다. and 앞의 informed와 뒤에 이어지는 설명으로 미루어 빈칸에는 ①, ②, ③이 가능하다. 첫 번째 빈칸의 경우, 학식이 있으면서도 헌신적인 교사의 본보기가 되었다는 말은 현재 그런 교사가 많지 않다는 것이므로, 공교육이 제 역할을 못하고 있다는 의미를 만드는 ③이 적절하다. ②의 '망각'은 완전히 없어졌다는 것이므로 부적절하다.

tide n. 조수; 흥망성쇠; 풍조, 경향 informed a. 지식(학식)이 있는, 견문이 넓은; 지식이 필요한 asset n. 자산; 재산; 장점, 이점 pacifism n. 평화주의 inspiring a. 영감을 주는; 고무하는 oblivion n. 망각 typical a. 전형적인, 대표적인 mediocrity n. 평범, 보통; 평범한 사람 dedicated a. 헌신적인; (장치 등) 오로지 특정 목적을 위한, 전용의 ambiguity n. 애매함, 모호함; 모호한 표현 average a. 평균의; 보통 수준의, 보통의

학교 공교육이 점점 평범해지는 추세에서 미스 앤더슨은 학식이 있으면서도 헌신적인 교사의 본보기가 되었다. 이는 학생들에게는 축복이고 국가로서는 자산이다.

15 ④

일상생활에서 끊임없이 생각을 하면서도 생각을 하고 있다는 것을 깨닫지 못한다고 하였다. 이는 몇 걸음을 걷는 것과 같은 일상생활 속에서 많은 정신적인 활동들이 "무의식적으로 일어난다"는 것이다.

constantly ad. 변함없이; 끊임없이 accompany v. 동반하다; 수반하여 일어나다 methodically ad. 질서정연하게 evade v. 피하다, 면하다, 벗어나다 deter v. 제지하다; 단념시키다 haphazardly ad. 우연히; 함부로 consecutively ad. 연속적으로, 잇달아서 entail v. 일으키다; 수반하다; 필요로 하다 unwittingly ad. 무의식적으로

사람은 일상생활 속에서 끊임없이 생각을 한다. 사실상 사람은 대개 자신이 생각을 하고 있다는 것을 깨닫지 못한다. 그저 몇 발자국 걷는 것만으로도 대체로 무의식적으로 진행되는 무수한 정신적인 선택들과 활동들이 일어난다.

16 ①

바로 앞의 chemicals와 유사한 성격 혹은 의미를 가진 단어가 들어가는 것이 적절하므로 ①이 정답이 된다.

undeniably ad. 분명히, 틀림없이 remarkable a. 주목할만한 accomplishment n. 업적 content n. 내용, 알맹이 chemical n. 화학제품, 화학물질 preservative n. 방부제 addition n. 추가, 부가 side-effect n. 부작용 pollution n. 오염, 공해

알은 분명 자연이 만들어낸 가장 놀랄만한 업적 중 하나이다. 이것은 우리에게 깨끗하고 또 완전히 포장된 상태로 오기 때문에 그 내용물은 사람의 손길이 닿지 않으며, 그 어떤 화학물질이나 방부제도 첨가돼 있지 않다.

17 ③

무시무시한 군대의 공격을 견뎌낸다는 말이 나오므로 '난공불락의'라는 뜻의 impregnable이 정답이다.

medieval a. 중세의 withstand v. 저항하다; (곤란 등에) 잘 견디다, 버티다 assault n. 습격; 공격 vulnerable a. 상처를 입기 쉬운; 비난[공격] 받기 쉬운, 약점이 있는 protracted a. (예상·평상시보다) 오래 끈[오래 계속되는] siege n. 포위공격 starvation n. 굶주림, 기아(飢餓) retrograde a. 후퇴하는; 퇴보하는 picayune a. 보잘것없는, 무가치한 impregnable a. 난공불락의 outlandish a. 이국풍의, 이상스러운

가장 무시무시한 군대의 직접적인 급습을 견뎌내는 것은 가능했을지도 모르는 대부분의 난공불락의 중세 성 조차도 오래 계속되는 포위 작전에는 취약했다. 칼과 화살이 이룰 수 없는 것을 굶주림과 질병은 결국 이뤄낸다.

18 ①

캐나다의 세입자들은 보호를 많이 받는다고 했는데, 이는 세입자에게 잘못이 있더라도 집주인이 상응하는 조치를 취하기가 쉽지 않다는 것이다. 이런 일이 있을 때 집주인이 세입자에게 요구할 수 있는 것은 '퇴거'일 것이므로 ①이 정답이다.

tenant n. 세입자, 차가인(借家人) legal a. 법의; 합법적인 obnoxious a. 불쾌한, 싫은 hassle n. 말다툼, 작은 싸움 evict v. (가옥·토지에서) 퇴거시키다 convict v. 유죄를 입증하다, 유죄를 선언하다 indict v. 기소하다, 고발하다 interdict v. 금지하다

캐나다의 세입자들은 엄청난 많은 법적 보호 장치를 갖고 있다. 그들이 아주 불쾌한 행동을 하고, 집세 지급을 빠트리는 것 등과 같은 명백한 잘못을 저질렀을 때조차도 집주인이 법적으로 그들을 쫓아내려면 여전히 긴 시간이 걸리고 많은 번거로운 일이 생긴다.

19 ①

사실의 수용이 '수동적(passive)'이라면 기술의 응용은 '적극적인(active)' 것이다. 만약 사실의 수용을 장려한다면 결과는 ①이 될 것이다.

separation a. 분리, 이탈 regrettable a. 유감스러운 absorb v. 흡수하다, 받아들이다 passive a. 수동적인 invaluable a. 값을 헤아릴 수 없는, 매우 귀중한 worthwhile a. 할 보람이 있는 translation n. 번역, 통역; 변환

교육에서 사고와 행동의 분리는 개탄할만한 일이다. 만약 학생들에게 기술을 적용하는 방법보다는 사실을 받아들이도록 장려한다면 교육은 소극적인 지식의 수용이 되고 만다.

20 ③

'빚이나 금전적인 걱정이 없어진다'는 결과가 되기 위한 원인으로는 ③이 가장 적절하다.

pecuniary a. 금전의, 재정상의 simple a. 간소한, 검소한 neighbor n. 이웃

만일 젊을 때 필요 없는 것을 사게 되면 나이 들었을 때 없어서는 안 될 물건을 팔아야 할 지도 모른다. 나이 들어 빚이나 금전적인 걱정을 하지 않도록 젊을 때 검소한 생활을 해야 한다.

21 ④

첫 번째 빈칸 다음의 '다른 사람의 말이나 행동에 기꺼이 마음 상함/마음 상하기 용이함'은 자제해야 하는 것이므로 첫 빈칸에는 restrict(제한하다, 금지하다)가 적절하고, 마지막 as절에서 다른 사람의 말이나 행동은 예측 불가능할 수도 있다고 했으므로 다른 사람의 마음을 상하지 않게 하는 두 번째 것, 즉 후자가 더 어려운 것이다. 따라서 ④가 정답이다.

personal a. 개인적인 dispute n. 논쟁, 말다툼 offend v. 기분을 상하게 하다 to the best of one's ability 가능한 한 restrict v. 제한하다, 한정하다

개인 간의 다툼을 방지하기 위해 우리는 적어도 두 가지를 할 수 있다. 첫째는 다른 사람들이 하는 말이나 행동에 쉽게 마음 상하지 않도록 하는 것이며, 둘째는 가능한 한 다른 사람들의 마음을 상하게 하지 않는 것이다. 우리가 하는 말이나 행동에 다른 사람들이 어떤 반응을 보일지 항상 예측할 수 있는 것은 아니므로 두 가지 중에 후자가 더 어렵다.

22 ②

감정이 사고 능력을 방해한다고 여긴다면, (어떤 개념이나 사물을) 사고하기 전에 감정을 '제거해야' 한다고 생각했을 것이다.

attain v. 달성하다 interfere v. 방해하다; 간섭하다 repression n. 진압, 제지 eliminate v. 제거하다, 배제하다 repress v. 억누르다; 저지하다

한때 철학자들은 감정이 사고 능력을 방해하기 때문에 (어떤 개념이나 사물을) 사고를 하려면 이런 감정부터 제거해야 한다고 생각했다. (그러나) 현대 의학은 그 어떤 것보다 이런 감정의 억제가 우리의 논리적 사고 능력에 지장을 줄 수 있다고 주장한다.

23 ①

첫 문장에서 종교에 반하는 글을 쓰는 많은 작가들이 그칠 줄 모르고 이어지는 것처럼 보인다고 했으므로, 그들을 열거하는 것은 지루한 일이라고 볼 수 있다. 따라서 빈칸에는 interminable의 유의어인 ① tedious가 적절하다.

brandish v. ~을 과시하다 tract n. (특히 정치·종교 문제의) 소책자, 팸플릿 interminable a. 끝없는; 지루하게 긴 baton twirler 악대 지휘자 tedious a. 지루한, 싫증나는 optimal a. 최선의 deserved a. 그만한 가치가 있는, 응당한 scrupulous a. 빈틈없는, 면밀한

최근에 신과 종교에 반하는 새롭고 격렬한 논문을 과시하는 일련의 작가들이 그칠 줄 모르는 것처럼 보인다. <만들어진 신(The God Delusion)>의 저자인 리처드 도킨스(Richard Dawkins)는 수석 지휘자로서의 존재를 계속해서 유지하지만, 우리에게는 또한 종교를 비판하는 많은 작가들이 있다. 그들 모두를 일컫는 것은 그들의 책을 읽는 것만큼이나 지루할 것이다.

24 ②

빈칸에는 환경 결정론이 주장하는 내용이 적절한데, 대시 이하에서 그 예로 "열대 기후가 나태한 성격을 초래한다"고 했다. 열대 기후는 '기후의 특징'이며, 나태함은 '성격적인 특징'을 가리키므로 빈칸에는 ②가 적절하다.

archaeological a. 고고학의 geological a. 지질학(상)의 downfall n. 몰락, 멸망 equate v. 동일시하다 indolence n. 나태, 게으름

고고학과 지질학 연구는 문명의 붕괴를 기후 변화로 설명할 수 있다는 것을 암시하고 있다. 쌓이고 있는 증거에도 불구하고 많은 사람들이 이 이론을 받아들이기를 거부하는 이유는 그들이 이 이론을 환경 결정론과 동일시하기 때문이다. 환경 결정론은 기후가 성격을 결정한다고 주장하는 이론으로, 예를 들면 열대 기후가 나태한 성격을 초래한다는 이론이다.

25 ②

도둑들은 개가 가족들에게 경고하기 위해 짖는 대신 고기를 먹음으로써 자신들이 하고자 하는 일에 도움을 주길 원했는데, 이 때 고기는 '뇌물'의 성격을 갖고 있다고 할 수 있을 것이다.

thief n. 도둑 divert v. ~을 …으로 전환하다 watchdog n. (집) 지키는 개 rob v. ~에게서 강탈하다, 약탈하다, 빼앗다 bark v. (개, 여우 등이) 짖다 household n. 가족; 식솔 refuse v. 거절하다, 거부하다 alert v. 경고하다, 주의하다, 경계시키다 bribe n. 뇌물 sentry n. 보초, 초병 machination n. 음모를 획책함, 책동

한 도둑이 집을 털 수 있도록 집을 지키는 개의 주의를 딴 곳으로 돌리고 싶어했다. 그는 고기 한 조각을 그 개에게 던져 주었고, 그 개가 가족들에게 경고하기 위해 짖는 대신, 그 고기를 먹어주길 바랬다. 그러나 그 개는 먹이로 준 것을 거부하고 가족들에게 경고했다. 그 개에게서 교훈을 삼는다면, 현명한 사람은 뇌물을 경계해야 한다는 것이다.

MEMO

MEMO

MEMO